탈형이상학적 사고

2

나남
nanam

나남신서 2196

탈형이상학적 사고 2

2025년 3월 31일 초판 발행
2025년 3월 31일 초판 1쇄

지은이 위르겐 하버마스
옮긴이 홍윤기·남성일
발행자 趙相浩
발행처 (주)나남
주소 10881 경기도 파주시 회동길 193
대표전화 (031) 955-4601
FAX (031) 955-4555
등록 제1-71호(1979.5.12.)
홈페이지 http://www.nanam.net
전자우편 post@nanam.net

ISBN 978-89-300-4196-6
978-89-300-8001-9 (세트)

이 책은 '대한민국헌법 규범력에 상응하는 헌법현실의 창출을 담보하는 헌법교육/민주시민교육의 철학적 근거정립'에 대한 한국연구재단 2018년 중견연구자지원사업의 지원을 받아 작성되었습니다(2018S1A5A2A01039624).

나남신서 2196

탈형이상학적 사고

2

위르겐 하버마스 지음
홍윤기 · 남성일 옮김

나남
nanam

Nachmetaphysisches Denken II: Aufsätze und Repliken
by Jürgen Habermas

차 례

머리말을 대신하여

신성한 것의 언어화

탈형이상학적 사고의 문제의식 또는 분과학문의 하나로서 철학의 자기이해에 대한 새로운 도전

1988년에 이 책과 같은 제목으로 출간했던 논문 모음집에서[1] 다루었던 것은 철학적 사고에 대한 일종의 자기확인이었다. 이 주제에 관한 한 지금 이 책에서 변한 것은 전혀 없다. 철학은 결코, 확정된 방법이나 확실하게 설정된 대상영역을 통해 정의될 수 있는 학문분과가 아니다. 그 대신 철학적 논변의 통일성은 교범구성教範構成을 통하여, 다시 말해서 2천 5백 년 전부터 철학사에 속하는 것으로 간주되는 교재들에 의거하여 스스로를 규정한다. 따라서 철학이 무엇을 성취할 수 있

1 J. Habermas, *Nachmetaphysisches Denken: Philosophische Aufsätze* (Frankfurt, 1988). 우리말 번역으로 하버마스, 《탈형이상학적 사고 1》, 홍윤기·남성일 역 (파주: 나남, 2025).

는가 하는 물음은 여전히 논란 중인 문제이다. 그럼에도 불구하고 이 문제는 우리가 쉽사리 벗어날 수 있는 게으른 물음이 아니다. 왜냐하면 아무리 확정된 대답이 없는 사고思考라도 그것이 갈 곳 없이 헤매기만 해서는 안 된다고 한다면, 자신을 당분간이라도 어딘가에 확고히 묶어 두어야 하기 때문이다.

과학, 문화 그리고 사회에 걸쳐 우리가 처한 맥락에 처음 눈길을 던지는 그 순간 우리는 철학자가 더 이상 시인이나 사상가의 부류에 머물 수 없다는 가르침을 받는다. 하이데거만 해도 여전히 그러했으나, 철학자가 진리에 접근할 특권적 통로를 가졌다고 주장하는 현자나 선지자의 역할을 할 수 있는 것도 아니다. 철학 역시 하나의 학문분과가 되어버렸기 때문에 설득을 위한 노력 또한 동료 학문의 부류 안에서 시작된다. 전문적 비판의 갑문閘門을 뚫고 나가지 못하는 사람이라면 누구든 당연하게도 협잡꾼이라는 혐의에 빠져든다.

오늘날 철학적 논증이라 하더라도 자연과학, 사회과학, 정신과학 등 온갖 담론이 연주되고 예술비평이 관행적으로 실연되며 판결, 정치 그리고 여러 매체를 통해 매개되는 공적 의사소통이 어우러지는 동시대 맥락 안에서도 여전히, 언뜻 보아 우선 언급될 가치가 있다는 정도로나마 인정받을 수 있어야 한다. 앎知識이란 근본적으로 오류가능한 것이라고 보는 이 폭넓은 맥락을 염두에 두어야만 우리는 철학적 근거를 여전히 '중시하는' 좁다란 오솔길에 대해 탐색이라도 할 수 있다.

그러나 이 탐색은 수행적으로만 성공할 것이며 메타이론적 숙고에 들어가면 그 결과는 나쁜 의미에서 추상적 상태를 벗어날 수 없다. 철학적 자기확인의 업무에 참여하고 싶은 사람이라면 스스로 철학을 가동시켜야 한다. 이 순환은 사람들이 지식존립의 교범화가 여전히 가능하다고 믿고 있더라도 피할 수 없다. '철학자로부터 배울 수 있는' 앎에 대해 취사선택한 요약서를 설득력 있게 만들기 위하여, 헤르베르트 슈네델바흐는 독자에게 설득시키고자 하는 논거를 철학적 방식으로 전개해야 했다.[2]

어떤 물음을 최종적으로 종결하는 것이 아니라 오히려 물음 자체를 문제화하는 저자들 역시, '철학이란 무엇인가?'를 보여주는 방식으로만 철학적 사고방식을 다른 정신형태와 구분 지을 수 있다. 예를 들어, 오늘날 철학하는 방식으로 유효한 것은 '탈형이상학적 사고'의 양식뿐이라는 나의 권고는 '의사소통적 이성' 개념에 대한 이해를 증진시키지 못한다면 근거정립될 수 없을 것이다. 따라서 이 《탈형이상학적 사고 2》는 〈근거들의 공간으로서 생활세계〉라는 체계적 도입부로 시작한다(같은 제목으로 앞서 나온 책에도 이에 부응하는 '언어화용론적 전회轉回'에 관한 부部가 있다).[3]

세속화된 현대 사회 한가운데서 현재적 정신형태로서 종교와의 새삼스러운 조우에 즉하여

《탈형이상학적 사고 1》이 나온 이후 20여 년간 철학적 별자리星座가 변화했기 때문에, 나는 같은 주제를 발전사적 시각에서 다루고자 한다. 이 기간 동안 철학 무대의 경향은 '형이상학으로의 귀환'으로 규정

---

2 H. Schnädelbach, *Was Philosophen wissen: und was man von ihnen lernen kann* (München, 2012).

3 [옮긴이] 각주 1의 J. Habermas(1988) 중 "II. Pragmatische Wende", 61~149쪽. 우리말 번역으로는 하버마스(2025), 앞의 책, 〈2부. 화용론적 전회〉.

된다. 그 한편을 보면, 철학의 가치를 평가절하하는 분석철학 사고의 추종 학파 이후 사변적 관념으로 되돌아가는 시도들이 여러 갈래로 나뉘어 등장한다. 그중 하나는 고전적 원천에서 직접 형이상학적 사고 형상을 복원하려는 것이고,[4] 다른 하나는 자기의식에 대한 칸트 이후의 문제의식을 재수용하는 방식으로 독일 관념론의 계기를 혁신하고자 하는 것이었다.[5] 나아가 또 다른 쪽을 보자면, 니체와 후기 하이데거에 대한 이성비판적 연관설정이 근원사고의 차원을 재수용하려는 시도를 고무시킨다.[6] 그러는 동안 지난 수십 년간의 정치적·역사적 발전은 지금까지와는 전혀 다른 주제에 시의성을 부여했는데, 광범하게 지속적으로 세속화되는 유럽 사회는 경제 그리고 디지털 통신의 지구화 과정에서, 자국에서와 마찬가지로 세계적 범위에서도, 생동성이 줄어들지 않는 여러 종교운동 그리고 각종 근본주의와 조우하게 되었다는 것이다.

이 정황은 세속화와 사회적 현대화에 대한 사회과학적 토론에 다른 방향을 부여했을 뿐만 아니라 철학에 대한 도전을 이중적 관점에서 제기하였다.[7] 규범적 정치이론으로서 철학은 우선 세속화된 국가권력과

---

4 자신감에 가득 차 자신의 사고경로를 되돌아본 로베르트 슈페만(R. Spaemann)의 두 저서, *Über Gott und die Welt: Eine Autobiographie in Gesprächen* (Stuttgart, 2012)과 *Schritte über uns hinaus: Gesammelte Reden und Aufsätze* (Stuttgart, 2010) 참조.

5 디터 헨리히는 인상적으로 강력하게 자신의 단서를 계속 추구해 왔다. D. Henrich, *Denken und Selbstsein: Vorlesungen über Subjektivität* (Frankfurt, 2007)와 *Werke im Werden: Über die Genesis philosophischer Einsichten* (München, 2011).

6 H. d. Vries, *Philosophy and the Turn to Religion* (Baltimore, 1999).

7 J. Habermas, *Zwischen Naturalismus und Religion: Philosophische Aufsätze* (Frankfurt, 2005).

종교적 다원주의 사이의 관계에 대한 이해, 즉 정치적 공론장에서 종교공동체를 배제하여 사적私的인 것 안에다 추방시킨 정치와 종교의 관계에 대한 그동안의 이해부터 재검토해야 했다. 그리고 철학은 그 정도 수준도 넘어 유럽 계몽주의의 계승자라는 그동안의 자기 역할에 대해 도전적으로 도발당하는 처지에 몰렸다. 저 태고 시대에 실연되었을 의식儀式에 뿌리를 둔 종교공동체와 종교적 교리가 현대 사회 한가운데서 문화적 생산성을 구현하는 현재의 정신형태로 자기를 주장하는 듯 보이는 이 정황이 '합리성의 수호천사'인 철학에 의미하는 바는 무엇일까?

종교와 눈높이를 같은 수준에 놓는 이 관계가 18세기 이래 익숙해진 양측의 위상을 근본적으로 변화시킬 것으로 보이는 한, 철학은 우리 동시대의 종교에 의해 자신이 강제로 밀쳐진 듯한 느낌을 받을 수밖에 없다. 사실 18세기 이래 철학은 여러 과학과 나란히 어깨를 맞대고, 말하자면 (흄이 그랬던 것처럼) 종교를 투명하게 간파할 수 없기 때문에 설명을 필요로 하는 대상으로 처분하거나 아니면 (칸트에서 헤겔에 이르기까지 그랬던 것처럼) 과거의 것이지만 투명한 정신형태로서 그것에 고유한 철학적 개념을 부여했다. 하지만 이제 그와 반대되는 방향에서, 과거의 형태가 아니라 (아무리 불투명하더라도) 잠시지만 현재적 형태를 가진 종교와 조우하게 된 철학이 도리어 철학 자체를 무엇으로 이해해야 할 것인가 하는 물음에 답해야 할 처지에 몰렸다.

'부드러운' 자연주의를 전제로 한 생활세계에서의 의사소통행위 그리고 인간종의 역사에서의 그 기원

이 책의 〈1장. 세계상에서 생활세계로〉는 과학에 대한 철학의 관계에 있어 위상배열의 변화를 조명한다. 나는 과학만능주의로 경직된 철학의 자기이해를 '과학적 세계관'의 변호사라는 취지로 수용하면서 일종의 '부드러운軟性' 자연주의를 방어하는 단서로 삼는다. 자연주의에 대한 새로운 논쟁은 (과학적 정신을 가동시키는 가운데 얻어진 세계이해와 자기이해의 논변 형태로서의) 철학을 객체화에 입각한 여러 과학과 구분하도록 하는 측면을 의식시킨다. 이 글들에서 나는 서양에서 발생했던 믿음(신앙信仰)과 앎(지식知識)의 공생으로부터 거칠게 그 윤곽을 그려낸 탈형이상학적 사고의 틀 안에서 '의사소통적 행위'와 '상징적으로 구조화된 생활세계'의 기초개념을 체계적으로 발전시킨다.

위의 글 다음에 나오는 두 편의 논문에서 나는 이 의사소통이론적 단서를 진화론적 시각에서 심화시킨다. 마이클 토마셀로는 참여자들이 단순한 상징적 몸짓을 통해 자신들의 의도와 행위를 맞추어 가는 협동의 관계 안에서 인간적 의사소통이 발생한다고 설명한다.[8]

이 사회인지적 접근은 몸짓 의사소통에서 발출發出하여 상호주관적으로 공유됨으로써 의도한 목적의 조합을 가능하게 만드는 앎을 강조한다. 그러나 공동의 목표를 협동적으로 실현한다는 데 대한 사회 인지적 요구로 설명되는 것은 오직 사실, 의도 및 요청에 관한 의사소통뿐이지 어떤 태도에 대한 규범적 기대가 아님은 분명하다. 요청이나

---

8 M. Tomasello, *Die Ursprünge der menschlichen Kommunikation* (Frankfurt, 2009).

의도에 관한 설명은 의무를 부과하는 계율의 힘을 내재적으로 보유하지 않는다. '무엇인가를 해야 한다'는 도덕적 당위das Sollen에 대해 상호주관적으로 공유된 그것의 규범적 뜻은 협동을 강제하는 것으로는 설명할 수 없는 구속력의 에너지에 의거한다.

사회화용론적 접근이 언어적 의사소통의 시작을 설명하기에 충분하다고 한다면, 언어적 상호이해의 뜻은 가치에 대한 '강한' 규범적 찬동과 무관하게, 그리고 상호적으로 이루어지는 태도기대와도 독립적으로 해명되게 해야 한다. 그럼에도 불구하고 의무부과의 차원이 그다음 필요로 하는 것은 사회적 통합의 언어적 형태와는 독립된 특별한 형태의 설명이다.

언어가 몸짓 의사소통에서 기원한다는 가설은 일상외적 의사소통으로서 일상적 의사소통을 보완해 왔음이 분명한 의식의 실연에 주목하도록 한다. 의식의 실연은 감촉할 수 있는 일체의 기능연관에서 떨어져 나와 세계내적 대상이나 사태와는 아무 관계도 맺지 않음으로써 아주 현격한 방식으로 일상적 의사소통에서 비켜나 있음에도 불구하고, 구조적으로는 몸짓 의사소통과 아주 유사한 특징을 드러낸다. 이미 뒤르켐은 이 의식의 실연에서 사회적 연대의 원천을 찾아냈다.

그다음으로는 의식을 통해 산출된 규범적 구속력의 에너지는 (몸짓 의사소통이 완전하게 형식을 갖춘 문법적 언어로 발전하는 과정에서) 이 언어매체 안으로 포섭돼 들어가면서 그에 상응하여 분화될 수 있었다고 보인다. 명령한다, 약속한다, 명명한다, 발효發效시킨다 등과 같은 많은 규제적 담화행위의 발언수반적 힘은 본래 의식儀式에서 기원한 의미가 일상적으로 관습화된 결과로 이해된다. 따라서 J. L. 오스틴은 세례하다, 맹세하다, 기도하다, 선언하다, 혼약하다 등과 같이 신성한 배경을 직접적으로 내비치는 제도연관적 담화행위를 예로 들어 '발언수반적 힘illocutionary force'이라는 개념을 발전시켰다. 그 밖에도 이 진화론적 시각은 언어이론에서 두 가지 문제를 조명하는 데 도움이 되며, 이에 관해서 나는 간략히 언급하고자 한다.[9]

언어의 기원에 관한 사회인지적 명제는 언어의 기원처로 협동관계에 눈길을 준다. 이 발생맥락은 인간적 의사소통의 뜻이란 자기들 고유의 소원과 의도에 관해 상호적으로 인지하도록 하는 데 있다는 의도주의적 견해에 반대되는 것을 언명한다. 만약 상징적 몸짓의 교환이 그 기원에 있어 공동의 목표를 분업적으로 추구하는 데 기여한다면, 언어적 의사소통의 뜻은 행위 압박 아래에서 참여자들 사이에 동의를 유발할 실천적 필요성으로 설명된다. 인간은 다른 사람과 더불어, 세계 안에 어떤 상태나 사건이 실존하거나 등장하도록 하는 것에 관해서건 아니면 세상사에 개입하여 그에 상응하는 상태나 사건을 실제로 존재하게 하려는 의도, 소망, 요청에 관한 것이든, 무엇인가에 관해 상호이해에 도달하고자 한다.

행위를 합목적적으로 조합해야 하는 압박 아래에서는 청자로 하여금 화자 자신이 뜻하는 바를 인식하도록 하는 것만으로는 충분치 않다. 이럴 경우 화자가 자신의 발언으로써 추구하는 것은 청자가 자신의 진술을 참이라 간주하고, 그 소원 또는 고지告知를 진지하게 받아들이며, 경우에 따라서는 그의 규범적 기대나 비난이 정당하다고 간주하여 그의 요청을 따르도록 해야 한다는 발언수반적 목표이다. 왜냐

---

9 J. Habermas, *Rationalitäts- und Sprachtheorie: Philosophische Texte*, Bd.2 (Frankfurt, 2009), 9~28쪽 참조.

하면 각각의 발언은 모두 '예' 혹은 '아니오'라고 입장을 표명할 수 있는 개인을 향하기 때문이다. 의사소통의 성공 여부는 말을 전달받은 사람이 말해진 것에 대하여 제기되는 진리성 요구 내지는 진실성 요구 또는 정당성 요구가 타당하다고 (혹은 잠재적인 근거의 관점에서 충분하다고) 수긍하느냐 여부에 의거해 측정된다.[10]

나아가, 신성한 것의 이차적 언어화에 대한 상정과 연관하여 두 가지 동同근원적인 의사소통 형태에 관한 가설은, 진리성과 진실성의 타당성 요구를 한편으로 하고 규범적 정당성을 다른 한편으로 할 때, 양쪽 사이에 존립하는 현저한 비대칭성을 잘 설명한다. 기본담화행위는 진술의 진리성 측면 내지는 진술내용의 실존전제의 측면에서뿐만 아니라 (주제적으로 표현되든 아니면 묵시적으로 수반하든) 화자가 가진 의도의 성실성과 관련해서도 두루두루 일반적으로 문제화되게 한다. 언어는 이 두 가지 인지적 타당성 요구와 태생적으로 관련되는 것처럼 보인다. 반면에, 동기에서부터 구속력을 가진 정당성 요구는 담화행위가 구속력이나 정당화 능력을 가진다고 이미 상정된 규범적 맥락 안에 내입된 경우에 한해서 비로소 작동할 수 있다.

규범적으로 '어디에도 의지하지 않고 독자적으로 존립하는' 요청이나 선언은 화자의 정당화된 의도나 합리적으로 이해 가능한 의지에 의해서만 어떤 권한을 부여받는다. 그러므로 우리는 이에 상응하는 의도(그리고 그것을 관철시킬 수 있는 조건)의 합리성에 대해 행위자와 관

10 J. Habermas, "Zur Kritik der Bedeutungstheorie", in: 위의 책, 70~104쪽.
[옮긴이] 이 글은 *Nachmetaphysisches Denken*(1988), 10~135쪽에도 수록되었으며 하버마스, 〈6장. 의미이론의 비판을 위하여〉, in: 같은 저자, 《탈형이상학적 사고 1》, 홍윤기·남성일 역 (파주: 나남, 2025)에 우리말로 번역되어 있다.

련된 근거를 인지하면 그 담화행위를 이해한 것이다.[11] 이와는 대조적으로, 명령을 내리면 거기에 구속력 있는 권위를 부여한다든가 혹은 어떤 선언에 법적 힘을 부여하는 것은 그것에 앞서 유효하다고 사전에 설정된 규범적 배경이다. 우리는 그 배경에서 권위를 부여하는 근거를 도출하여 그것을 인지하는 경우에 한해서 담화행위를 이해한다. 정당성에 대한 이 규범적 요구의 맥락의존성은, 일차적으로 의식을 통해 창출되는 구속력의 에너지가 그다음 일상적 협동관계에서 생겨나는 언어와 이차적으로 비로소 결합된다는 가설로써 설명된다. 다른 측면에서 보면 신성한 것의 언어화에 우리가 너무 많은 부담을 지워서는 안 된다는 결론도 여기에서 귀결한다.

《의사소통행위이론》에서 나는 여러 행위의 조합이라는 언어적 의사소통의 기능에 합리적 동기를 부여해 주는 좋은 근거는 구속력을 발휘하는데 이 구속력은, 통상 그 기원이 의식을 통해 일차적으로 보장된 기본동의의 언어화에서 발견된다는 너무나 조급하고도 과하게 포괄적인 가정에서 출발했었다. 이는 즉 "신성한 것에서부터 빛을 발하는 황홀과 공포의 아우라, 곧 성스러운 것에서 나오는 마법의 힘은 비판가능한 타당성 요구의 구속력으로 승화됨과 동시에 일상화된다"는[12] 가정이었다.

---

11 규범적으로 '어디에도 의지하지 않고 독자적으로 존립하는(freistehend)' 요청이나 선언을 규범적으로 '내입된(eingebettet)' 요청이나 선언과 구분함으로써 나는 그에 상응하여 '동의(Einverständnis)를 지향하는' 언어사용과 '상호이해 도달(Verständigung)을 지향하는' 언어사용 및 나아가 '강한' 의사소통행위와 '약한' 의사소통행위를 구분하지 않을 수 없는 압박을 받았다. 이에 관해서는 J. Habermas, "Rationalität der Verständigung: Sprechakttheoretische Erläuterungen zum Begriff der kommunikativen Rationalität", in: 위의 책, 105~145쪽 중 116쪽 이하와 122쪽 이하 참조.

일상적 의사소통과 일상외적 의사소통을 구분하다는 관점에서 보자면 오늘날 나에게 신성한 것의 언어화는 그 개념이 달리 드러난다. 즉 규범적 내용은 그것을 캡슐처럼 싸고 있던 의식에서 풀려나 일상언어의 의미론 안에 전입될 수밖에 없었다고 해야 한다. 의식을 통한 영생 구원이나 만년 천벌과의 접촉이 항상 '선과 악'의 의미론적 양극화와 결부됐던 것은 분명하다. 그러나 의식상으로 부여된 의미가 신화적 이야기의 형태 안에서 언어화됨으로써, 비로소 선과 악의 정신역학적 대립은 일상언어 안에서 각기 완성된 ―'참과 거짓' 그리고 '진실함과 불성실함'이라는 ― 진술과 발언의 이진법적 코드와 동화되면서 ― '정당함과 부당함'이라는 ― 규제적 담화행위와 결부된 제 3의 타당성 요구로 완성될 수 있었다. 세계상世界像의 발전이란 결코 신성한 의미론이 탈주술화되어 반성적으로 액화液化되는 것으로만 설명되지는 않으나 이런 방식으로 설명되기도 하므로, 나는 의식상에서 고착됐던 의미가 언어적으로 구속력을 박탈당하는 이 사변적 구성도를 언급하고 있다.

우리의 시선을 다시 한번 되돌려보자. 만약 우리가 마이클 토마셀로를 따른다면,[13] 오늘날 우리에게 알려진 언어의 문법적 복잡성은 선사시대에 일어나 가설적으로만 추追구성되는 분화과정, 즉 몸짓언어가 명제적으로 접합된 언어로 분화된 덕분이라고 할 수 있다. 따라서

---

12 J. Habermas, *Theorie des kommunikativen Handelns*, Bd.2 (Frankfurt, 1981), 119쪽. [옮긴이] 우리말 번역으로는 하버마스,《의사소통행위이론 2》, 장춘익 역 (파주: 나남, 2006), 132쪽. 해당 구절을 참조하여 약간 고쳐 옮겼다.

13 M. Tomasello, *Constructing a Language: A Usage-Based Theory of Language Acquisition* (Cambridge, Mass., 2003). 우리말 번역으로는 토마셀로,《언어의 구축: 언어 습득의 용법 기반 이론》, 김창구 역 (서울: 한국문화사, 2021) 참조.

만약 '언어적'[14] 의사소통이 오직 지시하거나 표시하는 몸짓 정도에 머물렀던 인간종의 초기 단계가 있었다고 한다면[15] 문법적 언어의 등장과 더불어 비로소, 뒤르켐이 분석한 바와 같은, 사회적 집단체의 취약한 연대와 그 규범적 골조의 인정, 즉 제도화된 친족관계를 더 이상 의식儀式뿐만 아니라 신화적 이야기를 통해서도 해석하고 설명하고 또 정당화할 가능성이 제공된다. 의식과 신화의 합주는, 그것들이 흔히 오늘날까지 고도로 반성된 형태로 존속되었듯이, 여전히 신성한 복합물의 근거를 제공한다. 서구적 현대에서 세속적이고 탈형이상학적인 자기이해와 세계이해가 형성되기 전까지, 모든 문화적 해석체계는 신성성의 틀 안에서 발전해 왔다.

탈형이상학적 사고 안에서의 자기이해와 세계이해에 대한 새로운 철학적 재구성, 철학의 항상적 과제에 대한 재확인

이제 나는 신성한 것의 언어화를 두고, 이 세계관 안에서 신성한 의사소통의 원천으로부터 일상언어 안으로 일종의 의미전이가 진행된 데 관해 말하고자 한다. 신화적 이야기나 교의적 형태를 갖춘 가르침의 언어 안에서 주술적 의례 안에 봉인된 의미론적 잠재력을 자유롭게 풀어냄과 동시에 그때마다 가용할 수 있는 현세적 지식에 비추어 정체성을 안정시키는 해명체계로 가공한 것은 신화적, 종교적, 형이상학적

14 여기에서 내가 '언어적(sprachlich)'이라고 함은, 관습화되어 한 언어공동체 안에서 동일한 의미로 적용되는 상징(Symbole)이 의사소통적으로 교환되는 것을 가리킨다.

15 M. Donald, *Origins of the Modern Mind: Three Stages in the Evolution of Culture and Cognition* (Cambridge, Mass., 1991).

세계상의 성취이다. 이러면서 그 세계상은 한편으로는 신성한 근원에서 비롯되어 상호주관적으로 공유된 생활세계의 집단적 자기이해와 다른 한편으로 경험에 의거하여 자연과의 속된 교류를 통해 획득한 세계지식 사이의 관계를 설정한다. 즉 이 세계상은 전통에 의해 보호되는 보수적 자기이해와, 항상적으로 수정되는 가운데 그 개념이 파악되는 세계이해 사이에 내재적인, 따라서 개념적인 관계를 창출한다.[16]

본래 의식에 기원을 둔 의미론적 잠재태가 반성적으로 액화되고 승화되며 변화하는 과정을 주요 단계에서, 말하자면 세계관 발전의 윤곽 안에서, 설득력 있게 설명하기 위해 이제 필요한 것은 믿음과 앎의 계보학에 대한 연구이다. 그런데 이 작업을 위해 이 책에 실린 논문들이 제공하는 것은 어떤 대체물이 아니라, 기껏해야 단서에 지나지 않는다. 그러나 지금까지 제대로 연구되지 않은 그런 계보학의 발상은 내가 왜 종교적 전승과 관행이 현재에도 생생한 생명력을 가진다는 사실을 철학에 대한 도전으로 파악하는지 설명해 줄지도 모른다.

형이상학의 종말이 주장되고 난 이후 철학은 우주적 만물통일성을 관조적으로 확신시키는 애초의 플라톤적 구원의 길에 그리 오래 집착하지 않는다. 따라서 이런 관점에서 철학은 더 이상 종교적 세계관과 경쟁하지 않는다. 유명론[17] 혁명으로 촉진되면서 철학은 종교의 괄호

---

16 이 형식적 관점 아래에서 우리는, 인식하고 담화하고 행위하는 주체에 의하여 직관적으로 사용되는 지식 — 즉 어떻게 인간이 판단을 내리면서 그 근거를 정립하고, 의도적으로 여러 목표를 추구하여 그것들을 실현하면서, 언어적 표현을 형성하여 의사소통적으로 이용하는가 — 에 관해 가장 일반적 구성요소 안에서 합리적으로 재구성하는 것을 철학의 대체적인 고전적 과제로 간주하는 한, 어떤 경우에도, 탈형이상학적 자기이해와 세계이해의 여러 형태 안에서도 철학과 과학 사이에 유사한 관계가 있음을 발견한다.

로부터 스스로를 풀어내고 이제는 도덕과 법, 즉 전반적으로 현대의 규범적 내용물에 해당되는 것들을 오로지 이성理性 하나로 근거정립하겠다고 주장해 왔다.

다른 쪽에서 보자면, 오류에 빠진 과학만능주의적 자기이해에 대한 비판은 철학이 과학으로 귀착하지 않다는 점을 주목하게 할 수 있다. 객관화하는 과학과 구별하면서 철학은 (오늘날 제도화된 과학의 필터를 통과한) 세계지식을 가공하는 자기반성적 태도를 종교적, 형이상학적 '세계상'과 여전히 공유한다. 철학은 세계에 대한 우리 앎의 증가에 직접적으로 참여한다기보다 증가하는 세계지식, 즉 세계와의 접촉에서 배우는 것이 각각 우리에게 무엇을 의미하는지 묻는다. 예를 들어 인지과학의 보조분과 역할로 환원되는 대신 철학은 예전과 마찬가지로 가용할 수 있는 과학적 인식의 빛 안에서 근거정립된 자기이해와 세계이해를 명확하게 분절시킨다는 자신의 과제에 충실히 매진해야 한다.

과학과 종교공동체에 대한 철학의 현재적 관계에서 본, 신성한 것의 철학적 언어화

탈형이상학적 사고의 세속적 성격을 뒤흔드는 것에는 아무 근거가 없다. 그러나 주술적 관행을 갖춘 종교공동체가 의식을 통해 규범적 구속력의 에너지를 창출한다는 고대적 시점과 반성적으로 단절되고 승

---

17 [옮긴이] '유명론'(唯名論)은 보편적인 것(universals)이나 추상적 대상물은 실재하는 것이 아니라 단지 어떤 관념에 대한 이름에 불과하다고 보는 형이상학적 입장이다. 이는 로스켈리누스가 주창하고 윌리엄 오캄에서 절정에 다다랐는데, 존 스튜어트 밀은 유명론을 "이름 말고 보편적인 것이라고는 전혀 없다."라는 한 문장으로 요약하였다.

화된 상태를 지속한다는 사실은 탈형이상학적 사고를 다음과 같은 문제에 대면시킨다. 수천 년에 걸쳐 신화, 종교, 형이상학이 수행한 신성한 것의 언어화 과정이 과연 완전히 소진되고 종결됐는지 여부를 알 수 있는가?

그런데도 철학에는 지금까지 종교적 가르침 안에서 이루어졌던, 대체적으로 '신학적'이라고 할 수 있는 신성한 것의 언어화를 '밖으로부터' 계속 수행해야 한다는 과제가 제시된다. 철학에서 언어화란, 종교적 전승 안에서 여전히 생명력을 가진 의미론적 잠재태를 발견하고, 고유한 개념적 수단으로 특정한 종교공동체를 넘어 접근가능한 보편적 언어로 번역함으로써 공적 근거의 논변적 놀이로 이끄는 것을 뜻할 수 있을 뿐이다.

이 책의 2부에 실린 고찰과 답변은 모두 하나의 핵심 질문을 변주하는 데 기여한다. 이 글들은 한편으로 과학에 대한 철학의 관계에서, 다른 한편으로 종교적 전승에 대한 철학의 관계에서 변화된 위상정렬의 증거를 수집한다. 그리고 종교적 대화 상대자에 대하여 학습할 자세가 된 철학을 받아들일 수도 있을 대화관계를 예시하면서도 이 대화를 제로섬 게임으로 간주하지 않는다.[18] 이것이 세계관적 다원주의가 제기하는 정치적 문제와 연관성을 가짐은 명백하다.

따라서 3부는 국가권력의 세속화 이후에도 종교공동체가 지배질서의 민주적 정당화와 계속 연관됨을 증명하는 당대의 현안 토론과 결부

---

18 나는 이런 견해가 기능주의적 종교관을 함축한다는, 신학 쪽에서 표출된, 우려에 대항하여 이 견해를 다방면으로 방어해 왔는데, 다른 어느 것보다도 특히 M. Reder & J. Schmidt (Hg.), *Ein Bewußtsein von dem, was fehlt: Eine Diskussion mit Jürgen Habermas* (Frankfurt, 2008), 94~107쪽에 실렸던 나의 반론에서 그러했다.

된다. 존 롤스는 그의 정치이론에서 국가권력의 세속화가 반드시 시민사회의 세속화를 뜻하는 것은 아니라는 통찰에서 출발한다. 나의 흥미를 끄는 것은 정치적 공론장에서 종교공동체의 역할로부터 귀결되는 결과이다.

규범적 시각에서 볼 때 민주주의적 입헌국가에서 종교와 정치의 관계는 지극히 명료하다. 하지만 그렇기에 더욱 당혹스러운 것은, 종교적 폭력의 폭발 그리고 우리의 탈식민지적 이주민사회에서 이질적 종교공동체를 통합시키는 것과 관련하여 발생하는 여러 문제에 대한 갈팡질팡하는 대응이다. 나는 정치적 문제의 비중을 경시할 생각은 없지만 정치이론이 거기에 관해 말하는 것은 논쟁의 여지가 없다. 우리의 상황에서 행정적으로 자립되어 있음과 동시에 전 지구적으로 무력화된 정치에 대항하는 구원의 수단으로 '정치적인 것'을 주문처럼 불러내는 것은, 서로에 대고 계몽주의적 근본주의라든가 기본권의 약화라고 비난하는 세속주의자와 자칭 다문화주의자 사이의 논쟁만큼이나 설득력이 크지 않다.

2012년 6월 슈타른베르크에서

위르겐 하버마스

출처

1부. 근거들의 공간으로서 생활세계

1장. 세계상에서 생활세계로

하버마스의 《이성 비판》에[1] 최초로 수록되었는데, 게트만이 이 출간문을 축약하여 《생활세계와 과학》에[2] 실었던 것이 이 책 독일어 원본에 전재되었다.

2장. 상징적으로 체화된 근거들의 공간으로서 생활세계

이 책 원본에 최초 수록되었다.

3장. 의식의 진화론적 의미에 대한 가설

이 책 원본에 최초 수록되었다.

2부. 탈형이상학적 사고

4장. 종교에 대한 철학의 새로운 관심

〈독일철학저널〉에[3] 처음 수록되었다.

---

1 J. Habermas, *Kritik der Vernunft: Philosophische Texte*, Bd.5 (Frankfurt, 2009), 203~270쪽.

2 C. F. Gethmann (Hg.), *Lebenswelt und Wissenschaft* (Hamburg: Felix Meiner, 2011. 6.), 63~88쪽.

3 *Deutsche Zeitschrift für Philosophie*, 58(2010), 3~16쪽.

5장. 종교와 탈형이상학적 사고

이 책 원본에 처음 수록되었다.

6장. 믿음과 앎에 관한 심포지엄

랑탈러와 나글-도체칼이 편집한《믿음과 앎》에[4] 수록된 것이다.

3부. 정치와 종교

7장. 정치적인 것

멘디에타와 판안트베르펜이 편집한《공적 영역에서 종교의 힘》에[5] 영문으로 출간되었다. 독일어로는 이후 같은 편집자에 의해《종교와 대중》에[6] 수록되었다.

8장. 좋은 삶이라는 혐오스러운 상투어

코헨과 나겔이 편집한 롤스의《죄와 신앙과 종교에 대하여》에[7] 책의 후기로 실렸다.

9장. 롤스의 정치적 자유주의

핀레이슨과 프라이엔하겐이 편집한《하버마스와 롤스: 정치적 논쟁》에[8] 영문으로 출간되었다.

---

4 R. Langthaler & H. Nagl-Docekal (Hg.), *Glauben und Wissen: Ein Symposium mit Jürgen Habermas* (Wien, 2007), 366~414쪽.

5 E. Mendieta & J. VanAntwerpen (Hg.), *The Power of Religion in the Public Sphere* (New York, 2011), 15~33쪽.

6 E. Mendieta & J. VanAntwerpen (Hg.), *Religion und Öffentlichkeit* (Berlin, 2012), 28~52쪽.

7 J. Rawls, *Über Sünde, Glaube und Religion*, J. Cohen & T. Nagel (Hg.) (Berlin, 2010), 315~336쪽.

10장. 탈세속적 사회의 공론장에서의 종교

〈독일 및 국제정치 저널〉에[9] "세속화의 변증법"이라는 제목으로 출간되었고, 영어로는 "탈세속화 사회라는 말로 의미하는 바는 무엇인가?: 유럽에서의 이슬람에 대한 토론"이라는 제목으로《유럽: 흔들거리는 기획》에서[10] 처음 출간되었다.

11장. 국제법의 헌법화와 세계사회헌법을 위한 정당화 문제

〈별자리: 비판적 민주주의 이론에 관한 국제 저널〉에[11] 처음 게재되었고,《아, 유럽*Ach, Europa*》의[12] 영역본에[13] 영문으로 출간되었는데, 해당 책의 독일어 원본을 우리말로 번역한 하버마스,《아, 유럽》, 윤형식 역(파주: 나남, 2011)에는 수록되지 않았다.

---

8 J. G. Finlayson & F. Freyenhagen (Hg.), *Habermas and Rawls: Disputing the Political* (New York, 2011), 283~304쪽.

9 "Die Dialektik der Säkularisierung", *Blätter für deutsche und internationale Politik*, 4(2008), 33~46쪽.

10 "What is meant by a 'Post-Secular Society'?", in: *Europe: The Faltering Project*, tr. by C. Cronin (Cambridge: Polity, 2009), 59~77쪽.

11 *Constellations: An International Journal of Critical and Democratic Theory*, Vol.15, No.4, 2008, 444~455쪽.

12 J. Habermas, *Ach, Europa* (Frankfurt: Suhrkamp, 2008).

13 J. Habermas, *Europe: The Faltering Project*, tr. by C. Cronin(2009), 109~130쪽.

1부

근거들의 공간으로서 생활세계

1장

세계상에서 생활세계로

우리의 세계이해와 자기이해를 개념화할 경우 우리가 얘기하는 바는 세계관이나 세계상일 것이다. '세계관世界觀, Weltanschauung'이라고 하면 전체에 대한 파악의 **과정**이란 뉘앙스가 담긴 반면, '세계상世界像, Weltbilder'은 진리이기를 요구하는 이론적이고도 기술적인 세계해명의 **결과**를 강조한다. 두 표현 모두 삶의 방향설정이라는 실존적 의미를 가지는데, 세계관이나 세계상은 우리 삶의 전체 안에서 우리에게 삶의 방향을 제시한다.

그런데 이 방향설정에 대한 앎이 현시점에 통용되는 타당한 연구결과를 종합하는 것이라고 주장하더라도 세계관이나 세계상을 과학적 앎과 혼동해서는 안 된다. 이런 상황은 지금 통용되는 이 용어의 사용법에 우리가 왜 일정한 거리를 두어야 하는지를 설명한다. 즉 오늘날 세계상이나 세계관이라는 말을 철학과 그것의 의심쩍은 경쟁자를 구분하기 위한 경멸적 표현으로 사용하는 것이 절대 아니라면,[1] 그것은 과거의 '강한' 전통을 회고적으로 되새겨 준다. 이렇게 되면 우리가 일차적으로 염두에 두는 것은 기축시대의 우주론적이고 신神중심적인 세계상까지 이리저리 소급되는 개념물概念物이다. 그리스 철학 역시 본질적 부분에서는 여기에 속한다.

철학적 학설이 세계 전체, 즉 우주라든가 세계사나 구원사 또는 인간과 문화를 포함하는 자연의 진화에 대한 연관성을 보존하는 한, 철학은 오늘날에도 여전히 세계상의 기능을 충족한다.[2] 철학적 학설은 윤리적 자기해석의 형태로 정당화될 수 있지만, 세계관의 다원주의라는 현대적 조건 아래에서 많든 적든 명시적인 특정 에토스의 자기해석이 더 이상 보편타당성을 요구할 수는 없다. 게다가 현재의 철학이 탈형이상학적 사고의 형태 안에서 작동하면 단지 세계상을 생산하는 일에는 거리를 취하는 편이 더 이로울 것이다.

그렇다면 철학은 어떻게 전체와의 관련을 희생하지 않으면서도 세계상과 같은 세계에 대한 지식을 확보하라는 요구를 충족시킬 수 있을까? 오늘날 철학이라는 분과는 말하기, 행하기 그리고 알기와 같이 그때그때 개별 능력을 재구성하는 것으로 전문화되든가 아니면 과학, 도덕 또는 법 그리고 종교 또는 예술 등과 같이 선재先在하는 문화적 형태를 반성함으로써 철학으로 다루는 대상과 철학을 이음줄dash로 연결한 하이픈-철학들, 즉 분과철학의 단편들로 조각조각 부서져 있다. 그런데 만약 우리가 생활세계에 초점을 두고 출발한다면 이 단편적 조각들

---

1 W. Weischedel이 편찬한 M. Heidegger, *Holzwege* (Frankfurt, 1950), 69~104쪽에 실린 ders., "Die Zeit des Weltbildes" 참조.

2 이 글에서 나는 앞으로 맥락상 명백하게 과정(過程)의 측면을 부각시킬 필요가 없는 한 '세계상'이라는 표현을 사용할 것이다.

을 다시 하나의 전체로 재조립할 수 있을까? 여러 세계상에서 내가 스케치할 생활세계의 개념에 이르는 길은 토대주의적 방식을 취하지 않고도 '하이픈 없는' 철학에 도달할 수 있는 전망을 열어줄 것인가?

생활세계의 세계가 세계상의 세계와 다르다는 것은 확실하다. 생활세계의 세계가 의미하는 것은 장엄한 우주라든가 사물의 모범적 질서가 아니며 무거운 숙명을 짊어진 백년기百年紀나 우주령宇宙齡의 질서, 다시 말해서 구원과 관련하여 차례대로 일어나게 되어 있는 사건들의 질서도 아니다. 우리는 생활세계란 우리 목전에 이론적으로 마주 서 있는 것이 아니며, 오히려 이론 이전에 우리가 생활세계 안에 선재하고 있음을 발견한다.

생활세계가 우리를 에워싸고 지탱함으로써, 우리는 유한한 본질을 가진 존재로서 세계 안에서 만나는 것과 교류한다. 이런 맥락에서 후설은 생활세계의 '지평' 그리고 그것의 '지반기능'이라는 말을 한다. 그리고 우리는 생활지평이란 초월가능한 것이 아니라 오직 직관적으로 우리와 동반하는 경험지평이며 — 개인적 인격체로서 역사적으로 상황 지어져 있고 신체적으로 체화되어 있으며 의사소통적으로 사회화된 일상적 실존의 — 우회불가능하면서도 대상적이지 않게만 현전하는 체험배경으로 기술될 수 있는 것임을 예감한다.

우리는 이 실존양식을 각기 상이한 여러 측면 아래에서 의식한다. 우리는 우리 자신을 수행적으로, 즉 체험을 겪어내면서, 유기체적 생활과정 안에 내입되어 사회화되고 사회적 관계와 관행 안에 얽혀 행위하면서 세계에 개입하는 주체로서 경험한다. 이 축약된 공식 안에 압축된 것은 우리 머리 위의 별이 박혀 있는 하늘처럼 직관되거나, 신의 언약에 대한 신뢰 안에서 구속력을 얻은 진리 같은 것으로 수긍될 수 없다.

세계 안에서 무언가에 관해 명시적으로 상호이해를 도모함으로써 우리는 언제나 이미 수행적 확실성으로 스스로를 구축했던 환경계 안에서 움직인다. 가장 보편적인 특징, 말하자면 생활세계의 건축구조를 의식 안에 떠올리는 것이야말로 철학적 반성의 현안이다. 따라서 이 기술記述은 그저 세계 자체가 어떤 관계로 서로 엮이는가에 그치지 않고 세계 안에서 일어나는 일에 우리가 접근하는 방식의 조건까지 지목한다. 세계 내內 존재의 지반과 지평을 이렇게 인간중심적으로 관조한 이후 세계의 상像에서 여전히 남는 것은 가능한möglich 세계지世界知에 대한 텅 빈 틀이다.

즉, 생활세계적 배경의 분석은 — 전체에 대해 이론적으로 접근함과 동시에 그것으로써 올바른 삶에 대한 실천적 통찰력을 약속하는 세계상의 — 방향설정 기능도 상실한다. 그럼에도 불구하고 후설은 그가 엄격한 기술적記述的 의도에서 구상한 생활세계의 현상학으로부터 중요한 실천적 교훈을 추출하기를 원한다. 말하자면 그는 생활세계의 개념을 갖고 과학이 망각해버린 '의미토대'를 노출시킴으로써 객관주의의 광범한 결과로부터 지식사회를 보존하기를 원한다. 과학만능주의로 첨예화된 자연주의의 도전에 직면하여 오늘날 이와 유사한 문제가 제기된다. 즉, 생활세계의 인식론적 역할은 각 인간이 각자의 일상생활 안에서 작동하는 자연과학적 자기이해를 과연 수정할 수 있는지, 만약 수정한다면 어떤 의미에서 그런지를 묻는다.

나는 세계상의 발전을 소략하게 스케치하면서 그에 비추어 망각된 의미토대라는 후설의 명제가 어느 정도 설득력이 있는지 시험하고자 한다. 유럽 철학은 한편으로 존재론적 세계 개념을 확장시키고 이후 인식론적 세계 개념을 구축함으로써,[3] 배경에서 작동하며 투사적으로 대상화되는 생활세계를 과학적으로 포착가능한 객관세계로부터 인지적으로 분리하는 데 유의미한 역할을 했다. 정신의 세속적 형태로서 철학은 종교에 등을 돌리고 그와 동시에 강력한 형이상학적 인식 요구와 결별한다. 다른 한편에서 유럽 철학은 탈주술화되고 사물화된 경험세계 개념의 계보학에 기여하면서 생활세계의 인식적 역할을 축출한다. 따라서 이 축출된 배경을 반성함으로써 탈형이상학적 사고의 자기이해가 어떻게 변화하는가 하는 문제가 나의 관심을 끈다.

이런 문제의식에 따라 나는, (1) 우선 생활세계에 대한 의사소통적 개념을 선취하는 가운데 생활세계, 객관세계, 일상세계가 서로 어떻게 다른지 해명할 것이다. (2) 이 기본개념들은 과학비판을 세계상 발전의 맥락과 연관시키는 데 기여할 것이다. 이 발전에서 나의 관심을 끄는 것은 객관세계가 생활세계의 투사물로부터 인식적으로 점차 해방됨과 아울러, (3) 자연과학적으로 사물화된 객관세계의 상像이 초래하는 문제가 선험론철학적으로 취급된다는 점이다. (4) 이 상은 정신과학과 사회과학의 등장으로 한층 복잡해지는데, 이것은 동시에 선험론철학에 대한 일종의 도전이기도 하다. (5) 객관세계에 대한 우리 상의 양극적 사물화와 이에 상응하는 성취적 주체성의 탈선험화는 후설의 과학비판적 문제제기가 왜 첨예한 딜레마로 고조되는지 설명한다. 생활세계와 객관세계의 상보적 관계에 우리가 **실질적으로** 돌아 들어갈 뒷면 같은 것은 없는데, 여기에는 일원론적 세계해석에 대한 욕구

3 J. Ritter & K. Gründer & G. Gabriel (Hg.), *Historisches Wörterbuch der Philosophie*, Bd.10 (Darmstadt, 1992), 408~446쪽에 실린 '세계'(Welt) 항목의 사전글 참조.

와 상충하는 인식론적 이원론이 연결되어 있다. (6) 결론적으로, 나는 이 딜레마의 출구를 찾으려는 몇몇 시도를 간략하게 검토할 것이다.

1. 생활세계, 객관세계, 일상세계 개념의 차이

생활세계의 개념은 수행적 의식과 오류가능한 앎 사이의 구분을 기반으로 한다. 일상적 관행 안에서 우리와 동반하는 가운데 직관적으로는 확실하지만 늘 암묵적인 상태에 머무는 전前반성적 배경지식은 독특한 양태를 지닌다. 이는 생활세계가 수행적으로만, 무엇인가를 지향하면서 그때그때 다른 방향을 취하는 여러 행위의 실행 속에서만 우리에게 현전한다는 사실로 설명된다.

실족하여 자갈에 발을 헛디뎠을 때의 공포나 난처한 실수로 얼굴이 빨개질 때의 느낌, 오랜 친구의 의리를 더 이상 믿을 수 없게 된 순간의 깨달음, 또 오랫동안 전해져 온 배경가정이 갑자기 흔들리는 상태에 빠져들면서 일어나는 놀라움 등 이 모든 것을 우리는 '인지한다'. 왜냐하면 생활상 실행하던 것들이 교란되는 여러 상황에서는 — 문제되는 것이 습관화되었던 능력인지, 일종의 분위기인지, 아니면 신뢰했던 사회관계이거나 확고부동했던 확신인지 등 — 암묵적으로만 알던 지식의 층이 드러나기 때문이다. 그림자처럼 드리워진 수행적 지식의 이런 요소들은, 그것들이 계속 배경에 머물면서 어떤 주제로 등장하지 않는 한, 이것저것 섞여 반죽된 혼합물일 뿐이다.

원칙적으로 이 각각의 확실성은 사회적 협동과 상호이해의 자원인데, 특히 통상적인 일상의 관행이 교란되어 불협화음이 발생할 경우,

일종의 주제로 전형轉形될 수 있다. 그러므로 현상학적으로 기술된 생활세계는 단순히 개별적 경험의 배경일 뿐만 아니라 의사소통행위의 배경으로도 파악될 수 있으며 나아가 상호이해 도달 과정과 연관될 수 있다.[4] 이러한 맥락에서 생활세계적 지평의 중심에 존립하는 것은, 후설이 상정한 바와 달리, 선험론적 자아의 의식적 삶이 아니라 둘 이상의 참여자, 즉 타아와 자아 사이의 의사소통적 관계이다. 생활세계는 의사소통 참여자 둘 각자에게 밀착되어 오직 암묵적으로만 현전하면서, 각자 자의적으로 확장할 수 있는 지평으로 개활開豁되는데, 각각의 실질적 만남은 오직 수행적으로만 경험되는 사회적 공간의 차원과 체험된 역사적 시간의 차원 속에 자리 잡게 된다. 이러한 의사소통행위이론적 접근은 다음의 작업에 적합하다. (a) 생활세계, 객관세계, 일상세계 같은 기본개념을 명확히 하고, (b) 이를 토대로 세계상의 발전과정을 분석하는 것이다.

생활세계, 객관세계, 일상세계 등 기본개념의 해명: 의사소통행위이론적 접근

생활세계적 확실성은 강화되어 있기는 하지만 결함투성이인 앎의 형식을 띤다. 왜냐하면 그 확실성은 고유한 수행적 양식이 손실되지 않고서는 진술陳述의 형태로 전환될 수 없기 때문이다. 그런데 참이거나

4 다음의 논술에 대해서는 J. Habermas, "Handlungen, Sprechakte, sprachlich vermittelte Interaktionen und Lebenswelt", in: ders., *Sprachtheoretische Grundlegung der Soziologie: Philosophische Texte*, Bd.1 (Frankfurt, 2009), 197~242쪽 참조.

거짓일 수 있는 진술의 형태를 갖지 못한다면 엄격한 의미의 앎이 아니다. 그래서 우리는 지금까지 논의한 배경지식을 인용부호 안에 넣어야 한다. 다시 말해서 우리는 직관적 방식으로 '아는' 것을 하나의 기술記述로 변형시켜야만 이를 명시적인 것으로 만들 수 있다. 하지만 그렇게 하면 단지 '알려지는 것'에 붙어 있던 실행양식은 해체되어, 말하자면 붕괴되어 버린다.

그런데 흥미로운 점은, 기술로 변형되면서 실행양식이 해체되는 경우에 발언수반적 행위는 예외라는 것이다. "나는 너에게 … 라는 점을 인정한다", "나는 너에게 … 하라고 권유한다", "나는 p라는 것을 확신한다" 등과 같은 담화행위 중 ('인정한다', '권유한다', '확신한다'라고 하는) 발언수반적 구성부분은 살면서 체험한 것, 대인관계 그리고 확신의 **실행양식을 명시적으로 재현再現하는 것**이 아니라 그것을 **표현한다**. 왜냐하면 각각의 경우에 발언수반적 행위로써 발언된 명제내용은 다른 무엇인가를 취급하기 때문이다.

고통스러운 인정, 우정 어린 충고, 굳은 확신의 내용은 임의적일 수 있다. 그러나 이때 내용이 되는 '무엇'은 확증적 담화행위일 경우에만 하나의 존립하는 사태로 제시된다. 표출적 발언의 경우 그 내용은 1인칭 개인, 즉 '나'가 특권적으로 접근할 수 있는 것으로서 다른 개인에게 '나'만이 "열어 보일 수 있는" '나'의 체험이다. 그리고 규제적 담화행위의 경우 1인칭 개인, '나'가 2인칭 개인, '너'와 맺는 개인 간 관계가 내용이다. 이 세 가지 양태는 각각 해당 발화 유형에 상응해 제기되는 타당성 요구에 반영되어 있다. 즉, 1인칭 개인의 문장에 대한 진실성 요구, 2인칭 개인에게 향하는 문장에 대한 정당성 요구, 기술적 문장에 대한 진리성 요구가 그것이다.

타당성 요구의 이 3화음 덕분에 주관적으로 살아 있는 것, 상호주관적으로 구속력을 가지는 것 그리고 객관적으로 의도된 것의 수행적 의미는 언어적 의사소통을 거쳐 근거들의 공적 공간 안에 안착한다.

지금 우리의 맥락에서 흥미로운 것은 담화행위의 이중구조에 반영된 생활세계와 객관세계의 관계이다. 화자는 발언수반적 행위를 수행할 때는 생활세계에 속하지만, 이 행위의 명제적 구성요소를 사용하는 중에는 객관세계 안에 있는 어떤 것과 관련된다. 의사소통행위에서 화자들은 공동으로, 여러 사태에 관해 여러 진술을 행할 수 있는 객관세계를 기술記述과는 독립적으로 실존하는 대상이나 보고자의 총체로 설정한다. 하지만 이것이 생활세계 전체에 대한 진술이 불가능할 수도 있음을 의미하지는 않는다.

의사소통행위에 참여하는 개인은 자기 고유의 참여활동을 마주하면서 3인칭 개인의 태도를 취하고, 그러면서 나아가 상호이해 도달의 행위 안에서 수행적으로 생산된 의사소통적 관계를 주제로 삼는바, 그것은 곧 이 의사소통적 관계를 세계 안에서 등장하는 무엇인가로 취급한다는 뜻이다. 왜냐하면 한 명제의 내용으로 만들어지는 모든 것은 세계 안에 주어지거나 존립하는 것으로서 주제화되기 때문이다.

객관세계에서 발생하는 것과의 건널 수 없는 의도상의 거리, 즉 의사소통행위의 실행과 그 명시적 내용 간 격차에도 불구하고, 의사소통 참여자들이 실제로 참여한 의사소통의 과정이 같은 순간에 진술한 발설자가 속해 있는 동일한 세계 안에서 발생한다는 것은 그들의 경험과 배경지식에 속한다.

객관세계의 구성부분으로서 생활세계가 각 소속원에게 그때그때 현안이 되는 배경의식에 우선한다는 '존재론적 우선권'을 향유함은 확실하다. 왜냐하면 주관적 체험, 개인 간 관계 및 신념과 같이 수행적으로 현재적인 생활실행은 체험하고 행위하면서 담화하는 주체가 '언제나 이미' 그것 안에서 자기가 선재하고 있음을 깨닫게 되는 유기적 신체, 상호주관적으로 공유되는 관행 그리고 전승을 전제하기 때문이다.

세계상의 발전에 대한 분석

나는 상징적 형식들로 분절된 이 생활세계의 실존양식과 '사회문화적 생활형태'를 객관화하는 기술로 다시 한번 돌아가 보겠다. 우선 중요한 것은 바로 우리가 일상에서 모든 것을 포함하는 객관세계로부터 만들어내는 '상像'이다. 우리는 언어적이든 비언어적이든 '세계 안에 있는' 무언가를 지향하는 **의도적 활동을 실행**하는데, 우리가 활동하는 지평이자 배경으로 현전하는 생활세계에서 자신을 떼어낼 수는 없다. 하지만 거리를 두고 떨어진 관찰자의 관점에서 볼 때 우리는 이 동일한 객관세계가 다시 다른 존재물과 함께 나란히 우리, 또 우리의 상호작용망 그리고 그것의 배경을 **한꺼번에 포함한다**는 것을 알 수 있다. 이것이 우리의 포용적 일상세계, 즉 상식의 세계를 각인시킨다. 그런데 생활세계의 수행적 특징이 — 그것이 우리를 둘러싸고 집중화되어 있다든가 그 안에서 우리가 서로 조우하고 습관적 행태를 꾸린다든가 하면서, 또 우리 사이에 어떤 분위기를 조성하고 관심을 갖도록 하는 등 — 일상생활의 구조를 규정함에도 불구하고 우리는 이 포용적 일상세계, 즉 상식의 세계를 생활세계에 대한 철학적 개념과 혼동해서는 안 된다.

어쨌든 일상세계는 모든 것을 담을 정도의 포용성을 가지며, 우리와 정면에서 마주치면서 수행적으로 친숙할 뿐만 아니라 늘 지각되기도 하는 자연스러운 주변 환경의 요소도 포함한다. 일상세계는 생활세계적으로 구성된 단면이나 수행적으로 친숙한 주관적 생활과정, 사회관계, 문화적으로 전승된 자명한 자기이해를 다 갖다 놓아도 전부 드러나지는 않는다. 바로 이 일상세계가 우리가 객관세계에 대해 만드는 상像, 즉 우리의 세계상을 형성한다.

일상의 삶 안에서 우리는 세계에서 조우하는 사물을 실천적 교류의 수준에 따라 범주화한다. 거칠게 말하면 우리는 만약 사물이 의사소통적 관계 안에서 우리와 만날 수 있다면 그것을 개인격체個人格體로 범주화한다. 만약 사물이 개인격체에게서 창출되어 나오는 무엇이라고 이해할 수 있다면 그것을 규범, 담화행위, 행위, 텍스트 기호, 인공물 등으로 범주화한다. 그렇지 않고 사물이 유기체적 체계, 즉 자기 자체를 재생산할 수 있고 상호 경계 지을 수 있는 체계를 통해서 우리로 하여금 예컨대 보호나 보육, 또는 사육하는 것처럼 사려 깊은 교류형태를 취할 수밖에 없도록 만든다면 우리는 그것들을 동물이나 식물이라고 범주화한다. 또 예를 들어 '도구'나 어떤 자연미의 특질처럼 다른 교류경험들로부터 끄집어내어 붙여준 모든 생활세계적 특질을 벗겨내 버릴 수 있는 사물들을 우리는 조작가능한 '물체'라고 개념화한다. 이렇게 일상에 근접한 존재론은 아리스토텔레스에게서도 찾아볼 수 있는데, 이런 존재론이 교류경험에 의해 각인된 객관세계의 상像을 상기시키는 것은 우연이 아니다.

우리가 객관세계에서 그때그때 만들어내어 역사적으로 변용하는 세계상의 생산이 일상세계의 사소한 층위에서 시발됨은 분명하다. 과학적 세계관은 물체에 대한 일상적 범주에서 발상되어 우주를 자연법칙적으로 규제되며 물리적으로 측정가능한 상태와 사건의 총체로 파악하는 반면, 가장 오래된 신화적 전승은 거의 모든 세상만사를 개별인격체 사이의 의사소통적 관계 안에 순차적으로 질서 지운다. 신화적 설화 안에 반영된 세계는, 우리에게 익숙한 문화인류학적 현시기술의 관점에서 보면,[5] 그 구조가 일원론적으로 짜여 있는데 현상들에는 오직 하나의 층만 있으며, 현상들의 배후에 '그 자체로 존재하는 것'이란 없다.

설화로 얘기된 세상만사의 구조는 개별인격체와 동물뿐만 아니라 조상의 혼이나 상상된 자연력 또는 근원적 힘, 초인적 세력과 의인화된 신들이 참여하는 사회적 상호작용의 여러 형태로 짜인다.[6] 이 상호작용의 거의 모든 참여자는 각기 다른 참여자들 그리고 모든 존재물과 의사소통하며, 감정과 소원과 의도와 의견을 표현하고 서로에게 상호적으로 영향을 미칠 수 있다.

이 서사敍事에서 여러 '교신交信'의 그물이 발생하면서 그 안으로 여

5 특히 영미 계통과 독일의 문화인류학과 레비-스트로스에 접속하는 구조주의적 인류학의 고전들을 참조.

6 마르셀 고셰(Marcel Gauchet)는 샤머니즘을 산 자와 죽은 자가 다 같이 거주하는 이 일원론적 세계의 사례로 다룬다. 즉 그에 따르면, "이 세계 안에서 우리는 정령 세계와의 의사소통을 주도하고 대표자들을 능수능란하게 조작하지만 자기들이 불러일으키는 위신과 공포에도 불구하고 자기 사회의 공동운명에 변함없이 충직하게 갇혀 있는 전문가들을 목격한다. 이렇게 되는 까닭은 가시적인 것과 비가시적인 것이 단 하나의 세계 안에 뒤얽혀 있기 때문이다. … 샤먼은 산 자와 죽은 자, 정령과 마법력 사이를 오가는 특수한 전문능력을 구비한 기술자로 남는다. 하지만 그는 어떤 경우에도 결코 인간 세계와 창조자 혹은 지배자 사이의 영원한 결합을 창조하는 힘의 화신은 아니다." M. Gauchet, *The Disenchantment of the World* (Princeton: Princeton University Press, 1997), 31쪽.

러 의식행위가 내입되는데, 매장의식과 희생의식 그리고 조상숭배와 자연마법사들로 조직된 신화적 힘과 교류한 증거가 여기에서 추출되어 나온다. 이런 식으로 마술적 실행 안에서 1인칭 개인격체가 2인칭 개인격체와 상호이해를 도모하기 위하여 두 태도를 결합한다. 즉, 인과적 영향력을 발휘하고자 하는 비인격적 또는 초인격적 힘에 대한 기술자의 **객체화 태도와** 2인칭 인격체에 대하여 스스로를 특정하게 표명하는 수행적 태도를 결합한다. 마법사는 어떤 정령**과 함께** 의사소통하면서 그를 넘어서는 위력을 취득한다. 여기에서 아주 인상 깊게 목격되는 것은 오직 한 범주의 지배력, 즉 의사소통행위의 범주가 행사하는 위세이다.

분명한 것은 이른바 신화적 세계상이, 우리가 거주하는 중심적 생활세계의 총체적 특징에 의해서만 각인되지는 않는다는 점이다. 다시 말해서 신화적 세계상은 생활세계의 수행적 의식에 철저하게 스며들어 구조화되며, 그 결과 의사소통행위 안에 문법적으로 구축되어 있으면서 일상생활에서 참여자들이 실천적으로 처리하는 **생활세계와 객관세계의 구별**은 초기 부족사회의 세계상 **안에서 흐려진다**. 상호이해 도달을 지향하는 행위의 범주는 세상만사를 그 전체에서 구조 짓기 때문에 **우리 시야에서 보자면** 세계에서 일어나는 일은 **생활세계적으로 구성되는 일상세계의 단편들에 흡수**된다.

우리가 볼 때 이 신화적 시작과 현대 과학의 세계상 사이에는 특이한 대비점이 존재한다. 즉 이 대립상은 '그 자체'로서 존립하는 객관세계라는 상像이 **참여하는 이들에게** 투사된 생활세계 특질의 과잉분을 정화하는 과정에서, 세계상이 발전했음을 암시한다. 경험적으로 유발된 인지 부조화를 극복함으로써 객관세계에 대한 시각은 **탈마법화되**

어 현안에 맞춰 구체적으로 물화物化되었다. 이 시야에서 보면, 과학만능주의적으로 첨예화된 자연주의라는 것이 여전히 최종결정권을 가져야 한다고 주장할 수 있을까? 아니면 진보하는 탈마법화의 트렌드가 (여전히 형식적으로만 규정되지만 인식적으로는 돌아갈 배후 같은 것은 없는) 생활세계와 과학적으로 객체화된 객관세계 사이에서 점점 더 날카롭게 양극화되는 상태에 도달함을 논거로 하여, 과학의 망각된 의미토대라는 후설의 테제를 방어하도록 할 것인가?

2. 세계상의 발전에서 과학비판의 역할

세계상의 발전에 대한 다음의 거친 소묘素描는 '세계상에서 생활세계로' 가는 도상에서 나타나는 3가지 전환점을, 세계상의 관점을 확장시켰던 인지적 돌파kognitiver Schub라는 개념으로 파악하자는 제안이다. 이러한 선택적이고 그런 만큼 편향된 시각에서 볼 때, 나에게 우선 중요한 것은 앞에서 이미 스케치했던 바와 같이 **특정 세계에 포박되었던 신화적 사고**가 전체로서의 세계를 보는 관점으로 나아가는 발걸음이다. 다음은 신神중심적 세계상과 우주론적 세계상이 독특하게 서양적으로 결합하여 **믿음과 앎의 양극화**에 이르는 과정이며, 마지막은 **형이상학으로부터 자연과학적 세계지식의 해방**인데, 이 해방은 우주론과 윤리학의 관계를 해체함으로써 믿음과 앎의 이성적 토대를 파괴한다.

이 구상은 시야의 초점을 서양적 발전으로 좁게 맞추었는데, 그것만으로도 여러 권의 책이나 심지어는 몇 개의 도서관을 채워야겠지만 나는 우리 주제와 연관하여 나의 제안을 오직 하나의 측면만 추적할 것이다. 그것은 생활세계, 객관세계 그리고 일상세계라는 개념적 별자리가 어떻게 이 추정된 학습행보의 순서에 따라 그 축이 움직여 왔는가 하는 점이다.

카를 야스퍼스는 기축시대라는 개념을 통해 기원전 첫 번째 천년의 중반 무렵 비교적 짧은 기간 동안 중동부터 극동에 이르는 고도 문명세계에서 인지적 돌파가 이루어졌다는 사실에 주목했다.[7] 페르시아, 인도, 중국, 이스라엘 그리고 그리스에서 오늘에 이르기까지 영향력을 행사하는 종교적 교리들과 우주론적 세계상이 당시에 발생했다. 조로아스터교, 불교, 유교, 유대교와 그리스 철학 등의 '강한 전통'은 세계관의 방향을, 동일한 수준에서 서사적으로 연관된 표면적 현상의 다양성으로부터, 신학적이거나 '이론적'으로 개념파악된 세계 전체의 통일성으로 전환하였다. 특히 일신론은 우주적 '사물의 질서'가 세계연령世界年齡의 목적론적 질서를 시간화한 모양을 취한다고 상정한다.

야스퍼스가 기축시대 개념을 제기한 이래 이 개념은 국제적으로 광범하게 가지 친 연구의 영감을 불러일으켜 왔다.[8] 우리의 맥락에서 관심사는, 오직 신화적 역사에 얽매인 사람의 **내부관점에서만** 세계에서 발생하는 일을 현재화할 수 있는, 참여자들의 인지적 편협함에서의 해방이다.

---

7 K. Jaspers, *Vom Ursprung und Ziel der Geschichte* (Zürich, 1949), 19~42쪽.
[옮긴이] 우리말 번역으로는 야스퍼스, 《역사의 기원과 목표》, 백승균 역 (서울: 이화여대 출판부, 1981) 참조. 해당 책에서 백승균 교수는 'Achsenzeit'를 차축시대(車軸時代)라고 번역하고 있다.

8 J. P. Arnason & S. N. Eisenstadt & B. Wittrock (Hg.), *Axial Civilizations and World History* (Leiden, 2005).

새로운 이원론적 세계상은 이 평평한 일원론과 단절한다. 그것은 세계 저 너머 피안에 있는 유일신이라든가 우주적 합법칙성 같은 개념을 갖고 세계가 객체화된 전체로서 시야에 들어오는 관점을 개활한다. 예언자와 현자, 설교자와 스승, 명상적 관조자와 신비가, 기도하는 자 그리고 지적 직관에 몰입하는 철인哲人에게 단일한 세계 창조자라든가 모든 것의 균형을 유지하는 규범, 니르바나涅槃 혹은 영원한 존재의 심층에 놓인 실재 등과 같은 안정된 극極과의 연관은 다수인 것, 우연적인 것 그리고 가변적인 것으로부터 거리를 둘 것을 강압한다. 세계를 이원론적으로 보는 시야는 이스라엘이나 인도의 구원종교에는 보다 강하게, 그리스 철학이나 중국의 지혜의 가르침에는 보다 약하게 각인되어 있다는 차이에도 불구하고 이 지적 엘리트들은 전반적으로 초월적 입지점으로의 인지적 돌파를 성취한다.

이러한 관점에서 보면 세계 안에서 일어나는 모든 것은 전체로서의 세계와 구분 가능하다. 그리고 존재하는 것存在者과 인류 전반에 대한 이 시선은 본질과 현상의 범주적 구별을 제작해 냄으로써 정령세계와 현출물을 분별하는 저 태곳적의 범주적 구분을 대체하고 그 밖에도 마술적 표상으로부터 세계관적 지반을 탈취한다.

세계와 세계내적인 것이 분화됨으로써 일상세계는 순전히 현상의 영역으로 가치절하된다. 본질체로의 이 이론적 관통은 설화의 설명력을 확장시킨다. 이제 그 개념적 틀은, 실용적이며 자연에 대해 박물학적 박식성을 가졌으며 의학적이기도 한, 대량의 지식과 아울러 그동안 초기 고도 문명에서 도시에 집적되었던 천문학과 수학 지식까지도 처리하여 정합적이면서도 전승력을 가진 하나의 전체로 통합할 수 있게 된다.

신화는 일상의 관행과 밀접하게 얽힌 채 세계에 대한 이론적 상像으로서의 독자성을 아직 취득하지 못했던 반면, 기축시대의 세계상 안에는 모든 것을 개념적으로 포괄하는 '객관적' 세계에 대한 철학적, 신학적 개념이 접합되어 있다. 신앙적으로 또는 명상적으로 포착되는 이 세계 전체가 등장하면서 참여자들에게는 생활세계와 객관세계의 융합이 해소되는데, 오늘날 우리는 신화적 세계상에서 이 두 가지가 융합되어 있었음을 읽어낸다. 단순한 현상에 지나지 않는 것으로 격하된 일상세계를 질서 안에 편입시키거나 종속시킴과 함께, 우리의 시야에서 볼 때, 수행적으로 현재인 생활세계는 의사소통적으로 행위하는 이들에게 — 생활세계가 스스로를 개활하는 — 일상관행 및 지시연관과 더불어 다른 모든 존재물과 똑같이 세계 안에서 출현한다는 사실도 고려되어야 할 것이다.

하지만 이 현안에 따른 구체적 물화는 확실히 나름의 대가를 치른다. 기축시대의 세계상 안에서 생활세계는 그 자체로서 별도로 부상하는 것이 아니라 일상세계의 현상 안으로 스스로 녹아든다. 신앙인과 철학자에게는 그들의 배후에서 기능하는 고유한 생활세계가 존재론적으로 대상화된 세계상 뒤로 사라지는데, 그럼으로써 세계 안에서 생생히 살아가며 성취능력을 발휘하는 존재의 수행적 의식意識으로부터 이러한 세계상이 빌려 온 투사적 특징은 그들 스스로에게는 은폐된 상태로 머문다. 이는 여러 우주론과 신학의 세계 안에 반영된 생활세계의 세 측면에서 자명하게 드러난다.

첫째로, 우주와 구원사는 살아 있는 사회적 공간과 경험된 역사적 시간의 차원에서 기획된다. 따라서 객관세계의 경계는 초인적인 것에 투사된 생활세계적 지평과 뒤섞이는데, 이 생활세계는 우리에게 집중된 거주가능한 세계이며 우리의 일상적 실존에서 나타나는 무상한 현상들이 그 구성부분을 이룬다. 야스퍼스의 개념에 따르면, 포괄자包括者의 이 건축구조 안에서 목적론적 구성체질Verfassung을 가진 세계 전체는 인간, 동물, 식물과 무생명 자연과 우리가 일상적으로 영위하는 교류의 생활세계적 성격을 보유한다.

둘째로, 기축시대의 세계상이란 결코 알려진 사실을 가치중립적인 방식으로 기술하는 이론이 아니다. 왜냐하면 **이론적** 세계해명이라고 하면 이미 강한 평가적 의미를 내포한 기본개념들과 결합되어 있으며 이는 **실천적** 생활규범들과 긴밀히 연결되기 때문이다. 전체에 대한 기술이 '신神', '업業', '존재함', '도道' 같은 개념의 도움으로 이루어진다면, 구원사나 우주에 대한 **기술**은 어떤 모범적 존재자에 대해 그것을 기술하면서 동시에 **그 가치를 평가한다**는 의미를 획득한다. 이로써 신앙인이나 현자에게 구원사나 우주가 지향하는 목적점은 행해져야 할 것, 즉 당위적으로 이루어져야 하는 것이면서 본받을 가치가 있는 것으로서 탁월성을 갖게 된다. 규범적 진술의 당위적 타당성과 기술적 진술의 진리타당성은 서로 개념적으로 용해되면서, 언어적 주제화의 경로에서 해체되며 그에 상응하는 담화행위 유형들의 상이한 타당성 차원들로 분화되어 나가는 생활세계적 배경의 징후를 상기시킨다.

마지막으로, 이론적 세계해석의 실천적 의미에는 종교적 '진리'와 형이상학적 '진리'가 제기하는 무오류 가능성의 요구도 관련된다. 만약 세계와 세계연령에 대한 여러 개념이 구원의 길이나 정치적으로 모범적인 생활운영의 모델에서 '대가를 지불해야' 한다면, 이론적 확신은 윤리적-실존적 확실성에 요구되는 설득력을 가져야 한다. 이를 근거로 보면 신앙과 지혜의 가르침에서 왜 '강한' 이론의 형태를 부여하는 **교조적 사고형태**가 나타나는지 설명된다. 말하자면 **수행적 지식양태**는 무오류의 진리라고 주장하면서 생활세계에서 나와 명시적 세계지의 영역 안으로 뻗어 들어간다.

기축시대의 세계상을 회고해 볼 때 생활세계의 측면을 객관세계에 투영한 결과로 규정할 수 있는 한, 세계개념의 구조는 이미 사물화로 나아갈 가능성을 예시한다. 일차적으로 그 발전은 물리적으로 기술가능한 상태와 사건의 총체로서의 세계를 탈중심적으로 개념화하는 쪽으로 방향을 잡으며, 둘째로는 이론이성을 실천이성과 분리시키는 방향을, 마지막으로는 오류가능하지만 회의적이지 않게 이론적 앎을 이해하는 방향을 가리킨다. 이 소실점들이 우리 고유의 해석학적 출발점, 즉 17세기와 18세기 이후 형성된 탈형이상학적 세계이해와 자기이해를 지시하고 있음은 당연하다. 나는 이 나르시스적 구성물에서 적어도 필연성이라는 말이 지닌 역사철학적 외양을 벗겨내고자 한다. 그러기 위해서는 우선 신학적 가르침에 우주론적 세계상을 체계적으로 결합함으로써 바울적 기독교와 그리스적 형이상학을 생산적으로 결착시켜 헬레니즘화된 기독교와 신학적으로 보존된 플라톤주의의 이중형태로 귀착시켰던, 별 개연성 없는 일이지만 일회적으로 일어났던, 특이한 사례를 설명하는 그 역사적으로 우연적인 성좌에 개입해야 할 것 같다.

이후 수세기 동안 계시啓示와 자연이성에 관한 논변은 각기 고유한 논리를 따르는 수학, 천문학, 의학 그리고 자연철학과 같은 과학들의 폭발물과 맞서 싸워야 했다. 그럼에도 불구하고 **믿음과 앎에 관한 논변**은 12, 13세기 아랍을 통해 이루어진 아리스토텔레스 수용으로써 비로소 폭발력을 펼친다.[9] 이 수용 과정에서 믿음과 앎이라는 반대개념들은 서로를 통해 더욱 뚜렷한 윤곽을 형성하게 되었다.

그러나 자연과학이 흥성하는 가운데서도 당대 학문의 최고봉에 머물고자 했던 신학과 이 신학에 대한 자연과학의 접속능력이 점차 상실됨에 따라 믿음과 앎의 공통된 이성토대도 허물어져 간다. 목적론에 의존하는 아리스토텔레스의 존재론은 여전히 구원론적으로 해석될 여지가 있는 실천연관에 개방된 의미론적 잠재력을 보유한다. 그러나 스콜라신학에서의 유명론은 그 어떤 선입견에도 사로잡히지 않는 자연관찰에의 길, 그리고 궁극적으로는 자연이라는 책에서 더 이상 신의 육필肉筆을 발견할 수 없다는 법칙론적 경험과학에의 길을 닦는데, 이 유명론은 또한 현대 자연과학의 본성을 인간의 지적 파악력에 귀속시키는 인식론을 예비한다.[10] 이 두 번째 선로 변경이 이뤄지면서 종교와 과학의 양립가능성 시험에서 증명의 부담이 역전된다. 현대 자연과학 및 세속적 국가권력을 중심으로 신학에 맞서 스스로를 자립화하여 독자적 의미를 얻게 된 철학적 논변이 지속적으로 형성되기 때문이다.[11]

이러한 발전선을 따라, 그때까지 신학의 울타리 안에 갇혀 있던 형이상학은 17세기에 이르러 인식론뿐만 아니라 이성법으로부터도 그 형성의 자극을 받는 철학적 체계의 형태를 취한다. 운동하면서 인과적으로 상호작용하여 물리학적으로 인식되는 물체들의 세계는 인간적

---

9 아벨라르(Abaelard)에 관해서는 K. Flasch, *Kampfplätze der Philosophie* (Frankfurt, 2008), 125~140쪽을 참조.

10 L. Honnefelder, *Duns Scotus* (München, 2005). 현대적 사고의 중세적 기원을 총괄적으로 논한 것으로는 ders., *Woher kommen wir?* (Berlin, 2008) 참조.

11 13, 14세기 실질적 과학의 인식론에 대해서는 M. Lutz-Bachmann, A. Fidora (Hg.), *Handlung und Wissenschaft* (Berlin, 2008) 참조.

현존이 담기는 곳Worin이라는 성격을 상실한다. 이와 동시에, 더 이상 실천이성과 자매관계로 연계되지 않는 이 세계에 대한 이론적 지식은 삶의 방향을 설정할 힘을 유실한다. 이와 같은 근거로 기독교적 자연법 역시 실천이성에 의거해서만 구성되는 인간법 또는 인권으로 대체될 수밖에 없어진다. 이제부터 종교와의 관계에 대한 철학의 관심은 현격하게 줄어든다. 탈형이상학적 사고의 관심은 이제 철학과 종교가 아니라 철학과 과학의 관계에 집중되었으며 그 결과 어떤 결손이 발생하게 되었다. 하지만 나는 이 책에서는 여기에 간여하지 않는다.[12]

현대의 세속적이고도 과학화된 세계이해가 돌출되면서 생활세계, 객관세계 및 일상세계의 개념적 성좌星座는 또다시 변화한다. 객관세계는 그것에 관해 모두 참인 진술이 만들어질 수 있는 것으로 이루어지기 때문에 뉴턴 시대의 철학자들은 현대 물리학이 자연 전체에 관해 구상한 기계론적 상像에 따라 세계를 개념파악한다. 세계에는 모든 다른 사물과 '자연적인', 즉 합법칙적인 관계를 맺는 경험의 대상이 속한다. 신뢰할 수 없는 것으로 악명 높은 일상적 경험에 대한 판정에 척도를 제시하는 권위의 행사자로서 신학자와 철학자의 자연이성 대신 수학 그리고 자연과학적 실험이 자리한다. 일상세계의 감각적 현상 기초에 놓인 것은 더 이상 본질체가 아니라 인과적으로 상호작용하는 물체들의 합법칙적 운동이다.

기계론적 자연개념으로 나아감으로써 객관세계의 상은 생활세계를 대상화시킨 측면에서는 해방된 것처럼 보인다. 하지만 이렇게 물화된

---

12 J. Habermas, *Zwischen Naturalismus und Religion: Philosophische Aufsätze* (Frankfurt, 2005) 참조.

세계이해 안에서 생활세계는 어떤 자리를 차지하는가? 투사물이 벗겨진 세계개념은 존재론적 시각이 아닌 인식론적 시각에서 도입되었다. 이 세계개념은 신뢰할 만한 물리학적 인식의 가능성 조건에 대한 반성의 결과물이다. 따라서 객관세계는 항상 이를 인식하는 주체라는 대립항을 포함한다. 객체와 주체라는 정신주의적 패러다임의 쌍개념에서 주체는 생활세계 구석의 틈새에 오직 표상하는 주체성으로만 존재한다. 이 퇴행은 정신적인 것의 아포리아적 성격 그리고 — 과학화되고 탈형이상학적으로 각성된 이론적 이성으로부터 실천적 이성이 분리된 이후 더 이상 어떤 명확한 입지도 없는 — 실천적 문제들 속에도 흔적을 남긴다.

3. 자연과학적으로 물화된 객관세계의 상에서 귀결하는 문제의 선험론철학적 취급

17세기에 경험주의는 과학적 세계상의 시작을 발전시키는데, 나중에 후설은 이 과학적 세계상에 대해 '객관주의'라는 비판을 제기한다. 이러한 세계상은 의식철학의 패러다임 내에서 발생하기 때문에 그 패러다임이 직면한 문제들로 인해 지속적인 도전을 받는다. 나는 정신주의적 패러다임 안에서는 생활세계가 주관적 정신이라는 건물 벽면 뒤에 숨어 있다는 논거를 준비하기 위해, 먼저 '정신적인 것'의 아포리아적 위상을 해명하고 다음으로 칸트의 선험론철학적 전환을 격발시킨 경험주의자들의 '도덕적 불신앙'을 추적할 것이다.

기술적記述的으로 포착가능하고 궁극적으로는 법칙론적으로 설명가능한 모든 상태의 총괄개념으로서 객관세계 개념이 인식론적으로 도입된 뒤 '인간 정신의 본성'이 문제로 부각된다. 왜냐하면 인식론적 관점에서는 인식하는 주체가 세계 전체와 맞서는 외적 지위를 차지하기 때문이다. 정신으로서의 주체는 표상가능한 객체의 전체에서 스스로를 빼낸다. 그러면서 다른 한편에서 주체는 자신의 표상, 정념, 행위 모두를 포함하여, 세계의 인과망因果網 안으로 도피한 **세계 안의 한 객체**로서 스스로를 표상한다. 따라서 객관세계는 물리학적으로 설명가능한 현상의 전체 안에서 그 전모가 완벽하게 떠오르지 않고 심리학적으로 설명되어야 할 정신적 현상의 영역까지 확장된다.

정신적인 것은 **객체**로서 관찰될 수 있기는 하지만 오직 활동적이면서도 수용하는 정신이라는 수행양식 안에서만 접근가능하다. 객관세계에 마주 선 이 주체성은 세계 안에서 마주치는 정신적인 것의 반사상이다. 인식론은 실제 활동하는 정신을 감각하고 표상하며 사고하는 의식으로 개념파악하며, 인식하는 주체를 자신이 소유한 객체의 표상을 다시 내성적으로 만들어낼 수 있는 하나의 자기自己로 개념파악한다. 의식은 본래부터 자기의식과 맞물려 있다. 이 정신적 상태들은 오직 경험 안에서만 수행적으로 존재하기 때문에 각기 독특성을 띨 수밖에 없다. 따라서 이것들의 세계외적 위상은 인과적으로 상호연관된 물체의 총체로서의 객체화된 세계 개념 측면에서 난제로 남아 있게 된다. 정신적 상태와 사건에 대한 기술 아래에서 오직 1인칭의 수행적 관점에서만 접근가능한 영혼적인 것은 **일시적** 변칙이라는 개념적 관점 안에 들어가기는 한다. 그러나 과학적 설명의 계승권을 가지기 직전까지 갔음에도 불구하고 이 정신적인 것은 야누스의 얼굴을 하고 있다. 오늘날까지도 체험사실은 객관화된 세계기술의 불완전성을 난처하게 드러낸다.[13]

17세기 철학은 과학적으로 객관화된 자연에서 어느 정도 축출되었던 수행적 의식의 위치에 대한 물음에 우선은 데카르트의 이원론, 라이프니츠의 단자론單子論 또는 스피노자의 자연신론 등과 같은 형이상학적 대답을 제출한다. 그러나 정신주의적 시각에서 볼 때 존재론적 단서에 기댄 구성은 인식론적 전회의 뒤로 후퇴하는 것으로 나타날 수밖에 없다. 정신을 인지실체로 대상화하는 데카르트에 대립하여 홉스는 정신적인 것을 한 주체에 귀속되는 활동 또는 성취로서 술어적으로 파악하는 관점을 제시한다. 그렇게 되면 정신적 능력은 유기체, 즉 물리적 사물의 속성으로 비정된다. 홉스에 따르면 "사고하는 존재는 정신, 이성, 지성의 주체이면서도 동시에 물체적 존재일 수 있다. 데카르트는 그 반대를 주장하지만, 아무런 증거를 제시하지 않는다."[14]

홉스의 뒤를 이어 로크에서 흄까지 경험주의는 인간의 정신을 자연 속에 내재한 '자연의 거울'로 개념파악하고 그것을 신뢰할 만한 지식의 기원으로 집중시키면서 일관된 대답을 내놓는 듯이 보인다.[15] 자연

---

13 T. Nagel, "What is it like to be a bat?", in: ders., *Mortal Questions* (Cambridge, 1979), 165~180쪽.

14 T. Hobbes, *Lehre vom Körper* (Leipzig, 1915), "Anhang", 164쪽.

15 R. Rorty, *Philosophy and the Mirror of Nature* (Princeton, 1979). 독일어 번역으로는 ders., *Der Spiegel der Natur* (Frankfurt, 1981). 우리말 번역으로는 로티, 《철학 그리고 자연의 거울》, 박지수 역 (서울: 까치, 1998).

은 인과적 작용을 통해 인간의 감각기관에 영향을 미치며, 이로 인해 주체 안에서 감각이 발생하고, 판단 속에서 자연 자체의 반영이 형성된다. 그러나 반대 측이 처음부터 **체험**의 다루기 어려운 존재론적 위상에 의존하지는 않는다. 예를 들어 우리는 동물에게도 의식적 삶의 주체성이라는 속성이 있다고 상정한다. 그러나 개인이 어떤 사태 혹은 다른 개인에 대하여 취할 수 있는 **태도**는 사람들이 겪거나 겪지 않을 수 있는 체험이 아니라 사람들이 수행하는, 그리고 허탕 칠 수도 있는 행위이다. 이미 데카르트가 주목하고,[16] 칸트가 흄에 반대하여 지적 파악력을 규칙 또는 개념 적용의 자발적 능력으로 정의하면서 그 타당성을 입증한 것은 정신의 바로 이 규범적 구성체이다.

경험주의자들의 도덕적 불신앙

칸트를 더 불안하게 만든 것은 다른 결론이었다. 즉 경험주의는 인식적 측면뿐만 아니라 무엇보다 도덕적-실천적 측면에서도 정신의 규범성을 설명하는 데 실패한다는 것이었다. 지적 파악력이 우연적 감각자료를 바탕으로 구축하는 객관세계의 상은 오로지 기술적記述的 판단, 즉 가치중립적인 사실지식에 불과하다. 객관화하는 이 세계관찰로부터 실천이성은 더 이상 도덕적 통찰을 획득할 수 없다. 평가적이고 규범적인 진술은 기술적 진술로는 근거정립될 수 없다. 흄을 통하

16 홉스에 반대하는 입장에서 데카르트는 명제의 의식초월적 일반성에 호소한다. 홉스에 따르면, "프랑스인과 독일인이 서로 전적으로 상이한 단어를 사용하더라도 같은 대상에 대하여 같은 것(dasselbe)을 생각할 수 있으리라는 점을 누가 의심할 것인가?"[T. Hobbes(1915), 앞의 책, 169쪽]

여 실천이성이 이론이성에서 최종적으로 분리되고 나서 철학은 전반적으로 행위방향 설정력을 상실할 위험에 처한다. 만약 모든 정신적 과정이 물리학 모델에 따라 설명될 수 있다면 그로부터 어떠한 규범적 방향도 도출될 수 없을 것이다.

그럼에도 살과 피로 이루어진 개인으로서 인식하는 주체들은 단순히 세계에 대립적으로만 서 있는 존재가 아니다. 그들은 더불어 담화하고 같이 행위함으로써 세계에서 만나는 것과의 교류 안에서 올바른 자기 자신을 발견해야 한다. 연구자 공동체 역시 행위하는 주체들의 협동공동체로서 사회적이고 문화적인 생활맥락 안에 포함되어 있다. 철학이 더 이상 자체적인 구원의 길을 제공하지 못하게 된 지는 오래됐다. 그런데 이제 이성도덕理性道德과 이성법으로 재구성된 '윤리'와 '정치'에 대한 규범적 지식 역시, 이미 아리스토텔레스에서 그랬듯, 경험적이며 궁극적으로는 물리학적인 세계지식에 비하여 열등한 지위로 떨어지는 데 그치지 않고 그 정당성 자체가 근본적으로 흔들리게 되었다. 나는 정신주의적 접근이 생활세계를 배제함으로써 이 문제가 발생했다고 보고자 한다. 이에 칸트는 혁신적인 인식론을 통해 탈형이상학 시대의 실천이성의 인지적 정당성을 회복하려는 시도로 대응한다.

사태의 격변은 칸트가 **인식하는** 주체의 구성적 성취를 탐사하며, 주체와 세계의 접촉을 더 이상 — 감각자극에서 출발하면서 그것을 — 수동적 관점으로 받아들이지 않고 선험론적 구성으로 해명하는 데서 시작한다. 현상으로 나타나는 대상의 세계를 구성한다는 이 기본발상은 의존성과 자유라는 두 측면을 결합시킨다. 인식하는 주체는 — 독립적으로 실존하는 세계를 우연히 제약하는 것에 반응하는 — 유한한 정신으로서 인지적 법칙을 수립하는 자유를 향유한다.[17] 선험론적 의식 수준에서 지적 파악력은 이론이성의 지시에 따라 작동한다. 그러나 칸트는 객관적 경험이 가능해지는 주관적 조건을 탐구함으로써, 인식 주체뿐만 아니라 주체성의 자발적 작용 전체를 과학적 대상화로부터 벗어나게 할 수 있는 새로운 본체적 수준을 확보하게 된다.

칸트가 《순수이성비판》 2판 서문에서 강조하듯이 형이상학 비판적 조치, 다시 말해 이론이성의 사용을 경험가능한 대상에 제한시키는 것은 유한한 지적 파악력의 법칙 제정 활동을 전제로 할 때 긍정적이고도 매우 중요한 효용을 지닌다. 즉, 그는 이 제한을 통해 정신의 자발성이 드러나는 선험론적 차원을 여는데 여기에 실천이성의 사용과 결부된 의지의 자유가 자리 잡을 수 있다. 칸트에 따르면, "말하자면 나는 **신앙**에 돌아갈 자리를 얻기 위하여 **지식**을 지양해야 했으며 형이상학의 독단론, 예를 들어 형이상학 안에서는 이성비판 없이 진전할 수 있다는 편견이야말로 도덕성을 거슬러 언제나 매우 독단적일 수밖에 없는 모든 불신앙不信仰의 진정한 근원이다."[18] 우리의 맥락에서 중요한 점은, '목적의 왕국' 안에 자유의지가 거처함으로써 비로소 많은 오해로부터 본체적 세계 전체를 보존할 수 있는 개념이 발생한다는 것이다.

칸트는 인륜법칙이라는 '선험론적 사실'을 모든 의무론적 도덕의 근거로 삼으며, 이를 통해 현상학적으로 설득력 있는 **배경지식**의 사례

---

17 R. B. Pippin, "Kant on the Spontaneity of Mind", in: ders., *Idealism as Modernism* (Cambridge, 1997), 29쪽 이하.

18 I. Kant, *Kritik der reinen Vernunft*, B(재판), XXXI쪽(강조는 원본).

를 제시한다. 모든 입증부담을 져야 하는 무조건적 의무감이라는 이상한 사실은 오직 수행적 양식에서만 주제화될 수 있다는 점에서 단순한 기술적記述的 사실과 다르다. 즉 의무의식이란 이성적으로 정당화된 도덕적 명령에 복종해야 한다는 지식으로서, 책임 있는 행위 주체의 언어게임 안에서 수행적으로 현재화된다. 만약 우리가 이성적 의지의 자유가 가진 위상을 해석하는 열쇠로 생활세계를 채택한다면, 본체적인 것의 영역은 형이상학적으로 구성된 '배후세계'(니체)의 형이상학적 외양을 상실한다.

오직 의사소통적 행위의 수행 안에서만 우리는 우리가 사회적 관계와 함께 간여하게 되는 의무부과 그 자체를 경험할 수 있다. 이러한 수행적 경험이 없다면 우리는 3인칭 관점에서 취해지는 이 사태의 기술이 무엇에 관해 언급하고 있는지 알 수 없을 것이다. 따라서 도덕적으로 근거정립된 행태기대의 규범적 의미는 이 현상이 발생하는 근원장소에서 탐색되어야 한다. 당위의 규범성은 사변적으로 자연의 명령이라든가 실존하는 가치로 대상화되어서는 안 되며, 심리학적으로 쾌락이나 불쾌 또는 보상이나 처벌같이 객관세계 안에 있는 상태로 환원되어서도 안 된다. 자유의 '이념'은 다수의 이념 가운데 하나일 뿐이다. 칸트의 이념론은 오직, 이론이성이 정당한 지적 파악력 사용의 경계를 넘어서는 경우에만 대상화되는, 수행적으로 현재적인 배경을 일반적으로 조명해 준다.[19] 실천이성과 이론이성의 이념 간 구분에는 이미 생활세계와 객관세계의 차이에 대한 선취先取가 발견된다. 이런 독해

19 실천이성의 요청에 대한 이 해석에 관해서는 U. Anacker, *Natur und Intersubjektivität* (Frankfurt, 1974), 제 II부 참조.

법에 따르면 칸트의 이념론은, 세계를 기획하기는 하지만 의사소통행위이론적으로 기술되는 생활세계 안에서 **상황 지어진 이성**이라는 탈선험화된 개념의 접촉점을 제공한다.[20]

4. 정신과학과 사회과학의 등장

그럼에도 불구하고 선험론적으로 개념파악되는 주관적 정신의 벽면 배후에서 생활세계를 발견하기 위해서는 정신주의적 패러다임이 초래한 한계를 극복해야 했다. 이미 훔볼트의 언어철학적 통찰은 선험론철학의 언어화용론적 '지양'의 방향을 가리키고는 있다.[21] 그러나 헤겔에서 시작하여 퍼스, 듀이, 딜타이, 후설, 하이데거, 비트겐슈타인까지 이어진 '탈선험화'라는 발상의 전개는 단지 철학적 문제들에 의해서만 추동되는 내부적 발전으로 이해될 수 없다. 마치 갈릴레오와 뉴턴 이래 철학이 객관세계에 대한 현대 자연과학의 각성된 시선과 대결해야 했던 것처럼, 헤겔 이래 철학은 문화와 사회에 관한 정신과학과 사회과학의 역사적 시선으로 제자리를 찾아야 했다. 당시 철학이 의식사실의 위상에 대한 문제를 거의 회피할 수 없었던 것처럼 이제 철학은 주관정신을 명백하게 넘어서는 이 '객관정신'을 어떻게 개념

---

20 T. McCarthy, *Ideale und Illusionen* (Frankfurt, 1991), 19쪽 이하 및 J. Habermas, "Kommunikatives Handeln und detranszendentalisierte Vernunft", in: ders., *Rationalitäts- und Sprachtheorie: Philosophische Texte*, Bd.2 (Frankfurt, 2009), 146~207쪽.

21 이에 대한 나의 응답은 A. Honneth & H. Joas (Hg.), *Kommunikatives Handeln* (Frankfurt, 1986), 328~337쪽 참조.

파악하여 세상만사의 인과망 안에 집어넣을 것인가 하는 문제에서 벗어날 수 없다.

아주 놀랍게도 역사적, 사회적, 문화적 사실은 뒤늦게야 비로소 체계적인 학문적 관심을 끌게 된다. 역사적 정신과학은 시학詩學의 인문학적 전승, 역사적 기술 및 문헌학과 같은 교양敎養의 가르침에서 발출되었다. 그리고 같은 방식으로 새로운 국가학國家學과 사회과학은 정치학과 경제학의 고전적 가르침에서 발전되었다. 교양에 관한 이 가르침은 그쪽에서 보자면 고급문화의 시작으로 거슬러 올라가는 '자유교양'의 정전과 함께 전문적 지식과 그 출처를 공유했다. 문법학, 수사학, 논리학, 그리고 산술·기하학 및 음악, 심지어 천문학 같은 여러 교양 및 그에 관한 가르침은 **앞선 시대에 체득되었던** 실천체험에 대한 참여자의 반성에서 발전되었다. 그와 대조적으로 정신과학과 사회과학은 전적으로 다른 태도를 발전시켜 나갔다.

정신과학과 사회과학의 관심은 더 이상 특정 언어, 조형예술, 문학, 역사기술, 통치술, 가계운영 등 **익숙한 관행의 규칙**을 확인하는 것에 머물지 않는다. 이제는 비교 및 탐구에 대한 **방법론적으로 유도된** 호기심이 중심이 된다. 이 탐구의 초점은 다채로운 문화적 생활형태를 비교하고 분석하는 데 있다. 이러한 문화적 생활형태는 오직 참여자 관점에서만 접근가능하지만 관찰자 관점에서는 **자료원천**으로 활용되어 역사적, 문화적, 사회적 사실로 가공될 수 있다. 문화과학에 비로소 학문분야의 고유한 권리를 부여하는 것은 참여자 관점에서 관찰자 관점으로의 전환이다. 그럼에도 불구하고 자연과학의 객체영역에 비교하면 인문과학의 상징적 대상은 특유한 위상을 보유한다. 왜냐하면 관찰자는 연구 대상이 되는 생활세계에 직접 참여한 경험이 있어야 하며 가상의 참여자의 역할을 통해 먼저 이를 이해해야만 실천체험과 그 산출물을 자료로 대상화할 수 있기 때문이다.

이 학문들은 지금까지 단지 문학, 여행기, 일기, 연대기, 경제 및 행정 통계, 전쟁보고문, 역사적 설화, 교과서 등에만 기록되어 있던 일상적 실천체험과 지식을 연구대상으로 삼는다. 즉, 문헌학적으로 밝혀지는 역사고증적 연구의 '원천'으로 사용하거나 경험적으로 수집할 수 있는 자료를 이론적 관점에서 체계적으로 분석하는 모델을 구축한다. 이처럼 생활세계에서 구성된 일상세계의 단면을 학문적으로 객관화하는 작업을 추진함으로써, 뉴턴 물리학의 영향 아래 인식론이 강하게 자리 잡은 절대적인 객관세계 개념은 더욱 문제화된다. 생활세계의 단면이 이제 심리학적 관점뿐만 아니라 문화적, 사회적, 역사적 관점 아래에서 연구대상이 되면서 생활세계와 객관세계의 성좌가 어떻게 변했는가 하는 물음이 새삼 제기된다.

오늘날 일상세계의 현상은 본질적으로 두 측면에서 과학적 객관화가 이루어진다.[22] 우리가 '사물화' 또는 '객관화'라고 부르는 것은 현실을 점점 더 편향 없이 기술하게 되는 과정을 의미하며, 이는 각자의 생활세계 안에 집중되었던 지각 및 해석관점의 탈중심화가 점차 진척된 덕분에 가능해졌다. 그런데 우리는 이 사물화를 **사물적 추상화**, 즉

22 한편으로는 법칙론적 자연과학에 제한시키고, 다른 한편으로는 정신과학과 사회과학에 제한시키면서 나는 일종의 단순화를 행했는데, 이것은 내가 제기한 물음의 관점에서 나온 결과이다. 이렇게 거칠게 대비시키면 다른 맥락에서는 서로 연관되는 생명과학과 심리학의 고유한 특징뿐만 아니라 자연과학과 인문학이라는 두 거대 학문 내부에서 단지 각 대상영역에 접근하는 여러 방식에 따라서만 드러나는 다채로운 차이도 간과된다.

세계에서 일어나는 일을 조작가능하고 계측가능한 대상으로만 간주하는 방식과 혼동해서는 안 된다.[23] 두 학문 영역은 객관성에 도달하는 방식에서 근본적인 차이를 보인다. 자연과학은 일상세계의 생활세계적 특질을 제거하여 객관적 판단이라는 이념에 접근하고 직관대립적 지식을 생산한다. 반면, 정신과학과 사회과학은 같은 목표를 생활세계적 교류경험 및 실천체험에 대한 해석학적 확증과 심층적 재구성 방식을 통해서만 추구할 수 있다.[24] 즉, 자연과학이 경험세계에서 생활세계적 요소를 제거하여 객관성에 도달하려 한다면, 정신과학과 사회과학은 생활세계의 의미를 심화시키는 방식으로 객관성을 모색하는 것이다.

이후 우리가 객관세계에 대해 만드는 상像은 점점 더 양극화되는데, 일상적 현상의 현안에 따른 물화 또는 객관화가 여러 상이한 방향을 취하기 때문이다. '과학적 세계상'과 정신의 자연화라는 구상에 대한 더욱 복잡한 이야기로 돌아가기 전에, 우리는 세계상에서 생활세계로 가는 길의 마지막 단계를 되짚어봐야 한다. 왜냐하면 특히 선험론철학은 본체계 영역의 심장부에 위치한 '목적의 왕국'을 정신주의로 인해 축출된 생활세계의 실루엣으로 판독하는 독해법에 따라, 정신과학과 사회과학의 비판에 취약하게 노출되기 때문이다.

그렇다면 사회문화적 생활형태의 역사적 다면성이라는 경험적 증거에 맞서 인간 정신의 규범적 체질구조와 법칙부여적 성격에 대한 선

---

23 이 명석한 지적은 루츠 빙거트(Lutz Wingert) 덕분에 가능했다.

24 대상영역에서 모든 규범적 특징을 제거하고자 하는 사회과학적 체계이론이 그것의 상징적 대상에 대한 해석학적 접근과 기본개념으로서 '의미'를 거부할 수 있다고 생각하는 경우는 한두 번이 아니다.

험론철학적 기본통찰은 어떻게 자신을 지킬 수 있는가? 새로운 분과학문은 무엇보다 먼저 상징적으로 제작된 인공물, 생활형태 그리고 실천체험에 사로잡혀 있기 때문에 그것에서 나온 증거는 **통일적** 법칙부여라는 가정과는 반대되는 얘기를 하는 듯 보인다.[25] 해석학적 과학의 모순을 초래하는 것은 정신의 창조적이고도 세계기획적인 성격이 아니다. 오히려 문제는 선험론적 의식이 언어, 문화 및 사회의 이질적 다면성과 우발성을 초월하는 추상적 일반성과 현세초월적 입장을 부여받았다는 점이다.

헤르더, 하만, 훔볼트, 헤겔 이후의 철학은 이 도전에 정신주의 비판으로 응답한다. 그 골자는 일차적으로 언어, 실천체험 그리고 생활형태의 상호주관주의적 본성을 정신의 주관주의적 구성체질에 대비시키는 것이다. 이 비판은 포이어바흐와 마르크스에 의해 대화철학 및 사회이론 쪽으로, 키르케고르에 의해서는 윤리적 실존의 관점으로 급진화되었다. 19세기와 20세기 초까지 경과하면서 역사주의와 생生의 철학, 실용주의와 언어철학에서 비로소 사회화된 개인의 신체적, 사회적, 역사적 실존을 상징적으로 매개하는 실천적 생활맥락에 인식론적, 과학이론적 의미가 부가되었다. 그 철학들은 세계를 산출하는 그것들의 자발성을 탈취하거나 세계내적 사건에 동화되지 않고 성취능력을 가진 주체성의 탈선험화를 허용하는 후설 생활세계 개념의 의사소통이론판版을 준비했다.

---

25 에른스트 카시러(Ernst Cassirer)의 《상징형식의 이론》(*Theorie der symbolischen Formen*)은 이러한 역사주의적 비판에 대항하여 칸트의 선험론철학을 직접적으로 방어했다고 간주된다.

객관정신의 변동이 심한 형태에 대한 정신과학과 사회과학의 경험적으로 첨예한 시각은 법칙을 부여하는 선험론적 주체의 구성적 성격까지는 아니더라도 모든 세상사로부터 초연한 지적 위상은 문제화했다. 후설의 현상학적 생활세계 개념에 대한 하이데거의 변형에서도 자명하게 밝혀지듯이, 세계개활과 세계내적 사건 사이의 '존재론적 차이'가 그것이 가능하게 하는 **세계를 형성하는 존재함의 생산성**을 통한 **세계내에서의 학습과정**의 결과와 피드백을 배제하는 한, 세계를 기획하는 주체의 탈선험화 시도는 실패할 수밖에 없다. 존재함에 예속된 주체의 힘을 무력화하는 희생을 치르고서야 비로소 언어적 세계상의 존재사적 변동 안에서 스스로의 소리가 들리게 하는 선험론적 근원력 같은 것은 어떤 방식으로 의미를 재구성하더라도 '탈선험화된' 것은 아니다. 만약 사람들이 '언어'를 언어적 세계상의 의미론으로 환원시키지 않고, 이미 훔볼트가 그랬듯, 화용론적으로 — 행위하고 각종 논변에 얽혀들어 문제를 해결하는, 즉 **학습하는** 주체의 의사소통 실천에서 출발하여 — 개념파악한다면 그 결과 나오는 상像은 달라진다.

언어가 개방시키는 것은 해석되기 이전의 생활세계의 지평만이 아니다. 언어는 세계 안에서 만나는 것과의 가능한 만남을 위한 길을 — 따라잡을 수 없을 만큼 서둘러 — 닦아주기만 하는 것은 아니다. 면밀하게 검토하면 언어적 의사소통은 오히려 참여자에게 이성적으로 처신하기를, 즉 자율적으로 '예!' 또는 '아니오!'라는 입장표명을 하도록 강압한다. 언어적 의사소통은 교착적膠着的으로 제기되고 비판에 의존하는 타당성 요구를 통해 진행되므로 참여자는 대화 상대방의 이의제기에 노출된다. 그 때문에 참여자는 기대 밖의 부정적 경험에 압박당할 경우 **분별력 있는** 판단에 입각하여 그 부정적 경험의 개념을 교정할 수 있다.

언어를 실천체험에서 입증될 필요가 있으며 학습과정에 작동공간을 제공하는 세계개활의 매체로 보는 화용론적 언어관은 세계를 구성하는 활동과 세계내적으로 구성되는 발생사 사이의 경직된 선험론적 구분을 무력화한다. 이미 문법적으로 그 틀이 짜인 범주화와 해명은 일상에서 그리고 학술경영 안에서 비로소 정당하게, 계속 입증시험을 받으면서 문제를 해결하는 실천체험의 과정에서 참여자들에 의해 수정받게 된다. 의사소통적 행위를 거쳐 세계개활과 세계내적 학습과정은 서로 긴밀하게 맞물린다. 의사소통적으로 행위하는 주체는 이런 협주에 — 그리고 그럼으로써 암묵적으로 자신의 생활세계의 재생산에도 — 참여한다. 의사소통적 행위를 가능하게 하는 생활세계와 — 계속 진전하면서 시험받고 교란당하지 않고 의사소통적 행위를 완수하는 데서 입증되지만, 그럼에도 불구하고 문제화와 학습과정의 결과 교정되기도 하는 — 배경 사이에는 사라진 선험론적 주체가 그 어떤 빈틈도 남기지 않는 부단한 순환과정이 연주된다.[26] 의사소통적으로 행위하는 이들은 자신의 생활세계의 재생산과 수정에 참여하면서도 이 생활세계적 맥락 안으로 변함없이 배태된다.

---

26 J. Habermas, *Nachmetaphysisches Denken: Philosophische Aufsätze* (Frankfurt, 1988) 및 ders., *Theorie des Kommunikativen Handelns*, Bd.1 (Frankfurt, 1981), 47~52쪽. 우리말 번역으로는 하버마스, 《탈형이상학적 사고 1》, 홍윤기·남성일 역 (파주: 나남, 2025) 및 같은 저자, 《의사소통행위이론 1》, 장춘익 역 (파주: 나남, 2006), 67~72쪽.

5. 객관세계 상의 물화와 주체성의 탈선험화에 따른 이원론적 인식

내가 넓은 붓질로 소묘했던 '세계상에서 생활세계까지'로 가는 길 마지막에 도달했는데도 길을 떠나면서 처음 제기했던 질문, 즉 이제 객관세계에 대한 우리의 상像이 점차 나아가면서 현안에 따른 물화가 일어남을 어떻게 이해해야 할 것인가 하는 물음은 여전히 대답을 기다리고 있다. 이제 종점에 와서 수행적인 현재의 생활세계에 대해 반성적으로 접근가능한 지식 역시 자연과학적으로 간파되는 환상으로 입증되는가? 아니면 생활세계의 인식적 역할은 **학습하고 합리적으로 동기지어졌으며 책임 있게 행위하는** 개인들인 사회화된 주체들의 — 일상에서 작동하는 — 자기이해를 자연과학에 의거하여 수정하는 데 한계선을 긋는 것인가? 의사소통이론적으로 수행된, 행위하는 주체성의 탈선험화는 우리에게 생활세계 개념을 제공한다. 그런데 이는 의사소통적 행위자가 특정한 행위를 실행하는 시간 동안만, 그리고 그 행위에 참여하는 범위 내에서만 그들에게 가능화 조건의 합주로서 수행적으로 남아 있다. 생활세계적 배경은 **원칙적으로** 세계내적 사건에서 벗어나지 못한다. 그렇지 않다면 생활세계적 실천체험과 인공물 역시 세계 안의 존재물로 취급될 수 없거나 인문과학 내지 철학의 대상이 되지 못했을 것이다. 하지만 그다음, 우리 실천체험의 수행적으로 현전하는 배경존재를 **완벽하게**, 즉 연구에서의 실천체험까지 포함하여, 객체의 측면으로 옮긴다는 견해에 반대하는 것은 무엇인가? 그리고 이것을 — 그 종류상으로는 이미 알려진 대로 — 자연과학의 범주 안에서 이해한다는 것은 무엇인가?[27]

세계상에서 생활세계까지 가는 길 끝에서 우리를 의미론적으로는 건널 수 없는 인식적 이원론, 즉 객관세계에 대한 분열된 상과 대면시키는 것은 바로 양극적 물화이다. 인문과학적 어휘는 자연과학적 어휘에 접합될 수 없으며, 전자의 어휘로 이루어진 진술은 후자의 어휘로 이루어진 진술로 번역되지 않는다. 뇌는 '사고하지' 않는다.[28] 만약 의미론적 사슬이 끊어진다면 한 수준에 있는 존재물은 다른 수준의 존재물과 일대일 대응조차 되지 않는다. 지금까지 스케치한 세계상 발전의 시각에서 볼 때 이 인식적 이원론은 우연성을 잃어버린다.

만약 우리가 객관세계를 물리학적으로 측정가능한 상태와 사건의 총체로 개념파악하고, 조작가능한 대상과 교류하는 가운데 세계 안에서 일어난 일에서 순전히 '주관적인' 또는 생활세계적인 특질을 벗겨내는 방식을 적용하면, 우리는 현안에 따른 물화를 통해 추상화를 시행한 것이다. 이렇게 되면 세계 안에서 일어난 일은 이리저리 다른 교류경험들에서 '투사적으로' 부여된 (작업도구나 장애물, 독극물이나 식량, 거주지나 황량한 환경 같은) 모든 특질을 상실한다. 다른 측면에서 보면 문화적 발언, 행위, 텍스트, 시장 등에 접근하려는 해석자는 생활세계적으로 구성된 일상세계의 단면이 특질을 부여하는 실천체험에 몸소 간여해야 한다. 이 과정에서 해석자는 일상언어의 토대 위에서, 말하자면 의사소통적인 일상적 실천의 참여자이자 상호주관적으로

27 인간의 '근원적' 상(像)을 '과학적 인간상'으로 해체시킬 수 있는가 하는 물음을 다룬 것으로는 W. Sellars, "Philosophy and the Scientific Image of Man"(1960), in: ders., *Science, Perception and Reality* (Atascadero, CA: Ridgeview, 1963), 1~40쪽.

28 M. Bennett & D. Dennett & P. Hacker & J. Searle, *Neurowissenschaft und Philosophie* (Berlin, 2010).

공유된 생활세계의 구성원으로서 이미 습득한 사전이해에 의존해야 한다.

정신과학과 사회과학의 관찰자는 선행적으로 체득한 실천체험의 시각에 방법적으로 결착된다는 사실에서 이러한 과학을 자연과학과는 다른 추상화, 즉 **생활세계의 일반적 구조**에 대한 반성으로 이끄는 특유의 동력이 설명된다. 기능적으로 분화된 이 과학들의 역사적이고도 문화적인 다면성 안에서 생활세계적 실천체험이 더 광범하게 객관화되고 또한 관찰된 실천체험이 자체적으로 과학화될수록, 이 분석은 더욱 강력하게 **해석학적** 이해에서 **재구성적** 이해로, 그리고 여전히 오직 **반성적으로만** 획득되는 **형식적** 생활세계 개념 일반의 형성으로 치닫는다.[29]

의사소통적 행위의 배경과 전제에 관한 분석적 명확화는 더 이상 정신과학과 사회과학의 현안이 아닌 종류의 반성을 요구한다. 내가 형식화용론에 입각하여 생활세계 개념을 도입할 때 암묵적으로 가정했던 바와 같이, 순전히 철학적인 이 연구의 **유일한** 경험토대는 담화하고 의사소통적으로 행위하고 협동하면서 세계에 개입하고 체험하고 계산하면서 판단하는 주체의 **수행적 의식**뿐이다.[30]

후설은 일상세계에서 과학적 객관화의 진전이 보완적으로 자연의 탈마술화와 생활세계의 형식적 성격화를 강제하여 그 지평에서 자연과학과 인문과학이 각각 그것들의 대상영역에 대한 고유의 접근법을

---

29 J. Habermas, "Rekonstruktive vs. verstehende Sozialwissenschaften", in: ders., *Sprachtheoretische Grundlegung der Soziologie*(2009), 338~365쪽.

30 L. Wingert, "Lebensweltliche Gewißheit versus wissenschaftliches Wissen?", in: P. Janich (Hg.), *Naturalismus und Menschenbild* (Hamburg, 2008), 288~309쪽.

찾아냈음을 정확하게 보고 있었다. 그러나 생활세계의 탈선험화 이후에는 딜레마 역시 분명하게 드러난다.

한편으로, 자연과학적 관점과 인문과학적 관점이라는 이중관점은 우리의 심층에 자리 잡은 직관에 반한다. 왜냐하면 의사소통의 전제로 그 가치가 하락한 객관세계 개념 자체가 언제나 통일성을 암암리에 촉발하는 이념으로 여전히 기능하기 때문이다. 모든 관찰자에게는 그 어떤 기술記述과도 독립적으로 실존하는 대상의 세계가 동일하게 있다는 형식화용론적 가설 자체가 이미, 의사소통적인 일상의 실천에서 우리가 의도적으로 우리 자신을 연관시킬 수 있는 존재물의 다채로움 안에서 통일성과 연관을 추정하게 만든다. 이성은 단지 인식적 본성만 가진 것은 아닌, 세계 자체 안에서 파열하며 등장하는 존재론적 이원론에는 '불만족스럽다'.

다른 측면에서 보면 양극적 물화는 고유한 의미를 고수하는 세계상 발전의 결과이다. 의미론적으로 공고해진 이중관점은 생활세계에 깊이 정박되어 인간 정신의 자연주의적 자기객관화에 개념적 한계를 설정한다.[31] 여전히 아주 정확한 자연주의적 기술記述하에서 한 개인은 자신을 개인 일반으로나 바로 이 개체적 개인으로, 즉 '그/녀 자신'으로 재인식할 수 없다. 따라서 오직 제거적 방식만으로, 즉 배제만으로는, 또 개인적 자기이해를 객체화하는 언어로 번역하는 것만으로는, 패러다임적 위상을 지니는 자연과학이 일신론적 기술을 할 수 있다는 주장이 설사 성공하더라도 그 주장의 요구에 상응하는 세계상으로 제

31 L. Wingert, "Grenzen der naturalistischen Selbstobjektivierung", in D. Sturma (Hg.), *Philosophie und Neurowissenschaften* (Frankfurt, 2006), 240~260쪽.

대로 결제할 수 없다. 하지만 그렇다고 해도 자연과학은 여전히 객관세계에서 등장하는 것에 대한 포괄적 기술을 제공할 수 있지 않을까?

6. 이원론적 딜레마의 출구

사회적으로 인정받는 세계지에 대한 독점을 최종 심급에서는 오직 자연과학에만 허용하는 이들은, 하나의 객관세계라는 가정이 하나의 일신론적 기술로 치닫고 이 일신론적 기술에서 나타난 인식상의 딜레마가 우리를 방해한다는 딜레마에 대하여 양립가능성 논거로 대응한다.[32] 그들은 자연과학이 독점하는 세계지를 생활세계에 중심을 두는 세계이해와 자기이해로부터 연결을 해제시키고 싶어 한다. 이와 관련된 나의 반론을 여기에서 되풀이할 필요는 없다.[33]

다른 이들은 물리학과 생물학, 심리학과 인문과학 등이 각 대상영역별로 특정하게 확보한 기본개념을 지도적 단서로 삼아 생활세계에

---

32 M. Pauen, "Ratio und Natur: Warum unsere Fähigkeit, nach Gründen zu handeln, auch durch reduktive Ansätze in Frage gestellt werden kann", in: H.-P. Krüger (Hg.), *Hirn als Subjekt? Philosophische Grenzfragen der Neurobiologie* (Berlin: Akademie, 2007), 417~429쪽. 최근 설명으로는 A. Beckermann, *Gehirn, Ich, Freiheit: Neurowissenschaften und Menschenbild* (Paderborn: Mentis, 2008); 양립주의에 대한 나의 비판으로는 J. Habermas, "Das Sprachspiel verantwortlicher Urheberschaft und das Problem der Willensfreiheit: Wie läßt sich der epistemische Dualismus mit einem ontologischen Monismus versöhnen?", in: ders., *Kritik der Vernunft: Philosophische Texte*, Bd.5 (Frankfurt, 2009), 271~341쪽. 그리고 이 책에서는 〈10장. 탈세속적 사회의 공론장에서의 종교〉 참조.

33 위의 책 참조.

서 세계지의 구성조건을 탐색한다.[34] 그러고 나면, 세계를 개활하는 이론언어, 방법 그리고 생활세계적 실천체험을 통해 각 대상영역별로 특정한 '세계단면들' 사이의 인식론적 관계가 설정된다. 이 전략은 후설의 과학비판적 문제제기를 실마리로 하지만, 그와 동시에 생활세계에서의 실천체험에 기대어 선험론적 원초-자아의 저당에서 벗어난다.[35] 그러나 세계를 기획하는 실천체험 자체는 어떻게 자기를 세계 안에서 출현하는 무언가로 생각되도록 하는가? 기획된 진리가능성은 오직 우리에게 우발적으로 닥쳐 일어나는 일에 맞추어 봐야만 입증되기 때문에, 우리는 우리의 생활체험과 이렇게 일어나는 일 사이에 나타나는 일종의 상호영향에서 출발할 수밖에 없다. 이 연결은 우리의

---

34 A. Ros, *Materie und Geist: Eine philosophische Untersuchung* (Paderborn: Mentis, 2005).

35 에어랑겐/마르부르크학파의 구성주의가 갖는 장점은 연구를 행위맥락으로 간주하여 화용론적 차원을 진지하게 받아들이고 연구행위의 수행적 측면을 재구성한다는 것이다. P. Janich, "Naturwissenschaften vom Menschen versus Philosophie", in: P. Janich, *Naturalismus und Menschenbild*(2008), 45쪽. 이에 따르면 "수행적 관점의 포용은 사실상, 순전히 기술적인 것에 머물러 있는 과학철학과 방법적-문화주의적 접근에서 방법적 재구성 사이의 가장 중요한 차이를 구성한다." 마찬가지로 P. Janich, *Kultur und Methode: Philosophie in einer wissenschaftlich geprägten Welt* (Frankfurt: Suhrkamp, 2006)도 참조하라. 그렇지만 대상 영역을 구성하는 세계기획을 "목적정립"에 국한시키는 것은 일종의 편협화인데, 이것은 언어행위를 목적론적 행위로만 좁히는 신뢰할 수 없는 환원이라고 설명된다. 의사소통적 행위의 생활세계적 배경은, [P. Janich(2008), 앞의 책, 47쪽에서 배타적으로 그 점만 통찰하면서 말하고 있듯이] 오직 도구적 합리성의 관점에서만 분석되는 행위의 배경보다 훨씬 더 복잡하다. [그중에서도 다음을 보라. P. Janich(2008), 앞의 책, 같은 쪽]. 이렇게 되면 언어의 세계개활적 요소 역시, 하이데거는 세계내적인 학습과정을 희생시켜 가면서 이 점을 자립화시켰지만, 피히테식의 의지주의적인 '정립들(Setzungen)' 같은 발상 쪽으로 움직이다가 사라져버리고 만다.

기획이 좌절할 경우 자명해지는데, 이런 대결이 없으면 우리가 세계에 관해 배울 수 있는 것은 전혀 없다.

인식론적 전환의 존재론적 파생문제를 거짓으로 간주하여 거부하고 언어단계들 역시 니콜라이 하르트만의 성층成層존재론이[36] 뜻했던 것과는 다른 취지로 실재 자체에 직접 투사해서 집어넣고자 하는 이는 깊이 닻을 내린 몇 가지 세계개활적 관점에 기반한 다원주의와 타협하지 않을 수 없으며, 그러고 나면 세계 자체는 생활세계적으로 연관된 세계단편들로 조각난다.[37] 신新실용주의적 시각에서 보면 우리는, 우리가 여러 다른 측면에서 세계와 '제대로 잘 지내는' 데 쓰는 어휘와 실천체험에 벌어지는 일과 조우한다.[38] 그럼에도 불구하고, 그렇게 탈선험화되긴 했지만 분열된 인식상황에 만족하지 않는 사람이라면 생활세계의 기원과 실존에 대한 존재론적 문제제기의 '블랙홀' 앞에 항복해서는 안 된다.

여기에서 제공되는 선택항 대부분은 여러 개의 사변적 오솔길에 다다른다. 이렇게 사람들은, 종교적 세계해명을 둘러싸고 칸트 이후 각

36 [옮긴이] 니콜라이 하르트만(Nicolai Hartmann, 1882~1950)은 '근본존재론'으로 20세기 형이상학의 혁신을 시도한다. 그의 근본존재론은 경험적인 것을 탈각시킨 고도로 순수한 근본개념 안에서 세계를 포착하고자 했기 때문에 구체적 실천체험이 스며들어 있는 생활세계를 구체적 위계질서 안에 분류하는 것과는 거리가 있게 된다. 그는 이런 현상학적 추상화를 윤리학 내지 가치철학에서 적용하여 가치론 역시 '기본가치-특별가치-도덕외적 가치'의 가치층으로 성층화시켰다.

37 내가 카를-오토 아펠(Karl-Otto Apel)과 함께 당시에 발전시켰던 인식관심이론(die Theorie der Erkenntnisinteressen) 역시 이런 접근법에 속한다. C. Hubig & A. Luckner, "Natur, Kultur und Technik als Reflexionsbegriffe", in: P. Janich, *Naturalismus und Menschenbild*(2008), 52~66쪽도 참조.

38 R. Rorty, *Philosophy and Social Hope* (London: Penguin, 1999), 23~92쪽.

성된 철학적 세계이해와 자기이해를 보완하거나[39] 자기의식의 분석에 투입되어 우주적으로 확대된 의식을 향해 도약하려는 '칸트 이후 형이상학'을 수립하기 위해,[40] 존재 측면에서 생활세계에 바닥이 없다는 특성을 선험론적 차이에 대한 일종의 재再선험화와 그 심화에 이용할 수 있다. 이렇게 기축시대에 뿌리를 둔 '강한' 전통의 동기를 어렵게 여기지 않는 사람들에게 남은 대안은, 만약 내가 정확히 봤다면, 단 하나뿐이다. 그것은 약한 자연주의를 염두에 두면서 성취능력 있는 주체성의 탈선험론화를 한 번 더 능가하려고 시도해 보는 것이다.[41]

종교적 경험의 재획득, 종교적-형이상학적 통일성 사고 그리고 과학주의적 자연주의 등은 인식적 이원론을 존재론적 일신론과 화해시키려고 시도할 수 있는 유일한 방책은 아니다. 앞에서 제안했던 의사소통이론적 독해법에 따르면 성취능력 있는 주체성의 선험론적 자발성은 생활세계적 재생산이 세계내적 학습과정과 맞물리도록 하는 생활세계적 실천체험 안으로 다시 후퇴하는 것이다. 이 순환과정은 사회적 공간과 역사적 시간 안에서 진행되는 것들 안에서도 구체적으로 드러난다.

그러나 이 탈선험화는 가능한 생활세계의 일반적 구조에 대한 자기연관된 재구성적 분석에서 벗어나 다른 방향, 즉 사회문화적 생활형

---

39 T. Rentsch, *Gott* (Berlin: de Gruyter, 2005); H. J. Schneider, *Religion* (Berlin: de Gruyter, 2008). 그리고 H. d. Vries (Hg.), *Religion: Beyond a Concept* (New York: Fordham University Press, 2008)에 실린 기고문들도 참조.

40 D. Henrich, *Denken und Selbstsein: Vorlesungen über Subjektivität* (Frankfurt: Suhrkamp, 2007).

41 C. Demmerling, "Welcher Naturalismus? Von der Naturwissenschaft zum Pragmatismus", in: P. Janich(2008), 앞의 책, 240~256쪽.

태의 진화적 발생 쪽으로 나아가는 돌파구를 찾아낼 만큼 충분히 급진적이지는 않다. 인식하고 담화하고 행위하는 주체의 일반적 능력에 대한 합리적 재구성의 도움으로 우리가 기술하는 것은 — 생활세계적 실천체험 참여자의 시각에서 오직 반성적으로만 접근가능한 — 언어적 의사소통과 그 배경의 구조이다. 사회화된 지성의 학습과정을 가능하게 만드는 것은 일차적으로 지향적 세계관계, 상호간 관점인수觀點引受, 명제적으로 분화된 언어의 사용, 도구적 행위 및 협동 등의 합주이다.

마지막으로 나는 최소한, 이런 방식으로 규정된 정신이 자신의 자연사적 발생을 따라잡으면서도 그 안에서 스스로를 재인식할 수 있는 경험 기반의 이론이 가능한지 탐색적 질문을 제기하고자 한다.[42] 아마도 '정신의 자연사'라는 관점이 적절할 것이다. 왜냐하면 생활세계와 객관세계의 상보성이라는 인지적 조건 아래에서만 우리는 이 상보성 자체가 발생하는 자연적 조건으로 시선을 돌릴 수 있기 때문이다. 진화적 시각에서 보면 철학적으로 기술된 생활세계의 일반적 구조는 가속화된 문화적 학습과정을 위한 경험적 출발조건으로 보인다. 그렇게 되면 이 조건을 충족시키는 속성의 성좌를 하나하나 확인하여 이번에는 '학습과정'으로 개념파악되는 자연적 진화로 설명하는 것이 과제이겠다. 반성적으로, 즉 '안에서부터' 재구성되는 생활세계의 일반적 구조는 경험적으로 기술되는 출발 성좌의 관점에서 마치 창발적創發的

---

42 이런 취지에서 아펠(K.-O. Apel)은 '정신의 자기만회(Selbsteinholung des Geistes)'의 공준(公準)을 이야기한다. 야니히는 이 공준을 하나의 방법적 원칙으로 첨예화하는데, 그에 따르면 '인간의 자연과학'은 이 인식들이 연구하는 주체로서의 인간 존재에 의해 획득됐다는 사실과 부합하는 결과에 대해서만 타당성을 가질 수 있다. P. Janich(2008), 앞의 책, 41쪽.

속성처럼[43] '설명'되도록 해야 한다.

실험실보다는 자연이라는 기록보관소에서 이루어지는 연구는, 말하자면 총괄적 학습이론으로 설명되도록 할 수밖에 없다. 하지만 이런 연구방식이 문화적 학습과정에 대해 수행적으로 획득된 '우리의' 이해를 애당초 희생해야 할지도 모르는 방식으로 환원주의에 의거하면 안 될 것이다.[44] 그럼에도 불구하고 이 이론이 더 명확한 윤곽을 획득하지 못하는 한, '창발'과 '설명'이 어떤 뜻으로 언급되고 있는지는 여전히 불분명하다. 정신의 자연사라는 접근법이 가능하다면, 이는 '위로부터의' 설명 관점을 '아래로부터의' 관점과 접속시키는 통로를 제공할 것이다. 이 과정에서 생명과학, 심리학, 문화과학의 언어적 단계에서 나타나는 기본개념의 복합성 증가 현상을 분석한다면 이것이 탐색적 역할을 수행할 수 있다.[45] 물론 이러한 시도는 형이상학에 의거한 자연철학을 단순히 탈형이상학적 외양만 갖춘 형태로 반복함으로써 은폐할 위험도 내포한다.

---

43 [옮긴이] '창발적 속성'(emergente Eigenschaften)이란 진화의 어느 단계에서 전혀 예기치 않게 등장하는 새로운 성질을 뜻한다.

44 이러한 조건은 휴빅(C. Hubig)과 루크너(A. Luckner)가 제기한[*Natur, Kultur und Technik als Reflexionsbegriffe*(2008), 57쪽] 반론과 만난다. 그들은 자연과 문화 둘 모두를 포함하는 '진화'에 대한 연구는 '더 낮은 단계의 반성'으로의 퇴행이라고 주장한다.

45 아르노 로스의 종합론적 유물론은(A. Ros, 2005) 궁극적으로 적용된 개념체계의 관점주의에 귀착하는 것처럼 보이는데, 이 개념체계의 도움으로 우리는 같은 현상을 매번 보다 좁거나 더 넓은 시공간적 관계 안으로 정렬해 넣을 수 있다.

2 장

상징적으로 체화된 근거들의 공간으로서 생활세계

1. 생활세계 안에서 근거의 역할

언어는 재현적 기술과 아울러 의사소통에도 기여하기는 하지만, 근거의 화용론적 역할은 언어의 의사소통적 사용의 관점에서 설명될 수 있다. '근거'란 어떤 화자가 다른 화자의 왜-질문(또는 부정적 입장표명)에 대답하는 진술이다.

예를 들어, "폴란드 대통령의 비행기가 러시아 공항에 착륙할 때 왜 추락했을까?" 또는 "왜 당신은 과세에 반대하는가?" 아니면 "왜 당신은 그에 대하여 그렇게 공격적으로 반대하는가?"와 같은 물음을 받았을 때 우리는 그런 사태를 발생시킨 원인이 되는 사정을 지적하는 인과적 설명이나 그것들이 응당 그러할 권리가 있음을 보여주는 규칙을 제시하는 규범적 정당화, 그리고 그런 정황을 정당화하는 개인적 사정이나 동기를 지시하는 심리학적 설명으로 대답한다. 근거를 사용하는 자연적 장소로 보이는 것은 일상적 의사소통인 듯하다. 그런데 플라톤 이래 자기 고유의 독특한 주제에 대해 근거를 제시했던 철학은 과학적 실천이야말로 설명과 근거정립의 탁월한 장소라고 두드러지게 부각해 오지 않았던가?

"당신은 원자력 시설에 대한 재래식 안전검사가 왜 부적절하다고 생각하는가?"와 같은 질문을 받았다고 생각해보자. 이 질문의 청자는 신문에 실린 전문가 위원회의 보고서를 가리키면서 응답하고자 할 것이다. 하지만 만약 그 말을 들은 사람이 전문가라면 그의 대답은 시험 과정, 복잡한 계산과 확률성 논거 등, 즉 실험실에서의 측정결과에 대한 과학적 분석에 의거할 텐데 이는 일상적 관행과는 아주 멀리 떨어진 것들이다. 그렇다면 근거의 거점은 일상생활이라기보다 오히려 과학적 실천이라고 해야 하지 않을까? 하지만 일상생활에 있는 근거를 과학적 실천으로 부상시키는 화용론적 역할, 즉 이해할 수 없는 것을 석명釋明하는 ― 다시 말해 불안정을 유발하는 사건이나 행위에 직면했을 때 발생하는 교란요인을 제거하는 ― **논변적 근거교환**의 역할이 여러 가지 고려요인과 결과를 **현시顯示하는** 과학적 텍스트 안에서 퇴색되어 있는 한, 이 추정은 거짓된 궤도를 밟아가는 것이다.

근거는 방향설정이 필요한 사람에게 불투명하거나 수수께끼 같은 상황에 관한 해명을 제공한다. 이러한 상황은 이전에 애매하게 또는 잘못 이해하고 있던 총체성의 지평에 하나의 균열을 만들어 냄으로써 혼란을 야기한다. 근거는 화해할 수 없어 방해되던 인식상의 관계를 복원하여 신뢰할 만한 세계로 회복시킨다. 근거는 우리의 세계이해를 혁명적으로 변화시키는 경우에도, 동요된 생활세계에서의 순진무구함을 복구한다. 상당 정도 신뢰를 구축하여 친숙성을 복원하는 근거의 이 기능은 지식에 대하여 오류가능성을 지속적으로 제기하는 제도화된 연구에 의해 오히려 감춰지는 경향이 있다. 즉 근거의 진정한 장소는 일상적 의사소통의 타원 형태이든 아니면 법, 정치, 과학 등에서 전문적으로 형성된 실천의 형태이든 논변적 실천 안에 자리 잡고 있다. 일상과 전문가 문화 사이에서 근거들의 공간은 어떤 경우에도 그 사이 안에 '봉인되어' 있는 것이 아니라 서로 스며들어 투과한다.[1] 왜냐하면 근거는 일상적 의사소통이라는 넓은 강바닥과 아주 좁은 해협을 이루는 전문가적 논변 사이를 두루 순환하기 때문이다.

그러나 학문적 논변에 집중하는 것은 단지 생활세계에서 근거를 분리해버리는 잘못을 조장할 뿐만 아니라 우리의 인식적 세계이해에 대한 시선을 좁혀 근거의 화용론적 역할을 일면적으로만 규정하는 길로 인도하기 때문에 오류에 이르게 된다. 근거의 기여는 방향설정을 욕구하는 개인들에게 세계 그리고 개인들과 그들의 동기라는 것이 그들이 세계 안에서 조우하게 되는 무엇이라고 계몽하는 데 그치지 않는다. 개인이 다른 개인들과 맺는 실천적-수행적 관계에서 근거에 대한 물음은 세계이해에서의 틈을 메워주는 것과 완전히 다른 기능을 한다. 근거는 사회적으로 연주되는 상호작용의 그물에서 균열을 피하거나 접착하는 데 도움을 준다. 일상적 의사소통에서 근거는 일차적으로 방해받지 않는 협동의 윤활유가 된다. 근거가 가능하게 만들 뿐만 아니

---

1 "근거들의 공간에 대한 분리주의적 파악"에 대해서는 L. Wingert, "Was geschieht im Raum der Gründe?", in: D. Sturma (Hg.), *Vernunft und Freiheit* (Berlin, 2012) 참조. 이 주제와 관련된 분석에 대해서는 이 논문에 실린 도널드 데이비슨(Donald Davidson), 율리아 니다-뤼멜린(Julian Nida-Rümelin) 및 설(John Searle) 등의 참고문헌들 참조.

라 보완하기도 하는 것은 한 참여자의 행위의도를 다른 참여자에게 접속시키는 것, 즉 행위의 사회적 네트워킹이다. 이 기능적 맥락에서 우선시되는 것은, 세계에서 조우하는 해명이 필요한 사건과 근거정립이 필요한 행위를 이해할 수 있게 만드는 것이 아니다. 반성적으로 볼 때 중요한 것은 오히려, 어떤 다른 개인이 세계에 대해서 명제적으로 취하는 태도의 설명 또는 정당화 내지 이 태도에 대한 비판이다. 상호작용과 연관된 근거는 다른 사람이 왜 그런 확신이나 의도나 감정을 갖게 되었는지를 이해하게 해준다.

흥미롭게도 이 근거는 보통 설명 혹은 정당화의 형태로 명시적으로 발언되는 방식을 통해 표현됨으로써 효과를 발휘하는 것이 아니다. 근거는 배경에서 작동한다. **의미론적으로 연관된 일련의 근거 전체**는 어떤 확신, 느낌 또는 의도를 표현하는 모든 담화행위, 요구, 약속과 스스로를 **암묵적으로** 연결시킨다. 따라서 만약 화자가 청자와 **암묵적 선행지식**을 공유하려고 하지 않는다면 대부분의 진술은 계속 불투명하거나 다의적인 상태에 머물 것이다.

우리가 서로에게 다음과 같은 장면을 시연한다고 하자. 누군가 아무 말도 하지 않은 채 몸짓으로만, 집게손가락을 입술에 대고 옆방 문에 눈길을 줌으로써 자기 형제에게 어떤 친구가 쉬고 있는 저쪽 침실에 발을 디디지 못하도록 말리고 있다. 그 친구가 힘겨운 여행에서 방금 돌아왔다는 사정과 피곤에 지친 사람은 쉬게 해야 한다는 규범적 근거 등은, 이 두 가지가 암묵적으로 공유된 배경지에 속하기 때문에, 입 밖으로 발언되지 않은 상태로 머물 수 있다.

이런 배경지는 일상적 의사소통의 흐름을 유지하는 일종의 충격흡수장치 역할을 한다. 그러나 발언되지 않은 자명성의 지평에서는 언제든지 내쫓길 수 있는 부정의 잠재력도 잠겨 있다. 확실성조차도 암묵적으로 '올바른 것으로 여겨진다'라는 양태에 의존하는데, 이런 양태라면 말하여진 것이 문제시될 경우 근거를 대라는 지시를 받을 수 있다. 따라서 상호이해 도달의 과정에서 제기되는 근거는 무엇인가를 지지하는 견고한 암반이면서 느슨하게 던져지는 자갈이라는 양날의 기능을 갖는다. 즉 그 근거는 합의를 뒷받침할 수도, 혹은 그에 못지않게 합의를 흔들어 놓을 수도 있다.

담화행위, 나아가 모든 지향적 행위는 당면 사안으로서 활성화되어 있으면서도 당장은 조망이 불가능한 근거들의 공간 안에 파묻혀 있다. 언어적 발언의 지위는 근거에 좌우되기 때문에, 화자는 매번 발언할 때마다 그에 상응하는 규범적 부담을 지게 된다. 의미내용, 즉 '어떻게' 그리고 '무엇을' 말할지에 대하여 관습적으로 규제된 내용을 통해 화자는 특정 종류의 근거와 특정 결과를 암묵적으로 약속하고, 그럼으로써 다른 의사소통 참여자에 대하여 책임의 의무를 자임하게 된다.[2] 근거는 그것을 제시하는 화자가 어떠한 입장을 확정하는 것을 의미하며, 이를 받아들여야 하는 청자에게 합리적인, 즉 근거에 의해 동기 지어진 입장표명을 하도록 요구한다.[3]

---

2 R. B. Brandom, *Expressive Vernunft: Begründung, Repräsentation und diskursive Festlegung* (Frankfurt, 2000).

3 한 담화행위의 내용은 그 자체로 수신인에게 하나의 근거를 제출하는 것으로서 화자가 청자에게 인식시키기를 원하는 어떤 의도로 환원될 수 있는 것이 아니다. 이 점을 근거로 하여 니다-뤼멜린은 경험주의적으로 압축된 의도주의에 반대하는 방향을 취한다. J. Nida-Rümelin, "Grice, Gründe und Bedeutung", in: ders., *Philosophie und Lebensform* (Frankfurt, 2009), 135~154쪽. 근거들의 공간에서, 말해진 것(das Gesagte)이 뜻해진 것(das Gemeinte)으로 다 바뀌지는 않는다. 이런 취지에서 논한 논증에 대해서

화자와 청자 양쪽 모두에 가정된 것으로 간주되는 근거를 상정하거나 주제화한다는 것은 상호이해 지향적 언어사용의 화용론에 속한다. 널리 퍼진 이 의사소통 양식의 특징은 참여자가 공유된 배경지의 틀 안에서 공동으로 상정된 대상세계 안의 무언가에 관해 상호이해에 도달하려는 의도를 가졌다는 것이다.[4] 여기서 화자는 청자가 '예' 혹은 '아니오'라는 입장을 표명할 수 있는 자신의 발화 내용에 대해 타당성 요구를 제기한다. 이런 가운데 전반적으로 어떤 타당성 요구가 실제로 작동할 수 있는지는, 우리가 발화 행위 **전체**에 대해 이의를 제기할 수 있는 방법에 따라 드러난다. 이때 우리가 문제 삼을 수 있는 것은 주장의 **진리성**, 요구나 약속의 **권리정당성** 혹은 **신뢰성**, 고백하는 것의 **진실성**이다. 이 타당성 요구 안에서 근거의 잠재력을 가진 의미론적 내용의 내적 맥락이 스스로를 표현한다. 바로 이 점에서 **언어를 이해한다는 것이** 왜 **상호이해의 실천**과 나아가 근거를 묻고 제시하는 실천과도 엮여 있는지가 설명된다. 담화행위를 이해한다는 것은 화자가 주어진 상황에서 어떤 근거로 타당성 요구를 입증할 수 있는지를 아는 것과도 연결된다.

담화행위의 분석이 언어적 의사소통 자체를 겨냥하는 반면, **의사소통행위**에 대한 연구가 관심을 갖는 것은 한 사람의 행위계획이 다른 사람의 행위계획에 접속되는, 따라서 사회적 상호작용을 가능하게 하

는 J. Habermas, "Intentionalistische Semantik"(1975/76), in: ders., *Vorstudien und Ergänzungen zur Theorie des kommunikativen Handelns* (Frankfurt, 1984), 332~352쪽 참조.

4 나의 언어화용론적 접근에 대해서는 J. Habermas, *Rationalitäts und Sprachtheorie: Philosophische Texte*, Bd.2 (Frankfurt, 2009) 참조.

는 한에서의, 의사소통의 진행과정이다. 제한된 사회적 공간과 역사적 시간 안에서 서로 반응하는 이들의 주제와 행위의도가 서로 그물처럼 엮어질 수 있는 방식으로 그들의 선택가능성이 서로 맞물린 채라면, 그들의 그런 행위는 '접속능력이 있다'. 의사소통행위 안에서는 사실로 인정된 타당성 요구의 연결작용에 힘입어 이 접속이 산출된다. 이때 어떤 담화행위 제공의 — 합리적으로 동기 지어진 — 힘은 말해진 것, 즉 발언내용의 타당성이 아니라 화자가 자기의 타당성 요구를 결제할 수 있도록 암묵적으로 넘겨받아 조화를 유발하는 효과를 가진 어떤 보장책에서 귀결된다.

2. 문화적 전승과 제도화된 행태방식 안에서 공고화되어 생활세계의 배경으로 체화된 근거

의사소통행위에서 근거의 역할은, 우발적 환경의 놀라움에 대한 인식적 관계 안에서 근거가 수행하는 신뢰형성의 기능을 넘어, 상징적으로 체화된 근거들의 공간으로서 생활세계의 주제로 한 걸음 더 다가서게 하는 것이다. 의사소통의 수준에서 유동하는 근거는 — 일상적 의사소통에서 생활세계적 배경에 속하는 — 문화적 전승과 제도화된 행태방식 안에 **고착된다**.[5] 이때 중요한 것은 공고화하는 보다 고차적 단계의 체화體化이다. 왜냐하면 그런 전통과 규범에 간여해 들어가는 근거

5 J. Habermas, *Sprachtheoretische Grundlegung der Soziologie: Philosophische Texte*, Bd.1 (Frankfurt, 2009) 안의 논고들 참조.

는 그쪽에서 보자면 이미 상징적으로 체화되어 있기 때문이다. 그러므로 나는 우선 의미론적 내용 전반을 상징적으로 체화하는 기본단위적 사례에 집중하고자 한다. 이제 근거는 명제적으로 분화된 언어 안에서 등장할 수 있다. 왜냐하면 담화행위는 오직 진술들 사이의 논리적 관계맺음 덕분에 근거로서의 자격을 얻기 때문이다. 인과적 또는 심리학적 설명이나 규범적 정당화의 화용론적 역할을 수행할 수 있는 것은 **기술적**이거나 **표출적**이거나 **규범적**인 진술일 수밖에 없다.

그런데 상징적 체화 자체는 어떤 차원에서 완수되는가? 상징적 내용을 체화시키는 매체가 어떻게 기능하는지는 개별 상징의 사용, 예컨대 정서 표출적 몸짓을 이용한 단순한 의사소통 같은 명제적으로 분화된 언어의 복잡성 단계 아래에서도 연구될 수 있다. 찰스 샌더스 퍼스의 기호이론은 내용을 담고는 있지만 어떤 명시적 진술내용도 상징화하지 않는 도상적圖像的 기호와 지표적 기호, 즉 동물 문장紋章, 국기, 교회 첨탑 꼭대기의 수탉 모양 풍향계 등에 주의를 기울였다.[6]

나는 적어도 두 명의 유능한 사용자가 세계 안의 무엇인가에 관해 상호이해에 도달하려는 목표에 따라 **동일한 의미로** 사용하는 기호를 언어적 상징이라고 말한다. 근거가 **명시적으로** 작동하기 전에 기본단위적 몸짓의 적용만으로도 **상호이해에 도달**해야 한다는 규범적 의미를 충족시킬 수 있다.

이 글을 시작할 때 언급한 장면을 떠올려보자. 즉 누군가 입을 다문

---

6 의식철학에서 언어철학으로의 패러다임 전환에 있어 퍼스의 중요성에 관해서는 K.-O. Apel, "Metaphysik und die transzendentalphilosophischen Paradigmen der Ersten Philosophie", in: ders., *Paradigmen der Ersten Philosophie* (Berlin, 2011), 164~190쪽.

채 옆방으로 통하는 문에 눈길을 주면서 그 방에 들어가려는 사람에게 거기에서 쉬고 있는 사람을 방해하지 말라는 몸짓을 한다. 이 의사소통이 성공하려면 적어도 다음의 조건을 충족시켜야 한다. 참여자들은 ① 지향적으로 제작된 신체 움직임인 손짓과 몸짓에 의거해, ② 서로에 대해 나-관점과 너-관점에서 태도를 표명하게 되는 화자와 청자 사이라는 관계를 맺는바, ③ 세계 안에서 일어나는 어떤 한 사태에 대해 그들 고유의 지향적 관계를 갖고 그때마다 이 개인 간 관계 안에서 맞물려 가면서, ④ 그 몸짓에 힘입어 그들은 공통적으로 같은 사태와 관계를 맺음으로써, ⑤ 이때 이미 공유된 규범적 배경지로부터, 청자는 화자가 전달하려는 사태가 자는 사람을 방해하지 말라는 일종의 부탁이라는 결론을 내린다.

이 참여자들은 지향적으로 제작된 신체 움직임에 '힘입거나' 아니면 신체 움직임 '덕분에' 서로 의사소통적 관계를 맺으며 이 몸짓을 근거로 공통적으로 동일한 사태와 관계한다. 여기에서 우리가 다루고 있는 것은 물론, 상징이라는 것이 무엇인지를 이미 알고 이 특정한 몸짓의 의미를 인지하는 능력이 있는 화자이다.

그런데 이런 앎은 어디에서 나오는가? 공적으로 지각가능한 신체적 움직임을 어떻게 다수의 사람들이 '같은 것'을 의미하는 하나의 몸짓으로 이해하는지에 관한 실천적 앎을 놓고, 우리는 **몸짓의 적용과 이해의 행위 안에서** 서로를 연결시키는 두 가지 지향적 태도를 구별할 수 있다. 즉 **상징의 의사소통적 적용**에 있어서 참여자는 상호적으로 2인칭으로서 태도를 취하는 개인 간 관계를 맺는다. 동시에 그들은 관찰자의 객관화하는 태도로 대상 또는 사태에 지향적으로 초점을 맞추어 **상징을 재현적으로 사용**한다. 소리나 신체 움직임 같은 물질적 요소는 매개체처럼 사회인지적 성취를 좁은 의미의 인지적 성취와 맞물리게 만드는 작용을 유발한다. 몸짓은 공적 요소로서, 그것을 지각하는 과정에서 참여자들의 의도가 서로 만난다. 이 매개체의 지각이 일치함으로써 서로 자극되어 참여자 양쪽이 서로의 관점을 수용하고 세계 안의 무엇인가에 관한 태도들이 공통체를 이룰 정도가 되어 **공유된 의도**, 따라서 **공유된 지각과 의향이 발생**할 수 있게 된다.

마이클 토마셀로는 발상력이 풍부한 발달심리학 연구를 통해 언어발달 이전 단계의 유아와의 상호작용에서, 수직적 세계관계와 다른 사람과의 수평적 관계를 상징적으로 연결함으로써 의사소통 참여자와 의사소통 대상 사이에 형성되는 이 3원적 관계를 정확하게 입증하였다.[7] 한 살가량의 아이들은 보호자의 손짓에 따르며, 다른 사람의 주의를 특정한 물건에 기울이도록 하여 그와 자신의 지각을 공유하기 위해 자기 자신도 손가락질을 사용한다. 이 단순한 몸짓의 기능에서 토마셀로는 언어적 상호이해 도달의 화용론적 전제의 사회인지적 핵심을 발견한다. 어머니와 아이는 수평적 수준에서 눈길의 방향으로 그때마다 상대방의 의도를 수용하기 때문에 두 사람이 수직적 방향에서 자기의 주의를 동일한 객체에 향하도록 하는 하나의 사회적 관점이 발생한다. 손가락질의 도움으로 — 또한 곧바로 흉내 내는 손짓이나 몸짓과 결합해서 — 아이들은 공동으로 그 정체가 확인되고 지각된 대상으로부터 **상호주관적으로 공유**되는 지식을 획득한다. 손가락 제스처에는 곧바로 흉내 내는 몸짓이 따라붙는다. 이것은 대상의 속성을 재

7 M. Tomasello, *Die kulturelle Entwicklung des menschlichen Denkens* (Frankfurt, 2002). 우리말 번역으로는 토마셀로, 《생각의 기원》, 이정원 역 (서울: 이데아, 2017).

현하며, 아이의 시야 밖에 있는 객체의 속성도 재현한다. 이 두 가지 요소로부터 나중에 진술의 두 구성요소, 즉 지시체指示體와 기술記述에 대한 표현이 발전된다.

여기에서 우리는 몸짓 의사소통이 시선의 방향과 지각의 상호주관적 맞물림을 통해 세계 안의 어떤 것을 객체화하는 관계를 발생시키는 모습을 **그 발생 상태에서** 목격한다. 상호적으로 받아들여진 관점을 탈중심적으로 조정하는 데서 비로소 세계는 '자아중심적으로' 지각되는 환경계環境界의 성격을 점차 덜어내게 된다.[8] 이로써 아이는 객체와 사태에 대한 관계형성 및 태도표명의 의도성과 연관된, 세계와의 거리를 확보한다. 나아가 아이와 침팬지에 대한 토마셀로의 비교연구는 인간적 의사소통의 계통발생적 기원을 두드러지게 보여주는 대조적인 배경을 제공한다.[9] 침팬지는 자기와 연관된, 자기 관심에 의해서만 조절되는 자기 시야의 한계에서 벗어날 수 없을 것 같다. 물론 침팬지는 비상하게 지능적이며 의도적으로 행위할 능력을 가졌고, 동종의 동료가 가진 의도를 이해할 수 있으며, 자기가 선 자리의 공간적 차이를

---

8 여기서 나는 '자아중심적'이라는 말을 은유적으로 사용했다. 왜냐하면 '나'에 대한 언급을 허용하는 자기관계는 오직 도달된 언어적 의사소통의 수준에 따라 형성되기 때문이다. '그 나(das Ich)'는 일종의 사회적 건축물이다. [이 때문에 비(非)집중적 망상으로 엮인 뇌의 흐름 한가운데 있는 중심부에 대한 신경생물학적 탐색은 여전히 아무 결과 없는 상태에 머물 수밖에 없다.] 사회적 상호작용의 결과로서의 '자기(das Slbst)'의 기원에 관해서는 J. Habermas, "Das Sprachspiel verantwortlicher Urheberschaft und das Problem der Willensfreiheit", in: ders., *Kritik der Vernunft: Philosophische Texte*, Bd.5, 318쪽 이하.

9 M. Tomasello, *Die Ursprünge der menschlichen Kommunikation* (Frankfurt, 2009). [옮긴이] 위 책은 M. Tomasello, *Origins of human communication* (Cambridge, Mass.: MIT Press, 2008)의 독일어 번역이다.

정확하게 측정할뿐더러, 심지어는 이런 것에서 실질적 추론을 도출해 낼 수도 있다. 하지만 침팬지는 자기가 인지한 것을 상징적으로 사회화할 수 있을 **같은 종의 동료와 개인 간 관계**를 맺지는 못한다. (우리는 문화적 학습이 언어 습득을 통해 유전적 진화메커니즘을 대체할 수 있다고 가정하기 위해 '언어주의자'가 될 필요는 없다.) 사회화용론적 관점에서 볼 때, 호모 사피엔스의 결정적인 진화적 성취는 몸짓을 통해 객관적으로 주어진 것에 대하여 동종의 동료와 동일한 목표를 추구하고 협동할 수 있는 능력이다.

그럼에도 불구하고 삼자관계의 형성에 있어 몸짓의 중요한 역할은 상호주관적으로 공유되는 지식의 생성을 위한 일종의 매개체 역할에서 그치지 않는다. 시작 단계에는 이러한 기능이 중요할 수 있지만 **기호사용의 관습화**라는 다음 단계에 가서야 기호기체記號基體 자체가 의미의 담지자가 된다. 일차적으로는 매개체로서 공동의 주목과 공유되는 지식을 산출하는 소리 및 신체 움직임을 그 공유되는 지식과 규칙적으로 결합시킴으로써 비로소 의미론적 내용의 상징적 체화에 도달한다.

우리는 내용의 상징화를 가능하게 하는 두 가지 사회인지적 전제를 구별할 수 있다. 첫째, 의도적으로 제작되지만 공동으로 지각되는 몸짓상의 발화가 개입하지 않으면 다른 사람과의 관계를 세계 안에 있는 무엇인가에 대한 지향적 태도표명과 조율시킬 수 없다. 그리고 둘째, 만약 양쪽 의도의 조율을 촉발하는 몸짓과 공유되는 지식을 지속적으로 조합시키지 않는다면 의미론적 내용의 상징적 체화란 불가능하다.[10]

---

10 그럼에도 불구하고 토마셀로 자신은 설명의 근거를 다른 진화적 순서로 제시한다. 즉

3. 세계를 개활하고 구성하는 상징화의 성취활동

'공유된 지식'이라는 정신주의적 표현은 **상징화의 세계를 개활하고 구성하는 상징화**의 성과를 은폐한다. 우리는 이것을 **사회인지적** 성취활동과 구별해야 한다. 지금까지 우리는 이미 영장류 사이에서 고도로 발달한 인지 능력이 사회화되는 과정을 살펴보았는데, 상호 교환가능한 관점들을 맞물리게 하는 데에는 몸짓의 사용이 필요하다는 관점에서였다. 이는 지향적인, 즉 객관화하는 방식으로 환경의 압력으로부터 거리를 두는 과정과 연결된다. 몸짓은 다른 무엇보다도 모든 참여자에 의해 신체적 요소로 지각되는 표현적 움직임이라는 공적 성격으로 인해 이 역할에 적합한 특질을 갖추고 있다. 그러나 이 몸짓이 규칙적으로 적용되고 상호주관적으로 공유된 지식의 관습적 담지자로 발전하자마자 그것은 개별 주체의 정신과 대조되는 객관적 정신의 완고

그는 상징적 의미를 공유된 지각과 의향으로 환원시키는 정신주의적 설명전략을 따른다. 하지만 몸짓이 그 사이에 끼어들지 않고 개인 간 관계와 (세계에 대한 객관화 태도 표명이라는 의미에서의) 지향성이 서로 맞물리는 것을 설명할 수 없다고 한다면 설명의 순서에서 정신적 능력이 어떻게 의사소통보다 우선할 수 있겠는가? 나는 3가지 인간적 전유물 ― 즉 상징의 적용, 상호교호적 관점인수 및 객체에 대한 지향적 태도 ―의 공(共)근원성을 받아들이는 쪽으로 기운다. 개념적 분석에 대하여 이것은 성격상의 특징적 능력이 하나의 체계를 이룸을 의미한다. 유전적 의미에서의 공근원성은 우리의 직계 생물학적 조상들의 무리생활에 있어 개연성 없는 출발 성좌가 고도의 우발성을 가진 점에 주목시키는데, 예를 들어 생태학적으로 조건 지어진 협동에의 강제와 고도의 성숙도를 가진 실천적 지능이 만나 차곡차곡 포개지면서 비지향적 표현운동의 기능변형에 유리하게 작용한다. 이것은 곧 이런 일과 동시에 인지의 사회와 상징적으로 매개되는 의사소통의 새로운 형태 및 동기의 공동체화를 의미한다. 하지만 토마셀로는 이와 대조적으로 (아래 각주 11 참조) 인류발생론을 동기의 도덕적 혁명이라는 개연성 없는 사태로 시작하도록 한다.

함을 획득한다. 그것은 선행적으로 발출된 해석의 ― 공적으로 접근가능한 ― 공간을 생성하는데, 의사소통 참여자들은 그 안에 선재한다.

공공성을 수립하는 이 성격 안에서는 ― 하나의 공통된 생활세계를 제작하는 ― 상징화의 가상적 힘이 은연중에 드러난다. 이 창발적 제작의 순간은 개체발생적 관찰을 증언한다. 아이들은 상징을 이해할 뿐만 아니라 놀이를 통해 상징화의 성취활동 자체를 체득하는 것도 배운다. 심리학자들은 아이들의 놀이 행동에서 '마치 ~ 같은 것'이라는 가상적 표현이 제작되는 것에 언제나 매료되었다. 성인과의 상호작용에서 두 살짜리 아이가 연필을 칫솔처럼 사용하는 것을 재밌다고 느낄 때, 아이는 서로 다른 현실성 수준 사이를 의식적으로 오가며, 그중 하나는 다른 하나를 상징적으로 '대표한다'.[11]

이런 독해법은 관습화된 몸짓이 상호주관적 지식의 의미 담지자, 즉 기표記標 혹은 저장고로서 도달하는 독립적 위상을 강조한다. 그에 따르면 의사소통 참여자들 사이에서는 세계 안의 무엇인가를 표시하는 몸짓의 이해에 의거하여 이 무엇인가에 대한 공통된 관점과 그 이해에 관한 상호주관적 공유지식이 형성된다.[12] 몸짓을 이해하는 데는 교착적으로 인식되는 의도의 결과에 대한 복합적 계산 같은 것은 전혀 필요하지 않다. 이 견해는 상징의 적용을 위한 출발조건으로서 요구

---

11 M. Tomasello & H. Rakoczy, "Was macht menschliche Erkenntnis einzigartig? Von individueller über geteilte zu kollektiver Intentionalität", in: H. B. Schmid & D. P. Schweikard (Hg.), *Kollektive Intentionalität* (Frankfurt, 2009), 697~737쪽.

12 로티와 브랜덤이 시사적 서론을 쓴 W. Sellars, *Der Empirismus und die Philosophie des Geistes* (Paderborn, 1999)는 인식론적 관점에서 이 설명 순서(order of explanation)를 옹호한다.

가 많은 반성단계를 전제하는 정신주의적 설명의 난점을 회피하는데, 의사소통 참여자들은 서로에 대한 재귀적 앎, 따라서 메타-재현, 즉 재현의 재현을 구사하는 능력을 가지고 있어야 한다.[13]

침팬지들에게는 상호주관적으로 공유된 생활세계의 지평 안에서 상징을 똑같은 의미로 적용하여 하나의 공통된 객관적 세계를 개활하는 종류의 의사소통 능력이 결여되어 있다. 그러나 자아중심적 환경 집착에서 벗어나 상호주관적으로 공유되고 공통적으로 해석되는 세계로 진입하는 것은 몸짓 의사소통 수준을 넘어서는 또 다른 상징화 성취활동과 연결된다. 공통된 앎을 주관적 정신에서 분리함으로써 정신적인 것이 스스로를 자립시키는 것은 언어적 의사소통 안에서만 일어나는 일이 아니다. 왜냐하면 이 언어적 의사소통은 의식의 성취활동이 외화되는 유일한 형태가 아니기 때문이다. 언어적 의사소통의 토대는 구전이나 가족 구조, 관습과 전통 같은 또 다른 형태의 객관적 정신들이 발전할 토대도 제공한다. 이를 통해 여러 전통 그리고 습속화된 규범들이 갖춰지고 그와 함께 공적으로 접근가능한 상징적 대상들의 공간이 발생한다.

존재론적으로 고찰하자면 이 이상한 대상은 사회화된 의사소통 참여자와 행위자의 의사소통적 발언, 행위 그리고 인공물 안에서 일차적으로 실존을 획득한다. 관행과 전승의 조직망은 이러한 대상에 수행적으로 현재적이며 상호주관적으로 공유된 배경을 제공한다. 그리고 이 배경 속에서 사람들은 의도적으로 상대방과 관계를 맺고, 객관세계의

13 이런 반론에 대해서는 W. Detel, "Sprachliche Fähigkeiten", in: *Deutsche Zeitschrift für Philosophie*, 59(2011), 147~152쪽.

무언가와 연결된다. 요약하자면, 정신은 의사소통적으로 적용된 상징뿐만 아니라 언어처럼 구성원들이 암묵적 배경지를 통해 공유하는 생활세계의 규범적 구조 안에서도 스스로를 외화外化한다.

이 상징화의 성취활동이 단순한 의미론적 내용의 상징적 구현을 넘어서는 방식은 전통, 역할 그리고 제도의 **독특한 결속효과** 안에서 스스로 드러난다. 물론 모든 규칙을 따르는 행태 자체에 기입된 규범적 의식은 관습화된 상징의 사용과 함께 발전한다. 즉, 정당하거나 규칙에 따르는 행태와 잘못되었거나 일탈적인 행태의 차이에 대한 지식과 함께 발전한다. 그러나 언어적 관습의 준수에서 타당성이 실현되는 규범성은 모범사례를 따르는 전통의 요구와 규범적 행태기대의 당위 안에 표현되어 있는 권위보다 약하다.[14]

우리는 문법적이고 논리적-의미론적인 규칙의 인지적 인도력과 감정을 운전하고 동기를 구속하는 제도의 힘을 구분해야 한다. 옳거나 그른 사회적 행위가 가진 강한 규범성의 근원은 언어적 상징 **자체**의 상호이해 지향적 사용 안에 이미 포함된 것이 아니다.[15] 왜냐하면 의

---

14 L. Wingert, "Die elementaren Strukturen der menschlichen Sozialität", in: *Deutsche Zeitschrift für Philosophie*, 59(2011), 158~163쪽과 H. B. Schmid, "Am Ursprung der Freundlichkeit", in: *Deutsche Zeitschrift für Philosophie*, 59(2011), 153~157쪽.

15 집단적 지향성의 도움으로 사회적 구속성을 설명하려는 사회존재론적 시도 역시 이 점에서 좌절한다. 이에 관해서는 H. B. Schmid & D. P. Schweikard (Hg.), *Kollektive Intentionalität* (Frankfurt, 2009)에 실린 논쟁 조망을 참조하라. 이 점에서 모범적인 것은 당위적 의무부여를 한 사회적 위상의 선언적 수여 또는 제작으로 환원하는 설의 접근법이다. 선언적 담화행위의 실행은 (예를 들어 결혼 서약, 대통령 임명, 통화가 유효성을 가진다는 선언 등) 그에 힘입어 설명되어야 할 제도를 전제한다. J. Searle, *Die Konstruktion der gesellschaftlichen Wirklichkeit: Zur Ontologie sozialer Tatsachen* (Berlin, 2011) 및 ders., *Wie wir die soziale Welt machen* (Berlin, 2012) 참조.

무부여와 권한부여의 개인 간 결속력은 일방적 의지표출을 뜻하는 요청에 호소한다는 것과 혼동되어서는 안 되기 때문이다. 언어 사용을 오직 효율적 행위 조합을 위한 인지적 요구에서만 설명하는 사회화용론의 관점에서 볼 때 명령법적 요구에서 강한 평가와 규범적 행태기대로의 이행은 공백으로 남아 있다.[16]

4. 일상적 의사소통과 일상외적 의사소통의 상호보완작용과 문화적 학습과정으로서 의식적 의사소통

내 견해로 이 공백은 만약 우리가 도상적 몸짓의 적용과 친족관계이긴 하지만 질적으로 다른 의사소통 형태, 즉 의식적儀式的 의사소통을 고찰 대상으로 끌어온다면 계통발생론적 시각 아래에서 채워질 수 있다. 인류학자들은 부족사회에서 아주 다양한 계기로 행해진 많은 의식실행儀式實行에 대해 보고한다. 구조적으로 고찰하자면 이 의식은 우리가 지금까지 고찰했던 몸짓으로 매개된 의사소통과 유사성을 보인다. 하지만 두 가지 의사소통 형태 사이에는 현격한 차이가 하나 있다. 의식은 사회적 협동의 기능맥락과 직접 연결되어 있지 않다. 문화인류학

16 토마셀로는 "Von Affengesten zur Sprache des Menschen"[M. Tomasello(2009), 앞의 책, 339~365쪽]의 관련 장에서 이 개념적 어려움을 눈에 띄지 않게 빠져나가고 있다. 왜냐하면 그는 우리 인간종이 이례적일 정도의 친사회적 행태 때문에 애초부터 탁월성을 가진다고 가정하기 때문이다. 하지만 만약 그렇다면 경험적 관점에서 볼 때 인간적 의사소통의 진화는 궁극적으로는, 개연성 없는 '도덕적 돌연변이'로 환원되어야 할 것이다.

적 연구에 따르면 우리 조상의 모방적 재능은 일상적 몸짓 의사소통에 국한되지 않았으며 눈에 띄는 객체와 과정을 모형화한 것, 즉 갖가지 춤, 무언극, 조각, 회화, 기념물 등의 형태 안에서도 발전해 왔다.[17]

그런데 의식적 의사소통은 그 특이한 자기연관성으로 다른 도상적 재현과 구분된다. 다시 말해서 의식적 의사소통은, 바로 그 안에 상징적으로 매개되는 의사소통의 새로운 점이 존재함에도 불구하고, 공동으로 정체가 특정되는 '세계 안에서의' 무엇과 관계하지 않는다. 의식적 의사소통은 오히려 일상적 세계로부터 등을 돌리고 독특하게 그 자체 안에 사로잡힌 자기폐쇄적 상태에 머문다. 바로 이 사정, 즉 일상적 세계 안에서의 어떤 준거점이 결여되었다는 것은 의식적 의사소통에 바로 일상외적 의사소통의 성격을 부여한다.[18]

의식으로 추는 춤을 생각해보자. 그것의 공동 공연에서 리드미컬한 운동은 의도의 공통성을 표현하고, 몸짓의 상호 모방과 관점의 상호 인수를 고무하며, 그로 인해 누가 봐도 명백하게 상호주관적으로 공유된 체험을 야기한다. 반면 3원적 기호구조의 세 번째 화살이 가리키는 것은 — 우리가 체험된 것과 의도된 것을 위해 객관세계 안에 있는 어떤 대상 또는 상태를 탐색하는 한에서 항상 — 빈 곳이다. 우리가 결여되어 있는 지시체를 찾아야 하는 차원은 상징적으로 매개된 의사소통을 통해서 비로소 산출된 사회적 공동생활 자체의 — 진화론적으로

17 문화적 발전의 일화적(逸話的), 모방적, 신화적, 이론적 단계에 관한 그의 이론을 요약한 것으로는 M. Donald, *A Mind So Rare: The Evolution of Human Consciousness* (New York, 2001), 7장과 8장 참조.

18 M. Riesebrodt, *Cultus und Heilsversprechen: Eine Theorie der Religionen* (München, 2007).

새로운 — 차원임은 명백하다.

나는 의식적 행태를 의사소통의 이 단계에서 **개인의 사회화**와 같이 등장하는 이 문제에 대한 답변으로 이해한다. 사회화용론적 관점에서 우리는 몸짓 의사소통을 진화적으로 유익한 새로운 형태의 지능적 협동으로 간주한다. 그러나 지능의 사회화는 행태를 조율하는 방식에도 영향을 미쳤을 것이다. 자아와 타아에 동일한 의미를 부여해주는 첫 번째 몸짓은 주관적 의식을 자아중심적 껍질에서 해방시킨다. 개인적 의식 내용이 의미의 상징화를 통해 외화됨과 동시에 사회화되면서, 한 사람의 단자적單子的 의식 생활은 다른 구성원의 단자적 의식 생활로 개방된다. 상징적 형태의 공적 세계로의 진입은 인지적 자아중심주의의 극복만 의미하는 것이 아니다. 지능의 사회화는 오히려 행태를 조율하는 방식의 혁명과 관련이 있다. 즉 공유된 생활세계의 지평 안에서 세계의 우연사를 **협동적으로** 처리해야 하는 **집단 구성원들 사이에서 상징적으로 매개되는 상호작용으로 전환**하는 것이다. 이 인지적 도전은 정신역학적 도전과 나란히 진행된다.

토마셀로가 부각한 침팬지의 '자아중심적' 생활형태와의 대조는, 개인을 **동기의 의사소통적 공동체화**의 소용돌이로 끌어들였음이 틀림없었던 사회관계의 격변을 강조한다. 우리는 이 사회화로의 격변이 **사회화와 개인화**를 동시 진행하는 개인의 의식에 **핀으로 꾹 누르는 듯한 압박**을 가했으리라고 상상할 수 있다. 한편으로 의미를 동일하게 사용하는 상징을 통한 새로운 의사소통 형태가 등장하면서 행위 조율의 부담은 점점 더 의사소통행위에, 따라서 개인 **자신의** 어깨에 실리게 된다. 다른 한편으로 개인은 자신의 삶의 재생산이 본질적으로 **집단적** 자기주장, 다시 말해서 사회적 협동의 기능 작동에 좌우된다는 점을 의식하기에 이른다. 개별적 구성원은 복합적인 사회적 유기체를, 개별 구성원을 압도하면서 모든 것을 소비하는 동시에 삶을 구원하며 각자의 고유한 생존을 일차적으로 보장하는 하나의 세력으로 만나게 된다. 새로운 형태의 의사소통적 공동체는 개인과 집단의 자기주장 사이에 구조적 긴장을 산출하고, 반대되는 명법들 사이의 이 긴장을 안정시킬 것을 요구한다. 만약 의식적 실천이라는 것이 지속적 위험에 노출된 사회집단의 응집력을 보장하고 교란되기 쉬운 균형을 다시 바로잡는 것이라면, 행태기대의 강력한 규범성은 이 일상외적 의사소통 형태에서 발출한다고 가정하는 것이 당연하다.

일상적 의사소통과 일상외적 의사소통은 애초부터 서로를 보완했던 것으로 보인다. 하나는 협동의 맥락에서 발생하여 지능의 사회화에 도달한 반면, 다른 하나는 동기의 공동체화에서 발생한 긴장, 즉 개인과 집단의 자기주장 명법들 사이의 긴장에 반응한다. 일상적 의사소통은 인간 정신으로 하여금 근거에 민감하게 만드는 초超주체적 언어 로고스의 약한 규범성을 산출하는 반면, 구원과 재앙의[19] 권력을 가진 의사소통은 사회적 연대성의 강한 규범성을 산출하고 그것을 갱신한다. 몸짓 의사소통이 일상적 협동의 맥락에서 완전히 문법적 담화로 성숙하자마자 두 형태의 의사소통은 모두 진술Aussage에 대하여, 그리고 진술의 서사적 연결, 즉 근거에 대하여 개방된다.

인류학적 연구는 거의 전적으로, 설명하는 신화의 관점에서 의식을 대한다. 따라서 연대성을 키워주는 의식은 모든 경우에서 각각 신화

---

19 M. Riesebrodt(2007)는 일반적으로 종교적 방술이란 구원과 재앙의 권력과의 교류라고 정의한다.

적 세계해석 및 신화적 자기해석과 함께 오늘날까지 변형된 형태로 스스로를 보존해오는 하나의 신성神性복합체를 형성한다.

우선 신화적 서사는 친족 체계의 규범을 우주 전반에 반영시켜 서사적으로 정당화했다. 그러나 이와 동시에 일상적 의사소통 안에서는 사회적, 자연적 환경과의 교류에서 나오는 새로운 경험이 논변적으로 가공되었다. 신화적 설명은 행위 성공 여부의 실험을 견뎌냈던 실용적 세계지와의 만남에서 발생된 인지 부조화의 압력을 계속해서 버텨낼 수 없었다. 근거는 자기 고유의 역학을 전개한다. 세속지世俗智와 신성복합체 사이의 적대상태라는 관점에서 기능주의는 이 신성복합체의 완성에 대한 설명을 제공한다. 세계를 서사적으로 설명하고 세속적 세계지 쪽에서의 비판에 노출되는 신화적 서사의 경우 의식적 실천과 연결되면 일종의 보호기능을 가지기도 한다. 왜냐하면 명제적으로 분화된 언어로 정식화된 근거는 몸짓 의사소통의 이 도상적 형태와 부딪칠 경우 두 의사소통 형태 사이의 낙차 때문에 다시 튕겨나가기 때문이다.

그럼에도 불구하고 나는 경험에 의해 인도되고 세속적 생활영역 안에 축적된 세속지 그리고 신성복합체에 접속된 세계상 사이의 적대상태 안에 문화적 학습과정의 추진력이 있다고 추측한다. 이로써 나는 논변을 넘어서 상징적으로 체화된 더 높은 수준의 근거에 대한 물음으로 되돌아간다. 근거가 이렇게 문화와 사회 안에서 공고해져 체화되면서 비로소 상징적으로 체화된 근거들의 공간으로서 생활세계에 대한 해명이 이루어진다.

5. 전통계박적 근거와 탈전통적 근거 사이의 긴장관계

모든 사회에는 전통에 계박繫縛되고 제도 안에 성문화成文化된 근거, 그리고 의사소통 안에 방면되어 자유롭게 부유하는 근거가 있는데 이 둘 사이에는 긴장 넘치는 대응이 존재한다. 근거는 담화행위의 의사소통적 교환에서 문제를 제기함과 동시에 문제를 해결하는 힘을 전개한다. 그러나 사회적 안정성의 관점에서 보면 "'아니오'라고 말할 수 있음"으로 인한 불합치의 위험부담은 도처에 잠복하고 있는데 그것은 일상에서 이루어지는 의사소통적 실천에서 통합의 메커니즘을 불확실하게 하고 또 극도로 많은 비용이 들게 만든다. 처음에는 문화적 전승과 규범에 의해 보존되는 좋은 근거라고 하더라도, 사실상 모든 사회는 각기 때마다 가용할 수 있는 근거의 부정 잠재력을 문화적 전승과 규범의 형태로 제한한다. 참이면서 모범적이라고 간주되는 가르침의 교의화敎義化와 좋고 올바르다고 간주되는 행태기대의 제도화는 근거를 더 높은 차원에서 통합하고 체화하는 두 가지 메커니즘으로, 근거의 의사소통적 교환 흐름을 제한하고 통제한다.

문화적 전승과 그에 상응하는 사고방식은 공유되고 상징적으로 저장된 배경지의 지평 일부를 형성하는데, 이는 표면적으로는 논의의 대상으로 삼을 수 있지만 근본적으로 문제화되어서는 안 된다. 전통은 한 문화를 특징짓는, 입증되었고 탁월하며 표준적이라며 선정한 앎의 전승을 보장한다. 전통을 형성하는 메커니즘은 근동의 초기 문자문화에서 이미 완숙한 형태로 발전한 교육적 경전의 양식에서 전형적으로 드러난다. 당시에 벌써 '고전적' 저작은 원전을 가능한 한 철자

단위까지 충실히 보존함으로써 그 내용이 비판적 접근이나 논변적 변경을 당하지 않도록 보호하여 규범적 타당성에 도달했다.[20] 좋음과 유의미한 상관성을 가졌다고 잘 알려진 일군의 저작을 선택한 결과 비판적 반론에 면역된 안정된 정리가 이루어졌다. 오늘날에 이르기까지 감명을 주는 모든 전통의 힘은 보존된 지식에서 정선精選된 그 핵심이 그것을 문제시하는 물음과 그것에 대한 반론의 소용돌이로부터 차단될 수 있었다는 데 있다.

따라서 **문화**는 구속력 있는 여러 해석을 선택함으로써 장기간에 걸쳐 의사소통적으로 행위하는 이들의 자기이해와 세계이해를 형성시키고 영구화한 것이다. 말하자면, 문화는 보존된 지식의 교의화라는 양식으로 근거를 체화한다. 이와 동시에 **사회**는 행태에 대한 기대를 규범화하는 방식으로 행위 근거를 체화하는데, 그러고 나면 이 행태기대는 역으로 사회적 공간 전반의 의사소통행위망을 수평적으로 응축시키고 안정화한다.[21] 규범의 타당성을 뒷받침하는 실천적 근거가 일정 행태를 유발하는 효능을 획득하려면 내면화되어야 한다. 이는 국가적 제재가 가해지는, 즉 강제될 수 있는 법의 기초에도 통한다.

전승물이 향유하는 가장 넓은 의미에서의 인식적 권위와는 달리 각종 인륜의 규범적 구속력, 즉 사회화 과정에 대한 — 다시 말해서 사회적 환경계가 그 '형성'에 암묵적으로 행사하는 영향력에 대한 — 제도

---

20 정전화(正典化, Kanonisierung)에 관해서는 J. Assmann, *Religion und kulturelles Gedächtnis* (München, 2007), 52쪽 이하 참조.

21 철학적 관점에서 나의 관심을 끄는 것은 흔히 사회과학적 관찰자에게만 인식될 수 있는 사회적 구조의 잠재적 기능이 아니라, 사회구성원에게 — 의식적이든 무의식적이든 — 접근가능한 행태기대를 안정시키는 **근거**이다.

와 지배질서의 명령적 위력은 성장하는 청소년의 동기구조에 닻을 내린다. 내면화의 길을 따라 한 사회를 떠받치는 가치와 규범적 근거는 그 사회구성원의 인성 구조에 (문자 그대로) 체화된다.

물론 여러 성향으로 굳어지는 이 가치지향은 그에 대응하는 문화적 전승과 연결된 상태에서 존립한다. 왜냐하면 사회적 규범틀은 사회적 집합체의 세계이해와 자기이해를 정당화하는 맥락 안에 계속 배태된 상태로 머물러 있기 때문이다. 또한 물질적 문화의 대상 안에도 근거가 스스로를 체화시킨다. 대상물의 기능을 살펴 이런 근거를 독해하거나 건축설계도에서 그 근거를 재건축할 수 있는 경우도 자주 생긴다. 근거의 교의화와 제도화에 상응하는 제3의, 더 높은 수준의 메커니즘은 **인공물 안에 근거를 물질화하는 것**이다. 근거를 문화적, 심리사회학적 그리고 물질적으로 체화하는 이 세 가지 방식은 의사소통 행위자들이 처한 생활세계적 맥락을 구성한다. 이로써 근거들의 공간이라는 은유는 어휘 안에 저장된 추정되는 맥락을 충분히 습득한 수준을 넘는 구체적 의미를 획득한다.

문화와 사회는 좋은 근거를 보존한다. 그러나 좋은 근거는 주변정황이 달라지고 새로운 통찰이 나타나 그 빛에 가려지면 더 좋은 근거에 자리를 내준다. 학습과정의 내적 역학은 바로 여기에 근거한다. 어떤 시대에는 인지적 부조화가 극단적으로 축적되었는데, 누적된 학습과정이 기존에 통용되던 근거의 범주 전체를 무효화함으로써 사회의 지배적인 문화적 자기이해와 세계이해를 혁명적으로 변화시켜 일종의 돌파를 야기했을 정도이다. 그런 인지적 돌파가 대규모로 일어난데 대해 딱 두 가지 사례만 언급하고자 한다.

그중 하나로 내가 생각하는 것은 기축시대에 일어났던 세계상의 혁명, 다시 말해서 기원전 천년기 중반(B.C. 8~6세기) 유럽, 중국, 인도, 이스라엘, 그리스에서 출현한 형이상학적이고 종교적인 세계상이다. 이것들은 마법과 마술적 사고를 극복했고, 신화의 설명력을 약화시켰으며, 오늘까지도 문명을 형성하는 힘을 상실하지 않고 있다.[22]

두 번째 예는 서구에서의 발전, 즉 중세 전성기에 형이상학적 사고형태와 본질에 대한 설명의 가치박탈을 도입하였던 이른바 유명론적 사고혁명인데, 이것은 다시 서양적 현대의 거대한 문화적·과학적 혁신을 위한 일종의 기폭제 역할을 하였다.[23] 그렇기는 해도 이런 사실이 우리의 세계이해와 자기이해가 직선적으로 부단하게 합리화되어 간다는 휘그당식式의 진보지상주의적 상像을 암시하는 것은 아니다. 물론 신성복합체 안에 캡슐처럼 밀폐되어 있던 잠재력이 연속적으로 액화되어 의사소통을 통해 방출된다는 사회진화적 가설에 대한 여러 근거도 존재하기는 한다.[24] 하지만 여기에서 '액화'가 '증발'을 의미하지는 않는다. 논란의 여지가 있는 발언을 더 나은 논거의 비강제적 강제에 복속시키는 논변적 실천 역시 궁극적으로는, 도상적으로 재현될 수는 있지만 완전하게 논변적으로 재파악되어 해명될 수 없는 불투명하고도 난감한 경험의 지평에서 운동한다.

문법적 언어가 출현하면서, 즉 몸짓 의사소통의 외마디 표현으로부

---

22 R. N. Bellah, *Religion in Human Evolution: From the Paleolithic to the Axial Age* (Cambridge, Mass., 2011).

23 L. Honnefelder, *Ursprünge der Moderne im Denken des Mittelalters* (Berlin, 2008).

24 나는 이 관점에서 생활세계의 합리화를 기술했다. 2권으로 출간된 J. Habermas, *Theorie des kommunikativen Handelns* (Frankfurt, 1981) 참조. 우리말 번역으로는 하버마스, 《의사소통행위이론 1~2》, 장춘익 역 (파주, 나남, 2006).

터 진술내용이 구별되면서 비로소 근거가 등장할 수 있게 된다. 예를 들어 '불이야!'라는 어린이의 한 어절의 감탄문에는 세 가지 양태 — '불이 났다'는 사건에 대한 정보전달, 자기가 눈으로 본 광경에 대한 공포의 표출, 그리고 도움 요청 — 가 여전히 하나의 징후를 이루는 반면, 문법적 언어 안에서 진술의 내용은 가능한 적용 양태로 교체되면서 논변적으로 활용가능하게 된다. 다만 이 근거의 명시적 처리로 나아가는 결정적 행보로써 몸짓과 도상으로 알려져 있는 의미징후가 과거지사로 완전히 지나갔다고 치부할 수는 없다. 상징적으로 표현된 의미의 범위는 여전히 언어로 표현되고 근거와 얽혀 표현되는 의미의 영역을 넘어 확장된다. 다시 말하면, 근거들의 공간은 구두로 발음할 수 없거나 술어화되기 이전의 의미 지평 안에 배태되어 있다. 근거들의 공간은 논평의 대상이기는 하지만 논변적으로 철저히 분석할 수 없는 비언어적 재현과 관행의 영역으로 제한된다. 에밀 앙게른은 이미지, 음악 그리고 춤을 언어 외적 의미를 체화하는 매체로 분석했다.[25]

신학 역시 신성한 문헌에서 나온 진술로만 스스로를 지탱하는 것이 아니라, 전승된 말과 제식祭式과의 관계를 예배의 실행 안에서 보존하는 종교공동체의 신앙에 계속 의존하면서 이를 기반으로 운동한다. 왜냐하면 성찬식 행위가 아무리 고도로 발전된 신학적 교리의 틀 내에서 해석학적 학문을 매개로 해석되더라도, 성찬식 실행의 뜻은 오직 예배의 실행에 동참하는 참여자 관점에서만 스스로를 열어 보이기 때

---

25 E. Angehrn, *Sinn und Nicht-Sinn* (Tübingen, 2010), 178~223쪽. A. Wellmer, "Eine hermeneutische Anthropologie", in: *Deutsche Zeitschrift für Philosophie*, 59(2011), 455~465쪽 참조.

문이다. 광범하게 세속화된 사회에 사는 우리 불신자들에게 태곳적인 이 연대連帶의 원천으로 접근하는 길은 꽉 막혀 있다. 우리 앞에는 과연 정신의 현재적 형태로서 종교를 — 물론 나는 이 말에 구원의 정의를 개념화하는 것과 연결된 제식도 포함된다고 이해하는데 — 철학적으로 진지하게 받아들여야 하는가 하는 문제가 제기된다.

그런데 흥미롭게도 교향곡과 회화, 건축 형태, 디자인과 장식, 발레 공연이나 조각의 내용을 말로 포착하려는 시도 자체가 전문 문화비평가 사이에서 이와 유사하게 논변적 해명의 한계에 부딪침에도 불구하고, 우리는 현대 예술을 앞에 놓고서는 같은 문제를 제기하지 않는다. 미학적 경험은 개념적으로 규정하고 설명할 수 있지만, **완전히** 명시적 판단으로 포착되지는 **않는다**. 예술비평은 텍스트를 투시하여 뜻을 펼쳐보이는 성서해석학처럼 진행하기는 하지만, 궁극적으로는 상상력을 불러일으켜 두 눈을 확 뜨게 할 정도의 논평이 일종의 직관을 깨우치는 것에 안착해야 한다.[26]

음악, 춤과 무언극, 회화와 조각같이 고도로 발달된 미학적 표현 형태는 순수문학, 무엇보다 상상을 일으키는 시의 힘을 이해함에 있어 필수적인 장식음조까지 포함하여, 여전히 **상징적이지만 비언어적인 의사소통** 안에 뿌리내리고 있다. 의식적 실행 역시 조형적 재현의 도상적 매체를 이용하는데, 그것은 엄청나게 풍요로운 미학적 효과를 전개한다. 하지만 그것들은 고도로 발전된 미학적 형태의 합주合奏 안에서 태곳적 요소로서 두드러진다. 자율적으로 되어 그동안 논변적 예술

---

26 미학적 의미와 비평에 관해서는 M. Seel, *Die Kunst der Entzweiung: Zum Begriff der ästhetischen Rationalität* (Frankfurt, 1985), 180쪽 이하 참조.

비평과 자매처럼 짝 지어진 예술과는 달리 의식儀式 자체는, 그것이 아무리 신화적 서사의 논평을 받았다고 하더라도, 아직은 — 예를 들어 무無언어적 '언어 유사성'을 가졌다고 아도르노가 확신한 관악管樂과는 달리 — 언어정신으로 오염되지는 않은 듯하다.[27]

요약하면, 근거와 논변적 사고는 언어 의존적으로 작동하는 정신의 중심이며 무엇보다 학습하는 인간 정신의 운반차량이기는 하지만, 상징적으로 체화된 의미의 공간은 여전히 명시적으로 이용 가능한 근거들의 공간을 넘어 의미 퇴적물의 주변 지대까지 스스로를 확장시킨다.

---

27 음악과 언어가 얼마나 가깝고 얼마나 먼가에 관한 디터 쉬네벨(Dieter Schnebel)과 아도르노 사이의 논쟁을 탁월하게 분석한 것으로는 A. Wellmer, *Versuch über Musik und Sprache* (München, 2009), 9~124쪽 참조.

3장

의식의 진화론적 의미에 대한 가설

오늘날 사회학자나 인류학자가 '종교'라는 말을 할 때, 우리는 구원과 재앙의 세력과 일상외적으로 교류하는 것이 분명히 드러나는 모든 가능한 신앙 표상과 실행에까지 확대된 포괄적 개념을 적용한다.[1] 캘리포니아의 구루나 아메리카 원주민 의술사에 통하는 것은 구약성서의 예언자나 중국의 현자에게도 통한다. 하지만 교양 있는 평신도가 '종교'에 대해 얘기할 경우, 우리가 일차적으로 생각하는 것은 막스 베버가 연구하고 카를 야스퍼스가 기축시대까지 거슬러 올라간 세계종교들이다.

'기축시대'라는 용어는 야스퍼스가 기원전 500년을 '기축基軸'이라

1 M. Riesebrodt, *Cultus und Heilsversprechen: Eine Theorie der Religionen* (München 2007), 109쪽. "일반적으로 종교는 예배를 거행함으로써 초인간적 세력과 의사소통하여 재앙을 피하고, 위기를 극복하며, 구원과 축복을 제공받게 되는 능력을 요구한다."

고 표상한 데서 유래하는데, 그에 따르면 세계사는 이 시기를 축으로 하여 회전이 가속화된다. 왜냐하면 대략 기원전 800년에서 200년 사이의 비교적 짧은 시기에 각 지역에서 상호독립적으로 정신혁명이 일어났고, 오늘날까지 힘을 가진 '강한' 종교적 교의教義와 형이상학적 세계상이 이로부터 발생했기 때문이다.

당시 신화적 서사와 의식적 실행으로부터 역사적 기원이 적시될 수 있는 교의와 실천을 갖추어 '창시된' 것을 의미하는 '종교'가 발생하였는데, 이런 종교로는 이란의 조로아스터교, 이스라엘의 일신교, 중국의 유교와 도교, 인도의 불교 그리고 (폴리스 숭배에 뿌리를 두지 않았다는 단서를 달아야 하지만) 그리스 형이상학 등이 있다. 이 '종교들'은 문서로 정전화正典化되어 그 뒤 문명 전체를 각인시킨 교리의 형태를 갖춘다. 각 종교 안에서 제작된 신성한 책聖書은 분화된 전승이 교의적으로 완성된 형태를 갖추도록 함과 아울러 세계적 폭으로 확산된 숭배교단을 영향력 있게 조직하기 위한 합리화 능력과 제도화 능력을 발휘하는 결정화結晶化의 핵심을 이룬다. 야스퍼스는 우주론적 세계상과 세계종교가 대체로 동시에 발생했음에 주의를 기울임으로써 예루살렘과 아테네에 쏠렸던 유럽 중심적 시각에 맞서 위대한 유라시아 문명들의 동同근원성이라는 다원주의적 테제를 대립적으로 정립시킨다.

그런데 사고방식의 혁명화에 대한 주목이 종교적 세계상과 형이상학적 세계상의 고찰에서 주지주의적 일면성으로 잘못 이끌어 가면 안 된다. 여기에서 사실상 경이로운 성취로 꼽히는 것은 세계의 피안 또는 이 세계의 근저에 정박된 관점, 혹은 도덕에 대한 보편주의적 개념화, 아니면 구원과 구원의 정의에 대한 새로운 개념 등으로의 인지적 돌파이다. 그러나 이 교의 안에도 신화와 의식의 태곳적 통일성은 계속 유지되었는데, 왜냐하면 그 종교적 세계해명은 예배실행과의 태곳적 통일성을 전형轉形시켜 보다 고차적인 반성 수준과 양립가능하게 만들기 때문이었다. 신화와 의식의 태곳적 통일성이라는 이 고유물이 없었다면 종교는 세속적 사고에 맞서 오늘날에 이르기까지 자기 자신의 고유한 뜻에 맞게끔 자신을 일관되게 주장할 수 없었을 것이다. 신성복합체에 뿌리를 두고 있는 종교는 그동안 다른 모든 문화적 감각으로는 접근할 수 없게 되어버린 태곳적 경험과의 연결을 고수한다.

인간성 발전의 진행에 걸쳐 있는 '신성한 것'과의 교류경험을 국지화하여 그 의미의 핵심을 추출하기 위해 나는 신화와 의식 사이의 관계에 간여하고자 한다. 이와 관련된 인류학 이론을 대략 검토한 결과 나는 의식儀式의 실행 안에 ― 사회생활의 형태가 특정 종種의 특성상 타고나는 유형에서 의사소통을 통해 상징적으로 매개되는 유형으로 전형되어 왔던 ― 계통발생적 경험을 재활성화하는 작용이 포함되어 있다는 추정에 도달하게 되었다.

1. 신성복합체

만약 우리가 신성복합체를 이해하고자 한다면, 기원전 11,000년으로 거슬러 올라 신석기시대의 생활형태를 되돌아볼 수 있도록, 현대에 존속하는 자연부족에 대한 문화인류학적 관찰에 의지할 수밖에 없다. 왜냐하면 더 쉽게 접근할 수 있는 초기 선진문화의 최근 문학적 증거와 고고학적 발견은 이미 오래된 신화와 의식의 재구성을 반영하고 있기 때문이다. 이렇게 보존되던 신화와 의식에 대한 세부적 완성과 문학적 교육은 기원전 3,000년경 이래 국가적으로 조직된 지배의 관심에 영향을 받아 자생적으로 형성된 역사의식의 수준 위에서 이루어지기 시작하였다.

그렇기는 하지만 신성복합체의 시작 역시 신석기시대보다 훨씬 더 거슬러 올라간다. 오스트레일리아에서 발견된 가장 오래된 암각화는 제단祭壇이며 5만 년 전에 조성되었다고 추정되고, 호모 사피엔스의 것으로 확인되는 최초의 매장지는 약 10만 년 정도 되었다. 가장 오래된 장신구 역시 이 시기에 유래한다. 물론 부서질 수 없는 이 진주조개들은 그것과 결부되어 담설談說, 노래, 무용같이 보다 유동적인 매체 안에 들어 있었을 훨씬 오래된 신화적 서사나 의례행위가 어떤 흔적도 남기지 않고 사라져 버렸으리라는 추정을 하게 한다.[2] 따라서 신성복합체라는 것은 발견된 고고학적 유물 이전, 하이델베르크인에서 호모 사피엔스와 네안데르탈인이 발생해 나오던 대략 기원전 30만 년에서 10만 년까지의 시기에 기원했으리라는 추측이 가능하다.

신화적 서사와 의식 실행은 동일한 역사적 시간대에 함께 등장하지는 않더라도 속하는 종류는 같다. 신화적 서사는 많은 경우에 우리에게 의식을 이해할 수 있는 첫 번째 열쇠를 제공한다. 그런 경우에 이루어지는 '번역'에서 중요한 것이 발전단계가 다른 의사소통 매체 안으로 의미론적 내용을 전이하는 것임은 분명하다. (아니면 보다 최근 단계의 의사소통을 통해 더 오래된 단계의 의사소통을 전이하여 보관하는 것이라고 해야 할까?)

의식의 실행에 우리는 죽음의 실존적 경험을 통제한다는 것을 포함

---

2 R. Berger, *Eine Naturgeschichte der Sprache* (Frankfurt, 2008), 110쪽 이하.

하여 위험을 막고 위기를 극복한다는 의미를 부가한다. 장례식은 인간 실존의 유한성이 인식하게 된 사실을 달래기 위한 것임이 분명하다. 생명 없는 신체에서 영혼이나 정신이 빠져나간다는 관념은 가장 가까운 이들과의 이별이 최종적이라는, 이해하기도 힘들고 참아내기도 힘든 그 결정적 성격을 무효화한다. 초인간적 힘이 부여된 '정신'이 다수의 형태로 나타나며 보이지 않는 방식으로도 현재할 수 있다는 발상은 의식에서 행해지는 주문, 즉 '보다 상위의' 또는 '초인간적인' 세력과의 교류와 신화적 서사 사이의 연결고리를 이룬다.

신화적 서사는 완전히 형태를 갖춘 언어의 매체 안에서 의식이 음악, 무용, 무언극 그리고 신체 운동같이 그 고유의 도상적 재현형태로, 말하자면 지각가능한 몸짓과 형상으로, 즉 **수행적으로** 이미 표현한 의미를 가진 무언가를 축장한다. 그러고 나면 이 신화적 서사는 (자연재해, 기근, 전염병 아니면 적의 공격 등과 같은) 위기 상황의 제어라는 관점뿐만 아니라 (갈망하던 비, 충분한 수확, 건강 회복 등과 같이) 생존에 중요한 기능의 보장이라는 관점에서도 의식적 행태가 지닌 근원적으로 아마 자급자족적이었을 의미, 다시 말해서 재앙의 봉쇄와 구원의 축복을 특정한다. 의식실행이 가진 그 오인할 수 없는 태곳적 성격과 번역의 필요성은 의식과 신화가 담화談話하는 호모 사피엔스의 등장과 동근원적으로 발전했던 것이 아닌가, 혹은 의식 행태란 심지어 문법적 언어의 완성된 형성이라는 진화의 문턱보다 훨씬 더 이른 때로 거슬러 올라가는 것은 아닌가 하는 문제를 던진다.

2. 신화와 의식: 세계개활과 상연

내가 아는 바에 따르면, 신화 혹은 의식을 놓고 19세기 초 이래 계속 논란이 되어온 우선순위의 문제는 아직 확실한 답을 찾지 못했다.[3] 유연한 서사 형식은 신화가 본질적으로 사건을 보고하고 설명하는 데에, 즉 세상사를 인지적으로 처리하는 데에 적합한 이유를 설명해 준다. 세상사는 이야기의 문법적 형식 안에서 하나의 전체로 조직될 수 있기 때문에, 우리는 이러한 이야기들이 자연현상이나 세상의 근원을 설명하는 우주의 발생론에 대한 정교한 분류체계가 아니더라도 주로 **재현**再現**의 측면**에서 고려한다.

그에 반해 우리는 의식儀式을 정확하게 도식화되고 반복적으로 수행되는 행위의 공연公演이라는 **수행적 측면**에서 주로 접한다. 이 경우 사용된 기호와 상이 표현적 성격을 띰에도 불구하고 이 의식의 의미론적 내용은 계속 암묵적인 상태에 머문다. 왜냐하면 구두로 덧붙이는 첨언이나 여기저기 산재된 여러 설명과 관계없이, 의식적 행위는 본질적으로 상호작용에 기반하는 상징적 행위이고 아직 명제적으로 분화되지 않은 의사소통 수준에서 이루어지기 때문이다.

그럼에도 신화와 의례의 대조는 세계상의 심리역학적 역할을 처리하지 못한다. 레비-스트로스는 정당하게도 그의 신화분석에서 직관적으로 획득된 앎을 개념적으로 체계화하는 동기로서 지적 호기심을 강조한다.[4] 그러나 신화를 서로 이야기하고 함께 공연하는 사람들은

---

3 W. R. Smith, "Lectures on the Religion of the Semites"(1899), in: R. Segal (Hg.), *The Myth and Ritual Theory* (Oxford, 2004), 15~34쪽.

동시에 집단적 정체성을 스스로 확신한다. 집단체는 그들의 세계상 속에서 자신을 사회적 공생구조 및 자연 환경의 필수적인 부분으로 직관한다. 서사를 이야기하는 집단체의 자기에 대한 반성적 연관에서 보아야 비로소 왜 신화적 서사가 자연이라는 거울 안에 그때마다 고유의 문화를 반영하고 있는지 이해할 수 있다. 장-폴 사르트르의 《변증법적 이성비판》과의 대결에서 레비-스트로스 자신은 알려지지 않은 낯선 것을 익숙한 자기 나름의 것으로 동화시키려는 동기에서 시작된 야생적 사고의 총체화 운동을 설명한다.[5] 단지 자연적 사건의 지적 분류와 친족관계의 분류, 공동생활의 공간적 조직, 생산양식 등에 대한 호기심이 아니라, 집단적 정체성을 확보하려는 이 동기야말로 이항적 개념 구조의 연결을 설명한다.[6]

신화적 서사는 단지 관찰한 것을 재처리하여 세계에 관해 무엇인가를 진술할 뿐만 아니라 세계내적 위험을 다루는 심리적 역학을 반영하기 때문에 신화 자체로부터 의식儀式에 이르는 다리가 놓이게 마련이다. "신화는 단순한 진술이 아니라 행위이다."[7] J. G. 프레이저에 의해 유명해진 새해新年 신화에 따르면, 늙은 왕을 살해하는 의식은 봄의 재

---

4 C. Lévi-Strauss, *Mythologica I~IV* (Frankfurt, 1971~1975).
[옮긴이] 우리말 번역으로는 레비-스트로스, 《신화학 1: 날것과 익힌 것》, 임봉길 역 (파주: 한길사, 2005); 같은 저자, 《신화학 2: 꿀에서 재까지》, 임봉길 역 (파주: 한길사, 2008); 같은 저자, 《신화학 3: 식사예절의 기원》, 임봉길 역 (파주: 한길사, 2021).

5 C. Lévi-Strauss, *Das wilde Denken* (Frankfurt, 1968), 283쪽. 우리말 번역으로는 레비-스트로스, 《야생의 사고》, 안정남 역 (한길사, 1996).

6 위의 책, 198쪽.

7 "Myth is not just a statement but an action." R. A. Segal, *Myth* (Oxford, 2004), 61쪽.

도래와 더불어 계절에 따른 초목의 순환을 온전하게 보존하기 위한 것으로서, 이는 신화적 서사와 그 무대상연 사이의 밀접한 관계를 보여주는 한 사례이다. 우리는 두 가지를 다 함께 염두에 두어야 하는데, 하나는 '틀 지우기', 즉 레비-스트로스의 연구가 빛을 던진 언어적 세계개활을 위한 신화의 힘은 '재활력화', 즉 주기적으로 반복되는 '공연'과 손을 맞잡고 같이 간다는 것이다.

3. 의식적 행태의 태생적 의미

그러나 의식의 행태를 단순히 신화의 수반현상으로 고찰하면 별다른 결과를 얻지 못할 것이다. 의사소통이론의 시각에서 보면 의식은 신화적 서사에 비해 더 오래된 상징적 표현 단계로 인식된다.[8] 공동체적 춤과 노래, 무언극과 모방극, 신체 채색, 장신구와 (가면, 상징물, 문장紋章, 장식물 등의) 제례물 같은 매체는 그 의미내용을 명시적 언어로 해설하는 것에 의거하지 않는 도상적 재현이나 모방을 허용한다. 만약 신성복합체가 참여자 자신에게 갖는 근원적 의미를 찾고자 한다면 우리는 의식 자체 안에 봉인된 의미의 흔적을 뒤좇아 가야 한다.

지난 백 년간 발전된 인류학의 이론을 대략적으로 검토해보면, 의식에 대한 그동안의 설명 대부분이 완전히 신화적 형체를 갖추어 서사적으로 취급가능한 특정 정령과 신의 세계를 전제하고 있다는 사실이 눈에 띈다. 그것은 (르네 지라르René Girard의 희생양 메커니즘 이론같이) 의

8 W. Burkert, *Homo necans* (Berlin, 1997), 39~45쪽.

식이란 초인간적 세력의 은혜를 주술적으로 끌어내려는 시도라고, 혹은 희생의식에서 유래한 것이라고 설명하는 경우에도 해당한다. 내가 보기에 뒤르켐학파의 앙리 위베르Henri Hubert와 마르셀 모스Marcel Mauss가 이미 연구한 기본적인 선물과 교환 의식이 더 많은 시사점을 알려주었다. 왜냐하면 이 실행 자체가 의미를 담고 있기 때문이다. 그 의식은 아마도 여성 교환에서 시작했을 친족집단 사이의 호혜관계를 확립하며, 그럼으로써 어떤 경우에도 비폭력적인 연대적 사회관계를 확고히 한다.[9] 신성한 희생의식은 그런 세속적 교환의식에서 발전되어 나왔을 수 있다. 교환을 통해 만들어지고 갱신되는 호혜성은 잠재적 경쟁자 사이를 사회적 유대감으로 묶어준다.

이에 따라 우리는 이 사안에서 여전히 가장 중요한 해석자인 뒤르켐이 추적했던 의식 행태의 태생적 의미로 가까이 다가간다. 그는 의례를 사회적 집단의 결합을 안정시키는 자기연관적 실천으로 이해한다.[10] 그는 의식 실행에 어떤 서사적 설명과도 독립한 상태에서 그 실행 자체에 내재하는 의미를 부가한다. 정확하게 말하자면 그는 사회의 자기주제화 그리고 규범적 행태기대의 당위적 타당성 산출이라는 두

---

9 C. Bell, *Ritual: Perspectives and Dimensions* (Oxford, 1997), 108~120쪽.

10 E. Durkheim, *Die elementaren Formen des religiösen Lebens*(1912) (Frankfurt, 1981). 이와 관련해서는 J. Habermas, *Theorie des kommunikativen Handelns*, Bd.2 (Frankfurt, 1981), 69~97쪽 참조.

[옮긴이] 뒤르켐의 이 책은 같은 역자들에 의해 우리말로 세 차례(1992, 1997, 2020) 출간되었는데, 최신판은 뒤르켐, 《종교생활의 원초적 형태》, 민혜숙·노치준 역 (파주: 한길사, 2020)이다. 그리고 뒤의 책 우리말 번역으로는 하버마스, 《의사소통행위이론 2: 기능주의적 이성 비판을 위하여》, 장춘익 역 (파주: 나남, 2006), 78~109쪽(〈2. 신성한 것의 권위와 의사소통행위의 규범적 배경〉).

가지 관점 아래에서 의식적 실천의 의미를 연구한다. 첫 번째 관점에서는 의식 안에 현존하는 사회구조가 반영되어야 하고, 다른 관점에서는 한 집단체의 사회구성원이 의식에 따른 사회의 자기재현을 실행하는 가운데 자기의 정체성을 확실하게 확인하고 그럼으로써 사회적 공동생활의 형태에 규범적 힘을 부여해야 한다.

여기에서 나는 또 한 명의 고전적 이론가, 아르놀드 방주네프Arnold van Gennep를 상기하고자 한다. 출생 때라든가 성인연령으로 넘어가는 문턱 그리고 결혼과 매장 등 한 지위에서 그다음 지위로 이행하는 것을 규제하는 진입의식에 대한 그의 유명한 연구는 결정적 관점에서 뒤르켐의 분석을 보완했다.[11]

이미 앞에서 언급한 사회의 자기주제화와 규범적 의무부여의 산출이라는 두 관점 아래에서도 의식을 통해 하나의 인생주기에서 다음 인생주기로 물줄기를 이끌고 간다는 사실은 확인된다. 예를 들어 남성 청소년이 성인 남성 집단에 받아들여지면 그는 새로운 지위와 연관된 사회적 역할을 체득한다. 즉, 의식규범을 수행하는 과정에서 그는 사회의 관련된 계층을 만나면서 거기에 상응하는 사회적 행태기대를 준수하기 위한 기질을 습득한다. 이 진입의식은 사회통합의 계속성이 세대교체의 단절 지점에서 파열하여 규범적 결속력이 파행되는 것을 예방한다.

그러나 무엇보다도 방주네프가 세 가지 국면을 거쳐 완수되는 지위이행경로를 해석한 방식은 신성한 것의 의미에 대해 시사점이 큰데,

---

11 A. van Gennep, *Übergangsriten* (Frankfurt, 1986). 우리말 번역으로는 방주네프, 《통과의례》, 김성민 역 (서울: 달을긷는우물, 2022).

당사자에게 정체성의 심대한 교체를 의미하는 진입식은 죽음과 사회적 재탄생으로 상연된다. 방주네프가 제시하는 새로운 순간은, 새로운 지위를 받아들이는 과정에서 후보자의 구성원 자격이 그것을 구원하는 재탄생의 행위까지 그의 사회적 실존은 잠시 소멸되어, 말하자면 일시적으로 유보되어, 공동체로부터 단절되는 국면을 뚫고 가는 통과로이다. 사회적 무인지대로의 격리, 존재 정지라는 이 중간 국면은 — 자기에게만 혼자 내던져진 격리된 한 유기체가 아무 도움 없이 고립된 실존양식으로 되돌아가 — 사회적 실존형태에 대한 총체적 의존성을 자각하게 되는, 실존이 기반을 상실하는 극한 경험을 반복한다. 내가 발전시키고자 하는 가설에 대하여 나는 이 경험의 일반화에서 출발한다.

완벽한 배제와 소외를 모방재연하는 이 경험은 개인에게 특정한 사회적 역할교체와 아울러 신참이 소개되는 때마다 나름의 고유한 사회구조와 역학을 동시에 겪도록 한다. 사회는 도리어 사회진행 자체에, 즉 **사회화 자체의 양태 안에** 맞물린 이 경험을 갖고 남성 청소년 개인을 대면하는 것이 되는데, 성장하는 남자는 이전 상태에 대한 집착을 통해서는 자신의 정체성을 보장할 수 없다. 그는 오직 자기희생의 길을 걸어 재생성한 자기로서 스스로를 다시 획득하고 주장할 수 있다는 예시적 경험을 겪는 것이다.

그사이 문화인류학 연구는, 내가 조망해본 한에서 보면, 의식에 관한 보다 풍부한 측면을 조명하긴 했지만 뒤르켐과 방주네프의 중심적 통찰을 반박할 정도는 아니다. 예를 들어 막스 글루크만Max Gluckman과 빅터 터너Victor Turner는 사회적 연대성의 쇄신에서 계속 존립하는 사회적 긴장의 억지와 안정화로 강조점을 옮겼다. 기능주의는 의식 행태를 집단의 결속을 보장하는 메커니즘으로 이해한다. 그리고 클리포드 기어츠Clifford Geertz의 문화주의적 전환 이래 의식의 실천은 사회적 관계를 구조화하는 일종의 자기 고유의 규칙기호라는 관점에서 고찰된다. 의식을 하나의 독립적인 언어로 보는 이 견해는 빌헬름 뒤프레Wilhelm Dupré로 하여금 인간을, 카시러Cassirer의 개념으로 표현하자면, '상징하는 동물'로 이해하는 헤르더, 하만, 훔볼트, 헤겔까지 거슬러 올라가는 낭만주의 전통을 다시 잡을 단서를 주었다. 뒤프레는 모든 원시사회에 퍼져 있던 보편적인, 신성한 것의 현상을 — 세계를 개활하는 상징의 의미를 동일하게 적용하는 전복적 혁신에 대한 — 하나의 자기연관적 의사소통으로 개념을 파악한다. 재차 의식은 초기 사회의 근원적 자기반성 형태로 간주된다.[12]

그러나 이제 신성한 것과 함께, 상징적으로 구성된 생활형태의 실존적 전제 조건, 즉 탄생과 죽음, 공동생활의 취약성, 물질적·유기체적 자원의 고갈가능성, 신체와 영혼의 손상가능성 같은 주제에 관해 의사소통할 수 있는 '언어'가 발견되었다. 이 조건은 자의적 처분 불가능성이라는 의미에서 '궁극적'인데, "따라서 궁극적인 것으로의 전환은 … 인간됨의 계통발생적 과정과 얽혀 있다."[13]

---

12 W. Dupré, *Religion in Primitive Cultures* (Den Haag, 1975), 64쪽 이하. 그에 따르면 "우리는 상징 안에서, 그리고 상징을 통해 살기 때문에, 상징화의 상징(the symbol of symbolization)에 대한 개념을 포착할 수 있다. … 또한 이 때문에 우리는 물을 수 있다. 이 차원이 종교의 원천이자 초기적 완성, 그것으로부터 상징이 출현하는 바로 그 차원인가?"

13 "The turn to the ultimate … is thus interwoven with the process of hominization", 위의 책, 247쪽.

4. 가설

나는 지금까지의 생각을, 상징적으로 매개된 상호작용의 새로운 단계로 진화론적 문턱을 넘어감으로써 제기되었던 문제의 극복책이 신성복합체 안에 반영된다는 계통발생적 가설로 첨예화하고자 한다. 인간종의 진화에서 언어의 기원은 하나의 휴지休止를 이룬다. 문법적 언어가 몸짓 의사소통에서 기원한다는 예전 견해는 그사이 놀랄 만한 화제성을 얻었기 때문에 이 초기의 일상적 의사소통 형태와, 구원과 재앙의 세력을 다루는 데 특화된 일상외적 의식 언어 사이에는 모종의 관계가 밀착되어 들어온다.

두 경우 모두에 우리는 의식 행태와 세속적 몸짓 의사소통 사이의 비교를 떠올리게 하는 흉내나 도상적 재현의 형태까지 포함시킨다. 그러나 의사소통 형태 사이의 분업은, 즉 하나는 협동의 맥락에서 발출한 반면 다른 하나는 모든 일상적 기능에서 분리되어 나온 두 형태 사이의 분업은, 무엇을 의미하는가? 짧게 언급했던 인류학적 연구는 '의식이란 **누적적 사회화**의 진화적으로 새로운 형태에서 발생하는 교란 민감성에 대한 반응이다'라는 추정의 논거를 제공한다. 그러나 의식이 어떤 문제의 해결책이 될 수 있는지 인식하기 위하여 우선 도대체 언어의 진화적 혁신이 전반적으로 어디에 있는지부터 분명히 해야 한다.

5. '무엇'에 관하여 '누구'와 더불어 소통함

오늘날의 관점에 따르면 특정 종種의 '유전자풀' 구성을 변화된 환경 조건에 적응하도록 조종하는 것은 돌연변이와 자연선택이다. 그런데 자연진화의 이 메커니즘은 담화하는 것을 배우는 종이 출현하면서 점점 더 가속화되는 문화적 학습과정으로 대체되었다. 문화적 학습능력은, 상징적으로 매개된 상호작용으로의 사회인지적 급변急變과 관계된 것이 분명한 사회인지적 추동에 기인한다.[14]

같은 종의 동료에게 신호를 발신하는 능력은 영장류 사이에서도 관찰되는데, 한마디로 말하면, 혁신이란 같은 종의 동료에게 **같은 의미**를 가진 상징을 **교착적으로** 적용하는 데 있다. 새로운 것은 **상호주관적으로** 공유된 의미론적 내용의 공간을 의사소통적으로 제작하는 것이다. 이와 대조적으로, 고도로 지적인 우리의 친족 침팬지는 자기 고유의 동기에 의해 움직이는 자기중심적 시각의 한계에서 벗어날 수 없는 것처럼 보인다. 여전히 자기 자신 안에 갇혀 있는 영장류의 자기중심적 시야에서 벗어나 공동으로 해석되는 공적 영역으로 나아가는 것은 상징적으로 매개되는 새로운 상호작용 형태로의 전환이 얼마나 중요한지 보여준다.[15]

언어적 의사소통의 특징은 **화자와 청자 사이의 수평적 관계**라는 공동의 토대에서 **대상 또는 사태와의 수직적 관계**가 비롯되어 서로 맞물

---

14 M. Tomasello, *Die kulturelle Entwicklung des menschlichen Denkens* (Frankfurt, 2002), 23쪽 이하.

15 상세한 설명은 이 책 〈2장. 상징적으로 체화된 근거들의 공간으로서 생활세계〉 참조.

려 있다는 것이다. 의사소통 참여자들 간의 대인 관계는 단순히 같은 방향의 지시 행위에 그치지 않고 상호주관적으로 공유되는 객관세계의 어떤 것에 대한 언급과 맞물린다. 즉 참여자들은 **동시에 무엇인가에 관해 서로 소통**한다.[16]

따라서 진화에서 결정적인 혁신은 직접적으로 언어라는 생산물 그 자체, 즉 그것의 문법적 형태와 의미론적 내용이 아니라 관습화된, 즉 오류가능한 상징 사용 전반을 위한 **화용론적 경계조건**에서 판독된다. 상징적으로 매개되는 '언어적' 성격의 의사소통을 위해서는 관습화된 몸짓의 교환만으로도 충분하다. 이를 위해 문법적 언어를 통달할 필요는 없다. 예를 들어 감탄이라든가 외마디 문장 또는 아이의 몸짓을 표현하는 의미론적 내용은 — 즉, "불이야!"라는 고함이 일어난 일을 가리키고, 공포심을 표출하며, 도움을 구하는 것처럼 — 아직 분리되지 않은 세 요소를 담은 하나의 징후로 이루어지는데, 그것은 세계 안에서 일어난 일화逸話나 상태를 지각하고, 그때그때 자기 나름의 기분이나 감정을 표출할 뿐만 아니라 그것과 관련하여 다른 사람에게 명령하거나 특정 행태를 기대한다.[17]

---

16 J. Habermas, "Handlungen, Sprechakte, sprachlich vermittelte Interaktionen und Lebenswelt", in: ders., *Sprachtheoretische Grundlegung der Soziologie: Philosophische Texte*, Bd.1 (Frankfurt, 2009), 197~242쪽.

17 예술의 비언어적 매체가 상징적 의사소통의 특정 단계에 뿌리박혀 있다는 가정은, 어째서 우리가 그것의 의미론적 내용을 남김없이 해설하거나 설명할 수 없음에도 불구하고 예술 작품을 이해할 수 있는지 설명할 수 있을 것이다. 언어적으로 투시하기 힘든 미학적 경험의 핵심은 고도로 감각적인 매체 사용으로 거슬러 올라가, 소통되는 내용의 명제적 구성부분과 양태적 구성부분으로의 분할을 허용하지 않고도 작가와 공중 사이의 소통을 가능하게 한다. 예술의 우월성은, 한 시대의 가장 감성적인 정신의 가장 반성된 경험과 반응이 반영된 숭고한 기분, 황홀하게 다면적이면서 종종 고도로 양

그런 단순한 의미론적 관습이 문법적으로 연결되는 가운데 비로소, 계통발생 내지 개체발생 과정에서 우리 문법적 언어의 탁월성을 두드러지게 드러내는 두 가지의 결정적 분화, 즉 지시적이고 술어적인 표현으로 합성된 진술구조로서 완성된 형태로 형성되는 쪽으로의 분화와 명제적 구성부분과 그 적용의 발언수반적 양태 사이의 구분이 발생하는 분화에 이른다.

우리의 맥락에서는 단순한 몸짓조차도 오직 다음과 같은 방식으로 적용될 때에만 의사소통공동체를 위한 공동의 의미론적 공간을 만들 수 있다는 것이 중요하다.

• 타자의 관점을 교착적으로 받아들임으로써 자아와 타아 사이에 (그리고 나-너-관계Ich-Du-Beziehung의 형태로) 개인 간 관계가 산출된다.

• 2인칭 타자에 대한 의사소통 의도는 세계 안의 무언가에 대한 공통된, 즉 상호주관적으로 공유되는 의도적 발언에서만 충족된다. (이를 통해서만 이 세계는 모든 참여자에게 동일하고 독립적으로 실존하는 세계의 객관성을 비로소 획득한다.)

언어 적용을 구성하는 인간의 이 두 가지 성취활동의 출현은 무엇보다, 우리에게는 전형적인 눈인사, 무언극, 손가락질도 영장류 사이에서는 통용되지 않는다는 관찰로써 입증된다. 원숭이는 서로의 눈을

면적인 정조와 지적 자극으로 이루어진 복합적 내용이 무미건조한 산문적 언어 안에서는 적합한 표현을 전혀 찾을 수 없다는 데 근거한다. 왜냐하면 현재 당면한 경험 안에 그물처럼 얽혀 상호간섭하는 지각을 한편으로 하고, 그것과 병행하는 느낌, 호소 및 이런저런 행태를 취할 태세를 다른 한편으로 하였을 때 명제적으로 분화된 언어는 이 두 편 사이의 의미론적 실을 조각조각 끊어버리기 때문이다. 서로에 대하여 상당 정도 하나의 메아리를 이루는 명제적, 표출적, 호소적 의미 구성요소가 형성하는 상호간섭은 비언어적 매체 안에서 한 번에 현출하면서 제대로 처리될 수 있다.

정면으로 응시하지 않으며, 따라서 서로 결코 '2인칭'이 되지 못한다. 그리고 어떤 영장류도 관심 없는 주변 환경의 어떤 객체를 직접 가리키거나 그 대상의 특징을 말없이 흉내 냄으로써 같은 종의 동료의 주목을 끄는 일을 하지는 않는다. 그렇지 않다면 그것은, 한 살짜리 아이가 이미 그렇게 하기를 배운 것처럼,[18] 손가락질이나 흉내 내는 몸짓을 통해 공동의 객관적 세계를 상정하고 있음을 표현하는 것이 되겠다. 토마셀로와 그의 협업자들은 인간 아이와 침팬지 새끼와 함께 기발한 실험을 통해, 객관세계 안에 있는 무엇인가에 대해 화자와 청자 사이에 상호주관적으로 공유된 의도라는 3항적 연관이 인간의 전유물임을 입증하려고 시도하였다.[19]

침팬지는 특출할 정도로 지능적이며 지향적 행위, 다른 이의 행위 의도 이해, 실천적 추론 도출 등의 능력을 가진다. 침팬지와 인간이 의사소통하는 방식에서 눈에 띄는 인지적 차이는 이 영장류가 자기 목적을 위해 자기와 같은 종의 동료들을 조직하고자 하는 자기연관적인 전

---

18 여러 반론에 대한 대응으로는 M. Thomasello, "On the Different Origins of Symbols and Grammars", in: M. H. Christiansen & S. Kirby (Hg.), *Language Evolution* (Oxford, 2003), 90~110쪽 참조. 다음은 해당 책 100쪽의 내용이다. "그럼에도 불구하고, 침팬지는 그들의 몸짓을 지시적으로 사용하지 않는다. 즉 ① 침팬지는 다른 침팬지들의 주목을 자기에게 끌거나 (예를 들어 논다든가 몸의 털을 고른다든가 성교하는 등) 다른 침팬지들의 행태를 자기에게 향하도록 요청하기 위하여 그 몸짓을 거의 불변적으로 2항적 연관에서 사용하지, 다른 침팬지들의 주목을 외부의 다른 개체로 향하게 하기 위해 3항적 연관에서 사용하지 않는다. 나아가 ② 침팬지는 예외 없이 명령적 목적을 위해 몸짓을 적용하여 다른 침팬지들로부터 특정한 행태를 요구하지, 단순히 흥미롭게 여기거나 그것을 논평하고 싶기 때문에 다른 침팬지의 주목을 끌기 위한 선언적 목적을 위해 몸짓을 사용하지 않는다."

19 M. Tomasello(2002), 앞의 책, 71쪽 이하.

술적 취지에서만 그의 어마어마한 능력을 발휘한다는 데 있다. 그들은 객관세계 안에서 공동 목표를 가지고 개인 간 관계를 맺을 수 없다. 그는 대략 대규모 야생사냥에서 요구하는 것처럼, 다수의 동종 동료가 공동목표를 달성한다는 의도에 입각하여 자신의 행위를 조율하는 의미에서의 협동을 할 수 없다. 그들에게는 공동의 의도뿐만 아니라 서로 함께 참여할 수 있는 어떤 협동을 예감하듯이 대상화하는 데 필요한, 다시 말해 하나의 기획으로서 그런 협동을 표상하는 데 필요한, 세계연관도 결여되어 있다.[20] 물론 이것은 침팬지가 정서에 의해 규제되는 풍요로운 사회생활을 발달시키지 못함을 의미하지 않는다. 그러나 같은 종의 동료에 대해 지향적으로 영향을 미친다고 의식된 수준에서 침팬지에게는 협동적 방향설정이 결여된바, 침팬지의 집단생활은 자연사적으로 더 오래된 메커니즘에 의해 유지된다.

6. 가설의 전개: 일상적 의사소통과 일상외적 의사소통

나는 이제 의식을 몸짓 의사소통의 양태 변용變容으로 이해한다. 또한 의식은 상징적 의미의 공동세계를 생산하는 모방적 형태의 의사소통이기도 하다. 리듬에 맞춘 춤의 운동 안에서 서로 상이한 양태를 가진 도상적 재현이 서로 합쳐진다.[21] 그런데 의식적 행태는 이상한 자기지

---

20 M. Tomasello, *Die Ursprünge der menschlichen Kommunikation* (Frankfurt, 2009), Kap. 5.I.I (187~199쪽).

21 M. Donald, *Origins of the Modern Mind* (Cambridge, Mass., 1991), 168쪽.

시적 성격을 통해 다른 도상적 재현과 구별되는데, 즉 의식은 공동으로 그 정체가 확인되는 '세계 안의 어떤 것'과 관계하지 않는다.

3항적 구조의 세 번째 화살은 어떤 경우에도 우리가 체험된 것과 의도된 것을 위해 가시적인 세계, 객관세계 안에 있는 대상이나 상태를 탐색하는 한 꽂힐 곳이 없다. 이 자기 안으로 돌려진 의사소통의 지시체는 두 손으로 움켜쥘 수 있는 것이 아니라 다른 차원에 놓여 있다. 의식이 대응하고 나선 교란은 사회적 집단체 내부에서 발발하는데, 이 교란은 의사소통적 사회화 형태의 면역결핍증과 관계된다.

협동의 맥락에서 발생한 몸짓 의사소통은 우선 인지적 종류의 도전과 조우한다. 거리가 떨어진 곳에서 날라져 와서 공동으로 해석되는 세상사에 개방되면서 세계에 열린 인간의 정신은, 너무나 압도적이라 가공하지 않으면 안 될 정보홍수에 노출된다. 그때그때 새로운 것은 이미 알려져 있는 맥락에 편입되어야 한다. 물론 언어의 재현기능이 사회적 협동의 맥락에서 벗어나고 문법적 언어가 분화되는 정도에 이르러서야, 레비-스트로스가 인정한 바와 같이, 신화적 세계관의 형태로 과학과 유사하게 처리하고자 도전하는 풍부한 관찰이 등장할 수 있었을 것이다. 상징적 형태의 공적 세계에 진입하는 것이 인지적 종류의 도전만은 아니다. 자기네의 의도적 행위 안에 자아중심적으로 폐쇄된 상태에 머물러 있는 동종의 동료 사이에서 감정에 의해 조절되고 신호를 통해 작동되는 상호작용으로부터 자기네의 공동적 생활세계의 지평 안에서 세계의 우연사를 협동적으로 잘 처리해야 하는 집단구성원의 상호작용으로의 전변轉變은 행위조합 양식에서의 혁명을 요구한다. 협동으로의 전변은 한 개인이 그의 사회적 환경과 맺는 관계의 전복을 의미하는데, 이때 자아중심적 의식은 그들 자신의 지향성을 자각하게 되는 개인의 의사소통적 사회화의 소용돌이에 빠져든다.

이러한 전복은 구조화된 삶의 형태를 특징으로 하는 동시적 사회화와 개인화의 압박을 개인의 의식에 행사한다. 행위 조율의 부담은 점점 더 의사소통 행위에, 그리고 결국 개인의 어깨에 놓이게 된다. 이에 따라 개인들은 그들 고유의 삶을 재생산하는 것은 본질적으로 집단적 자기주장 그리고 사회적 협동의 기능에 의존하고 있음을 깨닫게 된다. 객관적 정신에 대한 이러한 의존 속에서 주관적 의식은 동시에 자기 자신을 개인적 의식**으로서** 지각하게 된다. 따라서 주관적 의식이 만나는 복합적인 사회적 유기체는 압도적으로 소비시키는 힘이면서 동시에 생존과 안전성을 보장하는 구원의 힘이다. 개인의 관점에서 집단적인 것의 이 권력은 맞서서 방어해야 하는 것이면서 온전하게 유지돼야 하는 것이다.

집단적인 것에 위임되는 실존과 그러면서도 개인적으로 '성취되어야 할' 실존 사이에서 바닥 없이 동요하는 위기 경험은 사회적 삶의 재생산에서뿐만 아니라 각각의 개체 발생 모두에서도 반복된다. 사회계약이란 개인의 자기소외와 자기를 사회에 동시에 위임하는 행위라고 기술한 루소에서 이 위기경험은 문학적 메아리를 발견한다. 이 사고형상은 사회계약이 개인과 집단 간의 갈등을 정당하게 균형 맞추는 행위 규범의 층을 지시한다는 점에서 유익하다. 그런 행위 규제력을 획득하게 된 규범성은 의사소통 자체에 내재하는, 규칙화되고 관습을 따르는 상징 사용의 규범성을 넘어선다. 만약 우리가 이처럼 강력하고 행위의 동기를 구속하는 규범성의 기원을 찾고자 한다면, 의식적儀式的 형태가 설득력 있는 자연사적 원천으로 제시될 수 있다.

뒤르켐은 사회적 연대성의 재생성과 사회의 자기주제화라는 관점 아래에서 의식적 실행의 성격을 파악하였다. 우리 생각의 빛 안에서 이 두 관점은 모두 하나의 놀라운 연관관계를 획득한다. 의식에 세계 안의 어떤 것과의 연결이 결여되어 있음은 자기지시적 주제, 말하자면 의식이란 사회화 과정 자체에 내재된 위기, 즉 압박상황 안에서 발생하는 위기를 처리한다는 사실로 설명된다. 내가 제안하려는 바에 따르면, 이 위기는 종의 역사에서 인지와 행위 조정이 전前언어적 의사소통 단계로부터 언어적 의사소통 단계로 전환한 데서 기인하며 이 때 지성의 사회화는 행위하는 주체를 개인화하는 사회화와 나란히 진행된다. 이는 동기의 사회화에 내재하는 갈등을 설명해준다. 개인들의 자기보존과 사회적 협동의 확보라는 상호보완적이기에 동시적으로 보장되어야 할 지상명령 사이의 긴장, 다시 말해서 개인적 자기보존과 연대 사이의 긴장은 사회적으로 제도화된 행태기대라는 진화적으로 새로운 규범성을 통해 억제되지만, 결코 완전히 제압되지는 않는다. 이런 긴장은 구조적 본성을 가지며, 개인적 자기보존 명법과 집단적 자기보존 명법 사이에서 지속적으로 균형을 맞출 것을 요구한다. 언제나 재차 안정화를 필요로 하는 불확실한 평형상태에 처해 의식은 규범성을 산출하는 근원적 과정을 새로이 하는 사회적 실천으로 이해될 수 있다.

본래 취약한 균형이 더욱 불안정해질 때마다 개별 구성원은 집단의 강력한 힘에 대한 의존을 재확인하는 의식적 실천을 수행한다. 이 재확인은 자기지시적 형태를 띠는데, 지시 대상이 자기 손가락으로 가리킬 수 있는 대상이 아니기 때문이다. 이때 피지시체, 즉 의식 속에서 호명된 상위의 힘은 새로운 의사소통 단계로의 이행 그리고 그에 상응하는 인지와 동기의 사회화와 함께 등장한다. 지성의 사회화는 초超

주체적 언어의 로고스라는 새로운 권위의 확립으로 이어지는데, 이와 동시에 오래된 정체성을 파괴하는 창조적 파괴라는 방식으로 개인의 변증법적 사회화가 이루어진다. 언어적 사회화 방식이 초래하는 개인화 효과는 개인과 공동체 사이의 불안정한 균형을 잠재적이고 영구적인 문제로 만든다.

7. 신성복합체의 전형들

우리가 사회적 연대의 의식적 재생 개념을 불안정한 이 공명판共鳴版에 현안적으로 닥친 충격에 대한 응답으로 파악한다면, 이는 궁극적으로 신성복합체의 출현, 즉 신화와 의식의 결합에 대해서도 가능한 설명을 제시한다. 신화라는 것이 순전히 의식의 뜻을 해석하는 것이든 아니면 의식과는 무관하게 독립적으로 발생하는 것이든, 그것은 기본적으로 세계 해석이라는 인지적 기능을 충족한다.

따라서 신화는 세속적 세계지와 충돌할 때 발생하는 인지 부조화에 전적으로 면역된 것이 아니다. 신화는 서로 모순되는 경험에 맞서 자기가 제시하는 해명의 일관성을 영구적으로 보호할 수 없기 때문에, 정체성 보장의 역할이라는 관점에서 보면 안정성 문제에 대한 해결책이라기보다 그 구성요소에 가깝다. 그러므로 신화적 내용을 연출하고 공연하는 방식으로 신화적 서사와 의식적 실천을 결합한 것은 확실히 기능적이었다. 그러나 세계 설명과 정체성 보장 사이의 근본적으로 해결 불가능한 갈등을 고려할 때, 이 결합은 장기적 관점에서는 결국 지연 효과만 가져올 수 있었을 뿐이다.

기축시대의 세계종교는 어떤 경우에도 주술적 사고의 극복과 희생의 철폐(내지는 도치倒置)로써 신화의 기반을 박탈했다.[22] 그리고 그사이 이 종교적-형이상학적 사고는 제도화된 과학과 세속화된 국가의 지식 요구 그리고 정당화 요구와 재차 화합되었다. 다른 한편, 아무리 전형된 형태라고 하더라도 의식적儀式的 실천은 계속 보존되었다. 신성 복합체는 해체되지 않았는데, 종교적 전승은 교구의 예배와의 공생 안에서 자기의 활력을 보존했다. 종교적 공동체의 구성원들은 그들의 의식적 실천을 실행하는 가운데, 현대의 불신자 자녀들에게는 폐쇄된 태곳적 경험(그리고 연대성의 근원)에 계속 접근가능한 특권을 누린다고 주장할 수도 있다.

---

22 R. Girard, *Ich sah den Satan vom Himmel fallen wie einen Blitz: Eine kritische Apologie des Christentums* (München, 2002) 및 ders., *Das Ende der Gewalt: Analyse des Menschheits-verhängnisses* (Freiburg, 2009).

2부

탈형이상학적 사고

4 장

종교에 대한 철학의 새로운 관심

에두아르도 멘디에타와의 대담[1]

멘디에타 지난 몇 년에 걸쳐 선생은 철학적 관점을 비롯하여 정치적, 사회학적, 도덕적, 인식론적 관점 등 다양한 관점 아래에서 종교에 몰두했습니다. 2008년 가을 예일대학 강의에서 선생은 전 지구적 수준에서 나타나는 종교적 힘의 활력과 혁신에 즉卽하여 세속화 명제와 선생의 사회이론적 배경 사이의 연관을 새로운 차원에서 통괄적으로 사고해 보는 도전을 제기했습니다. 이 강의에서 선생은 쌍으로 짝 지었던 현대성 이론과 세속화 이론을 서로 떼어내 따로 다루자고 제안했습니다. 그렇다면 그것은 이제 선생께서, 막스 베버에서 정점에 도달했던 서구 사회이론의 경향 및 그와 더불어 그동안 공공연하게 인정되었던 유럽 중심주의와 거리를 두겠다는 뜻입니까?

1 이 대담은 2009년 가을에 롱아일랜드에서 진행되었다. 질문자인 에두아르도 멘디에타(Eduardo Mendieta)는 스토니브룩대학 철학교수이다.

하버마스 목욕물을 버리면서 아이까지 쏟아내면 안 됩니다. 세속화에 대한 사회학적 명제에 관한 논쟁은 무엇보다 예측 진술의 측면에서 그 명제를 일정 부분 수정하기에 이르렀습니다. 분명 종교체계는 분화되어 영혼치유의 기능을 제외한 다른 기능들은 대부분 상실했습니다. 하지만 다른 한편으로, 사회적 현대화와 종교의 점진적인 의미 상실 사이에는 일반적인 연관성이 존재하지 않습니다. 즉, 종교가 소멸할 것이라고 예상할 수 있을 만큼 가까운 연관성은 없습니다. 종교적인 미국이나 대체로 세속화된 서유럽이 일반적 발전 추세에서 예외인지에 대한 논쟁은 여전히 해결되지 않았는데, 이 논쟁에서 호세 카사노바는[2] 흥미로운 가설을 새로이 발전시켰습니다. 즉 그에 따르면, 우리는 어떤 경우에도 세계종교의 활력이 존속한다는 것을 염두에 두어야 한다는 것입니다.

선생이 언급한 그 결론의 관점에서 보자면 나는 쉬무엘 아이젠슈타트[3] 그룹의 문명비교연구 프로그램이 유익한 정보를 많이 주며 전망

---

2 [옮긴이] 호세 카사노바(José Casanova, 1951~)는 종교와 사회의 관계에 대해 주목할 만한 고전적 연구성과를 낸 종교사회학 연구자이다. 종교는 세속화가 지배적으로 진행되는 현대의 발전과정에서 신자 개인의 영혼치유라는 기능만으로 위축됐다고 여겨졌다. 그러나 그는 현대의 또 다른 측면인 지구화 아래에서 종교, 특히 보편종교가 국제적 공론장에서까지 공적 역할을 새로이 수임하여 활동 영역을 정치적으로 확장시키는 양상을 띰으로써 세속화의 진행에 일정한 제한을 가하는 효과를 낸다고 지적하였다. 그의 이러한 발상은 하버마스가 '탈세속적(post-secular)'이라는 개념을 구상하는 데 영향을 미쳤다.

3 [옮긴이] 쉬무엘 아이젠슈타트(Shmuel Eisenstadt, 1923~2010)는 폴란드 태생의 유대인으로 12살에 팔레스타인으로 이주하여 이스라엘에서 교육받고 예루살렘대학에서 석박사 학위를 취득하였는데, 마르틴 부버가 그의 지도교수였다. 그의 연구 초점은 기축시대의 문화사회학이며, 이 연구들로부터 현대화라는 세계사적 과정은 비록 유럽 모델에 따른 추동력이 선도하기는 했지만 유럽 중심적인 일직선의 발전경로

도 밝다고 봅니다. 떠오르는 **세계사회** 안에는, 사회 내부구조의 관점에서 보자면 오직 어느 정도 **현대적인 사회들**만 존재합니다. 그러나 세계 주요 종교들이 수세기 동안 큰 문화적 영향을 끼쳤고 결코 그 힘을 완전히 잃지 않았기 때문에 이 사회들은 '다중적 현대'의 형태로 나타납니다. 서구에서와 마찬가지로, 이런 '강력한' 전통은 동아시아, 중동, 심지어 아프리카에서도 문화적 양상을 형성시켰습니다. 이것은 오늘날, 예를 들어 인권의 정확한 해석에 관한 쟁론에서 서로 충돌합니다. 현대에 대한 우리의 서구적 자기이해는 고유의 전통과의 대결에서 생성되었습니다. 전통과 현대 사이의 이와 같은 변증법은 오늘날 지구의 다른 지역에서도 반복되고 있습니다. 그곳에서도 사람들은 사회적 현대화의 도전에 굴복하는 대신 그에 맞서기 위하여 오히려 자기 고유의 전통에 의지하고 있습니다.

이러한 배경에서 보다 더 정의로운 국제질서의 기초란 무엇인가에 관한 문화 간 담론은 더 이상 '일등주자'의 관점에 의해 일방적으로 이끌어질 수는 없습니다. 만약 전 지구적 행위자가 궁극적으로 사회적-다윈주의에 입각한 권력게임을 자신의 통제 아래 두고 싶다면, 문화 간 담론은 교착적 관점인수라는 대칭적 조건 아래에서 이루어져야 합니다. 서구는 여러 참여자들 가운데 하나이며, 모든 참여자는 자신의

에 따른 것이 아니라 전 지구적 차원에서 다양한 양상으로 전개되었다는 '다중적 현대성(multiple modernitiers)'의 테제를 제기하였다. 이를 통해, 뒤르켐과 베버 이래 지속되었던, 세속화 양식에 따른 탈주술화를 핵심으로 하는 유럽 중심적 현대성 이론을 반박함으로써 현대 사회학과 사회과학 전반에 걸쳐 전설적 입지를 다졌다고 평가된다. 아이젠슈타트, 《다중적 근대성의 탐구: 비교문명적 관점》, 임현진·최종철·이정환·고성호 역 (파주: 나남, 2009) 참조.

맹점을 다른 참여자가 깨우쳐 줄 수 있도록 허용하는 태세를 갖춰야 합니다. 만약 우리가 금융위기에서 배울 교훈이 하나 있다면, 그것은 지금이야말로 다문화적 세계사회를 하나의 정치적 헌법 안에 끌어들일 최적의 시간이라는 것입니다.

멘디에타 다시 원래의 질문으로 돌아가 보겠습니다. 현대화를 세속화의 개념 안에서 설명할 수 없다면, 우리는 어떻게 여전히 '사회적 진보'에 관해서 말할 수 있을까요?

하버마스 국가권력의 세속화는 세속화 과정의 견고한 핵심입니다. 그것은 나의 시각에서 봐도 세계종교 간의 분쟁에서 놓쳐서는 안 될 자유주의의 성취이기도 합니다. 하지만 나는 '좋은 삶'이라는 복합적 차원에서 인간이 필연적으로 진보할 것이라고 기대한 적은 한 번도 없습니다. 왜 우리는 우리 조상이나 고대 로마에서 자유롭게 방면된 그리스 출신 노예보다 **더 행복하다**고 느껴야 할까요? 물론 현대인은 고대의 해방노예보다 더 많은 행복을 누립니다. 그러나 개인의 운명은 파도가 높은 바다에서처럼 우발적인 것의 대양에 노출되어 있으며, 행복은 예전과 마찬가지로 오늘날에도 여전히 정의롭지 않게 분배되어 있습니다.

아마도 실존적 경험의 주관적 색채는 역사의 흐름에서 다소 변화했을지도 모릅니다. 그러나 어떤 진보도 사랑, 상실 그리고 죽음 등과 같은 개인적 위기에 대해 무언가를 변화시키지는 않습니다. 비참한 지경에 처해 있다든가 고독을 느끼거나 병을 앓는 사람, 시련과 모욕 그리고 굴욕을 경험하는 사람의 개인적 아픔을 완화할 수 있는 진보 같은 것은 전혀 없습니다. 하지만 이 실존주의적 통찰이 인간학적 불변항에 집중하여 역사적 변동을 간과해서는 안 되며, 또한 인간이 학습할 수 있는 모든 차원 안에서 이루어진 의심할 여지 없는 역사적 진보 역시 망각해서는 안 된다는 것은 분명합니다.

역사의 과정에서 많은 것이 또다시 잊히기도 했음은 당연합니다. 그러나 우리가 학습과정의 결과들을 의도적으로 과거로 되돌릴 수는 없습니다. 그것은 기술과 과학의 진보는 물론 도덕과 법의 진보, 즉 비폭력적으로 행위갈등을 해소하는 데 있어 자기중심적인 또는 집단중심적인 관점을 탈피한 것을 설명해 줍니다. 이 사회인지적 진보는 더 나아간 차원으로의 반성단계의 상승, 다시 말해서 자기 자신 뒤로 한 발자국 물러서서 보는 능력을 가리킵니다. 바로 이 점이 막스 베버가 '탈주술화'를 말했던 취지입니다.

실제로 의식의 반성성에 있어 사회적으로 중요한 발전을 논할 때, 그 마지막 결정적 전환점은 서구 현대라고 할 수 있습니다. 근대 초기에 도덕적 규범과 계속 분리되었던 정치권력에 상응하는 국가적 관료제의 도구적 태도, 그리고 마찬가지로 현대 과학을 통해 방법적으로 객체화된 자연에 상응하는 도구적 태도 역시 그런 반성상의 진전을 뜻합니다.

무엇보다 나는 17세기에 이성법과 자율성을 갖게 된 예술로 이어진 자기반성의 단계, 18세기에는 이성도덕 및 내면화된 종교적·예술적 표현형식을 가진 경건주의와 낭만주의, 마지막으로는 19세기의 역사적 계몽주의와 역사주의로 이어진 단계를 생각하고 있습니다. 그것들이야말로 폭넓은 영향을 행사했으며 그 자체로 쉽사리 잊히지 않는, 인지적 추동들입니다.

폭넓게 영향을 미치는 이 반성의 추동은 전통적 민중신앙에 아무런 결과도 남기지 않을 수 없는데, 그 바로 옆에서 종교의식의 두 가지 특정한 현대적 형태가 발생하였습니다. 우선, 현대 세계에서 물러나거나 아니면 그것에 맞서 공격적 방향을 취하는 일종의 근본주의가 있습니다. 또 하나는, 다른 종교와 관계를 맺으면서 제도화된 과학의 오류 가능한 인식을 존중하고 인권을 수용하는 반성된 성찰적 신앙입니다. 이러한 성찰적 신앙은 여전히 공동체 생활에 닻을 내리고 있으며, 이것을 완전히 주관적인 것 안으로 움츠러들어 변덕스럽게 흔들리는 탈제도화된 종교성의 새 형태와 혼동해서는 안 됩니다.

멘디에타 20년 넘게 선생은 오늘날의 철학이 '탈형이상학적 사고'로 기술될 수 있음을 논증했습니다. 선생은 '이성의 재구성'이라는 방법을 통해 이 탈형이상학적 사고의 성격을 절차적이고 언어화되고 역사적으로 상황 지어져 일상외적인 것의 가치를 박탈하는 쪽으로 이끄는 사고라고 규정했습니다. 따라서 탈형이상학적 사고는 비교적 검소하고 오류가능성을 인정하며 그 요구에 겸손합니다. 그러나 최근의 작업에서 선생은 이제 이 사고가 우리를 한 걸음 더 나아가도록, 즉 '탈세속적인 것'의 구성체로 나아가도록 강박한다고 말씀하셨습니다. 즉 선생께서는 '탈세속적 세계사회'에 관해 이야기하시는데, 마치 그것이 하나의 사회문화적 사실인 것처럼 말하고 계십니다. 그렇다면 어떤 관점에서 사회적 발전들을 통해 탈세속적 이성이 발동되고, 또 어떤 관점에서 문제에 의해 조절되는 탈형이상학적 사고의 내적 역학을 통해 탈세속적 이성이 추동된다는 것입니까?

하버마스 선생의 질문은 나에게 용어상의 불명확성을 환기시킵니다. 가능한 한 모든 새로운 현상에다 '이후nach'라든가 '탈脫, post'이라는 접두사를 붙여 서로 다른 것으로 떼어놓고 보려는 것이 유행처럼 널리 퍼져 있지만, 이는 특정적 규정성이 결여되었다는 약점을 가집니다. 또한 '탈세속적'이라고 기술되는 상황 안에서도, 나의 견해로는, 탈형이상학적 사고에 여전히 세속적인 것이 남아 있는데요, 그러나 이 변화된 상황 안에서 탈형이상학적 사고는 세속화된 자기 오해를 자각할 수 있습니다. 아마도 나는 '탈형이상학적'이라는 것과 '탈세속적'이라는 것을 잘못 동일시하지 않도록 예방해야 했을 텐데, 그랬다면 더 나아졌을 것입니다.

어쨌든 나는 칸트를 최초의 '탈형이상학적' 사상가로 고찰했을 때의 한 관습을 따르고 있을 뿐입니다.[4] 그의 '선험론적 변증법'은 세계 내적 현상에 맞춰진 지성의 범주를 세계 전체에 적용하는 잘못된 습관을 끝장내 버렸습니다. 자연과 역사 전체에 관한 본질주의적[5] 진술의

---

4 [옮긴이] 칸트에 따르면 자연에 대한 과학적으로 유의미한 지식은 오직 경험의 한계 안에서, 지성에 의해 일반화되고 정리됨으로써만 가능하다. '선험론적'이라는 용어는 인간의 경험적 인식의 궁극적 근거를 초월적인 것이 아닌 인간 정신에 선천적으로 내재하는 감성과 지적 파악력에서 구하는 방향성을 나타낸다. 그는 이성이 경험범위를 넘어서서 구상한 초월적인 것, 추상적 순수개념만으로 이뤄진 지식을 '이성의 선험론적 가상'이라고 일컫는다. 일종의 환상, 즉 **오류추리**로 단정하는 것이다. 그리고 순수이성, 즉 이론적 이성이 그것을 자기비판적으로 대면하는 과정을 '선험론적 변증법'으로 규정함에 따라 현대 이전의 서구 형이상학이 파악하고자 했던 주요 주제, 즉 인간의 영혼, 대상의 총체로서 세계 자체 및 신에 대한 인식의 결과는 모두 유의미한 인식의 지위를 상실한다.

그런데 칸트는 이성을 제자리로 돌리는 이 이성의 자기비판을 통해 형이상학의 본래 목적, 즉 존재하는 모든 것에 대한 과학적 인식이 비로소 가능해졌다고 기대했던 반면 하버마스는 이를 탈형이상학적 사고로의 돌이킬 수 없는 첫 걸음으로 본다.

가치를 박탈하는 것은 중세 전성기와 근대 초기에 나타난 사고에서 이루어졌던 '유명론적 혁명'이 더 나아간 결과 중의 하나입니다. 세계를 구성하는 주체성 또는 언어의 성취활동을 중심에 놓고 보는 인간중심주의적 전향, 즉 의식철학과 언어철학으로의 패러다임 전환의 기원도 유명론까지 거슬러 올라갑니다. 객체화하는 자연과학은 이미 17세기에 이론이성으로부터 실천이성을 분리하기에 이르렀습니다. 나아가 이러한 분리는 이성법과 이성도덕, 의무부여와 세계의 방향설정에 대한 시도를 '사물의 본성' 대신 실천이성을 근거로 해서만 정당화하도록 격발시켰습니다.

궁극적으로는 19세기 초 이래 인간과학의 출현과 더불어 일종의 역사적 사고의 경지가 열렸는데요, 이 역사적 사고는 선험론적 사고의 단서가 지닌 가치마저도 일정 지점까지 박탈하게 됩니다. 이에 덧붙여 해석학은 세계에 대한 우리의 인식적 접근의 균열과 우리를 대결시킵니다. 다시 말해서 오직 일상적 관행의 (최소한 가상적) 참여자인 우리의 이해에 대해서만 스스로를 개활하는 생활세계란, 우리가 우리 자신을 재인식할 수 있는 모습으로 우리를 기술하게 해야 하는데, 그렇게 객체화하는 기술 안에서는 그럴 수 없었다는 것이죠.

과학은 철학으로부터 양쪽 방향에서 스스로를 해방시켰는데, 우선

---

5 [옮긴이] '본질주의'란, 모든 특정 존재물이 그 정체성의 확인에 필수불가결하다고 인정되는 속성, 즉 본질을 가진다고 주장하는 철학적 입장을 가리킨다. 본질주의는 인간이 세계에서 경험하는 다양한 현상을 도(道)라든가 이데아, 형상(form) 등의 발현으로 설명하는 현대 이전의 거의 모든 형이상학적 세계관의 공통 입장이었다. 이는 현대에 들어와서도 과학적으로 확인되는 속성을 본질로 인정하는 방식으로 변형되며 존속하였으나, 본질 그리고 현상으로 각기 특정된 속성들 사이의 관계가 다원적으로 변용되거나 분화되면서 인식론적 신뢰성을 크게 상실하였다.

과학은 철학을 반조적反照的 반성이라는 보다 겸손한 업무를 맡도록 판정했습니다. 하지만 그것도 — 방법적으로 고유의 의미를 가진 과학의 진보에 대해 반성하도록 하며 우리가 우연적으로 그 안에서 이미 존재하고 있음을 깨닫더라도 우리에게는 어떤 대안도 없는 — 실행이나 생활형태의 일반적이라고 추측하는 특징에 대해 반성하도록 합니다. 다른 말로 하면, 돌아갈 수 있는 배후라고는 없는 생활세계 일반의 보편적 구조가 선험론적 주체의 자리에 들어서는 것입니다.

여기에서 소략하게 스케치한 **근대적 사고의 계보학**이라는 오솔길 위에서 강한 형이상학적 요구가 희생당했던 하나의 분화가 일어났습니다. 사람들은 이 분화과정을 탈형이상학적 사고에만 여전히 '해당되는' 근거들의 선별작용으로 생각할 수도 있습니다. 이와 대조적으로 형이상학적인 만물통일성 사고에 전형적인 본질진술과 그것이 동원할 수 있었던 이유의 범주는 **언뜻 보기에** 가치가 박탈되었습니다.

이와 반대로 '탈세속적'이라는 표현은 계보학적 술어가 아니라 사회학적 술어입니다. 이 표현을 나는, 아무리 광범하게 세속화되었다고 하더라도, 종교적 공동체가 계속 존립하고 상이한 종교적 전승의 유의미성이 계속 존립한다는 것을 염두에 두어야 하는 현대적 사회를 기술하는 데 적용합니다. 내가 '탈세속적'이라는 말로 사회 그 자체가 아니라 사회 안에서 상응하는 의식전환을 기술하는 한, 당연히 그 술어는 서유럽, 캐나다, 호주와 같이 광범하게 세속화된 사회들 안에서 나타난 변화된 자기이해에 적용될 수 있습니다.

여기에 선생이 나를 오해할 근거가 있습니다. '탈세속적'이라는 것은 이 경우 '탈형이상학적'이라는 말과 마찬가지로 하나의 정신사적 전환기와 관계됩니다. 그러나 '탈세속적'이라는 사회학적 술어는 관찰자 관점에서 기술하는 것이지만, '탈형이상학적'이라는 계보학적 술어는 참여자 관점에서 자기이해 도달의 목적으로 적용된다는 점에서 둘 사이에는 차이가 존재합니다.

세속화 명제에 대한 토론을 나는 단지 탈형이상학적 사고의 자기이해를 명백하게 해명하기 위한 물음의 출발점으로만 선택했습니다. 말하자면 유명론적 혁명이 더욱 진척되면서 나온 시대적 결론은 17세기에 이르러 신학이 — 아리스토텔레스의 자연철학이 목적론적 구조를 가진 세계상에 입각하여 당대까지 제공했던 — 과학과의 접속을 상실했다는 것입니다. 그때 이래 철학은 과학의 편을 들고 대체로 신학을 무시했습니다. 어쨌든 그 시기 이후 종교적 논증과 세속적 논증 사이에는 입증책임의 역전이 일어났습니다. 유대적-기독교적 전통의 유산을 수용한 독일 관념론 철학자들은 종교적 내용에서 무엇이 참이고 무엇이 참이 아닌지 말할 수 있는 권위를 너무나 자명한 것으로 요구하게 되었습니다. 그들 역시 여전히 종교를 본질적으로 지나간 과거의 형상으로서 고찰하였습니다. 하지만 종교는 과연 그런 것일까요?

철학에는 종교가 항상 **정신의 동시대적 형상**이었다는 데 대한 **경험적** 준거근거가 있습니다. 또한 그 수준을 넘어 철학은 그에 대해 자기 나름의 역사 안에 놓인 **내생적** 근거들도 찾습니다. 고대 후기에는 본질적으로 종교적 내용물을 철학의 언어로 번역하는 긴 세월의 과정이 시작되었는데, 개인과 개인성, 자유와 정의, 연대와 공동체, 해방, 역사, 위기 등과 같은 개념만 생각해봐도 될 것입니다. 우리는 의미론적 잠재태潛在態의 자기화 과정이 그 핵심에서 접근불가능한 상태로 머물러 있던 담론으로 다 소진시킬 수 있었는지 아니면 이 과정이 계속될 수 있는지 알 수 없습니다. 청년 블로흐나 베냐민, 레비나스나 데리다

같은 종교적 작가들이나 저자들의 개념작업은 그런 철학적 분투의 생산성이 계속 진척됨을 긍정적으로 얘기해 줍니다. 그리고 그것은 모든 종교적 전승과 마주하여 학습할 태세가 되어 있는 대화적 관계로의 태도 전환, 그리고 과학과 종교 사이에서의 탈형이상학적 사고의 태도에 대한 반성을 촉구합니다.

이 반성은 두 가지 공격 방향을 취합니다. 한편으로 이 반성은 자기 편에서 과학 안으로 올라타 스스로가 과학과 일체화되는 철학의 세속주의적 자기이해에 반대하는 방향을 취합니다. 과학들과의 각각의 동화는 모두 철학의 자기이해 도달 작업을 과학적 연구와 구별시키는 반성적 차원을 축소시킵니다. 방법적으로 확립된 과학은 직접 — 따라서 자기 나름의 연구실행이 그 인식에 불가피하게 기여하는 데 대한 반성적 확인 없이 — 자기의 대상영역에 집중합니다. 과학은 마치 '어디에도 없는 곳'에서 세계를 주시하는 것처럼 행동해야 할 것인데, 이 자기 망각은 정당한 것입니다.

철학자가 과학자처럼 옷을 걸치고 과학의 대상영역을 몰래 총체화할 때, 즉 세계 전체로 확대하는 경우에 문제가 생깁니다. 왜냐하면 강경한 과학만능주의자들이 자연주의적 세계관을 기획해 내는 '어디에도 없는 곳'은 무반성적으로 계속 상정되는데, 이는 이미 버려진 형이상학적 '신의 관점'의 은밀한 공범이기 때문입니다.

다른 한편으로, '참이라고-간주함'이라는 양상 안에서 믿음信仰과 앎知識 사이에 존립하는 차이는 지워지면 안 됩니다. 탈세속적 상황에 관한 반조적 사고에서 종교에 대한 변화된 태도가 귀결되어야 한다고 하더라도, 이 수정주의는 탈형이상학적 사고가 세속적 사고이며 '참인-것으로-여김'의 두 가지 본질적으로 상이한 양식인 믿음과 앎 사이의 구분을 고수한다는 점에서 달라질 것은 없어야 합니다.

되풀이하건대, 우리는 세속적 이성이 반성적으로 생성된 종교적 의식과 하나의 관계 안에 서 있다는 것을 받아들이는 상황을 '탈세속적'이라고 부를 수 있으며, 이에 대해서는 야스퍼스와 불트만 사이의 대화가 모범적 사례라고 할 수 있습니다.

멘디에타 기축시대에서 유래한 여러 전통의 신성한 뿌리에 관해 쓴 논고에서 선생은 신화와 의식儀式 사이의 관계를 취급합니다. 그 안에서 선생은 상징적 상호작용이 의식적 실행에 뿌리를 가짐을 보여주고자 합니다. 그 문화인류학적 문헌을 아주 자상하게 조망하면서 선생은 신화적 서사에 앞선 의식의 시간적 우선성에 대한 고고학적 증거를 끄집어내기가 어렵다는 것을 인식하기는 했어도, 명제적으로 분화된 언어가 진화에서는 나중에야 의식적 태도방식으로 등장한다는 것을 받아들이는 듯합니다. 이로써 선생은 우리 종種이 호모 사피엔스, 즉 앎의 인간이기 이전에 바로 호모 리투알리스homo ritualis, 즉 의식을 올리는 인간 같은 그 무엇이었다고 말하고자 하는 것입니까?

하버마스 선생께서는 현재 작업 중인 논고 안의 한 장을[6] 언급하고 있군요. 거기에서 나는 새 탐구가 던지는 빛 안에서, 한 집단체의 구성원들에게 **동일한** 의미를 가진 상징인 언어를 적용하는 것의 기원이라는 오래된 주제를 다시 받아들입니다. 우리의 조상은 호모 사피엔스가

---

6 [옮긴이] 해당 대담이 진행될 때는 아직 탈고되지 않았던 이 책의 〈3장. 의식의 진화론적 의미에 대한 가설〉을 참조.

진화해오던 광범한 시공간 안에서, 집단이 상징적으로 일반화된 친족 관계를 통해 협동과 공생을 조직하였을 때, 즉 집단이 가족들 안에서 공생하였을 때 바로 그 언어라는 것을 장악하게 되었음에 틀림없습니다. 이 가족 안에서 모든 부모, 숙부 그리고 자식에게 부모, 숙부 그리고 자식이라는 **동일한** 지위가 할당됩니다. 문법적 언어는 — 촘스키에게는 미안한 일이지만 — 하룻밤 사이에 생겨날 수 없는 복합적 구조를 갖고 있기 때문에 사람들은 오늘날 오히려 (혹은 '재차'라고 하는 것이 더 나은데) 명제적으로 아직 분화되지 않은 몸짓 의사소통이라는 선행단계를 염두에 두게 됩니다. 그리고 그 몸짓 의사소통이 특이하게 순환적 형태를 띤 자기연관적 구조를 가짐으로 인해 화자와 청자 사이에 이루어지는 일상적 의사소통과 구분된다 하더라도, 문화인류학에서 알려진 의식의 거행이 이 단계에서 일어난다는 것은 분명합니다. 그런 한에서 몇몇은 발전사적으로 의식이 문법적 언어를 요구하는 신화적 서사보다 더 오래되었다는 데 찬성합니다.

그런데 사정이 어찌 되었든 간에 이번에 나는 (내가《의사소통행위이론》에서 제시했던) 사회이론적 근거에서가 아니라, 의식이 공동체적으로 시행되는 세계종교의 제식실행 안에서 계속 생존한다는 이유에서 의식과 신화의 복합체에 관심을 가지게 되었습니다. 만약 오늘날에도 여전히 영향을 행사하는 '강한' 전통이라는 좁은 의미에서의 종교를 다른 모든 세계관과 구분하는 것이 도대체 무엇인가 하고 자문한다면 그 답은 '의식의 거행이 그것이다'입니다.

종교는 신도공동체인 교구教區의 제례 행위가 없으면 살아남지 못합니다. 그것이야말로 종교의 '유일무이하게 고유한 특징'입니다. 그것은 현대에도 여전히, 좁은 의미의 의식의 경험세계로 가는 접근로를 가진 정신의 유일한 형상입니다. 철학은 종교의 태곳적 요소에 한층 더 강력한 이유를 적용하여 아예 그 가치를 박탈해버리지 않고 종교를 진지하게 취급한다면 종교를 단지 정신의 또 다른, 그렇지만 동시대적인 형상으로 인정할 수 있습니다.

결국 의식은 사회적 연대의 원천으로 존재했는데, 각자를 모두 평등하게 존중하는 계몽된 도덕도 아리스토텔레스적인 좋음善의 윤리학이나 덕德의 윤리학도 그에 상응하는 현실적 동기상의 등가물을 제공할 수 없었습니다. 물론 이것은 그동안 우선 종교공동체에 의해 보존되고 정치적으로 의심스러운 목적에 자주 이용되었던 이 원천이 언젠가는 고갈된다는 사실을 배제하지 않습니다.

멘디에타 같은 원고에서 선생께서는 다음과 같이 말하고 있습니다. "'기축시대'의 세계상 혁명에서 형이상학과 일신교가 공통으로 기원한 점을 계보학적으로 주목하면서, 현대의 자기이해를 둘러싼 쟁론에서 언제나 여전히 자기 목소리를 효과적으로 높이는 종교적 전승에 대한 탈형이상학적 사고의 관점 역시 변화한다. 탈형이상학적 사고, 과학 그리고 종교의 현재적 성좌星座를 (적어도 그것들에 대한 서양사적 관점에서 보면) '믿음'과 '앎'이 교착적으로 맞물려 왔던 어떤 학습과정의 결과로 개념파악하는 데 성공해야 한다면, 아마도 종교적 전승 그리고 종교 현상 일반과의 관계에서 철학은 자기를 변화시킬 것이다. 우리가 현대의 '서구적' 동시대인으로서 이 계보학적 흔적을 수용한다는 것은 확실하다."

이 진술 안에는 몇 가지 주장이 담겨 있습니다. 제가 제기하는 물음들은 그 가운데 두 가지에 관계되는데, 그중 하나는 이렇습니다. 즉,

선생께서는 탈형이상학적 사고가 일신교적 신앙과 공통된 기원을 가진다는 점을 인정하지 않는다면 자기를 기만하는 것이라고 주장하시는 건지요? 다른 말로 표현하자면, 자기 자신에 대해 계몽된 철학이라면 기축시대의 종교와 공통된 뿌리를 가진다는 것을 인정할 수밖에 없지 않은가 하는 주장이 아닌지요?

하버마스 자기만이 배타적으로 그리스 철학의 상속자이며 종교의 타고난 적대자敵對者라고 자처하면서 세속주의적으로 시야가 좁아진 '과학적' 철학 안에는 상당 정도의 자기기만이 놓여 있습니다. 말하자면 그런 식으로 주장하다 보면 우선 철학의 플라톤적 기원에 담긴 종교적 특징을 인식하는 데 실패하게 됩니다. 피타고라스나 엠페도클레스에서도 나타나듯이 진정한 구원의 길인 관념으로의 상승은 그리스 철학을 특징짓는데, 이는 (유교나 불교 같은) 동아시아의 다른 우주론이나 종교와 유사한 현상으로 볼 수 있습니다. 하지만 그럼에도 철학은 그리스 폴리스에서 거행하는 의식실행에 뿌리를 둔 적이 없었는데, 아리스토텔레스 이후 일찍부터 세속적이고 과학적인 학문 쪽으로 방향을 잡았습니다. 아마도 바로 이 점이 중세 수도원 문화에서, 물론 가장 초기에는 기독교적 신비주의 안에 있던, 명상을 통한 구원로가 왜 기독교적 구원로와 융합할 수 있었는지를 설명할 것입니다.

둘째로, 세속주의적으로 편협해진 자기이해는, 일신교적 전승이 그리스 철학과 바울적 기독교와 공생하는 길을 통해 철학적 사고 자체에 남겨주었다고 앞에서 언급했던 개념적 흔적을 깔아뭉개 버립니다. 중세적 사고의 유명론적 혁명은 현대 과학의 출현, 휴머니즘 그리고 인식론적이고 이성법적인 새로운 접근뿐만 아니라 프로테스탄티즘과 기독교의 세속화, 즉 가톨릭교회가 처음에 '세속화'로 이해한 것의 길을 닦았습니다(찰스 테일러는 최근 그의 저서《세속적 시대》에서[7] 이 점을 강조했습니다). 이 복잡한 발전들 역시 합리적으로 퇴행할 수 없는 학습과정들로 이해할 수 있는 한, 그에 따라 우리의 자기이해는 그야말로 스스로를 확장시킵니다.

그 밖에도 이런 계보학적 관점을 확장시켜 보면 카를 슈미트와[8] 한스 블루멘베르크가[9] 현대의 자기이해를 위해 발전시켰던 대안들을 맹목적인 것으로 만들어 버립니다. 현대의 정치적이고 정신적인 형상은 단순히 세속화된 결과물로서 신학적 뿌리에 의존하는 상태에 머무는

---

7 [옮긴이] C. Taylor, *A Secular Age* (Cambridge, Mass.: Belknap Press of Harvard University Press, 2007).

8 [옮긴이] 카를 슈미트(Carl Schmitt, 1888~1985)는 독실한 가톨릭신자 집안에서 태어나 교육과정 전 기간까지도 독일 제국의 보수주의를 고스란히 대변하는 가톨릭 환경에서 보낸 철저한 가톨릭주의자였다. 그의 이론과 저작의 기저에는 성(聖)과 속(俗)의 통일성 관념이 흐르는데, 그의 '정치신학'은 성과 속의 이원론적 대립을 기초로 하는 프로테스탄트 신학이나 성과 속을 완전히 분리시키는 자유주의 헌법학에 전면적으로 대항하는 가톨릭 주체의식의 학문적 표현이었다. 이는 그가 제시한 세속화 시대의 대안, 즉 가톨릭교회를 모델로 한 현대적 절대주의 국가의 질서에서도 명백히 드러난다[김태홍,《칼 슈미트 헌법이론의 가톨릭적 기초》, 동아대 대학원 박사학위논문 (부산: 동아대 대학원, 1998) 참조].

9 [옮긴이] 한스 블루멘베르크(Hans Blumenberg, 1920~1996)는 20세기 독일철학을 3분한 '은유학'의 창시자 중 한 명으로 평가된다. 그는 2차 세계대전 동안 반(半)유대인으로 수용소에 구류되었다가 이후 은둔 생활을 하기도 했다. 그러한 삶이 그에게 원형적 흔적을 남겨 개념으로 말해질 수 없는 것, 감추어진 것, 흔적만 남은 것 등을 연구하는 '은유학'의 개척자가 된 것이다. 그는 하나의 전형적 패러다임에서 다른 패러다임으로 '문턱'을 넘어갈 때 과연 모든 것이 변혁되고, 극복되고, 폐기되고 그리하여 '더 나아지는가'에 대해 근본적 회의를 품는다. 합리성 이전의 신화, 이론 이전의 호기심, 개념 이전의 은유 등 변함없이 사유의 진정한 토대 또는 무의식의 역할을 해온 것을 '은유'를 중심으로 추적하는 그의 작업은 새로운 계보학을 제시한다.

것이 아니며 — 그랬다면 우리가 배운 것이라곤 전혀 없었을 것입니다 — 이후 '마치 신이라고는 전혀 존재하지 않는 것처럼'이라고 전제하는 가운데 존립하는 그 사고는 신학적 유산으로부터의 단절이나 지속적인 적대를 통해 형성된 것도 아닙니다. 왜냐하면 이 계보학을 비판적으로 극복했던 단계 자체는 자기를 학습과정들의 결과로 이해하는 탈형이상학적 자기이해에 포함되기 때문입니다. 의식화시키는 비판은 구원하는 기억과 나란히 가는 법입니다.

멘디에타 선생의 주장과 관련된 두 번째 질문은, 그런 계보학적 자기이해의 방식을 통해 탈형이상학적 사고가 어떻게 세속주의적 시각의 한계를 극복하는가 하는 것입니다. 이러한 시각의 편협화는 현대 일반의 태도가 지니는 한계에서 기인할까요, 아니면 특정하게 서구의 태도에서 기인할까요? 그리고 선생은 이 시각을 극복하는 탈형이상학적 사고라는 구성체를 오직 서구에만 관련된 성취활동으로 보시나요, 아니면 이른바 보편적으로 인간적 관련성을 가진 성취물로 보시나요?

하버마스 대안이라고 하면 너무 단순합니다. 철학이 자기를 과학으로 이해하도록 잘못 이끈 것도 역시 세속주의입니다. 철학함Philosophieren은 물론 하나의 과학적 활동이지요. 그러나 철학적 논증의 과학성을 술어적으로 규정한다고 해서 철학의 이 일반화하는 자기이해 도달 작업이 과학에 흡수된다는 뜻은 아닙니다. 철학의 가장 좋은 방법은 자기반성입니다. 따라서 철학은 하나의 학문분과이긴 하지만 다른 과학들과 같은 '일반적인' 과학이 아니며, 이 때문에 다른 문화권에서 이루어지는 유사한 철학적 자기이해 시도에 대해 완전히 무관심한 태도를 가질 수 없습니다. 물론 다른 한편으로 탈형이상학적 사고에 관한 자기이해 역시 문화상호간 공통적인 '근거들의 공간'에 경계를 설정하는 것을 목표로 하기도 합니다.

그러면서 우리는 **철학적 분석**, 즉 오늘날 표면적으로 유의미하다고 '간주'될 수 있는 근거의 종류를 정당하게 이해하기 위한 제안과 그러한 후속 철학적 연구를 위한 자료를 제공하면서 실제 **문화상호간 이해 도달 시도**에서 사용되는 논거, 이 둘을 조심스럽게 구분해야 합니다. 그런 한에서 선생이 맞다고 생각하는데요, 즉 탈형이상학적 사고에 대한 일종의 재구성 시도는 서양적 사고방식뿐만 아니라 현재의 사고방식 일반에 딱 맞아야 하는 **일종의 메타철학적 제안**이기도 합니다. 말하자면 다른 모든 철학적 기여와 마찬가지로 이 제안 역시 전공동료들의 비판적 토론에 노출되어 있습니다.

다른 한편으로 만약 우리가 그런 자기이해를 갖고 어떤 **특정한** 정치적 또는 법적 주제에 관한 문화상호간 논변에 참여한다면, 우리는 다른 문화적 배경을 가진 참여자에 대하여 '2인칭 개인Personen'의 태도를 취합니다. 그런 다음 우리는 보편적으로 수긍가능한 것으로 추정되는 근거의 징표를 찾아내고자 하는 철학자로서의 태도를 취하는 것이 아니라, 규제를 필요로 하는 문제 자체에 주의를 기울입니다. 이러한 **수행적** 역할에서 우리는 문화상호간 논쟁을 통해, 탈형이상학적 사고의 서구적으로 편향적인 재구성을 교정할 필요성에 관해서도 배울 수 있습니다. **오류가능주의적 의식**은 응당 탈형이상학적 사고 자체에 속합니다.

멘디에타 선생께서는 기축시대에 관한 야스퍼스의 명제를 되짚고 계시는데요, 그렇게 하는 이유는 부분적으로, 우리가 그 안에서 인류 발전의 인지적 추동력에 대해 유럽 중심적으로 제한되지 않은 전 지구적인 이론적 단서를 찾을 수 있다고 생각하기 때문인 것 같습니다. 기축시대의 개념은 전 지구적 학습과정으로 기술되는, 다시 말해 어떤 개별적 문화가 아닌 인간종 자체에 속하는, 인지적이고 문화적인 발전과 관계됩니다. 선생의 최근 저작을 읽어보면 우리가 하나의 새로운 기축시대로 가는, 아니 더 정확하게 말하자면, 이미 새로운 기축시대 한가운데 위치하고 있다는 인상을 강하게 받습니다. 탈세속적 세계사회의 출현이란 말은 새로운 기축시대에 대한 예상입니까, 아니면 이미 그것이 이루어지고 있다는 표현입니까?

하버마스 아주 단순화시켜 말해서, 기축시대의 세계상 발전을 들여다보면 세 차원에서 반성의 추동력이 해독됩니다. 우선 첫째로, 창시자 개인 인물로 귀착되는 교의의 교조화가 이루어지면서 일종의 역사적 의식이 발생하고, 세계 안에서 이루어지는 세상사의 피안이나 차안에 있는 초월적 준거점에 입각하여 사람들은 개인 간 관계의 전체를 바라보고 보편주의적 계율에 따라 판단할 수 있게 되며, 각 개인의 운명이 집단의 운명과 분리되면서 자기 고유의 삶에 대한 개인책임의 의식이 발생합니다. 우리는 이것을 사회적 복잡성의 증가 과정에서 일어나는 생활세계의 분화라고도 기술할 수 있습니다. 이 과정에서 전승 및 사회적 통합에 대한 반성적 관계가 나타나며, 이제는 친족집단과 정치적 경계마저 넘어서 확장되어 개인과 자기 자신 간의 관계에 대해서도 반성성이 나타납니다.

유럽적 현대 안에서는 동일한 차원 안에서 더 진보된 인지적 추동력도 관찰됩니다. 우발성에 대한 우리의 의식이 더욱 예민해지고, 미래에 대한 기대는 더욱 높아지고, 법과 도덕에 있어 평등주의적 보편주의가 첨예화되었고 개인화는 더욱 진척되었습니다. 언제나 바로 이런 진보로부터 우리는 여전히 (때때로 일시적 부정이 유행함에도 불구하고) 우리의 규범적 자기이해를 이끌어냅니다.

아무리 확실한 진화의 문턱이 있어도 우리는 이러한 변화가 직선적 발전 과정으로 이루어졌다고 생각해서는 안 됩니다. 20세기 동안 탈식민지적 시각에서 다른 문화들과 조우하며 우리는 식민지화의 상처와 탈식민지화의 황폐한 파괴적 결과를 인식하게 되었고, 더욱 심화된 반성성이 주는 공포의 변증법을 의식하게 되었습니다. 오늘날 우리는 다문화 세계사회로 이행 중이며 미래의 정치적 구성을 둘러싼 투쟁을 벌이는 중입니다. 출구는 완전히 열려 있습니다.

나에게 전 지구적 현대는 다양한 문화적 발전경로의 관점에서 다소간 공유된 사회적 내부구조의 규범적 형태에 관해 분쟁이 벌어지는 열린 격투장으로 시현됩니다. 오늘날까지 국제관계에 만연해 있는 사회적-다원주의적인 '잡을 수 있는 것은 다 잡으라'는 약육강식의 상태를 극복함으로써, 전 지구적으로 풀려나 야성화된 자본주의를 사회적으로 수용가능한 수준으로 길들일 수 있을지 여부는 아직 미지수입니다.

멘디에타 유감스럽게도 저는 사슬 풀린 야성적 자본주의에 대한 비판적 논평과 함께 선생께서 내게 던져주신 미끼를 여기에서는 덥석 물 수 없어 다음 기회로 미뤄야겠습니다. 선생께서는 탈형이상학적 사고란 세속주의적 유혹에 맞서야 한다고 말했습니다. 거기에서 나온 하나의 결론은 종교에 대한 태도의 교체인데, 그러고 나면 종교는 '정신의 동시대적 형상'으로서 우리와 만나게 됩니다. 그런데 이것은 한 세계상의 인지적 관점만으로는 그 개념이 적절하게 파악되지 않습니다. 인식상의 협로를 피하기 위해 선생께서는 신화와 의식儀式에도 열중하셨는데, 그 후 선생은 "오늘날 종교공동체의 구성원들이 제례행위를 실행한다면 그들이 추구하는 것은, 그렇지 않았더라면 접근할 수 없었을 연대성의 원천을 자기들 사이에서 확실하게 해두는 것이다"라고 말하였습니다. 그렇다면 사람들은, 비종교적 시민도 거행되는 의식에 철두철미하게 참여하여 그것을 같이 실행하면서 서로 간에 연대적 관계를 확실하게 도모할 수 있다는 반론을 제기할 수 없을까요?

선생께서는 여기 미국 시민들 사이에 아주 광범하게 퍼져 있는 선거 자원봉사자의 자발적 참여활동을 사례로 받아들일 수는 없는지요? 이들은 동료시민을 정치적 토론에 참여시키고 투표자 명부에 등록하도록 하거나 특정 정당을 선택하도록 합니다. 그 외에도 유권자 등록, 정치 유세, 워싱턴 거리 행진, 무료 급식소 봉사, 감옥 재소자 방문, 무주택자를 위한 주택 건축 참여 등도 있습니다. 비종교적 성격의 의식은 차고 넘치는데, 우리는 그것을 '국민의례'라고 부릅니다. 이런 국민의례를 통해 모든 시민의 연대성을 강화시킬 수 있지만, 선생의 의견에 따르면 이런 연대성은 오직 종교적으로만 접근할 수 있습니다.

하버마스 노먼 번바움은[10] 그의 책《진보 이후》에서 미국과 서유럽의

---

10 [옮긴이] 노먼 번바움(Norman Birnbaum, 1926~2019)은 유명 좌파 잡지인 *New Left Review*의 창간멤버였고 미국 정론지 *The Nation*의 편집위원을 역임하면서 조지타운대학 교수로 재직하다 퇴임했는데, 미국의 진보적 사회운동과 정치운동에도 열성적으로 참여하였다. 그는《진보 이후》(*After Progress*)에서 서유럽의 민주적 사회주

사회주의 및 진보주의 운동의 동기가 된 배경이 가진 종교적 뿌리를 설명했습니다. 소련 체제의 붕괴까지 그 흐름을 형성하며 100년 이상 서구 사회사에 영향을 미쳤던 이 사회운동들은 자기들을 철저하게 무신론적으로 이해하고 있었습니다. 이런 의미에서 시민사회적 참여활동이 비종교적 시민에게도 많은 경우 교구의 일요예배에 참여하는 것과 비슷한 고양감과 해방감을 주었을지도 모른다고 추측해볼 수 있습니다. 분명히 자원봉사주의는 미국 정치문화의 두드러진 특징 중 하나입니다. 그런데 거기에서 은연중에 드러나는 것은 종교의식과 국민의례 사이의 유사성이라기보다 오히려 동기를 부여하는 종교적 사회화의 끈질긴 잠재력이 자주 무의식중에 그 영향을 지속적으로 발휘한다는 것입니다.

나는 사회학자들 사이에 널리 퍼져 있는 유행, 즉 반복적으로 되풀이되는 굳어진 행태라면 아무것에나 모두 의식儀式이라는 매우 특정한 개념을 갖다 붙이는 유행에서는 얻을 것이 전혀 없다고 생각합니다. 그러나 인류학자들이 기술하는 그런 의식들이 연대성 창출의 에너지를 발휘하는 본질적 원천은 그것들의 전적으로 고유한 의사소통 형태 덕분에 얻게 되는 저 표상과 경험인 것처럼 보입니다. 이 의사소통 형태가 두드러지게 드러나는 것은 첫째로는 자기지시적이고 자기순환

의 운동이 좌로는 스탈린주의의 경직성을 극복한 시장 민주주의를 지향하고 우로는 국가 개입을 통해 자본가에 민주적 통제를 행함으로써 복지국가체제를 만드는 데 성공했음을 실증적으로 보여주고자 했다. 이 책에 대해 하버마스는 "한 세기에 걸쳐 미국과 유럽에서 전개된 개혁운동에 대한 장대한 개괄 속에서 노먼 번바움은 사회, 정치 및 종교에 걸친 비교연구에서 각기 발휘된 재능을 독특하게 결합시켜 한 학자의 세계시민적 인생 과정 안에서 무엇이 축적되어 왔는가를 해명해주고 있다"고 극찬했다.

하는 공동체 실천에는 결여된 **현세와의 연관**을 통해서이고, 다음으로는 (춤과 노래, 무언극, 장신구, 신체채색 등과 같은) **상이한 도상적**圖像的 상징을 아직 명제적으로 분화되지 않은 미분화 상태로 적용하는 것에서 나오는 **총체론적 의미내용**을 통해서입니다.

이 때문에 나는 오늘날 오직 종교적 신도공동체만이 그들의 제례 실행을 통해 이런 종류의 태곳적 경험으로의 접근로를 계속 열어둔 채로 유지한다는 견해를 고수합니다. 종교적 음악성에 무감한 사람에게 이런 경험은 계속 닫혀 있게 마련인데, 우리 같은 사람들은 미학적 경험을 고도로 승화시켜 대체시킨 형태에 만족할 수밖에 없을 것입니다. 이 유추가 페테르 바이스로[11] 하여금 '저항의 미학', 즉 '삶으로 전이되는' 예술의 힘으로 두 눈을 확 뜨게 하고 연대성을 창출하기를 기대하는 정치적 희망을 정립하도록 만든 것이지요. 그동안 초현실주의적으로 영감을 받은 이 희망이 아무리 퇴색해 버렸다고 해도, 신자유주의가 사회로부터 연대성을 박탈하는 것에 대항하여 동기를 부여하는 종교의 힘을 **맹목적으로** 내세울 근거는 물론 전혀 없습니다. 우리가 잘 알다시피 종교의 힘은 정치적으로 매우 애매합니다. 민주주의적

---

11 [옮긴이] 페테르 바이스(Peter Weiss, 1916~1982)는 독일제국 수도 베를린의 노바베스에서 태어났으나, 그의 복잡한 혈통 속에 섞인 유대계와의 연관 때문에 나치의 박해를 피해 영국, 체코, 스위스를 거쳐 스웨덴으로 이주한 후 스웨덴 국적을 취득하였다. 이런 불안정한 삶 속에서 그는 작가, 화가, 영화감독으로서 여러 예술 장르를 오가면서 내용과 형식에 다양한 실험을 시도하는 가운데 일관되게 피압박자의 자기해방을 추구하는 정치적 앙가주망을 실천하였다. 1965년 아우슈비츠 재판을 방청한 이후 미국의 베트남전을 비판하는 등 적극적 현실참여 활동을 하였으며, 강대국 중심의 세계질서에 대항하는 세계시민으로서의 개인의 보편적 삶을 작품에 담았다. 그의 많은 대표 작품 중 우리말로 번역된 것으로는 그의 역작인《저항의 미학 1~3》,《아우슈비츠 강제수용소》와 여러 번 번역된 희곡 〈마라/사드〉 등이 있다.

법치국가는 더 이상 모든 각각의 종교적 실천이 아니라 오직 근본주의적이지 않은 종교와만 양립하면서 공존할 수 있을 뿐입니다.

멘디에타 선생은 현대적 입헌국가에 대한 세속주의적 이해가 정치공동체의 도덕적 건강에 없어서는 안 될 의미론적 내용을 그와 관련된 공론장에 충만하게 넘치지 못하도록 막아버린다고 주장하십니다. 이런 이유로 선생은 정치적 공론장에서 종교적 시민들이 내는 목소리에 대해 세속국가가 더 큰 관용을 보이고 심지어는 호응하는 것까지 옹호합니다. 이제 미국적 관점에서 볼 때 선생은 이렇게 하시면서 실제로는 이미 열려 있는 문 안으로 들어오신 것인데요. 무슨 말인가 하면, 그 어떤 경계도 없어진 탈세속적 공론장에 대한 선생의 요구는 우리 미국인들이 이미 누리는 상황을 그대로 상기시킨다는 것입니다.

만약 내가 선생에게 로티가 롤스의 정치적 자유주의에 관해 말했던 것, 즉 롤스는 단지 미국 시민들 사이에 존립하는 실제상황을 개념화했을 뿐이라고 얘기했던 것 그대로 말하면 선생은 어떻게 답하겠습니까? 다른 말로 하자면, 선생의 이론은 순전히 매우 국지적 실제만을, 그리고 사람들이 많은 교파 중 하나와 자기를 동일시함으로써 성장해 간 미국의 특징적인 시민종교만을 반영합니다.

하버마스 나는 이런 인상이 왜 생겼는지 이해합니다. 나의 비판은 정교政敎분리에 대한 세속적 이해에 반하는 것입니다. 이것은 민주주의적 국가시민의 인륜성에 대한 일종의 유럽적 관점입니다. 대통령이 직무 중 공적으로 기도하는 미국에서는 동일한 원칙에 입각한 비판이라면 정치적으로 그 반대 방향을 목표로 삼아야 할 것입니다. 나의 견해로는, 우리 미국 동료들 사이의 지배적인 입장은 종교적 목소리가 정치적 영향력을 행사하는 데 어떤 형식적 제약도 두지 않는 방향으로 흐르는데, 이러한 입장은 세속국가가 유지해야 할 중립성의 경계를 희미하게 만듭니다.

이런 상황에서 확실하게 보장돼야 하는 것은 입법·행정 그리고 사법의 의결議決들이 **보편적으로 접근가능한 하나의 언어로 정식화**定式化 될 뿐만 아니라 **보편적으로 수긍가능한 근거로 정당화**正當化될 수 있어야 한다는 것입니다. 이는 국가가 승인한 모든 규범, 즉 법적으로 강제력을 갖는 규범에 대한 의사결정 과정에서 종교적 근거는 배제해야 한다는 의미입니다. 이 밖에도 나는 세속의 시민들이 다원주의의 사실, 과학의 공적 권위 그리고 우리의 헌법적 원칙에 있는 평등주의와 온당하게 조화할 수 없는 근본주의적 교리에서 배울 것이 있다고는 믿지 않습니다.

그런데 다른 한편으로는 선생의 말이 맞다고 보는데요, 서구 사회에서 정치문화는 매우 상이하기 때문에 종교의 공적 역할에 대한 보편적 원칙, 나아가 전반적으로, 우리가 '국가와 교회의 분리'라고 부르는 것에 대한 보편원리는 그에 상응하는 국지적 맥락 안에서는 **그때그때 각기 다른 방식으로** 특정화되고 제도화될 수밖에 없습니다.

멘디에타 최근에 출간된《아, 유럽》에 실린 "'탈세속적 사회'라는 말로 의미하는 것은 무엇인가: 유럽에서의 이슬람교에 관한 토론"이라는 논문에서[12] 선생은 서유럽 주민들에게서 나타나는 '탈세속적 의식전

---

12 [옮긴이] 여기에서 멘디에타가 언급한 글은 J. Habermas, "What is meant by a

환'을 경험적으로 설명해 준다고 하는 세 가지 현상을 지적하고 있습니다. 그 세 가지 현상이란 첫째, 흔히 미디어가 종교적 대결이라고 예시하면서 전달하는 범세계적 갈등에 대한 지각, 둘째, 공론장에서의 종교적 입장표명과 개입이 정치적 여론형성에 미치는 영향의 증가, 그리고 셋째 — 내 물음은 바로 이 점과 관계됩니다만 — 아직도 '탈식민지적 이주공동체로의 고통스러운 이행'에 꽉 사로잡혀 있는 유럽 사회 안으로 이주 중인 이질적 종교의 출현과 활력 등입니다. 이로써 선생은 주민들에게서 나타나는 탈세속적 의식으로의 전환이 모든 시민을 그 인종과 종교적 기원에 상관없이 서로를 평등한 이들로 연결시키는 **탈식민지적 유형의 국가시민성** 도입에 이를 수 있으리라는 의견이신지요?

하버마스 탈세속적 의식의 발생과 새로운 이민 물결 사이에는 분명 연관성이 있으며 이는 국민국가에 두 가지 근본적 문제를 제기합니다. 이 두 문제 중 하나는 다른 문화 출신으로서 자국 시민으로 귀화한 이민자들에게는 사회적, 경제적으로 통합되고 그들의 집단적 정체성을 주장할 공간이 주어져야 한다는 것입니다. 그리고 다른 하나는 아직 귀화하지 않은 외국인은, 그중 일부는 비합법 체류자로 시민권이 없지만, 최소한 민법상 국가시민에 준하는 지위가 부여되어야 한다는 것

'post- secular society'? A discussion on Islam in Europe", in: ders., *Europe: The Faltering Project*, tr. by C. Cronin (Cambridge: Polity, 2009)인데, 영문번역본이 아닌 독일어본 J. Habermas, *Ach, Europa* (Frankfurt, 2008)에는 실려 있지 않다. 따라서 독일어본을 저본으로 한 우리말 번역본인 하버마스, 《아, 유럽》, 윤형식 역 (파주: 나남, 2011)에도 실리지 않았다.

이지요. 이 문제는 예를 들어 오늘날 미국에서 비합법적 이주자도 보장받도록 하는 의료보험 개혁과 연관되어 제기되기도 하였습니다.

(영국이나 프랑스처럼) 무엇보다 자국 식민지에서 온 이주민이나 (독일처럼) 이른바 이주노동자들에게 스스로를 개방했던 유럽 사회 같은 고전적 이민사회는 첫 번째 문제를 그다지 어렵지 않게 처리합니다. 종교적으로도 아주 많은 것이 동질적으로 합성된 우리 사회에서 유럽인들은 지금까지 보편적 헌법원칙을 우리의 민족문화 관점에서 이해하고 적용했습니다. 그러나 문화적으로 그리고 세계관에서 점증하는 다원주의는 이 동질적 융합상태를 무너트리고 있습니다. 우리는 모든 시민에게 평등한 권리를 약속하는 추상적 법원칙이 지금까지 암묵적 상태에서 당연하다고 여겨왔던 다수문화의 자명성으로부터 스스로를 분리시켜야 한다는 것을 배우고 있습니다. 한 예로 교실에 걸린 십자가에 관한 독일헌법재판소의 평결을 들 수 있습니다. 이슬람식의 첨탑을 금지하는 대신 기존 다수 문화를 넘어서 모든 시민이 그 안에서 자기 자신을 재발견할 수 있도록 보다 개방적인 정치문화가 형성되어야 합니다.

또 다른 문제는 경제이주민과 경제난민이 통제할 수 없을 정도로 유입됨으로써 발생합니다. 내가 본 것이 정확하다면, 모든 국가가 '회색' 이민의 합법화 문제를 처리하는 데 어려움을 겪고 있습니다. 그 결과 탈식민지적 국가시민성에 대한 선생의 제안은 갖가지 종류의 이민자를 위한 무제한적 망명권을 허용하는 방향으로 목표를 잡게 될 것입니다. 널리 퍼진 '보트는 꽉 찼다'는 식의 외국인 혐오적인 반응은 일단 차치하더라도 나는 경제적 이유에서 선생의 제안은 실현가능하다고 보지 않습니다. 손톱 위에 붙은 불같이 화급한 이런 주제는 우리의 주의를 오히려 정의로운 국제질서의 발전이라는 방향 쪽으로 이끕니다. 만민법萬民法의 헌법화는 다문화적 세계사회를 위한 하나의 정치적 헌법을 촉진시킴으로써 범세계적인 이민 물결의 근본 원인, 즉 국내 이입이라는 결과뿐만 아니라 국외방출의 원인까지 해결할 수 있는 범세계적 지평의 내무정책內務政策을 가능하게 할 것입니다. 일반적으로 말해 사람들이 어떤 오락이나 순수한 모험욕 때문에 외국으로 이주하지는 않으니까요.

멘디에타 선생께서는 우리 스토니브룩대학에서 카를 슈미트, 레오 스트라우스,[13] 요한 밥티스트 메츠[14] 그리고 존 롤스의 저작을 토론하는 세미나를 열었습니다. 이들 사상가들은 (존 롤스를 제외하고는) 선생 자신의 직관이나 입장과는 아주 멀리 떨어져 있는 인물들입니다. 그

---

13 [옮긴이] 레오 스트라우스(Leo Strauss, 1899~1973)는 미국 신보수주의 형성에 중요한 역할을 한 독일제국 헤센주 태생의 유대계 미국 정치 철학자이다. 그는 '정치철학'을 철학 자체와 동일시하였다. 인간 본성의 탐구가 철학의 핵심과제라면 그 본성은 각 인간이 자리 잡고 생활하는 정치공동체, 즉 '폴리스'를 필수적으로 전제하기 때문이다. 이에 따르면 사실과 가치의 분리를 전제하는 현대 사회과학과 철학은 가치를 체현하는 정치공동체의 역할을 원천적으로 배제하기 때문에 이론적으로 치명적 결함을 안고 있으며, 현대 자유주의는 일종의 환상에 지나지 않게 된다. 그는 국가절대주의를 통해 개인-국가-통일을 지향하는 카를 슈미트의 '정치신학'을 근본적으로 비판한다.

14 [옮긴이] 요한 밥티스트 메츠(Johann Baptist Metz, 1928~2019)는 바이마르공화국 시절 가톨릭 전통이 확고한 바이에른주 오버팔즈 지역의 아우어바흐에서 태어나 성장기를 나치 치하에서 보내고 청소년기에 징집되었는데, 미국에서 포로생활을 하던 중 종전과 더불어 귀국할 수 있게 됐다. 이는 그가 가톨릭 신학자이자 신부로 발전하는 과정에 큰 영향을 미쳤다. 그는 억압받고 살해되어야 했던 인간의 고난과 그에 대한 공감 그리고 고난받는 이와의 연대를 성찰하는 그리스도의 마지막 만찬을 핵심으로 하는 '성찬 기억'을 근거로 현실정치에 대한 신앙인의 개입을 정당화함으로써 인간해방적 정치신앙을 수립하였다.

렇다면 우리가 왜 이러한 사상가들을 연구해야 하는지 짧게 말씀해주실 수 있을까요?

하버마스 나는 우리가 규범적 의무성을 담지하는 '정치적인 것'의[15] 개념에 대해 — 그것의 형이상학적이고 신학적인 함의가 다방면에서 오용되어 왔음에도 불구하고 — 무해한 의미를 부여할 수 있을까 하는 문제에 관심을 가집니다.[16] '정치체계', '정치', '정책' 같은 사회과학적 개념과 나란히, 데리다에게는 미안하지만, 정치적인 것이란 말이 이성적 자리를 찾을 여지는 없는 것처럼 보입니다. 기술적으로 그 개념은 우선 국가적 조직을 갖춘 초기 사회가 기반을 잡고 자기 자체에 대한 상像을 만들었던 상징적 현장과 관련됩니다. 정치적인 것은 다른 무엇보다도 정치적으로, 말하자면 **의식적意識的으로 달성되는 사회적 통합에 대한 반성적 자각을 통해** 이루어지는 것으로서, 자연발생적으로 통합되는 부족사회와 구별되는 최초의 고도 문명에 대한 상징적 현시나 집단적 자기확신과 관계됩니다.

진화적으로 새로운 '법'과 '정치권력'의 복합체가 등장하면서 당시 전적으로 새로운 종류의 정당화에 대한 필요성이 생겼습니다. 한 사람이나 몇몇 사람들이 집단적 구속력을 가진 모든 결정을 내려도 된다는 것은 아직 자명한 일이 아니었습니다. 종교적 신앙 표상과 제식祭式

---

15 [옮긴이] '정치적인 것'이란, 그에 대응하는 실체로서 '정치'와 비교해서 일반적으로 말하자면, 정치를 성립시키는 일반적 속성이나 방식 또는 양상을 뜻하는 개념용어이다. 압축적으로 표현하여, 정치가 일상적인 정치사태에서 '무엇'에 해당된다면 정치적인 것은 그런 정치사태가 '왜', '어떻게' 발생하였는가 하는 물음에 대한 대답이다.

16 이 책의 〈7장. 정치적인 것〉 참조.

의 확신 어린 연결이 이루어지고 나서야 비로소 지배자에 대한 주민들의 법적 복종이 확보되었습니다. 그리고 법질서는 국가의 제재권력을 통해 안정화되지만, 정치적 지배는 다시금 신성한 법의 정당화하는 힘으로 부양되어야 합니다. 이 상징적 차원 안에서 정치와 종교가 결합하여 정당화의 효력을 가진 합금合金이 발생하며, '정치적인 것'이라는 개념은 바로 이것을 가리킵니다. 종교는 정치와 무관하게 구원과 재앙의 관념, 구원을 가져오거나 재앙을 막아주는 힘을 다루는 실행 속에 뿌리를 둔다는 사실로부터 정당화의 힘을 얻습니다.

그러나 우리는 이스라엘, 중국, 그리스의 노모스Nomos; 規範 사고 덕분에, 더 일반적으로는 그 당시 발생한 형이상학적이고 종교적인 세계상의 접합력 덕분에 정치적인 것을 최초로 개념화하게 되었습니다. 인간의 정신이 세계의 피안에 있는 신이나 세계내재적인 우주적 합법칙성을 언급하면서 신화적 힘들이 지배하는 서사적으로 질서정연한 세상사에서 벗어나 개인적 구원을 추구하게 되는 순간, 정치적 지배자는 더 이상 신성한 존재의 현현이 아니라 신성한 존재의 인간적 대표로만 지각됩니다. 인간적 개인으로서 정치적 지배자 역시 이제 모든 인간적 행위의 척도가 되는 노모스 아래에서 계속 존속합니다.

서양에서 이 노모스는 궁극적으로 바울적 기독교가 로마적인 국가종교로 부상하는 것뿐만 아니라 신학이 그리스적인 형이상학과 생산적으로 융합되는 것을 가능하게 한, 있을 것 같지 않던, 국가-종교-신학이 별자리처럼 정렬하는 듯한 상태를 이루게 되었습니다. 오직 이러한 역사적 맥락에서만 레오 스트라우스와 카를 슈미트가 각기 발전시킨, 정치적인 것의 개념을 지향하는 사고를 설명할 수 있습니다. 전자는 그리스 정치철학 및 기독교적 자연법에 기반하며, 후자는 아우구스티누스 이래 기독교적 서구에 깊이 영향을 미친 정치신학을 기반으로 합니다.

물론 고도로 발달된 이 정치적인 것에 대한 개념은 현대의 완전히 변화된 조건 아래에서 '삶 안에 자리 잡았던 거점'을 상실해 버렸습니다. 그럼에도 불구하고 레오 스트라우스는 현대적 조건 아래에서도 전통적 자연법에 직접 회귀함으로써 정치적인 것의 차원을 계속 개방시키는 상태로 유지하려고 했던 반면, 카를 슈미트는 초기 현대 국가의 주권적 지배 안에서 통일성을 창출하는 정치적인 것의 힘이 개혁된 모형을 인식하고자 했습니다. 그러고 나서 슈미트 자신은 종말에 다가간 '국가성의 시대'에 대한 그의 역사적 시각에서 권위주의적 대중민주주의의 조건 아래 정치적인 것의 개념을 갱신하고자 했습니다. 내가 보기에 이 두 개념화는 모두 실패했지만, 이때 사람들은 슈미트의 교권教權 파시즘과 레오 스트라우스를 통한 고전적 자연법의 창대한 해석학적 현재화를 하나의 냄비 안에 던져 넣지 않도록 주의해야 합니다.

그러나 평등하고 포용적인 사회적 통합을 능동적으로 촉진하기 위한 가능한 수단으로서 정치를 공적 의식에서 밀어내려는 '탈민주주의적' 발전의 도전에 직면하여, 정치적인 것이라는 개념은 아주 독특한 상관성을 보유합니다. 이는 스트라우스와 슈미트의 잠재적 시의성도 설명해주는데, 그들의 이론이 좌파 진영에서 무비판적으로 전용되어 조잡한 형태로 정치적 사고를 오염시키는 일은 종종 일어납니다.

그 밖에도 내가 사방이 요동치는 파행적 상황 안에서 이 주제를 계속 쥐고 있는 것은 우연이 아닙니다. 다시 말해서 나는 은행이 미래의 세금과 점증하는 실업, 그리고 무엇보다도 가장 절박하게 국가적 급부를 필요로 하는 계층, 분야 그리고 생활영역의 공적 및 사적 빈곤화를 희생시켜 수백억 달러의 긴급구제 금융을 밀어붙인 결과 사방에서 비명이 터져 나오는 이 부정의不正義에 대항하여 어떤 종류의 자발적 저항도 일어나지 않는 것이 경악스럽습니다. 이런 이유로 나는 우리의 공동 세미나에서 존 롤스의 정치적 자유주의를 반례로 하여, 자유주의적 입헌민주주의라는 냉정한 조건하에서도 연상관념이 풍부한 정치적인 것의 개념에 이성적 의미를 부여할 수 있는지를 검토하고자 했던 것입니다.

이 명제의 논지를 최소한이라도 짐작하려면, 국가의 세속화를 시민사회의 세속화와 혼동해서는 안 된다는 사실에서 따라 나오는 결론 하나를 명확하게 해야 합니다. 사회 안에서의 종교적 전승과 조직이 하나의 활력 있는 힘으로 머무는 한, 자유주의적 헌법의 틀 안에서 국가와 교회의 분리가 이루어진다고 해도 종교적 공동체의 영향을 완벽하게 제거하고 민주적 정치만 남길 수는 없습니다. 확실히 국가권력의 세속화는 경쟁하는 세계관 공동체와 종교공동체를 마주하여 중립적 세계관에 입각한 헌법과 아울러 집단적 구속력을 가진 의결을 체결하는 틀 안에서 비당파성을 요구합니다. 그러나 법치국가적 민주주의는 시민들에게 종교적 생활을 영위할 권리를 명시적으로 보장하는 동시에 그들을 민주주의적 공동입법자로서의 역할에서 차별해서는 안 됩니다. 이 역설의 암시는 오래전부터 자유주의에 대한 원한을 선동했는데, 사람들이 정치적 자유주의를 정교분리적인laizistisch 세속적 해석과 동일시하지 않는 한, 이는 부당한 것입니다.

자유주의적 국가라면 정치적 공론장, 즉 민주주의적 과정의 뿌리에서 종교적 시민들의 발언을 일체 검열해서는 안 되며, 또한 투표함에 들어갈 그들의 동기를 통제할 수도 없습니다. 그런 한에서 어떤 자유주의적 공동체의 집단적 자기이해 역시 세계관적으로 다원적으로 구성되어 있다는 사실에 영향을 받지 않아야 합니다. 종교적 발언의 내용은 공적 의제로 떠올라 정책결정 기구의 심의로 흘러들기 전에 일반적으로 접근할 수 있는 언어로 번역되어야 합니다. 그러나 종교적 시민들과 종교공동체는 인구의 종교적, 비종교적 부문 사이의 만남으로부터 민주적 과정이 발출하는 바로 그곳에서 영향력을 보유합니다. 종교적 시민들과 마찬가지로 비종교적 시민들이 이성을 공적으로 사용하는 이 저수지에서 정치적 관련성이 있는 공적 의견들이 형성되는 한, 숙의熟議를 통해 형성되는 민주주의적 정당화가 종교적 목소리와 종교에 의해 자극된 논쟁에도 의존한다는 것은 모든 시민의 집단적 자기이해의 일부임에 틀림없습니다. 이런 의미에서 국가로부터 시민사회로 이행된 정치적인 것의 개념은 세속적 입헌국가 안에서도 종교와의 관련성을 보존합니다.

멘디에타 다음 질문이 하나 남았는데요. 저는 우리 세미나에서 선생이 슈미트-스트라우스 관계와 슈미트-메츠 관계를 달리 판단하는 데 긍정적으로 놀랐습니다. 선생의 견해에 따르면 정치신학에는 두 가지 형태가 있는데 하나는 반反계몽적인 것이고, 다른 하나는 계몽주의의 전통을 수용하는 것이었습니다. 그렇다면 우리는 메츠의 정치신학이 선생께서 자신의 정치철학 안에서 대변하는 탈형이상학적 사고로부터 그 학설을 이끌어냈다고 말할 수 있는지요? 메츠야말로 탈세속주의적 입장에서 선생의 이상적 대화 상대자라고 할 수 있습니까?

하버마스 약간 단순한 진술이긴 하지만, 전적으로 틀린 말은 아닙니다. 메츠의 위대한 공적은 모든 맥락주의적 합선合線의 피안에서 탈형이상학적 사고의 시대적 감수성을 하나의 주제로 만들어 동시대 신학으로 건너가는 다리를 건설했다는 것입니다. 독일에서는 역시 메츠의 영향 아래 교황이 레겐스부르크 연설에서[17] 표명한 신학적 관점을 더 이상 공유하지 않는 가톨릭 신학의 젊은 세대가 성장하였습니다. 젊은 세대는 신학적으로 상당 정도 칸트의 이성비판에 따르는 길에 들어서는데요, 말하자면 이들은 유명론을 현대라는 타락의 역사로 들어가는 대문이라며 한탄하기보다 탈형이상학적 사고 흐름 안에서 이것이 발출해 나온 학습과정을 인식하게 되었습니다.

---

17 [옮긴이] '레겐스부르크 연설'(die Regensburg Rede)이란 2006년에 당시 교황이던 베네딕토 16세가 〈신앙, 이성 그리고 대학 — 회고와 반성〉이라는 제목으로 행한 연설이다. 교황은 연설 중에 비잔틴제국, 즉 동로마의 황제가 현자 무테리제스와 나눈 대화의 일부를 인용하였는데, 이것이 이슬람권의 정치계와 종교계 전반에 걸쳐 격분을 야기하여 국제적 차원의 분쟁으로 발전하면서 유명해졌다. 즉, "모하메드가 전한 것 중에 새로운 것이 있으면 나에게 보여 달라. 그래보았자 그대가 거기에서 발견할 것은 단지, 자기가 설파한 신앙을 칼로 퍼뜨리라고 하는 그의 계명 같은 사악하고도 비인간적인 것들뿐이다"라는 구절이다. 교황은 "이 이해할 만한 분노에 유감"을 표명하면서도 결코 이슬람에 대한 편견이나 혐오를 조장할 뜻은 없고, "학문적 맥락에서 종교와 폭력의 관계 일반을 전반적으로 반성해 보자는" 취지였다고 해명했다.

5장

종교와 탈형이상학적 사고

응답

나는 '탈형이상학적 사고와 종교'라는 주제의 전문가 토론을 위해 여기저기 흩어져 있던 나의 연구논고를 모아서 탁월한 동료들로 이루어진 엄선된 그룹을 결성해 준 크레이그 캘훈, 에두아르도 멘디에타, 요한 판안트베르펜 등의 주도적 발의에 감사한다.[1]

이 주제와 관련된 연구 기획을 추진 중인 나에게, 이 회의에서 제기된 여러 흥미로운 반론과 자극은 새로운 아이디어를 마주하도록 하고 조급한 발상에 주의를 주었으며 논의를 보다 정밀하게 하도록 강박했기 때문에 이 활기찬 회의 결과물은 그 연구물의 저자인 내게 큰 도움이 되었다. 다른 한편으로, 아흔 살 나이대로 바뀌는 생일이 여전히 유

1 이 응답문은 2009년 10월 23~24일에 걸쳐 탈형이상학적 사고와 종교의 관계에 관한 나의 연구를 놓고 크레이그 캘훈(Craig Calhoun)과 에두아르도 멘디에타(Eduardo Mendieta)의 초청으로 뉴욕대학교에서 개최한 심포지엄의 학술토론회에서 발표된 기고문들과 관련된다.

동적인 나의 생각에 대해 여러 사람이 토론할 계기를 제공했다는 감사할 만한 사정은 나름의 또 다른 뒷면을 갖고 있기도 했다. 이 모임의 참석자는 아직 충분히 완결되지 않은 입장을 바탕으로 논의해야 했다. 그 때문에 짤막한 응답문의 틀 안에서 최대한 보충 설명할 책임은 전적으로 내게 있다. 나는 동료 학자들의 관심과 인내심 있는 독해, 그리고 무엇보다 심층적 논의에 대한 기꺼운 자세, 때로는 회를 거듭하여 새로이 대결하려는 그들의 기꺼움에 심심히 감사할 의무를 진다.[2]

1. 종교의 발전단계

지난 20년 동안 종교와 사회적 현대화의 관계에 대해 논쟁을 야기한 우리 동시대의 증거는 내가 새로이 몰두하게 된 여러 종교운동과 종교전통의 긴급한 현재성에 대한 작업에 있어 대상이 아니라 하나의 중요한 출발점이다. 호세 카사노바는[3] 그 전공에서 오랜 시간 지배했던 (그리고 나도 예전에 옹호했던) 가설, 즉 사회 현대화의 진척과 종교적 신앙공동체의 생존능력이 서로 제로섬 관계에 있다는 가설을 수정하도록 이미 일찍부터 압박을 가했던 가장 영향력 있는 사회학자 가운데 한 사람이다. 그의 이론뿐만 아니라 그가 비판자들에 대항하여 제기하는 주장도 나를 감동시킨다. 하지만 이 전문가와 논쟁하기에는 이

---

2 내 응답의 배열순서는 다면적인 반론들을 하나의 일정한 관계 안에 엮으려는 욕구로 설명할 수 있다. 각 응답마다 취하는 범위는 내 생각을 해명하도록 주어진 기회에 따라 나온 것이지, 개개의 기고문에 대해 내가 부여했던 중요성과는 아무 관계도 없다.

3 카사노바(José Casanova)는 워싱턴 D.C. 소재 조지타운대학 사회학과 교수이다.

인상 이상의 것을 표명할 역량이 내게는 결여되어 있다.

나는 지속적으로 광범하게 세속화되거나 '탈교회화된' 사회에서 나타나는 의식변화의 경향을 사회학적으로 기술하는 데 '탈세속화'라는 표현을 적용했지만, 그동안 이 사회는 종교공동체의 지속적 존립에 대한 대비 태세를 갖추면서 국가적 공론장뿐만 아니라 세계정치 무대에서도 커져 가는 종교의 목소리들을 염두에 두기에 이르렀다. 카사노바는 그런 사회에서 세속주의적 자기이해가 퇴색하고 있다는 경험적 진술에 별로 관심을 보이지 않는다. 그가 보다 큰 관심을 갖는 것은 세속주의적 견해 자체에 대한 경험적 반박인데, 그는 종교적 신념과 의례는 역사적으로 극복된 어떤 단계의 의식이 '진정한 모습으로' 표현된 것이라는 식의 견해를 문제시한다. 이런 맥락에서 그의 의혹은 나도 겨냥한다. 왜냐하면 그는 내가 철학적으로 적용하는 '탈형이상학적'이라는 개념이 — 인간 정신과 그 문화적으로 대상화된 객체물을 자연주의적으로 환원시키기를 거부하면서도 여전히 종교를 우리 동시대의 정신형태로 인정하기를 거부하는 — 세속적 사고를 정당화하려는 시도라고 이해하기 때문이다. 카사노바의 이런 오해는 그가 세속적 의식 안에서도 드러나는 '단계의식' 개념을 비판하고 있기 때문에 생겨났다고 설명될 수 있다. 그러나 인간의 자기이해와 세계이해의 계보학에서 학습과정과 인지적 분출 또는 어떤 '단계'를 발견하려는 모든 시도가, 문화적 전승의 다양성에서 표현된 것처럼, 종교적 사고의 형태를 역사철학적으로 평가절하하는 의문스러운 결과로 이어지지는 않는다.

내게 종교공동체의 미래에 대한 문제는 열린 것이다. 이 점에서 나는 '전 지구적 세속화'라는 슬로건 아래 카사노바가 기획하는 외삽법外挿法

이 전적으로 설득력 있다고 간주한다.[4] 내가 파악한 바에 따르면, 오늘날 서로 경쟁하는 탈형이상학적 사고의 다채로운 단서들과 마찬가지로 현대적 생활조건과 인식조건에 적응했던 종교적 자기해석과 세계해석[5] 역시 현대성에 대한 정당한 논변에 속한다. 철학과 종교적 전승은 참으로 간주하는 것의 양태나 그것을 정당화하는 토대에서 차이가 나지만, 무엇보다도 믿음은 신앙공동체의 의식거행에 안정적으로 닻을 내리고 있다는 점에서 유독 다르다. 특히 그동안 강하게 분리되어 등장했던 세속적 사고의 형태와 종교의식의 형태들이 보여준 역사적 동시성은 나로 하여금 탈형이상학적 사고와 세계종교의 공통된 계보학을 추적하도록 만든 단서를 제공한다. 오늘날에도 여전히 철학은 '인간'과 '개인'(그리고 '현대')의 자기이해와 세계이해에 대해 반성적 물음을 제기한다는 점에서 객체화하는 과학과 구별된다.

이에 나는 내가 왜 세계상의 발전 '단계'에 대한 진화적 시각이 유용하다고 간주하는지 암시라도 하고자 한다. 카사노바의 견해에 따르면, '믿음의 조건'이 우발적으로 변화했다는 사실만으로도 기축시대의 세계종교 발생이나, 찰스 테일러가 종교개혁의 시대로 비정比定한, 유럽 사회의 종교적 자기지각에서 나타난 관점 변화와 같은 단절을 설명하는 데 충분하다. 그럼에도 나는 종교적 세계상의 구조변동이나 그에 상응하는 의식거행의 구조변동을 변화된 사회적 환경에의 적응으로만 설명할 수는 없다고 생각한다. 그보다는 사회적 격변에 의해 야기됐지

---

4 J. Casanova, *Europas Angst vor der Religion* (Berlin, 2009), 98쪽 이하.

5 이 경우 내가 염두에 둔 것은, 우리가 가진 세계지(世界知)의 관점에서 보면 오류가 능하지만 과학적으로 여과된 논증 가계부(Argumentationshaushaltes)의 한계 안에서 볼 때 더 이상 주장될 수 없는 것을 인정하고 들어가는 종교들이다.

만 인지적 도전에 대응하는 내면적 학습과정으로 거슬러 올라갈 수도 있다.

기원전 3천 년의 문턱, 최초의 국가적 조직 사회는 부족의 구전口傳 전통에 엄청난 변화의 압력을 가하는 문자文字 문화를 탄생시켰다.[6] 의식거행의 조직은 국가 제도로 편입되어 왕의 통치를 정당화하는 데 사용되었고, 신화적 서사는 정치적 위계에 맞춰 거울에 비추듯 중앙집권화된 만신萬神으로 분화되었다. 사회발전에서 나타나는 이 심층적 단절점이 전승된 신화와 부족의식에 행사했던 적응의 강제에도 불구하고 이후 2천 년 동안 세계상의 인지적 구조나 주술적 사고방식은 본질적으로 전혀 변하지 않았다.

일신론적 신이든 우주적 법칙이든, 기원전 1천 년대 중반 중국, 인더스강 계곡, 이스라엘, 그리스에서 잘 알려진 형이상학적 세계상과 세계종교가 등장하면서 비로소 초월적 관점으로의 돌파가 이루어졌다. 로버트 벨라가 한 포괄적 연구에서 기술했듯이,[7] 이 인지적 분출은 구원과 재앙의 힘과 종교적으로 교류하는 사회적 조건의 변화상에 적응하는 것으로 충분히 설명되지는 않는다. 새로운 세계상은 오히려 인지적 도전에 대한 생산적 대답을 현시한다. 구원과 재앙의 여러 세계내적 힘은 도덕화되어 세계 전체를 초월하는 '하나의 신' 또는 '하나의 신적인 것'으로 변모하였다. 이는 변덕스러운 신들로는 만족되지 않던 예언자, 승려, 은둔자 또는 성현의 도덕의식을 진정시킴으로써

6 J. Assmann, *Religion und kulturelles Gedächtnis* (München, 2007), 124쪽 이하.

7 R. N. Bellah, *Religion in Human Evolution: From the Paleolithic to the Axial Age* (Cambridge, Mass., 2011).

사회적으로 고도로 성층화된 고대 제국 안에서 대다수 백성에게 가해지는 억압과 폭압 등 그들이 실존적으로 겪게 되는 고난과 세속적으로 접촉하는 가운데 새로운 감성과 요구를 발전시켰다.

초기 고도 문명의 문자교양층 안에서는 역사의식, 경전과의 반성적 교류 등이 발전하였고, 나아가 기술적, 유기체적인 지식과 아울러 수학, 천문학, 의학에서의 지식, 요약하면 자연철학적 인식이 집적되었다. 이 축적된 세계지는 신화적 설화와 주술적 실행과는 충돌할 수밖에 없었다. 이 인지 부조화는 기축시대에 등장한 세계상의 개념적 틀 안에서 비로소 해소될 수 있었다. 게다가 구원과 재앙의 힘을 하나의 초월적 힘으로 승화시키는 것은 모든 경우에서 전승된 의식儀式에 대한 윤리적 재해석과 희생물의 철폐(또는 나중에는 도치)로[8] 귀착하는 인식상의 접근법과 결합되었다.

호세 카사노바는 그의 명석한 개념사적 언급들로써 로마 제국 안에서 바울적 기독교와 그리스 철학의 공생으로 이루어진 세계상의 발전이 취했던 서양적 경로를 스케치한다. 그럼에도 나는 그가 '세속적'이라는 표현을 용어상으로 해명하는 것을 따라가다가 어떤 지점에서 주춤했다. 소수의 기독교도는 보편적 구속력을 가진 국가제례를 따르기를 거부하는 반면 주민 다수는 예전처럼 수많은 제단에서 자신들의 여러 신에게 제물을 봉헌하고 있었던 후기 로마의 황제 시대 관점에서 카사노바는 "기독교적 신성함은 이교적 불경함이었고 그 역도 마찬가지였다"라는[9] 명제로 양쪽 사이에 교착적으로 이루어지는 서로에 대

---

8 R. Girard, *Ich sah den Satan vom Himmel fallen wie einen Blitz: Eine kritische Apologie des Christentums* (München, 2002), 135쪽 이하.

한 지각을 기술한다. 그리스적으로 교육을 받아 에피쿠로스주의자나 (키케로처럼) 스토아주의자로서 제국신민의 신앙을 놀림감으로 삼았던 이들이 신플라톤주의자들과 함께 제3파를 꾸렸다는 사실은[10] 차치하더라도 이 기술은 기독교도와 '이교도' 사이의 대칭성이 그런 식으로 존립하지는 않았음을 암시한다. '이교도성'이라는 기독교적 범주는 단지 '우상숭배'와 '다신론'을 거부한다는 것만 표현하지 않는다. 그것은 종교적 표상들 안에서도 세계내적인 세상만사에 계속 고착되어 있는 구체주의적[11] 사고방식에 대한 급진적 배척을 드러낸다.

한편, 로마의 신들을 경건하게 존경하는 이들로서는 유대교도와 기독교도의 신이 왜 제우스나 다른 동방의 높은 신들처럼 주피터와 비견되면 안 되는지 이해할 수 없었다.[12] 이러한 비대칭성은 인지적 도전을 극복하기 위해 신앙양태와 신앙실천에 대한 인지적 전형轉形이 일어났음을 보여주는 한 사례인데, 이는 단순히 신앙의 사회적 조건이 변화했다는 것만으로는 충분히 설명할 수 없다. 사실 '이교도들'에 대하여 '단계의식' 같은 무엇인가를 시현한 이는 기독교도 자신이다. 종교적 신앙에 대해 세속주의자들이 가지는 의문스러운 우월의식 안에는 이교도들에 대한 초기 기독교인들의 태도가 계속 이어지고 있다고

---

9 "The Christian sacred was the pagan profane and vice versa."
[옮긴이] 하버마스는 카사노바의 영어 문장을 굳이 각주에 인용하였다.

10 P. Veyne, *Die griechisch-römische Religion* (Stuttgart, 2008)

11 [옮긴이] '구체주의'(Konkretismus, concretism)는 종교적으로 물신주의라고도 옮길 수 있는데, 인간이 가진 모든 정신적 표상에 구체적 물질이 연관되어 있다는 발상이다. 이런 입장에서는 모든 물질세계를 초월하는 영적 존재로서 신은 실존할 수 없다.

12 J. Assmann, *Die Mosaische Unterscheidung: oder der Preis des Monotheismus* (München, 2003), 1장 및 3장.

도 할 수 있겠다. 그렇지만 이런 태도를 비판하기 위해 종교의식의 발달에 여러 단계가 있다는 것을 속이거나 무시할 필요는 없다.

종교발전의 서양적 경로에서 현대로의 이행은 기축시대와 유사한 일종의 단절을 이룬다. 그리고 여기에서도 앎의 내적 동력이 중요한 역할을 한다. 왜냐하면 교회와 신학은 중세 전성기에 교회법에서 출발한 '교황혁명'으로[13] 법法의 발전을,[14] '유명론 혁명'으로는 — 교회와 신학의 통제를 벗어나 기독교적 자연법과 아울러 아리스토텔레스 자연철학을 동시에 폭파시킨 — 과학의 발전을[15] 시동시켰기 때문이다. 현대적 법체계의 도덕적 완고함과 현대적 과학의 경험적 완고함으로 인해 세속적 지식 형태가 발전했고, 이는 다시 신학적, 형이상학적 기원에 영향을 미쳤다.

언뜻 보기에, 국가 권력의 세속화뿐만 아니라 도덕, 이성법, 현대적 과학의 독립성은 권위가 점차 움츠러드는 교회와 종교에 맞선 철학의 투쟁으로써 승리한 듯하다. 하지만 다시 들여다보면 이 복합적인 발

13 [옮긴이] '교황혁명'(Päpstliche Revolution)은 한국의 교회사 연구자들 사이에서는 보통 그레고리오 개혁이라고 불리는 중세 가톨릭교회에서의 개혁운동을 가리킨다. 그레고리오 7세 교황(재위 1073~1085)이 서유럽 전체 교회 조직의 중심을 교황청에 두도록 하는 대대적 개편을 행하면서 교회가 세속 왕권과의 관계에서 우위를 차지한 것인데, 이는 '전성기 중세'를 여는 계기가 되었다. 또한 이로써 교회법의 교육과 연구가 중세 신학 체계에서 중요한 비중을 갖게 되면서 현대적으로는 성문법(成文法) 성립의 전사(前史)를 이루게 되었다[한동일, 《법으로 읽는 유럽사: 세계의 기원, 서양법의 근저에는 무엇이 있는가》(파주: 글항아리, 2018), 176~197쪽 및 "그리스도교 영성사(79)", in: 〈가톨릭신문〉, 제 2289호 16면 참조].

14 H. J. Berman, *Law and Revolution: The Formation of the Western Legal Tradition* (Cambridge, Mass., 1983).

15 L. Honnefelder, *Woher kommen wir: Ursprünge der Moderne im Denken des Mittelalters* (Berlin, 2008).

전 안에서는 신학적 측면뿐만 아니라 세속적 측면에서도 수많은 인지적 도전이 제기되었음을 알 수 있을 것이다. 신학은 그리스인들의 우주론적 세계상으로 꽉 감아놓은 구원의 복음을 차츰차츰 해체하고 성서적 출처에 대한 문헌학적 비판의 결과를 소화해갔던 반면, 교회는 세속화된 법치국가와 평화관계를 이루는 법을 학습해야 했다. 그런데 다른 한편으로 과학 및 세속국가와 일종의 동맹상태에 들어가면서 철학이 변화해야 했던 것도 결코 적다고 할 수 없는데, 철학은 자기 쪽에서 오류가능주의적 의식의 승인 아래 형이상학적 유산의 수정을 감내하여 그리스적 형이상학의 '강한' 이론적 요구와 거리를 둬야 했다.

(비교파적 의미에서) 스스로를 '개혁했던' 종교의식宗敎意識과 패배주의에 빠지지 않고 (이중적 의미에서의) '그' 이성의 비판을 창출했던[16] 탈형이상학적 사고는 최종적으로는, 앎의 세속적 원천에서 영양을 공급받은 계몽주의로부터 제기되는 동일한 인지적 도전에 대한 상호보완적 응답이다. 정신의 두 가지 형태 사이에서 이 상호보완성은 신학이 자기를 교구의 제례 안에 뿌리박힌 어떤 생동적인 믿음의 표출로 이해하는 한에서 종교를 세속주의적으로 가치절하하지 않는 동시대성의 근거를 정립한다. 왜냐하면 이 상호보완성은 이런 방식을 통해 세속적 사고로는 도저히 접근할 수 없는 사회적 연대의 태곳적 원천과의 연결을 굳건하게 유지하기 때문이다.

우리 같은 세속적 정신에게는, 오직 미학적 경험만이 거의 말라버린 원천에서 흘러나오는 물줄기의 흔적을 아직 보유한다. 이에 반해

16 J. Habermas, *Kritik der Vernunft: Philosophische Texte*, Bd.5 (Frankfurt, 2009)의 〈서론〉(Einleitung) 참조.

탈형이상학적 사고는 모든 것에 평등하게 항상 개방되어 있으면서 아무런 유보 없이 근거정립을 행하는 담화의 우주 안에서 움직일 수 있다는 이점이 자체에 내재한다고 주장한다. 그렇게 이해된 탈형이상학적 사고는, 찰스 테일러가 현상학적으로 충분히 채색시킨 후 철학의 견지에서 '내재적 틀'이라는 키워드로 너무 평면적으로 그려 버린, '초월자 없는' 자기이해와 세계이해의 상像에 딱 들어맞지 않는다.

이미 칸트는 인륜법칙人倫法則이라는 개념을 써서 실천이성의 판단을 안으로부터의 초월에 결부시킨다. 의사소통행위이론은, 비록 국지적으로 제기되기는 하지만 모든 맥락을 횡단하는 타당성을 제기하는 타당성 요구의 논변적 결제die diskursive Einlösung라는 개념 안에서 언어적 상호이해의 성공을 설명함으로써, 칸트적 이성이념을 탈선험화시킨다.[17] 거리를 창출하는 이 자기횡단이 없으면 문명화된 공동생활의 인간적 형태를 확립할 수도, 유지할 수도 없다고 나는 확신한다.

2. 도대체 왜 종교적 잠재력의 세속적 번역이 필요한가?

마리아 에레라 리마는[18] 나의 연구물에 너무나 정통하여 그것에 대한 비판을 넓은 안목에서 다면적으로 발전시켰기 때문에 나는 그 풍부한 관점에서 단지 몇 가지 측면만 뽑아 논할 수 있을 뿐이다. 우리가 '세

---

17 T. McCarthy, *Ideals and Illusions* (Cambridge, Mass., 1991).

18 리마(Maria Herrera Lima)는 국립멕시코자치대학(Universidad Nacional Autónoma de México) 철학 교수이다.

속화'라는 표제 아래 논하는 사회적 진화와 유산 관계에 대한 그녀의 여러 고찰은 특히 내가 되돌아갈 어떤 주제 하나와 관련된다.[19] 종교적 세계상의 발전은 속세의 앎profanes Wissen을 처리하는 과정에서 지속적으로 자극을 받았기 때문에 나 역시 '현세적', 즉 비종교적 생활영역에 대하여, 이런 논쟁과는 독립적이고 그런 한에서 중립적으로, '속세의'라는 표현을 적용하는 것이 중요하다고 생각한다. 여기에서 나는 마리아 에레라 리마가 아도르노의 아름다운 문장을 인용하면서 제기하여 나에게 그 근저에 깔린 문제제기를 해명할 기회를 주게 되었던 주제에 집중할 수밖에 없다.

"신학적 내용물에 달라붙은 것 중 … 변치 않는 상태로 유지되는 것은 없다. 각각의 제시된 신학적 내용은 모두 세속적인 것, 속세의 것 안으로 빨려들지 않을지 스스로 시험대에 서야 한다"라는[20] 아도르노의 현란한 정식은 여러 가지 중요한 질문을 내포하고 있다. 우선 종교가 과연 '계속 존립할 것인가'라는 것이 한 문제가 되고, 또 다른 문제 하나는 법치국가적이면서 민주적 헌법을 가진 사회들 전반의 사회적 통합을 위하여 의미론적 측면에서 종교적 전승의 내용물과의 연결단절이 과연 가능한가 하는 것이다. 미래를 예측할 능력은 없지만 내가 염두에 두는 것은 다음과 같다.

• 탈형이상학적 사고의 전제 아래에서는 '신학적 내용물의 세속적인 것 안으로의 이주'가 계속 진행할 가능성을 배제할 근거도 없다.

---

19 마리아 피아 라라(Maria Pia Lara)와 에이미 앨런(Amy Allen)에 관한 논평은 이 절의 다음 논의를 참조.

20 T. W. Adorno, "Vernunft und Offenbarung", in: ders., *Kulturkritik und Gesellschaft II* (Frankfurt, 1977), 608쪽.

• 신학적인 것들을 그렇게 전형시켜 자기화하거나 번역하는 것을 바람직하다고 간주할지 여부는 현재에 대한 우리의 (확실히 시험적이고, 대체로 경험에 의존하는) 진단에 달렸다.

위 진술 중 첫째는, 철학적 시공의 역사에 대하여 아무리 그 가치가 평가절하됐다고 해도 야스퍼스의 기축시대 개념을 통해 바로잡힌 헤겔주의적 시각을 전제하는데, 즉 우리는 신학적 내용물이 세속적 문화의 영역 안으로 이주한 과거의 여러 사례들과 관계하지 않을 수 없다는 것이다. 그렇지만 마리아 에레라 리마의 의구심은 진술의 형식보다는 진술 자체에 초점을 맞추고 있다. 만약 내가 정확히 보았다면, 그녀는 찰스 테일러가 《세속적 시대》에서 기술한 종교적 의식상태를[21] 다음과 같이 해석하는 것 같다. 즉 세속적 현대는 — 사실상 오래전에 그것과 동화되었음에도 불구하고 — '타자'라고 생각했던 존재를 통해서 자신을 마주하게 된다.

'순종에서 쾌락으로'라는 표현주의적 전환의 결과에 따라 믿음 역시 순전히 일종의 선택항에 불과하게 되었다고 한다면, 동화된 신앙공동체 안에서 아직도 고갈되지 않은 의미론적 잠재태가 생생하게 존재한다고 상정할 근거는 거의 없다. 관련된 현상의 경험적 평가에 내가 기여할 것은 그리 많지 않다. 그러나 만약 우리가 역사적 시각을 좀 더 폭넓게 잡는다면, 종교적 실체가 증발하는 데 있어서 최근의 개인화 추동이 그 원인이 되는 비중은 상대화된다고 할 수 있겠다.

종교의 발달에서 한편으로는 신에 대한 공적 경배가, 다른 한편으로는 개인이 특정 신과 맺는 특권적 관계가 분화되었는데, 이는 바빌

---

21 C. Taylor, *Ein säkulares Zeitalter* (Frankfurt, 2009), 990쪽 이하.

론 제국과 아시리아 제국 그리고 고대 이집트로까지 거슬러 올라간다. 개인화의 그다음 단계는 신성한 것의 도덕화 및 기축시대 종교들에서 그에 상응하여 제시했던 구원으로의 길에 반영되어 있다. 마지막으로 서양에서 개인화의 최종 추동은 프로테스탄티즘으로, 무엇보다 특히 18세기 말 이래 경건주의 물결로 이루어진다.

따라서 탈제도화된 이 시대의 '새로운' 종교운동들을 평가하기에 이를 경우, 이 추세가 종교성을 심화시키고 영성화하는 쪽으로 지속되는 것인지 아니면 반대로 단지 자기실현에 불과한 상태에서 세속에서의 인간적 풍요를 지향하며 사소하게 흘러가는지 판별하기란 쉽지 않다. 마리아 에레라 리마는 자기연관적 에토스를 추구하는 후자의 추세만을 '내재적 세속화'라고 기술한다. 이 두 추세를 명확히 구별하고 경험적으로 평가할 수 있을 때 비로소 종교적 잠재력들이 어느 정도 '소진되어 버렸다'는 그녀의 비판을 제대로 판단할 수 있을 것이다. 이런 해석이 타당하다고 볼 수 있는 만큼 바로 그 공동체적 제례실행은 연대성을 창출하는 요소를 유실하게 될 것이며, 이는 현대에서 다른 어떤 정신형태보다 두드러지는 현대종교들의 특징이었다. 만약 구원과 재앙의 힘에 대한 인간의 대응을 더 이상 의식儀式의 형태로 조직하지 못하고 오직 유동하는 형태의 종교성으로만 살아남으려는 종교가 있다면,[22] 결국 윤리성을 추구하는 다른 생활형태와 구별할 수 없을 정도로 동화되어 버릴 것이다. 지금까지 나는 이런 방향으로의 광범한 발전이 이루어지고 있다고 보지 않는다.

---

22 M. Riesebrodt, *Cultus und Heilsversprechen: Eine Theorie der Religionen* (München, 2007).

보다 흥미로운 것은 위에 언급된 진술의 두 번째 부분이다. 종교적 전승이 현대에 와서도 여전히 실질적 영향을 미치는 기본개념들, 즉 '역사적 위기 사고思考', '보편주의적 의무윤리', '의사소통적으로 사회화되어 생활사적으로 개인화되면서 체험을 쌓아가는 인격체' 안에 아직 흡수되지 않은 의미론적 내용물을 여전히 담고 있다면, 세속적 동시대인으로서 우리는 왜 이러한 유산에 관심을 가져야 하는가?

부분체계들의 기능적 분화와 그에 따른 부분체계의 자율성 증대 과정에서 사회적 연대성의 자원이 고갈되었다는 보편적 시대진단이 특별히 독창적인 것은 아니다. 이런 진단은 사회학 초기 단계에 이미 제기되었으며, 특히 에밀 뒤르켐, 막스 베버에서 탤컷 파슨스에 이르는 사회이론적 구상을 추동하였다. 여기에서 내가 이 문제를 더 구체적으로 다루기는 어렵다. 그러나 분명한 것은, 형성 중인 다문화적 세계사회에서 발생하는 체계 자체의 문제 그리고 국내적, 국제적 갈등이 현재로서는 해결되지 않았다는 점이다. 이 문제들은 기존의 통합과 조절 능력을 넘어서는 부담을 초래하며 특히 민주주의적 법치국가가 오랫동안 유지해 온 협동형태를 위태롭게 한다. 이로 인해 예전의 오래된 주제들이 다시 현재적 의의를 지니게 되었다.

일반적으로 새로운 사회적 상관성을 공적으로 지각하도록 만드는 것은 사회운동이다. 이를 통해 가치지향성의 기준이 변화하며 정치적 논의에 부쳐지는 공적 의제의 스펙트럼을 재조정한다. 20세기 전반기뿐만 아니라, 역사적으로 볼 때, 사회운동은 혁신의 압력 없이는 새로운 규범적 모델 또한 형성되지 않는 양면성을 항상 가지고 있었다. 과거의 진보주의운동과 사회주의운동을 돌아보면, 이들은 결국 복지국가 모델을 통해 계급갈등을 완화하는 역할을 했다. 노먼 번바움과 같

은 저자들은 이러한 운동이 암묵적으로 종교적 사회화에 동기를 부여하는 역할을 했다고 지적한다.[23]

고도로 개인화된 사회에서는 경제적 성공, 권력에 대한 기회주의적 경쟁 그리고 자기실현이 중요한 가치로 자리 잡고 있으며, 이는 결과적으로 자아중심적 태도를 조장한다. 그럼에도 불구하고 많은 아이들은 여전히 예민한 도덕의식을 키울 수 있는 환경에서 성장할 수 있는 행운을 누린다. 마리아 에레라 리마는 종교적 시민들과 비종교적 시민들이 도덕적 행위에서 태도상의 큰 차이를 보이지 않는다는 점을 경험적으로 옳게 지적했다.

그러나 나의 관심을 끄는 문제는 개인의 행위와 동기 수준에 있지 않다. 문화적 자원 수준에서 현대의 규범적 자기이해는 주로 과학의 진리지향, 법과 도덕의 평등주의적 보편주의 및 예술과 비평의 자율성 안에서 표현된다. 오늘날 나의 질문은 이러한 창대한 계몽주의의 문화, 그리고 — 내가 바라는 바와 같이 결코 잃어버릴 수 없는 — 이 문화의 잠재력이 과연 빠르게 복잡해지는 사회적 조건하에서 위기상황이 요구하는 사회적 연대행위의 동기를 창출하기에 충분한가 하는 것이다.

이 물음에 대해 나는 확실한 답을 갖고 있지 않지만, 의문을 품고 있다. 마리아 에레라 리마는 정확하게 이 점을 포착했지만, 완전히 적절한 위치에서 다루고 있지는 않다. 만약 우리가 칸트적 의무윤리는 (어떤 해독법에 의거하든) '오직 이성으로부터만' 근거정립된 현대적 정의

---

23 N. Birnbaum, *Nach dem Fortschritt: Vorletzte Anmerkungen zum Sozialismus* (München, 2003).

표상의 직관적 핵심을 재구성한다고 가정하면, 즉 그것이 우리가 갈등 상황에서 법적, 도덕적으로 서로에게 기대할 수 있는 자기비판과 통찰을 포착하는 것이라고 가정한다면, (그런 종류의 합리적 도덕을 지향하는 개인주의적 접근에 한정된 — 옮긴이) 이성도덕의 정치적 결손은 자명하게 드러난다.[24] 이 결손을 일반적 동기부여의 결손과 혼동해서는 안 된다. 이러한 오류를 예방하기 위하여 나는 두 결손을 서로 구별하고자 하는데, 우선 칸트 비판자들이 지적하는 동기부여적 결손부터 살펴보자.

이상적인 경우, 책임 있게 행위하는 개인은 자기가 문화적으로 규정된 '근거들의 공간' 안에서 존재한다는 것을 자각하며 찬성과 반대의 근거를 균형 있게 받아들일 수 있어야 한다. 즉 그는 관련된 (도덕적 경우에는 보편화가능한 이해관계에 기초하여) 근거의 무게를 고려하여 자신의 실천적 판단을 형성해야 한다는 것이다. 판단하는 개인은 행위자로서 궁극적으로 결정적인 인지적 근거를 자기 것으로 만들어야 한다. 나의 의지가 근거에 의해 규정되도록 하자면 행위의 주체성이 도덕적 통찰과 결합해야 한다.

"나는 달리 행위할 수도 있었지만" 내가 더 나은 통찰에 따라 행위할지 여부는 결국 "나에게 달려 있다." 칸트는 좋은 근거의 동기부여력을 과신하여 그 근거를 자기화하는 과정에 대해 경시했기 때문에, 그의 의무론적 접근은 반성적 의지형성에 동기를 부여하는 힘이 결여되어 있다는 비판을 받는다. 하지만 나는 이런 반론이 특별히 설득력

---

24 따라오는 다음 부분에 관해서는 J. Habermas, "Das Sprachspiel verantwortlicher Urheberschaft", in: ders.(2009), 앞의 책, Bd.5, 271~341쪽. 여기에서는 274쪽 이하.

이 있다고 생각하지 않는다. 철학은 무언가를 도덕적 관점 아래 고찰한다는 것이 무슨 의미인지 설명해야 한다. 그러나 철학은 도덕적 관점을 행위하는 주체의 가슴속에 뿌리내리게 해야 하는 문화적 전승, 사회화 과정, 그리고 제도까지 책임질 수는 없다.

내가 거론하는 **정치적 결손**은 좀 다른데, 이는 모든 현대적 윤리가 갖고 있는 개인주의적 구조에서 비롯된다. 이성도덕이 오직 개인적 양심에 호소하는 의무만을 인정하며 이를 통해 개인이 책임 있게 행위하거나 자제하도록 요구하는 데는 좋은 근거가 있다. 이러한 방향설정은 잘 질서 지어진 민주주의적 정체政體 안에서 개혁적인 방식으로 문제들을 해결하는 정상적 상황에서는 충분히 적절하다. 그러나 기존 제도나 절차가 문제의 압력을 더 이상 감당할 수 없게 되는 위기상황에서는 이미 확립된 가치체계의 기준부터 변화해야 한다.[25]

이를 실현하기 위해서는 한나 아렌트의 개념에서처럼 집단적 행위가 필요하며, 이러한 행위를 통해 의사소통적 권력이 발생한다. 그러나 정의正義 윤리는 이런 형태의 연대적 행위에 맞춰져 있지 않으며, 연대성을 그 자체로 의무로 만들 수 없고, 단지 모든 사람의 개인적 의무

25 이런 경우 오늘날 내가 염두에 두는 것은 국가적 사회에서 하나의 다문화적 세계사회로 이행하는 중에 발생하는 사회적 위기뿐만이 아니다. 이 세계사회는 시장과 전자 네크워크만으로는 결속될 수 없고 일종의 정치적 헌법이 필요한 상태이다. 그리고 이보다 더 깊은 충격을 가하는 도덕적-정치적 도전을 제기하는 것은 경제적 이해관계에 의해 추동된 '융합기술'의 발전 쪽으로 조절해 가는 우생학적 옵션이다. '휴먼 증강(Human Enhancement)'은 "인간이란 인간으로의 상호변화가 가능한 사물이며, 인간에게 거역할 수 있는 유일한 존재는 인간뿐이다"라는 전제 아래 추진되는데, 이런 모토에 대해서는 한때 카를 슈미트가 다른 맥락에서 그에 맞는 정식을 찾아 내세운 적이 있었다.

이행의 결과로서 기대할 수 있을 뿐이다. 도덕적으로 타당한 근거에 따라 정의 윤리는 이성적 자기구속에 대한 호소를 개인에게만 국한하며, 이를 '예' 또는 '아니오'라고 말할 능력을 갖춘 개별적 개인들로 구성된 다원주의적 집단체로까지 확장할 수 없다.

물론 우리는 우리가 타당하다고 간주하는 모든 도덕적 규범에는 모두의 이성적 합의가 전제되어 있다고 상정한다. 그러나 도덕적 행위의 훌륭한 근거를 자기 것으로 만드는自己化 작용과 도덕적 행위를 실현하는 순간의 사회화는 개개인의 자율성을 희생할 경우에만 가능하다.

흥미롭게도 종교공동체의 의례거행은 연대의 개인적 실현이 갖는 구조적 균열을 '구원적' 내지는 '해방적' 정의의 약속에 대한 공동의 믿음을 통해 선행적으로 메운다. 이 경우 이 공동의 믿음은 기축시대 이래 종교적 전승 및 구원과 재앙과의 교류를 위한 여러 실행의례 안에서 분절적으로 접합되어 온 것이다.

정의를 위한 이 추가적 차원이 좋음의 윤리의 행복론적 차원과 혼동되어서는 안 된다. 새벽 동이 터오듯이 다가오는 신의 지배가 주는 구원의 순간, 그리고 탄생을 거듭하는 윤회의 순환에서 해방되는 순간은 개인적 행복으로 끝나지 않는다. 오히려 이는 폭넓게 확산된 위기의식을 배경으로 하여 인류 전체를 감싸 안는 집단적 운명을 염두에 둔다. 이때 위기의식은 연대를 형성하는 공동체의 힘이 아니라 그것을 촉발하는 조건이다.

카를 뢰비트는 '진보 대 섭리'라는 제목 아래 계몽주의와 19세기의 역사철학이란 위기를 극복하는 종교적 방식을 세속화하여 받아들이려는 시도라고 파악했다.[26] 역사철학적 배경을 가정하는 마르크스주의를 포함하여 이런 사변들은 오랫동안, 전통적 자연법의 목적론적 사고형태를 자연 차원에서 꺼내 역사 차원 안으로 전이시키는 발상으로 파악되어 왔다. 그리고 이 발상의 정치적 결과가 지니게 되는 애매모호한 양가성兩價性을 알아차리지 못하는 이는 아무도 없다. 그러나 이런 애매함은 예를 들어 자크 데리다와 같은 우리 동시대의 철학자들이 다른 반성단계에서 다른 사고수단을 활용해 '비판과 위기'라는 종교적 계기를 공적으로 접근가능한 의미론 안에 수용하려고 시도하는 것을 막지 못했다.[27] 만약 이러한 '반성된 믿음'을 통해 종교적 내용을 '신탁 관리'하려는 시도를 말 그대로 받아들인다면, 이는 단순히 철학적 이성종교의 방향으로 가는 오래된 경로가 지속되는 것에 불과하다. 그와는 대조적으로, 아도르노는 어떤 신학적 내용물이 현대 사회에서 무제약적 타당성을 획득하려면 '속세에 속한 것' 안으로 이주해야 한다고 주장하며 신앙담론과 지식담론 사이의 경계를 엄격하게 준수해야 한다고 강조한다.[28]

이 점에서 나는 마리아 에레라 리마를 안심시킬 수 있다. 즉 탈형이상학적 시각에서 볼 때, 종교적인 것을 세속적인 것으로 '번역'한다고

---

26 K. Löwith, *Weltgeschichte und Heilsgeschehen: Die theologischen Voraussetzungen der Geschichtsphilosophie* (Stuttgart, 1953).

27 J. Derrida, "Glaube und Wissen", in: J. Derrida & G. Vattimo (ed.), *Die Religion* (Frankfurt, 2001), 27쪽: "이런 정황들 아래에서, 즉 순전히 이성의 한계 안에서, 사람들은 오늘날 어떻게 보편종교로서의 효능을 발휘하면서도 예전의 '자연종교' 안으로 다시 퇴행하지 않을 종교를 생각해야 할까? 그런 종교라면 기독교나 아브라함의 유대교 같은 한계를 갖지 않고 존재할 수 있을까?"

28 J. Habermas, "Die Grenze zwischen Glauben und Wissen: Zur Wirkungsgeschichte und aktuellen Bedeutung von Kants Religionsphilosophie", in: ders., *Zwischen Naturalismus und Religion: Philosophische Aufsätze* (Frankfurt, 2005), 216~257쪽 중 특히 252쪽 이하.

해도 그것이 역사 전반을 관통하거나 우주 안에 구체화된 실체적 이성의 단일성으로 복귀하는 것을 대가로 하여 이루어져서는 안 된다. 그리고 나는 아직 소진되지 않은 종교적 내용을 철학적으로 계속 자기화함으로써 이성도덕의 정치적 결손을 상쇄할 수 있는지 여부는 여전히 열린 문제로 간주한다.

3. 전후 독일에서의 정신과학적 세속화 논쟁에 관하여

카를 슈미트에 의해 통용되기 시작한 '정치신학'이라는 용어를 키워드로 하여 마리아 피아 라라는[29] 종교와 정치의 역사적 연관성을 상기시키는 주제를 다룬다. 이 정치신학의 전통에서 '정치적인 것'이라는 강한 개념이 유래하는데, 오늘날 몇몇 탈현대적 이론가들은 클로드 르포르의 발상을 따라 — 헌법적으로 제도화된 '정치'와 '정치체제'의 행위자들이 추구하는 — '정책'에 대비하여 이 개념을 부각시킨다.[30] 국가권력의 세속화와 더불어 종교와 정치의 공생이 해체된 후, 종교적 의미를 함축하는 이 개념은, 말하자면 전적으로 다른 상황정렬에 맞추어 그 의미가 자유롭게 해방되면서 새로운 뜻으로 사용할 수 있게 되었다. 오늘날 이 개념은, 의사소통적으로 창출되는 권력이라는 한나 아렌트의 개념과 결합됨으로써, 관료화된 정치에 대항하여 시민사

---

29 라라(Maria Pia Lara)는 뉴욕 소재 사회연구뉴스쿨(New School for Social Research)에 근무한다.

30 O. Marchart, *Die politische Differenz* (Berlin, 2010); T. Bedorf & K. Röttgers (ed.), *Das Politische und die Politik* (Berlin, 2010).

회와 정치적 공론장 안에서 형성될 수 있는 자연발생적이고 영감을 고취하는 대항력들을 가리키는 데 사용된다. 정치신학적 기원을 지닌 이 개념은 '정치적인 것'이 오늘날 탈세속적 사회 안에 남긴 종교적 흔적에 대한 물음을 암시한다. 나는 여기에서 새삼 이 문제를 다루고 싶지 않다.[31]

마리아 피아 라라는 정치신학의 또 다른 유산에 대한 쟁론을 집중적으로 다룬다. 이는 카를 슈미트의 신학적 개념을 현대 국가론의 기본개념으로 '전입轉入'한다는 이론과 연결된다. 그러나 이 논쟁의 본질적 주제는 다른 곳에 있다. 그것은 바로 서구 현대의 자기이해가 그리스나 중세 기독교적인 옛날 유럽의 전승과 어떤 관계를 맺고 있는가 하는 문제이다. 이 쟁론은 사회학적 세속화와는 완전히 독립적인 문제이다. 이 쟁론에서 중요한 것은 '세속화'에 대한 사회이론적 이해가 아니라 현대적 사고 일반이 과연 신학적 유산을 물려받았는지, 만약 그렇다면 어떤 유산을 물려받았는지에 관한 정신과학적 해명이다. 마리아 피아 라라가 제기한 이 논쟁은 내가 신학적 유산에 대한 나름의 해석을 스케치할 수 있는 배경을 제공한다.

카를 뢰비트는 1949년 영어로 발간한《역사에서의 의미》로[32] 이 토론을 선도했는데, 이 책은 1953년《세계사와 구원사건》이라는 제목으로 비로소 독일어로 출간되어[33] 우리 세대에 큰 영향을 끼쳤다. 카를

---

31 이에 대해서는 이 책 〈7장. 정치적인 것〉을 참조.

32 [옮긴이] K. Löwith, *Meaning in history* (Chicago: University of Chicago Press, 1949). 우리말 번역으로는 뢰비트,《역사의 의미》, 이한우 역 (서울: 문예출판사, 1987) 또는 뢰비트,《역사의 의미》, 이석우 역 (서울: 탐구당, 1990).

33 앞의 각주 26 참조.

슈미트의 《정치신학》은 이미 1922년에 출간되었지만,[34] 1970년에는 《정치신학 II》가 새로이 출간되어[35] 1920년대와 1930년대에 발전시킨 그의 입장을 다시 주목하도록 만들었다. 두 저자 모두 현대에 대한 타락사적 시선을 극적으로 전개하였는데, 이는 슈미트와 같은 세대였던 레오 스트라우스와 마르틴 하이데거도 공유했던 것이었다. 이 사상가들 모두에게 '세속화'는 부정적 전조를 상징하는 것이었는데, 물론 (서로 엇갈렸던 정치적 운명을 고려할 것도 없이) 그들 사이의 공통점이라고는 이 관점뿐이었다. 국외 이주자였던 카를 뢰비트와 총통의 '계관桂冠 법학자'였던 카를 슈미트의 현대 진단은 정신사를 놓고 서로 상이한 측면 아래 다른 시대에 시선을 기울였다.

카를 뢰비트는 유대교의 종말론적 사고로 시작해서 기독교적 세계 시대에 대한 기독교적 사변을 거쳐 18세기와 19세기의 계몽주의 역사철학 안에서 세속화된 역사적 사고 전반을, 그리스적 고대의 우주론적 사고로부터의 재앙적 일탈로 간주한다. 이런 독해법에 따르면 현대적 진보 사고란 구원사적 사고의 세속화된 연장이며, 이는 보편적으로 보면 현대적 역사의식의 치명적 오류에 지나지 않는 것으로 드러난다. 세속화 자체는 반드시 잘못된 방향으로 탈선하는 것은 아니지만, '역사 안에서의 신'이라는 일신론적 신앙으로의 돌파가 가져오는 숙

---

34 [옮긴이] C. Schmitt, *Politische theologie: Vier Kapitel zur Lehre von der Souveränität* (München: Verlag von Duncker, 1922) 우리말 번역으로는 슈미트, 《정치신학: 주권론에 관한 네 개의 장》, 김항 역 (서울: 그린비, 2010).

35 C. Schmitt, *Politische theologie II: Die Legende von der Erledigung jeder Politischen Theologie* (Berlin: Duncker & Humblot, 1970) 우리말 번역으로는 슈미트, 《정치신학 2: 모든 정치신학이 처리되었다는 전설에 대하여》, 조효원 역 (서울: 그린비, 2019).

명적인 파멸의 결과를 드러낸다.

그와 대조적으로 가톨릭 순정주의자인 카를 슈미트에게 '세속화'란 단지 촉매제의 의미만을 갖지 않았다. 그 표현은 자유주의적 부르주아 계층과 사회주의 혁명 세력이 기독교적 지배자의 정당한 권력을 탈취하는 불법을 자행한 것에서 기원하여, 경멸적 의미를 갖도록 되어 있었다. 정치신학의 구원사적 관점에서 볼 때, 콘스탄티누스 대제 이래의 로마적 기독교에 기반한 황제체제와 현대 초기 유럽 국가들의 왕조체제는 하나의 현세現世로 용해되었다. 그러나 프랑스 혁명 이래 국가 권력이 세속화되면서, 즉 애초 신이 부여한 구원과 지배의 공생이 해체됨으로써 현세의 지속 가능성이 의문시되기에 이르렀다. 카를 슈미트는 도노소 코르테스Donoso Cortés를 통해 반혁명적 역사해석이 첨예화된 것에 공감했는데, 코르테스에 따르면 바쿠닌 같은 사람의 무정부주의 안에서 무신론은 순전한 정치적 폭력으로 응결되었다.

현대 초기의 국가법 및 국제법의 법률적 기본개념과 신학적 기본개념 사이의 구조적 유사성은, 카를 슈미트의 논의에 있어 '세속화'에 기독교적 연속성의 변형적 보존이라는 추가적인, 그러나 보수적인 의미를 부여했다. 근세 국가체계 시기의 종말에 대한 20세기 국법학자의 향수 어린 시각에서 보자면, 신적 전권神的全權이 영주의 주권으로 넘어가는 국제법적 세속화는 여전히 구원자적 의의는 갖고 있는 것이었다. 카를 슈미트식의 해독법에 따르면, 신성로마제국 안에 보존된 '정치적인 것'의 통일성은 현대의 조건 아래에서 기독교적 국왕의 절대주의적 지배의 형태로만 살아남을 가능성이 있었으며, 일찍이 홉스는 《리바이어던》에서 이에 대한 추모비를 세웠다.

이러한 구원의 연속성은 정당성의 중세적 모형이 세속화되어 지양되는 상태를 거쳐 절대주의적 군주제로 계승되었다고 주장되었지만, 슈미트보다 한 세대 젊은 한스 블루멘베르크는 근세의 탈정당화를 보여주는 전형적 사례를 발견한다. 그는 그의《근세의 정당성》에서[36] 바로 이 구원성이 연속된다는 추정에 격렬하게 반대했는데, 가톨릭 전통에서의 해독법에 대한 반정립反定立으로 블루멘베르크는 종교적 사고와 세속적 사고 사이의 불연속성 명제를 제시하였다. 그는 슈미트(그리고 뢰비트)에 반대하여, 현대는 전통에 맞서면서 자신만의 시작점에서 발전한 고유한 정당성을 지닌다고 주장했다.

논쟁의 투척점은 초기 근세에 인간중심적 사고 전회轉回가 이루어졌음을 인정해야 하는가, 아니면 그런 발상에 계속 시비의 여지가 있는가 하는 문제이다. 예를 들어 기독교적 종말론이 진보라는 현세적 '계좌' 안으로 '환전송금' 되었는가 하는 점에 관해 블루멘베르크는 다음과 같이 언급했다.

> 결정적 문제는 이 상태, 즉 종말론적 상태가 초월적으로 성취되는지 아니면 내재적으로 성취되는지, 다시 말해 인간은 자기 스스로의 힘으로 노력함으로써 이 상태에 도달할 수 있는가 아니면 자기로서는 마음대로 부릴 수 없는 은총에 의존할 것인가이다.[37]

유한한 정신이 자기 노력으로 힘을 쟁취했다고 하는 것은 지나친 과장이며 그 은덕은 신적 권위로 되돌려야 한다는 전통주의적 비판에

---

36 H. Blumenberg, *Die Legitimität der Neuzeit* (Frankfurt, 1966), 18쪽. 해당 책은 1988년에 확장된 신판이 출판되었다.

37 위의 책, 57쪽.

대해, 블루멘베르크는 오직 합리적 자기보존에만 의존하여 자율성을 획득한 정신이 스스로를 통제함으로써 얻게 된 자기의식의 과학적이고도 기술적인 성공이었을 뿐이라고 응대한다. 블루멘베르크의 해독법에 따르면, 과거의 기독교적 은총과 현대적 진보가 연속성을 가진 듯 보이는 것은 인류의 여러 문제에 대한 해결의 관심이 아직 충족되지 못한 데서 발생하는 가상일 뿐이며, 이런 문제는 신학이 해결하지 못한 채 떠넘긴 것들이기 때문에 현대적 정신은 다른 전제 아래에서 다시 노력하여 이를 끝내야 한다.

의미론적 수준에서 보면 '세속화'는 신학적 내용을 세속적 내용으로 '전향轉向'시킨 것이 아니다. 오히려 계속 불어나는 문제가 과잉돌출하면서 신학적 용어는 점차 체계적으로 가치를 박탈당하고, 단지 비유적으로만 사용될 뿐이다. 이로 인해 새로운 답변들은 과거의 문제들에 가려지게 된다. 그리고 블루멘베르크는 이러한 과정에서 새로운 것이 흐려질 위험을 우려했기 때문에 전통개념의 '전향'보다는 '거점이동'이라는 말을 썼다.

전후 시기 독일에서 벌어진 세속화 논쟁은 여전히 현대의 '가치'와 '무가치'를 쟁점으로 한 다툼으로 각인되는데, 이 점은 마리아 에레라 리마도 언급한다. 근세 또는 현대의 '정당성'에 대한 다툼은 어떤 경우에도 — 카를 슈미트에게는 전면에 서 있는 — 정치적 영역에만 국한되지 않는다. 블루멘베르크는 근세가 종교적 과거에 '문화적 부채'를 변제해야 한다는 주장에 대해 전반적으로 방어선을 친다. 그런데 그동안 이런 전선 설정은 표적이 없어져 버렸다. 우리는 문화적 전승의 진행에서 인지적이면서 심지어는 도덕인식적이기까지 한 학습과정을 확증할 수 있는데, 그렇다고 해서 후속세대의 도덕적 행태방식이나 윤리적 생활형태에 대해 우월함을 주장할 필요는 전혀 없다.

나는, 항상 맥락의존적인 도덕적 행위 또는 심지어 '무결점의 삶'의 복합적 차원에 있어서, 어떤 진보가 있다고 보지 않는다. 그리고 그런 역사적 시공간을 일관되게 관통하는 이러한 개념들을 기술적으로 비교하는 것 자체가 부조리하다고 간주하였다. 하지만 우리의 세계지가 더욱 탈중심화되었고 행위갈등에 대한 우리의 법적 내지 도덕적 판단의 기준이 발전했다는 점에서는 상황이 다르다. 만약 사람들이 그런 학습과정과 '앎의 진보'의 긴 리듬을 연관시키려면 타당하다고 간주되는 논증모델, 주장의 정당화에 대한 표준 등, 일반적으로 말해, '이성reason의 부담'(롤스)에 대한 반성에서의 여러 변화와 관련된 인지적 발전을 확증할 수 있을 것이다.

후속 세대에게 이 변화는 매우 자명한 것이 되어버렸기 때문에 되돌릴 수 없는 것으로 간주된다. 블루멘베르크는 이러한 학습과정의 특성을 언급하며, 카를 슈미트에 반대하여 계몽주의의 합리주의는 그 자체로 정당화할 필요가 없다고 주장한다.[38] 따라서 종교적 전승에서 기원하는 의미론적 내용물을 세속적으로 번역함에 있어 일차적으로 제기되는 물음은, 세속적 측면이 그 타당성 요구에 있어서 스스로를 신학적 측면에 의존하도록 만드는가 여부가 결코 아니다. 만약 블루멘베르크가 일신론적 학설에 부정적으로 집착하지 않았더라면 슈미트와 뢰비트의 타락사에 훨씬 침착하게 반응할 수 있었을 것이다.

그러나 이 논쟁에 참여했던 이들 가운데 누구도, 일신론과 플라톤주의의 동同근원성과 구조적 유사성을 주장했던 야스퍼스의 기축시대

---

38 H. Blumenberg & C. Schmitt, *Briefwechsel 1971~1978* (Frankfurt, 2007).

개념에 주목하지 않는다. 만약 그랬더라면 뢰비트와 슈미트가 그리스인들의 우주론이나 교부들의 종말론으로 직접적으로 되돌아가라고 선동하기는 힘들었을 것이다. 또한 블루멘베르크는 신학적 교의학이 현대 과학의 진보에 적응할 수 있었음에도 불구하고 철학의 인간중심적 전환을 따르지 않았다는 반론에 맞설 필요가 없었을 것이다. 블루멘베르크는 현대의 철학적 사고와 개혁된 종교의식이 동시에 발생하는 원천인 학습과정의 성격을 오인하고 있다. 철학과 종교에서의 이러한 동시성을 기초로 하여 두 분야 모두 하나의 대화 안으로 들어갈 수 있게 된다. 이 과정에서 탈형이상학적 사고는 한쪽이 다른 쪽보다 상대적으로 더 가치가 있는지에 대한 문제를 제기할 필요 없이 신학적 내용물의 '번역'을 추진할 수 있다.

여기에서 이상한 점은 카를 슈미트가 근세의 정당성에 시비를 걸 때 핵심을 이루는 국가권력의 세속화 문제에 대하여 블루멘베르크가 간여하지 않는 정황이다. 그에게 도덕, 법, 정치는 현대의 고유한 권리를 정당화함에 있어서 맹점을 이룬다.[39] 이성법의 이념을 통해 18세기 후반의 헌법혁명에 영감을 불어넣은 것은 종교적 유산을 자기화하는 것의 변증법을 보여주는 한 사례이다. 이는 블루멘베르크가 제시한 양자택일론 — 즉, 현대란 전통을 상속받아 거기에 의존하거나, 반대로 전통을 거부함으로써 독립성을 획득하든가 둘 중의 하나라고 하

39 심지어 블루멘베르크는 라인하르트 코젤렉과 함께 '도덕적 역사비판의 정치적 결손(缺損)'이라는 표현을 인식할 때 정치적 진보에 대한 슈미트의 해석을 따른다. H. Blumenberg, *Säkularisierung und Selbstbehauptung* (Frankfurt: Suhrkamp, 1974), 40쪽 이하에서 R. Koselleck, *Kritik und Krise: Eine Studie zur Pathogenese der bürgerlichen Welt* (Freiburg, 1959)를 인용하고 있다.

는 — 을 반박하는 것이다.

한편으로, 인권의 보편주의는 스토아적 근원과 더불어 유대적-기독교적 구원표상에 내재한 보편주의적 내용물을 세속적으로 번역한 결과로 형성되었다. 평등한 보편주의적 이성법은, 초월적 신의 관점을 인간중심적으로 전회시킴으로써 행위갈등에 대한 무無당파적 평가라는 도덕적 관점 안으로 수용하지 않았더라면 완성될 수 없는 것이었다. 다른 한편으로, 이런 식의 전형이 이루어지지 않았더라면 하나의 특수한 신앙공동체에 집중된 관용의 시각이 다른 신앙공동체에 대해서 그어놓은 경계를 극복할 수 없었을지도 모른다.

블루멘베르크는 변증법적으로 이해된 현대의 고유한 권리는 현대과학의 성취를 넘어 입헌국가의 원칙에 대해 도덕적으로 근거를 부여하는 데까지도 적용된다는 통찰을 받아들이지 않았다. '연결함'과 동시에 '지양하는' 학습과정의 이중성에 대한 통찰은 '정치적인 것'에 대한 현대적 개념의 토대도 마련해주는데, 마리아 에레라 리마는 입법국가의 탈세속적 시민사회 안에서의 종교적 목소리에 정당한 자리를 보장해주기 위해 바로 이 정치적인 것의 개념과 관계한다.

4. 탈형이상학적 사고의 '계보학'이란 무엇인가

지금까지 논의했던 전후 시기의 논쟁은 자유롭게 부유하는 이념사적 연관들에 아주 좁게 갇혀 사회적 맥락으로부터 고립된 상태로 고찰되는 고통을 겪었다. 기축시대의 세계상世界像 혁명, 그리고 유럽 근세에 일어난 종교적 사고와 세속적 사고의 분리는 탈형이상학적 사고의 계보학에서 하나의 단절을 이루며, 동시에 사회적 진화의 일부를 구성한다. 초기 고도 문명에서 국가적으로 조직되고 고도로 계층화된 사회의 도시 중심지로부터 비로소 신화적 세계해석을 비판적으로 극복하는 과정이, 일부 주변 지역에서 사회적 급변기에, 촉발될 수 있었다. 그리고 사회학적으로 탐구되었던 바와 같이 중세 전성기의 법의 혁명, 도시의 형성, 현대적 행정국가의 발생 그리고 자본주의적 생산양식의 발전 등의 조건 아래에서 새로운 지식형태가 나타났다. 이것의 발생은 사회적 부속체계의 기능적 분화라는 탈중심화의 소용돌이가 발생하고 교회와 신학에 맞서, 법과 정치, 과학과 철학, 예술과 비평의 자립화를 위한 돌출이 강화됨에 따라 자극되었으며, 이렇게 나타난 지식형태는 다시 종교에 영향을 미쳤다.

푸코적 관점에서 에이미 앨런은[40] '계보학'에 대한 유익한 해명을 수행하는데, 나는 탈형이상학적 사고의 형성과정을 재구성하고자 시도하면서 이 해명의 지도에 따르기로 하였다. 합리적 재구성의 관점에서 보면, 이 역사는 문제해결의 연속으로 현시될 수 있다. 반면, 계보학의 관점에서는 역사적으로 우연한 상황이 어떻게 특정한 학습과정을 가능하게 했는지를 분석하는 데 초점을 맞춘다. 예를 들어 임레 라카토스도 비슷한 시점에서, 필요한 변형을 가하여, 과학사적 패러다임 교체를 재구성하고자 시도하였다.[41] 라카토스의 이 구상은 여러 측면에서 니체의 '계보학' 이해와 구분된다. 우선 그것은 지배적 사고형

40 앨런(Amy Allen)은 다트머스대학(Dartmouth College)의 철학 교수이다.

41 I. Lakatos & A. Musgrave, *Criticism and the Growth of Knowledge* (Cambridge, 1974). 이에 대해서는 W. Diederich (ed.), *Theorien der Wissenschaftsgeschichte: Beiträge zur diachronischen Wissenschaftstheorie* (Frankfurt, 1974) 참조.

태의 억압적 성향을 타파하는 전복적顚覆的 의도에서 출발하지 않는다. 나는 탈형이상학적 사고의 작동에는 어떤 대안도 없다고 본다. 그렇기는 해도, 현대에서 출발하여 기독교와 그리스적 형이상학의 공생을 거쳐 기축시대 안에서의 상호보완적 기원들로 소급되는 경로의 계보학은 전문직 안에서 — 그리고 결코 강경한 자연주의자들만이 아닌 — 주도적인 특정한 철학적 자기이해를 교정하려는 목적을 가진다. 따라서 이런 계보학은 고루한 계몽주의의 세속주의적 자기오해와 관련된 세속적 사고를 계몽해준다는 문제화의 의도를 추적한다.

에이미 앨런은 이 계보학 구도가 어떤 의미에서 변론조의, 다시 말해서 정당화하는, 계보학의 범주에 속하는가 하는 문제에 집중하는데 그것은 올바른 일이었다. 오늘날 일반적으로 수긍가능하다고 간주되는 탈형이상학적 논증모델의 타당성이 발생론적으로 — 즉 의문의 여지 없이 유효한 종교적이고 형이상학적인 세계상들에서 나오는 그 계보학의 기원을 갖고 — 근거정립되어야 한다는 그런 변신론적辯神論的 의미가 아님은 확실하다. 그렇지 않다면 우리는 유명론적 혁명 이래 철학적 자기이해와 세계이해에서 아무것도 배우지 못한 셈이다. 그렇다면 (교황 베네딕토 16세가 레겐스부르크 연설에서 권고했듯이) 인식철학과 언어철학, 이성법과 도덕철학을 놓고 당시 본격화되었던 논변에서도 또한 학습과정을 독파해 내기란 불가능할 것이다.

이런 시각에서 나는 블루멘베르크와 의견이 일치한다. 즉 이 논변에서 발생한 탈형이상학적 사고는 그 '타당성의 바닥'을 이루는 건축석재들이 어떤 전승물의 권위도 빌려 오지 않은 상태에서 자체 자원으로 '제작되어', 바로 그런 한에서, '바닥 없이' 작동한다는 것이다. 좋은 논거를 관통하는 가운데 이루어지고 당분간은 더 나은 논거와의 모순에 부딪치지 않는 통찰의 작용은 추가적인 발생론적 근거정립을 필요로 하지 않는다.

여기서 의도된 계보학은 정당화의 기능을 갖지 않는다. 그것은 오히려 일시적으로 유효하다고 간주되는 이론적 인식과 실천적 통찰의 배경전제가 형성된 맥락의 우발성에 대해 반성적 의식을 촉진하는 것을 목표로 한다. 이 맥락의식은 일반적으로 과학과 철학의 오류가능주의적 자기이해 속에서 표현된다. 이는 표면적으로 보편적 진술이 특정한 맥락에 얽매일 가능성을 항상 염두에 두기 때문이다. 이 오류가능주의적 의식은 문화상호간 논변에서 확연하게 유의미성을 획득한다. 그 자체의 선이해先理解의 계보학은 교착적 관점수용 그리고 각 당사자 모두가 담론에 들어올 때 가져올 수밖에 없는 그 자체의 자기이해와 세계이해의 탈중심화에 대한 용의用意를 촉진한다.

세계상들의 계보학은 탈형이상학적 사고로 하여금 철학과 종교의 공통된 뿌리에 주목하도록 만들기 때문에 맥락의식은 이 오류가능주의를 넘어 특별한 의미를 획득한다. 이 계보학이 정신의 세속적 형태와 종교적 형태의 분화 과정, 그리고 그 과정에서 발생하는 양자 사이의 상호보완적 관계를 조명하는 한, 계보학은 철학에 그 학습과정의 이해득실에 대한 계산을 제시하고 대화를 통한 보완의 가능성에 대한 인식을 일깨울 수 있다.

모든 것을 문제시하는 이 작업의 의도는, 탈형이상학적 사고와 '개혁된' 종교의식의 상호보완적 관계가 경우에 따라 학습과정의 결과로 개념파악될 수 있도록 하는 근거인, 내재적 지식 동력에 눈길을 준다. 이 과정에서 정치적·사회적 맥락으로부터 나오는 특정 요소들은 필연적 조건이 아니라 우발적 경계 조건이라는 역할을 한다. 문화와 사회에 대해 신학과 교회가 대립되는 방향에서 가하는 영향은 이 주제의 스펙트럼에서 떨어져 나와 버리는 것이기 때문에 역사란 진보가 평탄하게 진행하는 것이라고 하는 **휘그주의적**whiggistisch 외관이 발생할 수도 있다. 사회적 진화가 복합적으로 생기生起한다는 것에 대한 계몽의 변증법에 예민한 시선이 던져지면서 비로소, 에이미 앨런이 올바르게 경고했듯이, 적어도 기억 안에 고착될 수밖에 없는 그 진보의 이면 역시 장막을 벗을 것이다. 그녀의 중심문제를 다루기 전에[42] 나는 잠시 용어상 두 가지 오해를 명확하게 밝히고자 한다.

'신이교주의'는[43] 바이마르 시대에 나타났던 한 지적 흐름이 자처했던 명칭인데, 그 대표자들은 니체를 따라 현재적 소외 현상은 일신교에서 시작되었다고 주장하면서, 신비적 사고의 근원에서 구원을 모색하였다. 1930년대에 접어들면서 이 운동에서 비롯된 니체주의는 이미 그 이전에 '기독교의 체계'로부터 등을 돌렸던 마르틴 하이데거에게도[44] 영감을 주었다. 이로부터 계속 하이데거는 존재론의 플라톤적

---

42 A. Allen, "Having One's Cake and Eating it Too: Habermas's Genealogy of Postsecular Reason", in: C. Calhoun & E. Mendieta & J. VanAntwerpen (ed.), *Habermas and Religion* (Malden, MA: Polity, 2012), 132~53쪽.
[옮긴이] 이 각주는 하버마스의 본래 글에는 붙어있지 않지만 이 책의 영역자인 크로닌(Ciaran Cronin)이 추적하여 기재한 것이다.

43 [옮긴이] '신이교'(新異教)는 '현대 이교'라고도 하며, 기독교 이전에 유럽에서 믿던 종교로부터 영향을 받은 다양한 현대종교를 일컫는다. 또한 이 신이교의 부흥운동이 신이교주의인데, 이 운동은 주로 영국과 미국, 유럽대륙을 비롯한 산업화된 국가에서 시작되었다. 가장 큰 신이교로는 위카(wicca)가 있는데, 영국에서 마법법(魔法法)이 폐지된 이후 제럴드 가드너라는 공무원에 의하여 처음 공표되었다. 그는 이 종교가 유럽의 기독교 이전의 종교 운동에서 비롯되었으며 수백 년 동안 비밀리에 존재해 온 마법 문화의 현대적 존재형태라고 주장하였다.

44 H. Ott, *Martin Heidegger* (Frankfurt, 1988) 참조.

시작 이전으로 되돌아가 소크라테스 이전의 여러 원천에서 '근원적 진리'를 추출하고자 하였다.[45] 나는 하이데거의 이런 신이교주의적 사고에 대한 비판을 두 방향에서 제기한다. 첫째, 그는 '뮈토스神話에서 로고스理法로'의 인지적 추동 같은 것은 있었던 적도 없다는 듯이 무덤덤하게 취급하였다. 그러나 이 과정은 기축시대 동안 이스라엘, 그리스뿐만 아니라 세계의 여러 문화에서 동시에 이루어졌다. 둘째, '근원 사고'라는 개념은 현대의 고도로 반성적인 관점에서 신화적 '진리'를 재생시키려는 시도라는 점이다.[46]

나의 두 번째 논점은 '맥락초월적'이라는 것에 관련된다. 이는 타당성 요구와 관련하여 '초월하는' 의미를 내포하며, 메브 쿡Maeve Cooke이 제안한 개선책에 따르면, 그런 요구들을 제기함과 더불어 모든 맥락을 횡단하는 것으로써 완수되는 작용이라는 수행적 의미와 관련된다. 과학에서 우리는 (이미 우리의 의사소통적 일상실행에서 그런 것같이) 각각의 주어진 국지적 맥락에서, 적절한 기술적記述的 또는 규범적 진술이 모든 맥락을 횡단하는 — 따라서 이 맥락과 독립적인 유효성을 주

---

45 하이데거는 니체를 따라 소크라테스 이전의 '근원적' 진리를 다시 부여잡거나 횔덜린식의 복수적(複數的) 다신(多神)을 암시하면서 [그의 사후 〈슈피겔〉지에 발표된 마지막 인터뷰에서 "오직 단 하나의(!) 신만이 우리를 구원할 수 있다!"고 했듯이] 민족주의적 신이교의 감정을 받아들였거나 적어도 이를 활용했다. 나치 시대 이래 그의 횔덜린과의 '신화적' 대화는 '신성한 독일'의, 민족종교적 신들과의 재연결이라는 꿈에 봉사한다. C. Sommer, "'Rückbindung an die Götter', Heideggers Volksreligion (1934/35)", *Internationales Jahrbuch für Hermeneutik*, Bd.9 (Tübingen, 2010), 283~310쪽 참조.

46 K. Heinrich, *Parmenides und Jona: Vier Studien über das Verhältnis von Philosophie und Mythologie* (Frankfurt, 1966) 및 ders., *Tertium datur: Dahlemer Vorlesungen*, Bd.1 (Frankfurt, 1981) 참조.

장하는 — 진리성 요구나 정당성 요구를 제기하는 일을 피해 갈 수 없다.[47] 그렇기는 하지만, 잠재적으로 제한을 가할지도 모르는 배경가설의 해명이 요구된 보편적 타당성에 반대되는 반론의 스펙트럼을 확장시킬 수 있기 때문에, 배경에 머물러 있는 맥락을 제일 먼저 주제화하는 것은 참가자 사이에 오류가능성의 의식을 강화시킬 수 있다. 암묵적으로 제약을 가하는 발생맥락을 의식하도록 만드는 것은 일반적으로, 지금까지의 관점을 확장시키는 데 기여한다.

우리는 맥락에 구속된 주장을 계속 교정하도록 강요받는 반성적 경험에서 어떤 결론을 도출할 수 있을까? 이러한 경험을 우리는 보편적인 것으로 추정되는 타당성 요구란 모두 사회적·시간적 맥락에 의해 제한될 수밖에 없다는 메타진술로 일반화해야 할까?

그리고 이다음으로 우리는 이 진술의 타당성이 가진 뜻에 대해 물음을 제기해야 한다. 만약 '우리'가 무엇인가를 참眞이라고 주장한다면, '모든 이'의 관점에서 이를 바라보아야 하는가? 그리고 우리를 설득시키는 근거가 결국에는 다른 모든 사람들도 설득할 것이라는 기대를 가져야 하는가? 그리고 누가 최종결정권을 갖는가? 객관화하는 관점, 즉 자기 자신을 객관화하는 과학자의 관점이 결정하는가? 아니면 수행적 시각, 즉 자기이해의 자기연관을 다시 객관화하면 무의미하고 끝없는 회귀로 빠질 수밖에 없다는 것을 인식하는 철학자의 관점이 판단하는가?

이런 물음으로 나는 에이미 앨런의 **원칙에 입각한 맥락주의**principled

---

47 에이미 앨런은 그녀의 텍스트에서 이런 해독법에 명시적으로 동의한다. A. Allen (2012), 앞의 책, 148쪽.

contextualism에 이른다. 앨런의 이 제안에 따르면 우리는 메타이론적 수준에서 벗어나 계보학적으로 재구성된 학습과정의 결과를 다시 한번 맥락적으로 조정해야 한다. 날개를 펴고 하늘에 떠서 땅을 내려다보는 새의 관점에서 보면, 우리는 탈형이상학적 사고의 방법적 무신론이나 이성법과 이성도덕의 평등주의적 보편주의를 역사적 맥락에서 오직 '우리에게만' 구속력을 가진 것으로 상대화해야 한다. 이 잘못 추정될 수도 있는 객관성은 지양불가능한 자기연관성을 가진 계보학의 뜻을 오인한다. 우리는 학습과정에서 획득된 인식을 좋은 근거에 입각하여, 즉 맥락의존적이라 인정하는 근거에 입각하여 참인 것으로 간주하면서 그와 아울러 계보학적 출처를 근거로 타당성 범위 안에서 그 인식을 상대화하는 일을 동시에 해낼 수는 없다. 나의 반론은 그보다 높은 패는 없다는 '그 어디에도 속하지 않는 관점'이라는 공준公準을 겨냥한다. 바로 탈형이상학적 사고야말로 최종결정권 그 자체를 가지는 신의 입지점을 해체하는 것이며, 이 신의 관점을 대신하여 참가자 사이에 들어서는 것은 더 이상 뒤돌아갈 배후가 없는, 절차에 따라 진행되는 이성적 토론의 무無당파성이다. 객관화하는 과학에는 허용되는 것이 철학적 자기이해에는 허용되지 않는다. 즉 우리가 모든 각각의 진리요구로써 필연적으로 취해야 하는 참여자 관점으로부터의 추상화는 철학에서 허용될 수 없다.

자기반성을 포기하는 객관주의적 태도는 정작 계보학자에게는 더욱 허용될 수 없다. 왜냐하면 그 또한 특정한 맥락 속에 존립하며 맥락 속에서 말하고 있다는 것을 알고 있기 때문이다. 그가 자신의 재구성적 기술 자체에서 배웠던 것, 즉 우리가 탈형이상학적 사고의 전제라고 말했던 것을 방어한다고 하면 그 순간에도 그는 필연적으로 맥락적 위치를 갖는다. 다른 편에서 보자면 만약 계보학자가 자신의 재구성을 근거 정립함에 있어 자기 진술의 유효성을 제한할 수 있는 모든 맥락으로부터 스스로를 분리시켰다고 **잠시라도** 상정할 수 없다면, 그는 자기의 재구성을 진지하게 수용할 수 없을 것이다. 그의 오류가능주의적 의식은 자신에게 바로 이렇게 **상정**想定하는 것 자체에도 위험이 따른다고 말해주는데, 왜냐하면 일종의 신의 관점을 호소해서는 자신의 확신을 면책시킬 수 없기 때문이다.

어떠한 중립적 '관찰자 관점'도 탈형이상학적 사고의 전제를 추가적으로 시험할 수 있는 메타 수준을 제공하지 않는다. 이것을 성취할 능력이 있는 것은 오직 찬성과 반대 안에서 제기되는 논거의 수평적 교환뿐이다. 이 과정은 우선 각 분야에서 이루어지고, 그다음으로 문화상호적 대화에서도 이루어질 수 있다. 그리고 이는 궁극적으로 확장된 '우리-관점'으로의 전환을 요구할 수도 있다. 이러한 대화는 참여자들의 배경확신 간 문화적 거리가 크면 클수록, (그리고 각자 자신들의 문화적 자기이해와 세계이해의 형성과정을 재구성하려는 유사한 시도를 성공적으로 수행했을 경우) 그 생산성이 더욱 증대될 것이다.

먹으면서도 계속 그대로 가지고 있고 싶은 과자의 예를 들어 에이미 앨런은 마지막으로 다음과 같은 문제를 다룬다. 즉 세속적 관점에서는 학습과정으로 기술되는 종교의식의 변화가 종교공동체의 자기기술 안에서는 전적으로 달리 시현될 수 있다는 점이다. 그렇다면 혹시 우리가 성공적인 것으로 간주하려는 탈형이상학적 사고의 계보학도 현대에서 형성된 믿음과 앎 사이의 관계를 일방적으로, 즉 오직 한쪽 관점에서만 서술하고 있는 것은 아닐까? 이 물음은 단순히 기축시대의 공통된 뿌리를 지적한다고 해서 처리되지는 않는다. 그러나 이 뿌리는 양측이 서로의 관계를 다르게 해석하더라도 여전히 대화를 위한 공통된 출발점을 제공한다.

우리는 관찰하는 3인칭적 개인의 관점에서 다른 개인들[그/녀(들) — 옮긴이]을 기술할 때, 그리고 참여하는 1인칭적 개인(나)으로서 2인칭적 개인(너)과 무엇인가에 관해 상호이해를 도모할 때, 이 두 경우에 취하는 태도 간의 차이를 유념해야 한다. 우리는 탈형이상학적 사고와 종교적 상대 간의 미묘한 관계에 대해 논의해야 한다. 이때 핵심쟁점은 우리가 신神중심적 세계상을 거부하면서도 종교적 입장에서 배울 가능성이 있다는 점이다. 이후 이어질 두 개의 논의가 이러한 문제를 다루는 데 아마도 한 걸음 더 진전을 보일 수 있을 것이다.

5. 방법적 무신론과 불가지론

제이 번스타인은[48] 철학의 세속적 자기이해의 확신적 대표자인 반면, 마티아스 프리취는 철학적 논변에 강력한 종교적 계기를 인입시키려고 시도한다. 나는 방법적 무신론과 불가지론을 결합함으로써 이 두 입장 사이에 선다.

방법적 무신론에 대한 번스타인의 규정에 따르면, "우리는 세속주의자에게 종교적 신념에 완전히 내재적인 합리적 핵심이 있는지를 제대로 살펴보라고 요청할 수는 있지만, 그들에게 세속적 이성이 가지는

48 번스타인(Jay Bernstein)은 뉴욕 소재 사회연구뉴스쿨(New School for Social Research)의 철학교수이다.

인지적 가치에 대한 결정적 권위를 포기하라고 요구할 수는 없다."[49] 나는 여기에 동의하지만 번스타인은 다음과 같이 말하면서 불가지론은 거부한다. "우리가 방법적 무신론을 가진다고 해서 그것이 종교적 신념에 번역과정을 거스르는 실존적 초과분이 내재한다는 것을 부정하지는 않는다. 그렇지만 우리의 관점에서 이 초과분은 단순히 철학적 반성에서 탈각된 것이 아니라 현대로 이행하는 중에 지속적으로 장기간 소멸되어 왔을 뿐이다."[50]

여기에서 '지속적으로 장기간 소멸되어 왔다'는 것이 뜻하는 바는 무엇인가? 불가지론자는 이 의미론적 내용물에 대한 접근불가능성만 주장하고 신도들이 이 의미론적 내용물과 결합시키는 진리요구는 그대로 내버려 둔다. 만약 불가지론자가 그 타당성 요구를 미결정인 채 놓아둔다면, 그는 특정한 담화 양식에 대한 이해 부족을 표현한 것이다. 왜냐하면 그의 시점에서 볼 때 종교적 '진리'란 기술적, 평가적, 규범적 진술 등으로 분화되기 이전의 상태에 놓여 있는 개념성 안에서 정식화되기 때문이다.[51]

번스타인과 나는 방법적 무신론을 공유하여, 예를 들어 존 롤스와

---

49 "The secularist can be asked to see if there is a wholly immanent rational kernel to religious beliefs, but cannot be required to give up the determining authority of secular reason over cognitive worth."

50 "This is not to deny that there is an existential excess to religious belief that defies the translation procedure; but for us that excess is not simply unavailable to philosophical reflection, it is what is permanently lost in the transition to modernity."

51 종교적 타당성 요구의 분석에 관해서는 E. Arens, *Gottesverständigung: Eine kommunikative Religionstheologie* (Freiburg, 2007), 239쪽 이하 참조.

는 반대로, 종교공동체가 주장하는 '진리'에 맞서 세속적 헌법원칙의 정당화와 관련된 사안에서는 정치철학의 실천이성이 최종결정권을 보유해야 한다는 입장을 옹호한다. 하지만 그 점이 내가 계몽된 종교적 대화 상대가 제기하는 타당성 요구의 교의적인 기초에 맞서 불가지론적 태도를 견지하는 것을 방해하지는 않는다.

번스타인이 우리 둘 다를 놓고 정확하게 분류한 것처럼 나는 '청년 헤겔학파'로서, 즉 탈형이상학적으로 사고하는 헤겔학도로서 그리스적 기원과 유대적-기독교적 기원을 가진 개념들이 오랜 기간 교착적으로 동화된 과정을 기억하고 있다. 그러나 과연 이 과정이 앞으로도 계속될지 여부는 알지 못한다.

그리고 사회과학자로서 나는 오늘날 양측 사이의 비대칭성을 결정짓는 중요한 요소를 존중한다. 즉 철학적 입장은 인식지향적인 전통에서 우리의 자기이해와 세계이해를 명확히 하려는 시도를 바탕으로 하는 반면, 종교적 입장은 공동의 의식거행을 통해 구축된 신앙공동체의 신학적으로 정교화된 전승에 의존한다. 이 전승 안에서 자기이해와 세계이해의 인지적 차원은 범세계적 결사結社 안에서의 구성원 자격으로 구현되는 사회적 차원과 결합하는데, 이 사회적 차원의 결사는 (세속적 측면에서는 매몰되어 버린) 연대성의 태곳적 원천과의 결합을 (세속적 관점에서) 견지한다.

다른 측면에서 마티아스 프리취와 나는 불가지론을 공유하는데, 이는 신학과 학습 가능성이 열려 있는 의사소통을 허용하며, 따라서 종교적 전승에서 소진되지 않은 의미론적 내용물에 대한 접근을 가능하게 한다. 그러나 나는 그가 널리 퍼트리는 특정한 논지가, 방법적 무신론을 규정하는 인간중심적 관점에서 근거정립될 수 있는지는 확신할 수 없다.

1. 종교에 대한 계몽주의의 입장 가운데 불가지론적 자세는 계몽주의가 종교에 대해 원한을 표할 단계는 이미 지났음을 보여준다. 하지만 종교에 대한 과거 계몽주의의 호전성은 한때 좋은 근거가 있었는데, 이는 참으로 오랫동안 정치적 억압과 사회적 착취의 잔학행위를 정당화했던 종교권력의 세속적 정교政教일치세력에 대항하는 해방투쟁을 증언하는 것이다. 따라서 우리는 성직자 계급이 최근에 세속 정치와 탈속적 종교 양쪽에 투신했다는 사실 역시 기억할 수 있을 것이다. 그러나 분명히 일부 상처는 아직도 아물지 않았다.

제이 번스타인은 〈구약성서〉에 나오는 아브라함과 이삭의 이야기가 아직도 서양의 종교적 영성 한복판에 존립한다는 놀라운 주장을 제기한다.[52] 그는 키르케고르를 호출하여, 아브라함이 신의 명령에 맹목적으로 복종해 사랑하는 아들을 희생제물, 즉 인간 제물로 바치려 했다는 점이 이 신에 대한 신앙이 지닌 마조히스트적 특질을 드러낸다고 해석한다. 이 이야기에 대한 신학적 근거정립은 좀 덜 어긋나는 것처럼 보이는데, 이에 따르면 "사람들이 먼저 세속에서 사망하면 그는 신앙 속에서 재생할 수 있다. 이 세속에 대해 죽고자 한다면 이 세속에 대한 자신의 사랑을 죽여야 하며 그 사랑을 신에게 내놓아야 한다. 그러자면 이삭을 제물로 바칠 수밖에 없다."[53]

---

52 나는 번스타인의 이러한 강조가 이슬람 혐오와 더 엮일 수 있다는 사실이 우려된다. 이는 그가 의도하지 않았음에도 불구하고 기독교 근본주의자들과 가까운 입장에 놓이게 할 수 있다.

53 "One can only be reborn in faith if one first dies to the world. In order to die to the world one must slaughter one's living attachments to the world, one must

성경 해석이 나의 관심 사안은 아님에도 불구하고, 이처럼 비역사적이고 편향된 해석, 즉 종교적 신앙 자체에서 모든 인식적 내용물과 도덕을 제거하려는 해석에 자극받아 나는 다음의 4가지만 짧게 논평하고자 한다.

a. 아브라함에게 요구된 희생제의는 이교도적 희생제의 관습을 버리고 이를 '우상숭배'로 단죄하는 유대교에서는 흔치 않은 일이다. 희생제의는 신 혹은 신성한 힘을 찬양하기 위한 주술적 목적으로 행해진다. 그러나 헤브라이어 구약성경은 관찰할 수 있는 사건을 미래 사건의 징조로서 해석하는 점술과, 세상의 사건을 지배하는 자연적 인과성을 어기는 마법에 적대적이었듯이 마찬가지로 희생제의에도 적대적이다. 유대교와 기독교의 시각에서 보면, 이러한 '미신'은 세상과 분리되어 있으면서도 세계 안에서 발생하는 모든 것을 다스리는 신의 초월적 숭고함을 오해하는 것이기 때문이다.[54]

b. 헤브라이어 구약성경은 유대인의 역사에서 각기 다른 시기에서 나온 전승을 가공한 것이다. 그 안에는 아직도 고난에 의한 심판의 실행이나 희생양의 제례, 제단향의 마술적 구사 등과 같은 예전의 의식과 이교도적 잔재의 흔적이 남아 있다. 그러나 아브라함의 희생에서와 같이 이러한 민족 신앙의 잔재는 바빌론 포수捕囚 이후의 유대교의

---

murder one's love of the world and offer it to God. One must sacrifice Isaac."

54 모세가 백성들에게 선포한다: "네 하나님 여호와께서 네게 주시는 땅에 들어가거든 너는 그 민족들의 가증한 행위를 본받지 말 것이니 그의 아들이나 딸을 불 가운데로 지나게 하는 자나 점쟁이나 길흉을 말하는 자나 요술하는 자나 무당이나 진언자나 신접자나 박수나 초혼자를 너희 가운데에 용납하지 말라! 이런 일을 행하는 모든 자를 여호와께서 가증스레 여기시나니 이런 가증한 일로 말미암아 네 하나님 여호와께서 그들을 네 앞에서 쫓아내시느니라."(〈신명기〉, 18장, 9~12절)

관점에서 재해석된다. 족장族長의 역사는 이스라엘과 그 인접부족의 가장 유구한 전승에 속한다. 무색무취하게 기술된 삽화는 문학적 형식에서부터, 예를 들어, '신의 노예'의 신앙적 충성의 문제를 다른 측면에서 제기하면서 시적 용태를 충분히 갖춘 욥의 원망과 분명히 구분된다. 신이 어찌 그렇게 부도덕한 명령을 내릴 수 있었던가 하는 문제는 왕조체제 이전 시기에는 지금과 같은 방식으로 제기되지 않았을 것이다. 그러나 충분히 완성된 일신론의 체계가 확립된 이후에는 이 문제가 더욱 심각하게 인식될 수밖에 없었다.

기원전 500년경 〈신명기申命記〉와 이사야Jesaja의 일신론적 관점에서 고대 이스라엘의 전승을 재가공했던 편찬자는 바로 그 때문에, 신의 도덕적 온전성은 자명하다고 확신하여 문제적 명령의 무효성을 예감하던 독자들을 고려함으로써 인지 부조화의 날카로움을 누그러뜨렸다. 일신론적 입장에 섰던 이 독자들은 아브라함의 이야기란 그의 신앙적 충실성을 실험적으로 시험한 것일 뿐이라는 관점 아래에서 그 이야기를 독해할 것이기 때문이다.

c. 〈창세기〉 22장이[55] 영향을 미친 역사는 서양의 조형미술과 문학에 강렬한 인상을 남겼으며, 이미 오래전에 극복된 고대 인신공양의

---

55 [옮긴이] 아들인 이삭을 산 채로 제물로 바치라는 하느님의 명령을 그대로 이행하려 한 아브라함의 얘기를 적은 곳이다. "하나님이 그에게 일러주신 곳에 이른지라 이에 아브라함이 그곳에 제단을 쌓고 나무를 벌여 놓고 그의 아들 이삭을 결박하여 제단 나무 위에 놓고 손을 내밀어 칼을 잡고 그 아들을 잡으려 하니" 하느님이 천사를 보내 "그 아이에게 네 손을 대지 말라. 그에게 아무 일도 하지 말라. 네가 네 아들 네 독자까지도 내게 아끼지 아니하였으니 내가 이제야 네가 하나님을 경외하는 줄을 아노라"라고 이른다. 이후 "한 숫양이 뒤에 있는데 뿔이 수풀에 걸려있는지라 아브라함이 가서 그 숫양을 가져다가 아들을 대신하여 번제로 드렸더라"라고 한다.

원시적 폭력성이 성경에 남아 있음을 둘러싼 깊은 불안감과 매혹이 뒤섞인 결과이다. 그 혐오감은 심지어 오늘날 이슬람교와의 논쟁 속에서 기독교 신학자들이 아브라함과의 '결별'을 주장하도록 만들었다.[56] 이와 대조적으로, 쇠렌 키르케고르 같은 후기 낭만주의적 정신은 갈가리 찢긴 아브라함의 내면적 갈등 안으로 깊이 들어가, 오직 이성에서만 근거정립되는 세속적 도덕에서 상실해갔던 구원의 약속 차원을 상기시키려고 하였다. 《이것이냐 저것이냐》의 단계론에서처럼 《공포와 전율》에 나오는 아브라함 얘기에 대한 해석에서도 키르케고르에게 중요한 것은 도덕적 의식과 종교적 신앙 사이의 결정적 차이이다. 유대교가 신화를 극복하는 데 적용한 축복과 재앙을 도덕화시킨다고 해서 종교의 고유문固有文, 다시 말해서 신성한 위력 앞에서 전율하는 양면적 공포가 순전히 도덕 안에서 실종되지는 않는다. 신의 구원적 정의가 지닌 복합적 형태란, 그 안에서는 도덕의 비인격적 정의가 두 요소 중 하나에 불과한, 하나의 종합체이다. 계율에의 충실함, 즉 도덕적 입법자에 대한 순종은 신앙에의 충실함, 즉 전능한 구원자에 대한 신뢰와 충실함에 그 기초를 두고 있기는 하지만, 전자가 후자와 동일한 것은 아니다.

키르케고르는 신앙에의 충실함이 칸트에서처럼 법칙에의 충실함 안에서 그 진가를 다하는 것은 아니라고 말하고자 하는데, 그에 따르면 "아브라함의 얘기는 윤리적인 것을 목적론적으로 유예한 것이다." 왜냐하면 신이 구원을 약속하는 신성한 권력으로서 자신의 탁월한 역할

---

56 T. Nørager, *Taking Leave of Abraham: An Essay on Religion and Democracy* (Aarhus, 2008).

을 수행하는 존재라면, 족장에게 언뜻 보기에 부도덕한 행위를 요구한다고 했을 때 "신과 대립하는 그 어떤 절대적 의무"도 없기 때문이다.[57]

d. 이 삽화에서 '세계를 증오하라'는 부도덕한 촉구를 읽어내면서, 그것을 신화적 폭력의 자의성으로부터 해방의 거리를 취하는 것과 혼동한다면 제이 번스타인은 너무 단순하게 해석한 셈이다. 사실 이 일신론적 사고는 기축시대의 우주윤리적 세계상이 다른 방식으로 그랬던 것처럼 세계에 내재하는 세상사에 신화적으로 결박된 상태로부터 스스로를 풀어내는 것이다. 성경은 이 세상에 걸려 있던 마술로부터 세상사를 풀어내는 판결을 내림으로써, 죽지는 않지만 뇌물에 취약한 수많은 우상을 이 세계로부터 뒷걸음질 치게 만들었다. 왜냐하면 이제 세계 안에서 일어나는 모든 세상사는 이 세계 전반에 앞서 그리고 그 바탕에 놓여 있는 하나의 힘, 즉 단 하나의 초월적 세계창조자의 힘이 가진 의지와 그것이 부여하는 법칙 아래에서만 존립하게 되었기 때문이다.[58]

이 신과 실존적 연관을 맺음으로써 믿는 자는 세계 안에서 일어나는 모든 세상사에 대해 일정한 인지적 거리를 두게 되며, 이것은 그에게 다른 모든 이의 삶과 마찬가지로 자기 삶 역시 똑같은 도덕적 척도에 따라 판단하도록 허용한다. 심지어는 〈누가복음〉 14장 26절에 나

---

57 S. Kierkegaard, *Furcht und Zittern* (Frankfurt, 1984), 61쪽 이하. 우리말 번역으로는 키르케고르,《(원서발췌) 두려움과 떨림: 변증법적 서정시(*Frygt og Bæven: Dialektisk Lyrik*)》, 임규정 역 (서울: 지식을만드는지식, 2014)과 키르케고르,《공포와 전율/반복》, 임춘갑 역 (서울: 다산글방, 2007).

58 B. Uffenheimer, "Mythos und Realität im alten Israel", in: S. N. Eisenstadt (ed.), *Kulturen der Achsenzeit: Ihre Ursprünge und ihre Vielfalt*, Teil 1 (Frankfurt, 1987), 192~239쪽. 여기에서는 219쪽 이하.

온 저 악명 높은 구절조차도 이런 연관에서는 좋은 뜻을 갖게 된다.[59] 도덕적 보편주의는 친족중심적 결속을 요구하는 가족도덕의 굴레를 깨뜨리며, 예수는 세계와 한 치도 떨어지지 않고 착 달라붙은 채 그 안에서 같이 부풀어 오르는 삶에 등 돌리라고 설법하는 것이다.

2. 기축시대에 완수되었던 인지적 추동을 인정하고 종교적 내용물들을 세속적 언어로 번역하는 과정이 계속될 수 있다는 것에 대해 개방성을 가진다고 해서 철학이, 존재함에 대한 하이데거적 '회상回想'의 경우처럼,[60] 종교적 태도들을 신비화시켜 모방하는 잘못된 길로 끌려가면 안 된다. 방법적 무신론은 교의적 권위를 내세우진 않지만 수사학적으로 은밀하게 행해지는 신학적 진술에 대항하여 일관되게 논변적 근거정립의 담화를 관철시킬 의무가 있다.

반면, 파울 첼란의 시와 같은 난해한 텍스트를 번역하는 데는 문학적인 노력이 필요하다. 철학자 가운데서도 종교와의 경계영역에 도달한 이는 대부분 베냐민이나 데리다같이 작가를 겸한 이들이다. 그들은 혁신적 개념성을 단련시킴으로써, 동시대인으로 하여금 그들이 어느 정도로 논변적인 경지에 도달했는지 알아보기 참으로 힘들게 만든다.

---

59 "무릇 내게 오는 자가 누구든 자기 부모와 처자와 형제와 자매, 그리고 더욱이 자기 목숨까지 가벼이 여기지 않는다면, 그런 자는 내 제자가 될 수 없으리라."

60 [옮긴이] 횔덜린의 시 〈회상〉(Andenken)에 대한 해석에서 하이데거는 "머무는 것은 그러나, 시인이 만들어 세운다"(Was bleibt aber, stiftet der Dichter)라는 시 마지막 구절을 부각시켜, 신이 부재하는 궁핍한 시대의 시인의 사명은 신이 더 이상 세속에 머물 수 없어 이제는 할 수 없게 된 일을 신을 대신하여 해내는 것이라고 그 뜻을 새긴다. 이런 하이데거의 관점에서 보면 시(詩)뿐만 아니라 철학 역시 '신' 대신 '신적인 것'을 되새김으로써, 즉 회상함으로써 인간의 실존에서 신적인 것이 계속 이어지도록 하는 역할을 하게 된다. 하이데거, 〈회상〉, in: 같은 저자, 《횔덜린 시의 해명》, 신상희 역 (서울: 아카넷, 2009), 155~298쪽.

그런 흥미 있는 사례를 하나 들라면 레비나스가 제시한 '다른 사람他人'의 형상이 있는데, 이것으로써 레비나스는 자아와 타아 사이의 의무부여 관계 안에 일종의 비대칭성을 도입시킨다.

마티아스 프리취는[61] 레비나스의 이 사고형상이 과연 평등주의적으로 보편주의적 이성도덕의 의무부과를 넘어서 "신의 눈길은 만인에게 평등하게 향함과 동시에 각자의 영혼을 무한정하게 보살피면서 각 개인들에게 향한다"라고 표현되는[62] 그의 주장에서 흔히 간과되는 두 번째 부분을 구하기에 적합한지 시험한다. 이런 표상에 담긴 신학적 내용물은 상호대칭적으로 인정관계에 기반하여 한 사람이 다른 사람에게 빚진 모든 것에 확대적용되는 상호주관주의적 개념의 칸트적 윤리학에 완벽하게 포섭되지 않는다. 칸트적 윤리학에는 타아의 복리를 그/녀의 유일무이한 고유성 안에서 최우선적으로 배려하라는 자아를 향한 요구가 빠져 있다. 왜냐하면 이런 헌신은 보편주의적으로 근거정립되는 의무로 만들어질 수 없는 일정 정도의 감정이입을 전제하기 때문이다.

세속적 시각에서 보면 타자에 대해 도덕적으로 근거정립된 기대 속에서 나와 조우하는 것은, 사정에 따라 훼손되기도 하고 관련된 타자로부터 이의가 제기되기도 하는, 일반적 규범의 권위이다. 이 권위는 오직 이성적인, 따라서 일반적으로 인정할 가치가 있으면서 잘 숙고된 나의 동의도 획득한, 규범의 정확한 적용에만 의거한다. 이 규범이

61 프리취(Matthias Fritsch)는 캐나다 몬트리올 소재 콘콜디아대학 철학과 교수이다.

62 "God's gaze addresses all equally, but at the same time each one with infinite care for his soul."

의무를 부과하는 내용에는 (계약주의에서처럼) 계약 상대방의 교환적 합리성을 통해 합리적 이기주의라는 한계가 그어지기는 한다. 그러나 부서지기 쉬운 의무론적 성격을 가진 의무 안에는 **교착적** 관점인수 그리고 **동일한 권리를 가진** 토론참여자의 자율적인 '예'와 '아니오'의 입장표명을 통해 조절되는 정당화 과정의 구조가 반영되어 있다.

마티아스 프리쉬는 **당위의 차원을 넘어서는** 연대連帶의 근거정립이 다른 권위를 요구한다고 보는 점에서 레비나스와 마찬가지로 정당하다. 그런데 구체적 타인과 나의 만남이 그 구체적 타인의 뒤에 숨어 있는 **전적인 타인**der ganze Andere(여기서는 절대자 신 — 옮긴이)과의 비대칭적 관계 안에 내장되어 있다고 한다면, 이 비대칭적 관계 안에서 절대적 타자의 호명呼名이 힘을 발휘하는 이유는 무엇인가? 이러한 힘은 과연 좋은 근거를 들어 인간학적으로 보편화될 수 있도록 정당화하는 논변의 경험에서 나오는 힘과 같은 것이라고 할 수 있을까? 나로서는 이 문제를 그냥 놔줄 수밖에 없다. 이것에 대한 마티아스 프리쉬의 논증과 세부적 대결을 펼치는 것은 현재의 토론 범위를 넘어서는 일일 것이다.

6. 정치적 공론장에서 종교의 역할

철학이 종교와의 관계에서 어떤 적절한 자기이해를 가질 수 있는가 하는 것은 하나의 문제이며, 또 다른 문제는 탈형이상학적 시각의 정치신학이 볼 때 세속적 입헌국가의 정치적 공론장에서 종교공동체의 역할은 어떻게 제시되는가 하는 것이다. '시민들에 의한 이성의 공적 사용'이라는 칸트적 개념으로 이 주제에 주의를 기울이게 만든 것은 존 롤스의 공로이다. 토론의 출발점이 된 테제는, 민주적 국가시민들은 각자의 입장 표명에 대해 상호적으로 그에 대한 근거를 제시해야 한다는 것이다. 여기에서 문제는 이런 관점에서 보면 자유주의적 헌법에 역설의 미풍微風이 분다는 것이다. 즉, 자유주의적 헌법은 모든 종교공동체에 시민사회 안에서 동등한 권리를 가진 (종교적) 자유의 공간을 보장함에도 불구하고 동시에 종교의 각종 영향에 맞서 구속력 있는 집단적 의결을 체결하는 국가기관을 보호한다. 자기 종교의 의례를 실행하고 경건한 삶을 영위할 명시적 권한을 부여받은 개인은 국가시민으로서 민주적 과정들에 참여해야 하며, 따라서 일체의 종교적 오염으로부터 자유로운 상태를 유지해야 한다.

이 문제에 대한 정교분리주의의 답은 공론장에서 종교를 축출한다는 것이다. 그러나 종교공동체가 시민사회에서 활기찬 역할을 수행하는 한, 이미 민주적 의사형성의 원천에서부터 종교적 시민의 목소리를 검열한다는 것은 자유주의적 헌법의 취지에 부합하지 않는다. 그렇다면 종교적 시민의 목소리에 부과되는 어떤 제약이 있을까? 나는 다양한 음성으로 소용돌이치는 의견을 정치적 공론장 안에서 미리 규제해서는 안 되며 규제할 수도 없다고 주장한다. 그러나 종교적 기여는 정치적 제도의 여러 심의 안에 들어가기 전에 그 내용이 일반적으로 접근가능한 언어로 번역되어야 한다. 롤스의 제안과는 반대로 이런 제도적 여과는 일종의 번역 유보를 의미하는데, 그것은 모든 종교적 시민 개개인에게 부과되는 것이 아니라 — 경우에 따라 그리고 가능성에 따라 — 협업적으로 충족되어야 하는 것이다.

나의 이 제안은 어떤 사람에게는 너무 과하고 어떤 사람에게는 그 정도가 충분하지 않다고 보일 수 있다. 이 두 측면에서의 반론들에 대해 나는 크리스티나 라퐁의 예리한 반론과 메브 쿡의 우정 어린 염려를 들어 답하고자 한다. 세계관적 다원주의와 관련된 이러한 문제들은 국가적 틀 안에서뿐만 아니라 그것을 반영하는 초국가적 수준에서도 동일하게 제기된다. 짐 보먼의 언급은 바로 이 점에 초점을 두는데, 나는 단지 아주 짧게만 여기에 관해 논평하겠다.

1. 크리스티나 라퐁[63] 반론의 중심은, 나의 견해로는, 헌법에 충실한 시민들이 암묵적으로 인정하는 국가시민적 기풍氣風, Ethos에서 비롯되는 의무에 대한 것이다. 이 의무는 (제도적인 번역 유보의 승인과 아울러) 종교적 집단뿐만 아니라 세속적 집단에도 적용된다. 즉 **국가시민으로서 역할을 수행하는 과정**에서, 종교적 언어로 정식화된 발언이라 할지라도 그것이 번역될 수 있는 인지적 내용을 담고 있다는 가능성을 처음부터 배제하지 말아야 한다는 것이다.

라퐁에 따르면, 모든 시민이 모든 동료시민에 대하여 정치적 논쟁에 잠재적으로 유의미하게 기여하는 것을 원칙적으로 인정하지 않는다면, 종교적 발언이 민주적 의지형성 과정에 들어오도록 허락하는 것은 무의미하리라는 것은 불을 보듯이 분명하다. 다시 말해서 **공적으로 실행된 세속주의**란, 세속적 시민들은 특정 부류의 동료시민의 종교적 정신태도가 문제 될 경우 그들을 — 기껏 특정 종을 보호한다는 명분 아래 놓아두기는 하겠지만 — 현대의 동시대인으로서 진지하게 받아들이지 못하고, 국가시민으로서 수행하는 역할에서는 그들을 차별한다는 의미이다. 이런 사고태도는 인정認定의 상호성뿐만 아니라 논거

---

63 라퐁(Cristina Lafont)은 에번스턴(Evanston) 소재 노스웨스턴대학 교수이다.

와 입장표명을 교환할 태세가 되어 있는 관점인수 역시 배제한다.

크리스티나 라퐁은 세속적 시민과 종교적 시민 사이의 교류에서 그런 탈세속적 자기이해가 생기리라는 윤리적 기대를 갖는 것이 부질없다고 논박한다. 그녀의 견해에 따르면, 이는 종교적 발언이 정치적 공론장에 들어올 때 종교적 시민들에게 허용되는 권리, 즉 "자기 고유의 인지적 관점을 채택할"[64] 권리를 세속 시민들에게서 박탈하는 결과를 초래할 것이다. 하지만 나는 이런 견해에 반대하여, 라퐁이 부질없다고 단정하는 그 기대는 평등한 권리를 부여받아 공동입법자의 위상을 가진 시민들이 서로를 교착적으로 인정해야 한다는 규범적 요구에서 직접적으로 귀결된다고 본다. 다만 이러한 기대는 시민 윤리의 한 요소일 뿐이며, 법적으로 강제할 수 있는 사항은 아니다.

그리고 요구사항이 많은 이런 기풍을 충족하기 위한 인지적 전제는, 양측에서 볼 때, 일종의 상호보완적 학습과정의 결과물로 나오기를 희망할 수 있을 뿐, 어떠한 정치이론에서도 지침으로 정할 수는 없는 것들이다. 바로 이 점이 이 문제와 관련된 내 논문의 요점이었다.[65]

"모든 사람이 서로에게 이성적으로 수긍할 수 있는 이유에 기초한

---

64 "To adopt their own cognitive stance". 민주적 과정에 대한 논변이론적 이해의 관점에서 볼 때, 제기된 기대가 세속적 시민들을 불성실성으로 오도할 수 있을지도 모른다는 더 나아간 반론은 어떤 무게감도 주지 못한다. 사실상의 투표행태가 이루어지는 동기는 본래 그 어떤 규제에도 노출되어서는 안 된다는 점은 논외로 하더라도, 정당성을 창출하는 민주적 논변의 힘이라는 측면에서 볼 때 의견형성과 의지형성에 사실적으로 기여하는 것은 공적 발언이지 어떤 감정적 신념이 아니다.

65 J. Habermas, "Religion in der Öffentlichkeit: Kognitive Voraussetzungen für den 'öffentlichen Vernunftgebrauch' religiöser und säkularer Bürger", in: ders., *Zwischen Naturalismus und Religion: Philosophische Aufsätze* (Frankfurt, 2005), 153쪽 이하.

정당화를 제공하는 것은 민주시민의 의무이다"라는[66] 라퐁 자신의 제안에 아무 알맹이가 없는 것은 참으로 독특하다. 그것은 한편으로 사소하다. 왜냐하면 모든 시민은 각자 정치적 공론장에서 발언할 경우 헌법 원칙을 통하여 그어지는 한계선을 존중해야 한다는 자명한 요구에 귀착하는데, 이 요구를 인정하는 것은 토론의 대상이 아니라 당연한 전제이기 때문이다.

다른 한편으로 이 제안은 그 어떤 관심도 끌 만한 것이 아니다. 왜냐하면 그것은 논란이 되는 두 문제 모두에 대해, 즉 종교적 동료시민은 민주적 의견형성 과정에서 그 자체로서 진지하게 받아들여져야 하는가 하는 문제와 그들의 종교적 발언은 세속국가가 거부해서는 안 될 좋은 이유를 가진 인지적 잠재태를 **가질 수 있는가** 하는 문제 모두에 대해 말해주는 바가 전혀 없기 때문이다.

2. 메브 쿡의[67] 반론은 크리스티나 라퐁의 반론을 거울로 되비친 것으로 보면 된다. 그녀의 견해에 따르면, 국가권력의 세계관적 중립성을 유지하기 위한 최선의 모델이 무엇인가를 둘러싼 논쟁 자체가 무의미하다. 왜냐하면 정치적 의지형성 과정에서 세속적으로 기여하는 것과 종교적으로 기여하는 것 사이의 경계를 긋기란 애초부터 불가능했기 때문이다. 모든 규범적 내용을 포함한 정치적 의견표명은 특정한 세계관적 맥락에 뿌리를 두고 있다. 세속적 발언도 신자, 타종교 신자 그리고 비신자 사이의 의사소통에서 발생한 것과 유사한 상호이해 도

---

66 "It is the obligation of democratic citizens to provide one another with justifications based on reasons that everyone can reasonably accept."

67 쿡(Maeve Cooke)은 아일랜드 더블린대학 철학 교수이다.

달의 문제를 야기한다. 따라서 세속적 발언이라고 해서 보편적 접근가능성을 가진다는 가정에 의존할 수는 없다. 만약 종교가 이 점에서 자신만의 특수한 지위를 상실한다면, 헌법에 명시된 국가의 세속적 성격을 언어 규범을 통해 보장하는 것은 불가능해진다.

그러나 메브 쿡은 니컬러스 월터스토프가 주장하는 강한 맥락주의 입장과는 달리, 보다 온건한 견해를 옹호한다. 즉 공론장에서는 모든 배후 가정이 무제한의 토론에 노출되어야 하며 통약불가능한 신앙세계 사이의 단순한 협상이 논의의 최종단계가 되어서는 안 된다는 것이다. 비트겐슈타인식으로 "내 삽이 휘어졌다"고[68] 하더라도 논변은 계속되어야 한다. "철학자와 자기반성적 신앙인은 모두 자기네들의 핵심적인 — 교조적 — 신념조차 창조적으로 다시 숙고해보고 다시 정식화하는 과정 자체에 참여할 수 있어야 한다고 예측할 수 있다."[69]

---

68 [옮긴이] 이 말이 나오는 곳은 비트겐슈타인의 《철학적 탐구》 §217이다. "내가 이런 저런 정당화를 다 소진시켜 버렸다면 나는 암반에 닿았고 나의 삽은 휘어버린 것이다. 이럴 때 나는 (어떤 이유를 대기보다는 그저 — 옮긴이) '이게 단지 내가 한 일이야'라고 말해버리고 만다." 여기에서 삽은 무엇인가를 알고자 할 때 사용하는 인식론적 도구의 비유이다. 즉, 삽이 더 이상 통하지 않는 곳에 도달하면 삽을 쓸 수 없고 따라서 삽을 안 쓰게 될 뿐이며, 그 삽을 못 쓰게 된 이유를 댈 필요 없이 그것이 자신이 한 일의 결과라며 받아들이는 것으로 그 삽을 쓴 일은 끝났다는 것이다.

69 "Both philosophers and self-reflective believers are likely to engage in processes of creative reimagining and rearticulating of even their core — dogmatic — convictions." 이 구절이 담긴 본래의 쿡의 논문이 출판되긴 했으나, 정작 이 구절은 나오지 않는다. C. Calhoun & E. Mendieta & J. VanAntwerpen (eds.), *Habermas and Religion* (Cambridge: Polity, 2013), 249~274쪽의 M. Cook, "Violating Neutrality? Religious Validity Claims and Democratic Legitimacy". 여기에서 나는 대화상대자들, 즉 철학자와 신앙인 사이의 비대칭성은 차치한다. 사실 신앙인과 마주서는 것은 세속적 시민이어야지 인식상의 태도표명과 교환된 논거의 종류를 탐구하는, 세속적으로 생각하는, 철학자는 아닌 것이다.

연역적 논증은 진술의 여러 함의 가운데 상관성 있는 것만 주목하도록 만들기 때문에 실질적 논쟁은 언제나 보다 넓은 맥락 속에 포함된 근거에 기댄다. 그러나 보통의 경우, 주제가 아닌 그런 배후가설은 — 그것이 주제화될 수 있다면 — 논변의 진전에 그 어떤 장애물도 되지 않는다. 삽은 세계의 풍경을 그 전체에서 기초 짓는 개념망이 패러다임을 이루는 수준에 도달했을 때 비로소 휘어진다. 이런 수준에서는 그다음 대화가 여전히 계속되어 바닥에 닿는다고 하더라도 삽은 부러지지 않는다. 그러면 어떤 진술이 평가적 성격을 가지는지 혹은, 특정한 문화나 세계관공동체의 틀 안에서만 찬동을 받을 수 있는 방식으로, 타당성 요구에 대한 일종의 형이상학적 증상 정도에 불과한 것과 결합되어 있는지 밝혀진다.

메브 쿡이 특히 종교적 언어가 세계를 개방하는 기능을 수행한다고 주장하는 것은 타당하다. 이 기능은 도덕적으로 민감한 대상을 놓고 공적 대결이 벌어졌을 경우, 풍부한 종교언어를 사용하는 입장이 망각되거나 억압된 측면에 대해 관심을 환기하고 지나치게 단순한 방식으로 서술된 갈등을 새로운 시각에서 바라볼 수 있도록 하는 데 도움이 될 수 있다. 이런 이유에서 나는 여러 목소리로 나오는 의견의 다양성으로 조성되는 다성적多聲的 복잡성을 정치적 공론장에서 성급히 사전 축소시키지 말아야 한다는 데에도 찬성한다. 그렇지 않을 경우 민주주의 국가는 민주적 의지형성 과정에서 풍부한 착상을 가진 문제 해결책을 위해 의미를 생성하며 진상을 확인하도록 하는 발상의 자원을 애초에 삭제시켜 버릴 위험에 처한다.

그럼에도 불구하고 이런 생각들은 세속적 발언과 종교적 발언 사이의 경계를 전적으로 허물어야 한다는 문제적 결론에 이르지는 않는다.

일단 우리의 출발점을 되새겨 보자. 역사적으로 보면, 무장한 종교 세력 사이의 충돌이 때로는 유혈 사태로 이어졌으며 이는 국가권력으로 하여금 세속화의 길을 가도록 강제했다. 분쟁 당사자들은 그 지경에 이르기까지 각자의 정치적 공동체 존재 안에서 계속되는 문제에 대해 원칙적으로 모든 것을 일거에 해결하는 방식으로 풀어낼 공동의 토대를 찾지 못했다. 각기 나름의 종교적 기본신념에 들어 있는 보편주의적 핵심을 이성법적으로 근거정립된 인권과 민주주의 원칙으로 번역할 수 있게 됨으로써 분쟁 당사자들은 신앙들 사이의 화해불가능한 차이의 피안에서 공통의 언어를 찾아낼 수 있었다. 모든 인간에게 공통적인 '자연적 인간이성'이라는 전제 아래에서 비로소 분쟁 당사자들은 여러 차례의 정치적 대결에서 각각의 신앙공동체의 사회적 경계 너머에 있는 공통관점을 수긍해내는 데 성공했다. 이러한 **경계추월**로써 오늘날 우리가 절대 무시해서는 안 될 **관점교체**가 완결되었다. 종교적 진리 요구는 특정 종교공동체에 속하는 경험적 맥락에 의해 제한되며 설령 선교적 신앙이 범세계적 포용을 목표로 한다고 하더라도 특정 종교에 국한된 것으로 남아 있다. 이 관점에서 보자면, 주요 세계종교들이 스스로 주장하는 보편주의적 타당성 요구는 고대 제국들이 중앙집권적인 문화적 지배권을 자신들의 경계가 수평선과 융합되는 곳까지 확장하려고 했던 보편주의적 태도와 흡사하다.

이성도덕과 이성법은 모든 당사자가 동등하게 **교착적 관점수용**을 수행해야 하는 **하나의 포용적 '우리'**ein inklusive Wir라는 형식적 관점을 설계하지만, 그 결과는 사전에 결정하지 않는다. 반면, 특정 신앙에 고정된 관점은 타인에게 오직 자기 자신의 신앙공동체 관점 안으로의 **편입**만을 허용할 따름이다. 그러나 모든 상호이해 도달의 과정에서처럼 논변적인 의지형성 과정에서는 각자가 각기 나름의 관점을 탈중심화하려는 의지가 핵심을 이룬다. 이 과정은 타인의 포섭이 아니라 **상호 학습**이며, 가다머의 생각대로, 그것이 진행되는 가운데 각자의 개별적 관점들이 확장된 공통지평 안에서 서로 융합된다. 물론 세속적 시민 역시 '좋은 삶'(롤스)의 구상, 즉 자기 나름의 실존적 생활 기획 및 윤리적 가치 지향이 **보편화 가능한** 이익 및 보편적 정의 기준과 어떻게 구별되는지를 배워야 한다.

그러나 종교적 시민은 그 수준을 넘어 특별한 부담을 하나 더 짊어진다. 종교적 시민에게 실존적으로 중요한 것은 단순한 '가치'가 아니라 '진리'이다. 가치는 (어떤 목적물로 옮겨지는 — 옮긴이) 이전적移轉的, transitiv 질서를 세우는 반면, 진리는 하나의 이분법 코드를 구성한다. 따라서 종교적 시민은 세속적으로 근거정립된 헌법원칙을 자기들 신앙의 맥락에서 다시금 근거정립하는 가운데 — 이것이 더 큰 어려움인데 — 오류가능한 공적 근거와 오류불가능한 신앙적 진리 사이의 차이를 인정해야 한다는 이중의 과제에 직면한다.

전적으로 찰스 테일러와 같이 메브 쿡도 무화시키고자 했던 그 경계는 바로 이 차이에 달려 있다. 여기에서 문제 삼는 것은, '참인-것으로-여겨지는-것'들의 현상학적 차이가 아니라, '보편성'의 개념이 포섭적 의미를 갖느냐 아니면 탈중심적 의미를 갖느냐에 따른 차이이다. 따라서 진술의 진리에 대하여 우리는 신앙의 확실성에 대한 것과는 다른 의미의 보편적 타당성을 요구한다. 신앙인의 시각에서 보자면 '신앙의 진리'는 그 자체로 독립적인 진리가 아닐 수도 있다. 그렇기는 하지만 민주주의적 헌법을 가진 정치공동체의 시민으로서 그 신앙인은 이 두 가지 진리 요구 사이의 구분이 정치적으로 중요한 의미를 갖는다는 점을 제도적으로 인정해야 한다. 일반적인 경험적, 화용론적, 법적, 윤리적, 도덕적 타당성 요구에 대해서는 공적 논변의 인식 맥락만으로도 충분히 설득력을 가질 수 있다. 이에 반해 한 종교가 본연의 특수성을 유지하려는 한, 즉 세계해석과 교구단위 의례거행으로 이루어진 신성복합체에 뿌리내리고자 하는 한, 신앙에 있어서도 종교공동체에 속하는 것이 중요한 의미를 가진다. 즉 인지적 차원은 사회적 차원과 독립적으로 존재할 수 없다. 모든 세계종교는 여러 의식 거행과 함께 계시, 명상, 기도와 같은 고유한 인식 방법을 통해 성스러운 것을 접하는 방식을 제공한다. 이러한 특정 공동체적 속박이 존재하기 때문에 다원적인 사회의 정치적 의지형성 과정에서는 종교적 발언의 진리성을 그것이 나온 인식론적 배경과 독립적으로 검토할 필요가 있다. 번역의 유보는 바로 이런 필요성을 충족시키는 데 도움이 된다.

메브 쿡은 이 요구가 정당화를 일면적으로 포착한 인지주의적 개념화에 기초한다고 논증한다. 그녀의 반론은 자유롭고 평등한 개인들로 이루어진 정치적 공동체가 과연 그에 부합하는 생활양식을 내용으로 가질 수 있을 것인가 하는 중요한 문제를 건드린다. 나는 민주주의적 헌법국가는 시민들이 좋은 근거들에 입각하여 정당하다고 인정하는 원칙에 토대를 둔 정치질서를 시현한다는 점에서 롤스와 의견이 일치한다. 단순히 기정사실로 받아들여지거나 단순한 타협에 안주하는 지배질서는 불안정할 뿐만 아니라, 그러한 경우 그것은 자율적 시민들로 구성된 정치공동체라 할 수도 없을 것이다. 헌법원칙에 관한 배경적 합의가 어떤 방식으로 형성되든, 다원적 사회에서는 그것이 매 세대마다 보편적으로 수긍되는 근거에 입각하여 새로이 갱신될 수 있어야 한다. 따라서 이러한 합의의 지속 가능성은 특정한 종교공동체의 인식

맥락에만 기대는 종교적 이유에 좌우될 수 없다.

3. **다문화적 세계사회**가 형성됨에 따라, **종교적 다원주의**가 국제적 수준에서도 점점 더 중요한 역할을 수행하게 되었다. 예를 들어 2008년 금융위기의 사례에서 볼 수 있듯이, 지구화된 시장(그리고 사회적 하위체계)의 조정 필요성이 증가하는 수준에 비해 무분별하게 늘어난 국제기구들은 그 역할을 감당하지 못하고 있음을, 최소한 일시적으로나마 개별 국가들이 인식하게 되었다. 이런 사태는 나에게 **만민법의 헌법화**에 대한 사상을 발상하여 **전 지구적 다층체계**를 설계하도록 만든 단서를 제공하였다.[70]

세계사회가 위기대처능력을 갖기 위해 **세계정부 없는 하나의 정치적 헌법을 제정하는 것**은 오랜 세월에 걸쳐 제시되어온 하나의 목표였다. 하지만 국제적 공동체가 국가적 특질을 갖지 않는다고 한다면 어떻게 정치적으로 실질적인 행위능력을 발휘할 수 있을 것인가? 이 물음에 답하는 데 다른 무엇보다 필요한 것은 하나의 정치문화적 조건을 충족시키는 것인데, 그 조건이 무엇인지 해명하는 데는 철학이 어느 정도 기여할 수 있다. 즉 미래의 전 지구적 질서가 어떤 제도적 형태를 취하든지 간에, 안정성을 가지려면 그것은 **정의의 표준에 관한 범세계적 규범적 합의**에 바탕을 두어야 한다는 것이다.

192개국이 서명한 '유엔헌장'은 그 시작이지만, 아직 그 이상의 것은 아니다. 만약 사람들이 이 세계의 위대한 문명들, 특히 서구, 중국, 인도, 아랍세계 등의 문화가 기축시대까지 기원이 거슬러 올라가는 종

---

70 J. Habermas, *Politische Theorie: Philosophische Texte*, Bd.4 (Frankfurt, 2009), 298~424쪽(Abschnitt IV: Konstitutionalisierung des Völkerrechts?).

교들에 의해 깊이 영향을 받아왔음을 분명히 자각하고 있다면, 우리가 국가적 수준에서 토론하고 있는 문제들은 국제적 수준에서 더 첨예화된 형태로 반복된다는 것도 알 것이다.

그렇지만 제임스 보먼과[71] 나 사이의 불합치점은 세계 공론장에서의 종교의 역할이 아니라 오히려, 초超국가적 정치의 여러 영역에서 **민주적 정당화**에 관한 우리의 표상에 어떻게 여전히 타당성이 부여될 수 있을 것인가 하는, 원칙적 문제와 관련된다. 보먼 같은 **시민적 공화주의자**의 시각에서 보면, **정치적 헌법을 갖춘 세계사회**라고 하는 나의 착상이 아주 으스스하게 괴이한 기분을 자아내는 것은 분명하다. 그러므로 그는, 민주주의적인 의견형성과 의지형성으로 이루어지는 정당화의 물길이 어떻게 국민국가 사이의 경계를 넘어 연장되도록 할 수 있는가를 묻는다. 지구상에서 가장 오래된 민주주의, 다시 말해서 대륙적 규모에서 자급자족성을 누릴 수 있는 공화국의 시민이 이런 아이디어를 받아들이기는 더욱 어려울 것이다.

그럼에도 불구하고 보먼은 모든 제도적 착상을 제쳐두고 국제적으로 확대된 시민사회의 범세계적 의사소통연관에 집중한다. 보먼은 '평화와 자유를 위한 여성국제연맹WILPF' 사례를 들어서 국경을 넘어 시민사회의 활동가들이 발휘할 수 있는 '약한' 의사소통권력을 강력하게 지지한다. 나로서는, 예를 들어 자본주의적인 '다보스Davos 세계경제포럼WEF'에 대항하여 도덕적, 정치적 대항세력을 결집하는 세계사회포럼의 전 지구적 휘광輝光을 경시할 생각은 추호도 없다. 그러나

71 보먼(James Bohman)은 세인트루이스 소재 워싱턴(Washington)대학의 '철학 및 국제연구' 소속 교수이다.

각 국가의 정부수반과 경제장관이 지구화된 자본주의의 경영자 계급을 향해 번개처럼 스위스로 달려가는 동안 사회포럼의 행동주의자들은 브라질에서 집회를 연다. 그러나 이 사례는 국가적으로 산재한 시민사회 세력이 지구적 공론장에서 갖지 못하고 있는 것을, 즉 저 행동주의자들이 압력을 가할 수 있는 **어떤 제도적 상대자**가 부재하고 있음을 극명하게 보여준다.

그래서 보먼은 "전 지구적 세계내무정책이란 것이 있다면 그것을 정당화하는 출처는 어디에 있는가?"라고[72] 묻는다. 그러나 만약 우리가 자연발생적으로 형성된, 전적으로 비대칭적인 세계경제지배 체제에 만족하고 초超국가적 수준에서 공정한 의사결정 절차를 제도화하려는 시도조차 하지 않는다면, 세계내무정책은 존재할 수 없을 것이다. 그리고 이는 다원적 목소리를 내는 지구화된 공론장의 압력에 노출될 가능성조차 없게 된다.

G7이라는 토론 그룹이 '주요 20개국 정상회의'로 이행하여 2008년 워싱턴에서 처음으로 개최된 것은 국제적 금융위기에 의해 강제된 결과였다. 그러면서 그사이 금융시장을 규제하겠다는 의도를 담은 저 20개국의 아름다운 선언은 휴지가 된 지 이미 오래다. 만약 우리가 지구적 정치체제의 숙명을 계속 경제적 이성의 간지奸智에 신탁한다면 우리는 다음에 올 위기의 재앙적 결과에 우리 자신을 고스란히 떠맡기기로 하고 온순하게 기다리고 있는 셈이다.

---

72 "Where does the legitimation of 'global domestic politics' come from?"

7. 사회적 복합성의 조건 아래에서의 정치적 배후합의

수십 년 동안 나는 비록 각자에 대해 대립되는 방향을 취하게 되었음에도 불구하고 나의 철학적 멘토인 카를-오토 아펠과 아울러 나의 친구인 토머스 매카시로부터도[73] 똑같이 많은 것을 배웠다. 아펠은 내가 칸트적 이성개념을 탈선험론화하는 유행을 지나치게 따르고 있다고 보았지만, 매카시는 점점 더 리처드 F. 번스타인과 리처드 로티의 실용주의적 권고에 동조하면서, 내가 이성을 맥락화하는 방식으로 더 과감하게 전진해야 한다고 주장하였다. 나는 이 두 입장 사이에서 냉정을 유지하려고 노력했다.

매카시가 그 출발점에서부터 《이상과 환상》(1993)을 거쳐 《인종, 제국 그리고 인간 발달의 이념》(2009)이라는 탁월한 저작에 이르기까지 나와 그를 결합시켰던 철학적 신념 때문에 아마도 우리 사이의 차이를 지각하지 못했을지도 모르겠는데, 이제야 비로소 그 차이에 대한 토론이 이루어지게 되었다.

익숙한 탁월함으로 매카시는 내가 지금까지 종교적 전승과의 교환에 개방된 철학의 탈형이상학적 자기이해를 위해 거론했던 논거를 정밀하게 요약한다.[74] 그러면서 그는 이 서론적 논의들이 단지 철학적 측면의 상호이해 도달에 기여하는 것에 불과하다는 점을 간과했는지도 모른다. 대화를 시작하는 데 있어 신학 쪽 대화상대가 철학적 대화

73 매카시(Thomas McCarthy)는 에번스턴 소재 노스웨스턴대학 철학과 명예교수이다.

74 T. McCarthy, "The Burdens of Modernized Faith and Postphilosophical Reason in Habermas's 'Unfinished Project of Enlightenment'", in: C. Calhoun & E. Mendieta & J. VanAntwerpen(2012), 앞의 책, 115~131쪽.

상대의 자기이해를 공유할 필요도 없고 그럴 가능성도 크지 않다. 바로 이 지점에서 이미 나는 철학자가 종교적 대화 또는 보다 일반적으로 문화상호간 논변에 참여할 때, 그리고 자기 전문영역에서 동료학자들의 반론에 맞서 탈형이상학적 사고에 대한 자기이해를 방어할 때 각기 취해야 할 두 가지 역할뿐만 아니라 인지적 태도의 차이도 지적하고자 했다. 전자는 철학자가 믿음과 앎 사이의 경계가 명쾌하게 해명되어 있지 않거나 그에 논란의 여지가 있음에도 불구하고 어려운 대화를 하는 경우이고, 후자는 단순히 통상적 전공토론에 참여하는 경우이다. 서로 크게 다른 배경 텍스트를 극복해야 하는 대화가, 철학적 선행문제를 내적으로 해명하지도 않은 채 더 잘 기능할 수 있는 이유가 무엇일까?

이러한 문제복합체의 현장에서 우리는, 그 영향의 의도가 무엇인지와는 전적으로 무관하게, 사회과학적이거나 철학적인 수단들로 다룰 수 있는 일련의 문제와 계속 조우한다. 정치적 정의의 개념, 국가시민의 기풍, 문화 및 사회에서의 현대화, 믿음과 앎, 세속화, 문화상호간 논변의 해석학적 전제, 가능한 참여자들에게서 나타나는 세계관적 다원주의 등이 과연 언젠가는 정치적 행위자들의 의식에 영향을 미칠 수 있을 것인가 하는 문제 등에 관해 나는 일단 일체 간여하지 않겠다. 그렇지만 나는 나의 일반적 문제제기를 염두에 두면서 **국민국가의 시대**는 끝났으며 **세계내무정책**을 다룰 제도의 창출이 논의의제에 올랐다는 것을 정치적 전제로 삼아 거기에서 출발한다. 정당한 결정을 가능하게 하는 원칙과 절차에 관한 배경합의가 없다면 이런 제도는 안정성을 획득할 수 없다. 그런 문제에 관해서라면 철학자도 고심할 가치가 있을 것이다. 회의적 반론은, 이 과정에서 **객체의 수준에서** 나타나는,

이성적으로 예상되는 불합치점들을 과소평가하지 않는다는 점에서만 의미가 있을 수 있다.

그런데 내가 보기에 매카시의 반론이 찌르고 들어오는 방향이 완전히 분명하지는 않다. 그의 반론의 핵심취지를 나는, 개념적 수준에서 약속한 것을 실질적으로는 준수하지 못하는 개념적 구분에 대해 요구되는 반성과 때 이르게 단절하는 것에 대한 경고라고 이해한다. 매카시는 다음 절에 가서 내가 상기할 분석적 구분에는 만족하지 못하는데, 왜냐하면 이런 구분은 실제 적용의 여러 맥락 안에서 그것이 자처했던 예리함을 유실하기 때문이다.[75]

이러한 문제들은 일단 제쳐놓고 나는 우선 양쪽 모두의 이론적 반론을 다룰 것인데, 이 과정에서 토머스 매카시 자신에게는 이미 자명한 논거를 반복할 위험이 있더라도 그렇게 하겠다(a~b). 마지막의 세

---

75 나는 이러한 불합치의 이면에 각기 흄과 칸트로 거슬러 올라가는 철학적 문화 사이의 더 깊고 광범위한 대립이 존재한다고 추정한다. 이 대립은 우선 (유명론적으로 이해되는) 개념을 (그것이 무엇이든지 간에) 주어진 것에 적용하는 인식론적 기본문제에 가장 훌륭하게 접근하는 방법은 무엇인가, 즉 감각자극에서 출발할 것인가 아니면 개념에서 출발할 것인가 하는 전략을 두고 점화되었다. 실용주의는 개념적용의 실천을 끌어들여 이 양자택일의 난관을 극복하는데, 개념과 주어진 것 사이의 간극은 실연된 실행의 기능순환 안에서 우리를 의식하게 된다면 화용론적으로 언제나 이미 다리 놓여져 있는 것이다. 그러나 상호주관주의적 접근법에 기반을 두어 공동의 실행에 참여한 이들의 다원적 성격에 예민한 실용주의 안에서 차이 사이의 다리 놓기라는 문제는 '관점다원주의'라는 형태로 되돌아온다. 이는 각기 상이한 참여자들이 동일한 분석적 구분의 적용을 완수하는 가운데 그때그때 특수한 구분의 출처맥락에서 귀결되어 나오는 그들의 견해차에 우리가 어떻게 다리를 놓을 것인지 묻는다. 칸트의 전략은 공동의 실천의 개념적 구조짜기가 친숙하게 들어온 참여자에게 충분하게 수렴하는 사전이해를 갖추어준다는 답변에 가깝다. 이에 반대하는 흄의 유명론적 전략은 리처드 로티에 의해 가장 비타협적으로 관철된다.

가지 특수한 반론은 나에게, 우리가 각자의 입장에서 어떤 위치에서 말하고 있는지를 다시 한번 돌아볼 필요성을 제기한다(c).

a. (존 롤스에 이르는 모든 칸트주의자가 일괄적으로 주장하는 것처럼) 도덕적, 정치적 문제에서 불편부당한 관점을 채택한다는 것이 과연 가능한가 하는 물음에 대해 철학자들 사이에 불일치점이 존속한다는 것은 확실하다. 문화상호간 논변의 해석학적 전제를 탐구할 때 나는 정의正義에 대한 보편주의적 물음이 좋음善에 대한 특수주의적 물음으로부터 구별되도록 하는 것에서 출발한다. 전자가 보편적 합의의 능력이 있는 대답을 겨냥하는 반면에, 후자는 단지 특정한 개인이나 집단의 가치지향에 따라 상대적으로 대답할 수 있을 뿐이다. 매카시는 이러한 분석적 경계가 실제 그대로 유지될 수 있는지를 의심한다. 그는 다른 곳에서 발전시킨 논거의 망을 "'좋음'은, 그것이 '모두에게 동일한 정도로 좋은' 것이 아니라면, 본래부터 반박의 여지 없는 개념일 수 없다"라는[76] 한 문장으로 요약한다.

나는 실천적 논변에서 아무리 선한 의지를 가진 참여자라고 하더라도 **모든 사람들에게 똑같은 정도로 좋다**고 추정하는 것에 대해 의견일치를 할 수 없다는 것이 매카시가 제시한 논거의 핵심이라고 이해한다. 왜냐하면, 참여자들은 특정한 개인이나 집단의 문화적 배경과 생활세계적 지평에 따라 상대적으로 해석하고 그 비중을 특정할 수밖에 없는 관심정황과 관련해서만 'X에 대해서 좋다'라는 개념을 적용할 수 있기 때문이다.

---

76 "'Good' cannot be an inherently contestable concept without 'equally good for all' being as well." T. McCarthy(1991), 앞의 책, 181~199쪽.

나에게 이 반론은 정의의 문제와 윤리적 문제가 구분되는 표징을 지나친 것처럼 보인다. 정의의 문제 역시 특정한 사회적, 역사적 맥락에 내입되어 있는 집단체의 구성원에게 제기될 수도 있지만, 도덕적 문제라는 측면에서 볼 때, 정의의 문제는 **특수한 하나의 무엇에 대한 사회적, 역사적인 연관을** 통해서가 아니라 관련된 **모든** 당사자들의 이해관계를 **동일한 정도로** 고려해야 한다는 점에서 좋은 삶의 문제와 구별된다. 이 동일한 정도의 그리고 완벽한 포용은, 말하자면, 일종의 관점교체를 요구하는데, 모든 사람은 **동일한 정도의 그리고 포용적인 우리-관점**을 위하여 자기 또는 우리에게 좋은 것을 평가해내는 관점을 포기해야 한다는 것이다. 이 불편부당한 관점은 이상적 관찰자의 관점이 아니라 집단체의 모든 구성원 또는 — 무조건적으로 유효한 도덕적 판단의 경우에서와 같이 — **책임능력 있는 모든 개인으로 이루어진 확장판 우주라는 이상**理想으로 똑같은 정도로 연장되는 1인칭 복수의 관점이다. 이때 결정적인 것은 사회인지적 입장 교체로서, 우리는 자기 연관된 윤리적 정의 관점에서 비당파적 정의 관점으로 이행하여 자아중심적이거나 종족중심적인 시각과 단절함으로써 매카시에 의해 주장된 좋은 삶의 문제에 관한 연속성과도 단절한다.

실천적 논변에서 모든 참여자들은 다른 모든 사람들의 자기이해 및 상황이해의 모든 측면을 포함하도록 교착적 관점인수 방식을 통해 자신의 자기이해 및 상황이해를 확장해야 한다. 이는 수렴적으로 확장되고 그럼으로써 탈중심화된 해석지평이 중첩되는 영역에서 모든 사람이 하나의 제안 또는 일련의 제안을 수긍할 수 있을 때까지 계속되어야 한다. '단 하나의 올바른' 답변을 지향한다는 것은 실천이성이 작동하는 맥락 속에 이미 주어져 있다. 그런 답변은 상호주관적으로 인정된 행태기대를 최종 기반으로 삼아 사회적 협동이 이루어지도록 해야 할 것이다. 행위를 조정하여 연접시키기를 요구하는 화용론적 압박은 회의주의, 즉 공허하게 진행되는 반성이라는 사치를 허용하지 않는다. 여러 의견이 경험적으로 관찰될 정도로 상이하다고 해서 그것이 근거정립되는 합의를 지향해야 한다는 것에 대한 반론이 될 수는 없다. 의견 모순과 합의 지향은 다 같이 의사소통적 일상실천에 속한다.

'예'-'아니오'의 입장표명은 서로 상반되는 입장의 표출을 통해 당사자들 사이에 경계를 지을 위험이 있다. 단순한 상호작용의 경우라면 단지 비판가능한 타당성 요구에 대한 당사자들의 암묵적인 '예'-'아니오' 입장표명만으로 그들 각자의 행위목표들을 조정하여 연접함으로써 이를 해소할 수 있다. 반면 모든 곳에 현전하는 불합치의 위험은 공유된 생활세계적 배경에 흡수된다. 보다 복잡한 사회영역에서도 그 사정은 마찬가지이다. 논변적 절차의 마련은 반론을 제기할 기회를 제공하고 세계관적 차이를 더 확대할 수 있지만, 다른 한편으로는 학습과정을 촉진하고 절차적으로 합당하게 달성된 결과를 인정하도록 돕는다. 갈등이 발생하기 쉬운 영역에서 체계적 메커니즘이 결여되었거나 작동정지 되었을 경우 제도적으로 마련된 상담과 결정 절차가 조정기능의 수요를 감당한다.

b. 더 나아가 매카시는, 보편적 수긍가능성이라는 근거정립된 추정에 비추어 볼 때, 우리가 문화적·사회적 현대성을 해석하는 데 과학적 해석이 종교적 해석보다 탁월하다고 봐야 하는지 의문시한다. 그의 의견으로는, 한 이론이 좋은 만큼 다른 이론 역시 훌륭하다. 그러나 사회과학적 계보학과 발전이론이 지니는 비교적 취약한 위상은 철학, 사회과학 그리고 인문학 등의 과학과 종교적 사회해석, 역사해석 사이의

경계를 실제로 없애버렸을까? 나는 다양한 버전으로 등장하는 현대의 세속적 자기이해가 과학적 방법에 의해 체계적으로 규율된다는 점에서 그것이 가지는 우위를 다루기 전에, 우리가 각각 어떤 위치에서 논쟁을 벌이고 있는지 다시 한번 상기하고자 한다.

현대의 '성취들'에 대한 적절한 변증법적 이해에 관한 학제 간 논쟁은 통상적 학계의 규칙에 따라 행해졌으며, 그것이 정치적 행위자의 문화적 배경 이해에 영향을 미칠지 여부와는 무관하다. 분배적 정의의 원칙을 적용하는 맥락에 관한 함축적 사전전제를 해명할 수 있을지도 모르는 사회이론의 위상이 높은지 혹은 낮은지는 전 지구적 금융시장 체제에 대한 G20 회담의 참여자에게는 그리 중요하지 않다. 이론비교를 수행하는 사회과학자에게도 그렇고, 이 분쟁들을 관찰하는 철학자에게도 역시 사정은 매한가지이다. 이 수준에서 '현재의 시대'에 대한 종교적 해석, 그리고 학술적으로 제도화된 과학분과의 전문지식을 가공해내는 세속적 해석 사이의 구분이 문제시되고는 있지만, 나는 그 구분은 지키고자 하는 편이다.

정신과학과 사회과학이 상징적으로 체화된 의미연관들로 이루어진 대상영역에 해석학적으로 접근한다는 점에서 패러다임적 자연과학과 구별된다는 것은 확실하다. 정신과학과 사회과학은, 경험적 데이터를 수집하여 가공하는 **관찰자**의 관점이 아니라, 특정한 실제 행위와 언어게임에 가상적으로 참여해야만 그것을 객체화시켜 데이터로 변환하고 기술하고 분석적으로 처리할 수 있는 **해석자**의 시각에서 대상영역에 접근한다.

나는 해석자의 수행적 태도가 역사학자와 사회학자의 연구결과를 해석학적 출발점의 특정한 시공간에 더욱 긴밀히 교착시켜 준다고 한 매카시의 견해에 찬동한다. 이는 심지어 양자물리학에서 물리학자의 연구결과가 측정의 시공간에 좌우되는 것보다 더 강한 제한을 받는다.

역사학적 현시기술은 발생일을 확인해가며 정규적으로 구식화舊式化되는 반면, 물리학 이론은 설명력 있는 이론이 나오면서 추월追越된다. 정신과학과 사회과학의 현시적 기술 안에서는 필연적으로 인지적 접근을 구성하는 사전이해 중 불가피하게 반성되지 않은 흔적도 나타난다. 그럼에도 불구하고 이 실제행위 역시 과학 분과라는 이름을 받을 만한 가치가 있다. 그 학문 역시 비판적 시험의 모든 결과가 노출되는 객관성의 방법론적 척도를 준수한다. 그렇지 않다면 우리는 역사**과학**이라는 학술적 사업과 역사**정치**라는 교육적 혹은 공교적公教的 사업 사이에 어떤 구분도 기할 수 없다.

한 번 더 면밀하게 살펴보면, 어느 쪽이 더 큰 객관성을 가졌다는 영예를 얻느냐는 물음조차도 처음 볼 때와는 달리 그리 쉽게 대답할 수 있는 문제가 아니다. 정신과학에서 해석학적으로 조정된 객관성에의 요구는 자연과학이 그 증명서를 갖고 있다고 자처하는 '어디에도 없는 곳에서의 시선視線'이라는 것보다는 덜 순진하다. 물리학적으로 측정된 상태와 사건을 이론적으로 가공할 목적이라면, 인식하는 주체의 위치와 행위에 대한 반성을 일정 정도 제척하는 것은 필요하다. 그러나 이 목적 자체, 예를 들어 자연과정을 기술적으로 제어가능하도록 만든다는 것은 동시에 인식 관점의 기능적 제한을 의미할 수도 있다. 하지만 어쨌든, 철학적 이론은 정신과학보다 더 명확하게, 발생맥락에 포박되어 있다는 선고를 받는다. 이런 상태에서 그래도 여전히 남은 것이 있다면 그것은 '무한한 대화'뿐이다.

오늘날에도 철학함은 자기를 여전히 하나의 과학적 활동으로 이해하지만, 철학적 논증의 성격에 대해 '과학적'이라는 술어를 붙인다고 해서 그것이 철학을 과학의 반열 안에 포함시키지는 않으며, 철학 자체가 다른 과학과 어깨를 나란히 하는 하나의 '통상적' 과학임을 뜻하게 되는 것도 아니다. 하나의 과학 분과로서의 통상적 성격이 하나의 방법 및 기본개념적으로 규정된 하나의 대상영역을 고정적으로 확정했다는 점에 있다면, 철학과 과학의 차이는 철학함이 '자리가 고정적으로 정해지지 않고 사고함'이라는 데서 확인될 수 있다. 철학은 직접 지향으로 도달된 각각의 인식 모두로부터 다시 한번 반성적으로 거리를 취함으로써 인간적 인지의 기본적 면모를 어느 정도는 '제약받지 않고' 사용하게 된다. 철학은 매우 추상적인 의미에서 우리 자신에 대한 계몽을 약속한다. 어떤 경우든 철학적 문제의 선택에서 자의성을 벗겨주는 준거점은 자기이해 도달의 과정 중에 있는 '자기'이다. 모든 과학적 분과가 오직 특정한 대상영역에만 배타적으로 주목을 기울이는 반면, 철학은 그렇게 함과 동시에 그에 상응하는 학습과정의 계몽적 결과, 즉 세계의 한 단면에 대해 획득된 인식에서 바로 '우리에 대해 의미 있게 자기연관적으로' 귀결되는 것도 보유한다. 철학은 세계이해의 변화와 자기이해의 변화가 동시에 이루어지는 차원에서 운동한다.

과학과는 달리 철학이 이러한 자기이해 도달의 기능을 수치스러워할 필요가 없다. 철학은 자기가 준거하는 것을 어둡게 가리지 않고 하나의 포용적인 '우리'에 대한 반성적 연관을 일반화시킴으로써 그것이 수행하는 과학적 작업의 객관성을 확보한다. 철학적으로 계몽시켜가는 자기이해의 '자기'는 특정 민족, 특정 시대, 특정 세대도 아닌데, 이 사람이 사람 일반으로서의 그런 사람이 아니라면 한 개체를 가리키는 것도 아니다. 무엇인가가 '우리에 대해' 가지는 철학적 의미는 '우리의 인간적 현존재 일반 안에서의 우리에 대한 의미 있는 현존재'로 이해되어야 한다.

이 관점은 또한, 칸트부터 헤겔까지 행해졌던 이성비판에서 비판적 사회이론이 기원한 것에 대해 통찰력 있게 살펴볼 수 있도록 한다. 18세기 말, 철학은 급진화된 새로운 시대의식의 도전 앞에 서 있었는데, 이때 비로소 사회과학과 정신과학이 등장했다. 이 경험은 그사이 탈형이상학적으로 각성된 철학에 전적으로 새로운 주제를 강제하는데, 전통과의 결합에서 풀려난 현대에 대한 자기이해 도달이 그것이다. 철학이 형이상학적 대답에 대한 수요를 명확하게 거부하면 할수록 점차 늘어가는 방향설정에 대한 요구를 더욱 날카롭게 지각한다. 그때마다 현전하는 상황에서 나오는 행위요구에 맞춘 방향설정의 소원들이 첨예화함과 더불어 철학은 그것의 고전적 분과에서 익숙하게 정착되어 있던 과제를 넘어 '자기 시대를 관념 안에서 포착한다'는 새로운 주제에 직면하게 되었다. 철학은 다른 과학과 함께, 우선은 가장 먼저 정치경제학과 함께, 현대에 대한 자기이해 도달이라는 이 기능을 감지했다. 헤겔의 죽음 이후 이 역할은 사회학으로 옮겨갔는데,[77] 따라서 사회이론은 다소 우연적이라고 할 수 있는 조건 속에서 형성된 것이다. 그러나 이것은 현대 시대에 비로소 출현하는 것으로 파악되는 사회과학이 현대에 대한 자기연관적 논변의 철학적 유산과 이상하게 공생하

---

77 헤겔에서 사회학으로의 이 이행에 대한 탁월한 기술들은 H. Marcuse, *Vernunft und Revolution: Hegel und die Entstehung der Gesellschaftstheorie* (Neuwied, 1964) 참조. 우리말 번역으로 마르쿠제, 《이성과 혁명: 헤겔과 맑스》, 김현일 역 (서울: 중원문화, 2023, 3쇄; 2020, 초판).

면서 나타나는 혼성적 특성을 설명하고, 매카시가 사회이론적으로 이끌어진 시대진단에 대해 '보편적 해석'이라는 명칭을 부여하면서 논란을 제기하는 이유를 밝혀준다.

인간과학과 자연과학을 한편으로 하고 철학과 사회이론을 다른 한편으로 하여 이 두 편 사이의 관계를 스케치하면서 나는 방법적 분과화分科化의 관점 아래 과학적 사고의 여러 상이한 객관성 요구가 밀접하게 서로 연관되도록 하는 하나의 관점을 시사하고자 한다. 이 분과의 각 영역에서 우리는 그에 상응하는 문제제기가 허용하는 범위 내에서 많은 객관적 인식에 도달할 수 있다. 유일하게 올바른 대답을 **탐색하는 과정**에서 도달가능한 객관성이 많든 적든 우리는 서로를 **교착적으로 교정**하는 것을 멈추지 않는다.

이제 사회이론적 기획의 과학적 성격을 내용적으로 유사한 방향을 취하는 신학적 작업과 구분하는 것은 **오류가능주의적** 의식에 의해 지시되는 이 탐색의 **무조건적 · 무제약적 성질**이다. 결과를 요구하는 위상이 아무리 약하다고 할지라도 과학성에 대한 요구를 근거정립하는 것은 진행과정의 합리성이다. 아무리 자유주의적 해석을 제공하더라도 궁극적으로 이 과학성의 요구를 충족시킬 수 있는 신학자란 전혀 없는데, 왜냐하면 신학자들이 구원의 재화를 운용하고 의식을 거행하는 교구에서 삶을 이어가는 신앙에서 기생적으로 자양분을 공급받는 한, 어떤 신학도 비판적 자기수정의 유보 없는 무조건성과 무제약성에 스스로를 헌신할 수 없기 때문이다.

c. 마지막으로 매카시는, 국민국가 안 사회들의 공론장 안에서 종교의 역할이라는 주제를 잡아, 실제로 힘을 잃고 결국 지속적으로 '이성적 불합치'를 제기하는 개별적인 분석적 구분에 반대하는 반론을 통

하여 '국가 간 정의'의 의미에 대해 초超문화적 이해 도달이 가능하다는 의견에 반대하는 자신의 회의를 보완한다. 자신의 언론의 자유를 행사함에 있어서 세속적 시민은 당연히 종교적 발언뿐만 아니라 종교 자체에 대해서도 가장 날카로운 비판을 행해도 된다. 이제 매카시가 묻는 것은, 대니얼 데닛이나 리처드 도킨스 같은 동료들이 자기들 책을 내어 토론에 부치는 이 **문화적 공론장**이 민주적 국가시민의 기풍이 제시하는 척도에 따라 같은 시민들에게 종교적 동료시민과 그들의 발언에 맞서 특정한 제약을 부과하기도 하는 **정치적 공론장** 일반과 어떻게 구별될 수 있느냐 하는 것이다. 그 물음에 대해서는 하나의 간단한 대답이 있다. 말하자면, 그 결과의 관점에서 볼 때 모든 참여자는, 투표권을 부여받은 국가시민이라는 자기의 역할에 있어서 자기들이 언제 법적으로 규제할 필요가 있는 사안에 대한 의견형성 과정과 의지형성 과정에 참여하는지를 분명히 인지할 수 있어야 한다는 것이다. 왜냐하면 정치적 발언은 법적 구속력이 있는, 따라서 국가적 제재를 행사하는, 공인기관의 결정들 안으로 이러저러한 상태로 유입하는 각종 토론의 일부이기 때문이다.

매카시는 종교의 풍부한 이미지 언어와 비유담화에 담긴 규범적 내용을 한편으로 놓고, 종교의 사실진술이나 (신, 세계 창조 등) 사전 전제를 다른 한편에 놓았을 경우, 이 두 편 사이의 경계를 긋는 데 있어 추가적 어려움이 생기는 것을 목도한다. 전자는 사정에 따라 불가지론주의적인 동료시민들에게 자신의 도덕적 직관에서 망각되거나 억눌렸던 측면을 환기시킬 수 있으며, 후자의 경우에는 세계에 대한 세속적 지식과 충돌할 수 있다. 이렇기는 해도 그것은 종교적 내용을 번역하는 과정 자체보다는 그 결과와 더 많이 관련된 분석적 구분인데,

이미 선행하는 대안의 가치평가 또는 새로운 대안의 구축에 영향을 미칠 수 있는 것은 오직 규범적 내용뿐이다.

마지막으로, '보편적 수긍가능성'과 '보편적 접근가능성'의 요청에 관해 일종의 불명료성이 남아 있다. 국가권력의 세속화는 집단적 구속력이 있는 결정을 승인하고 집행하는 데 사용되는 합법적 강제 수단이 특정 종교공동체나 아니면 다른 세계관을 가진 집단의 수중에 떨어지지 않도록 보장해야 한다. 이를 위해 민주주의적이고 법치국가적인 절차를 마련해야 한다. 숙의熟議와 포용包容의 결합을 통하여 민주주의적 절차는 정당성을 확보할 수 있다. 왜냐하면 숙의와 포용은 그 결론이 모든 이의 균등한 이익에 부합하며 따라서 보편적으로 수긍가능하기 때문이다. 그러나 집단적 구속력이 있는 결의가 보편적으로 접근가능한 언어로 정식화되어 정당화되지 않는다면 포용의 조건, 즉 모든 잠재적 관련자들이 절차에 적절하게 참여한다는 그 조건은 훼손될 것이다. 종교적 언어는 특히나 이 조건을 훼손할지도 모른다. 왜냐하면 그에 상응하는 신앙공동체 밖에서는 언뜻 보기에 일차적으로 보편적 수긍가능성에 대한 요구와 부합할 수 없는 (예를 들면 계시의 진리 같은) 범주의 근거가 그 안에 들어 있기 때문이다.

8. 어려운 논변들

이제 따라오는 논변들의 어려움은 결국 매카시가 옳다고 시사하는 것처럼 보인다. 나는 나에게 철학적 논거로 접근하는 두 명의 신학자와 종교적 사고와의 경계를 열어두고 있는 한 철학자가 제안한 뜻깊은 대화의 기회를 제대로 활용하여 생산적인 논의를 이끌어내지 못하고 있다. 이 무능함이 나의 해석학적 예민함이 부족한 데서 비롯된 것이라면, 나는 세 분의 동료에게 미리 용서를 구한다.

1. 몇몇 학술적 논변은 어려운 형태를 갖는데, 그 이유는 사소한 오해로부터 지켜줄 논증배경과의 친숙함이라는 하나의 단순한 해석학적 조건이 충족되지 못했다는 데 있다. 니컬러스 월터스토프와[78] 나 사이에 불행하게도 발생한 논쟁의 혼란스러운 상황은 '탈형이상학적'[79] 또는 '이성적'[80] 같은 표현을 사용할 때의 차이를 나중에 깨달았다고 해서 바로잡을 수 있는 것은 아니다. 왜냐하면 그것으로는 단순히, 그 반론이 의지하는 전제만 없어지기 때문이다. 내가 최소한 거론하고 싶은 것은 논란이 있는 한 주제와 한 가지 혼동이다.

니컬러스 월터스토프는 계시된 진리 같은 교조적 근원을 호출하는 것이 별다른 연관성이 없다고 간주하여 종교적 발언과 비종교적 발언 사이의 차이에 관한 논란은 공허한 것이라고 설명한다. 그러나 계시에

---

78 월터스토프(Nicholas Wolterstorff)는 예일대학 철학적 신학(Philosophical Theology) 교수이다.

79 관련된 논고들은 J. Habermas, *Nachmetaphysisches Denken: Philosophische Aufsätze* (Frankfurt, 1988) 참조. 우리말 번역으로는 하버마스, 《탈형이상학적 사고 1》, 홍윤기·남성일 역 (파주: 나남, 2025).

80 나는 이른바 '칸트-합리성'을 구축하려는 월터스토프의 수고로운 노력을 이해하지 못한다. 나의 관점에서 이는 이성에 대한 실체적 개념의 전통을 흡수하는 '의사소통적 합리성'의 절차개념으로 충분히 설명된다. 이 개념의 소개는 J. Habermas, "Die Einheit der Vernunft in der Vielfalt ihrer Stimmen", in: 위의 책, 153~186쪽(우리말 번역으로는 하버마스, 〈9장. 다채로운 음성 속 이성의 통일성〉, in: 위의 책 —옮긴이); ders., "Kommunikatives Handeln und detranszendentalisierte Vernunft", in: ders.(2005), 앞의 책, 27~83쪽 참조.

대한 호소나, 신앙인이 신적인 것과 접촉하는 모든 형태(예를 들어 제례의 거행, 기도, 금욕 수행, 명상 등)를 배제할 경우, 신앙은 고유의 특성을 상실하게 된다. 즉 신앙은 '구원과 재앙'을 다루는 의식儀式에 뿌리내리고 있다는 점에서 특수성을 가진다.[81] 나도 그곳에서 나고 자랐던 문화적 프로테스탄티즘은 종교를 순전히 세계관으로 해체시키는 것과 결합된 위험을 인지하고 있었던바, 그것은 종교 전반의 종말을 알리는 불길한 전조이다.

여러 군데에서 월터스토프는 토론의 수준을 혼동하고 있는데, 시민들이 정치적 공론장에서 실제로 수용하는 인지적 태도표명은 경험적 연구의 대상이며, 자유주의적 헌법이 시민에게 요구하는 정치적 인륜은 정치이론의 대상이고, 요구사항이 많은 국가시민의 인륜을 실천하기 위해 요구되는 인지적 전제와 이를 충족시키는 데 필요한 학습과정은 인식론의 대상이다. 다시 바꾸어 보자면, 다른 철학적 수준에는 '환원주의적' 또는 '강한' 자연주의에 대립하는 '부드러운' 자연주의를 방어하는 데 적용되는 논거가 놓여 있다. 자연주의에 관한 이 나중의 주제만이 탈형이상학적 사고의 위상을 명확하게 하려는 시도와 직접적으로 관련된 것이다.

2. 존 밀뱅크는[82] 흄의 도움으로 갱신된 플라톤주의에 대한 이례적 개념파악을 칸트적 혈통의 창백한 '탈형이상학적 사고'에 맞서는 신선한 반대입장으로 표상한다. 그는 오늘날 이 역행적 입장이, 서로 사

---

81 내가 올바르게 이해하고 있다면 이것은 다른 곳에서 종교적 진술과 세속적 진술의 경우에 '참인-것으로-간주되는-것(Für-wahr-Halten)'의 양상들 사이에 있는 차이를 도입하고자 하는 개혁인식론을 반박하는 나의 **일반적** 반론이다.

82 밀뱅크(John Milbank)는 영국 노팅엄대학의 종교철학, 정치학 및 윤리학 교수이다.

력을 다해 충돌하는 기독교 신앙과 강한 자연주의라는 두 세력에 의해 주변화된다고 하면서, 이 상태를 "우리는 도킨스 대對 라칭거의 시대에 산다"라는[83] 한 문장으로 요약한다. 이 진단에서 밀뱅크는 철학에 대한 불가지론적 이해와 정치와 헌법에 대한 형식주의적 이해는 근본주의적 운동들이 그 안으로 쏟아져 들어오는 틈새를 활짝 찢어낸다는 결론을 끌어낸다. 바이마르공화국의 정치적 숙명이 이런 결론의 입증에 도움이 된다. 모든 경험적 증거에 반대하여 그는 "바이마르는 철저하게 칸트적으로 형성되었으며, 하버마스는 이 오류를 되풀이하고 있다"고 과감하게 주장한다. 사실 바이마르공화국은 오히려 부르주아 엘리트가 법치국가적, 민주주의적 절차가 지닌 자유보장적 성격에 대한 이해를 결여했다는 데서 붕괴했다고 보아야 한다. 성직자 파시스트인 카를 슈미트의 실체주의적 헌법개념에 맞서 헌법친화적인 한스 켈젠의 칸트적 구상이 관철되었다고 생각이라도 해보자!

---

83 "Wir Leben im Zeitalter von Dawkins versus Ratzinger."

[옮긴이] 리처드 도킨스(Richard Dawkins, 1941~)는 영국의 동물행동학자, 진화생물학자 및 대중과학 저술가로서 생물과학적 무신론자이며, 철저한 인본주의자, 회의주의자, 과학적 합리주의자 및 무신론자에 대한 대중적 인식을 바꾸려는 브라이트 운동 지지자이다. 그는 2006년에 발표한《만들어진 신》(*The God Delusion*)에서 초자연적 창조자란 거의 확실히 존재하지 않으며 종교적 신앙은 굳어진 착각에 불과하다고 주장했다.

요제프 알로이지우스 라칭거(Joseph Aloisius Ratzinger, 1927~2022)는 가톨릭교회의 제 265대 교황 베네딕토 16세(재위 2005~2013)의 속명인데, 그는 여러 선진국에서 가속화되어 가는 기독교 신앙의 쇠퇴와 세속화의 풍조에 맞서 유럽이 먼저 기본적인 기독교적 가치를 회복해야 한다고 주장했다. 객관적 실재의 상대주의 그리고 도덕적 진리의 부정을 거부하고 이를 21세기의 주요 문제로 선언한 그는 가톨릭교회와 인류를 위해 구제를 베푸는 하느님의 사랑을 묵상할 것을 가르친 가톨릭 정통보수파의 대표였다.

그 밖에도, 하이데거의 사례로 입증되듯이, 너무나 무미건조한 계몽주의의 여러 위험들에 맞서 밀뱅크가 주문으로 불러일으킨 대학 엘리트의 '심오한' 철학적 사고 역시 정치적으로 파멸적인 역할을 했다. 그러나 존 밀뱅크에게 정치적 논거는 단지, 데이비드 흄의 정서이론은 그것이 공감의 몫으로 정해준 중심역할로서 모든 것을 플라톤화하는 기독교를 다시 자기 것으로 만드는 문을 열어준다는 굉장한 철학사적 명제를 수사적으로 엄호하는 데만 기여할 따름이다. 이 독창적 명제는 — 여기에서 나는 밀뱅크의 철학에 관해 아는 것이 너무 적음을 고백할 수밖에 없는데 — 통상적인 흄 독자들을 어이없게 만드는데, 하지만 기독교적 신앙의 형이상학적 갱신에 유리하도록 흄적인 회의론을 채굴한다는 영리한 전략은 자극이 전혀 없지는 않다. 나는 흄 전문가들이 흄적 '공감'에 들어 있는 아마도 스토아적이고 플라톤적인 함축들이 사실상, 정서주의와 세계영혼에 대한 사변으로 만들어진 재치 있게 혼성적인 결합으로 가는, 하나의 안정된 다리를 구축할 수 있는지를 오랫동안 시험해 왔다고 상정한다. 물론 프리드리히 슐라이어마허는 전적으로 다른 방식으로 믿음과 앎 사이의 체계적인 연결고리로서 감정感情을 칸트적인 선험론철학의 건축술 안에 도입했었다.

존 밀뱅크가 나의 견해를 연관시킨 몇 안 되는 지점에서 나는 반박을 제기할 수밖에 없다. 무엇보다 나에게는 세속적으로, 따라서 '신앙'과 독립적으로 도입된 의사소통적 합리성의 개념이 왜 합리성과 감정 사이에 내적 관계가 존속한다는 견해를 열어 보이는지 명확하지 않다. 우리가 각 자연언어들 모두에 선재하고 있음을 아는 평가적 표현의 풍부한 어휘는 언어공동체의 감정생활을 명확하게 드러내 보인다. 그리고 각각의 평가적 진술은 모두 정서적 입장취득을 표현한다. 늦어도

"자유와 원한"이라는 스트로슨의 유명한 논문 이래, 도덕적 판단이 특정한 종류의 감정태도를 표현한다는 것은 분석철학에서도 진부한 상투어가 되었다.[84]

도덕적 논변뿐만 아니라 취향판단에 관한 미학적 논란이나 의사소통에서 배제되어 강박관념이 된 정동情動에 관한 치료적 대화에서도 중요한 것은 느낌의 명제적 내용이다. 나에게 전적으로 이해불가한 것은, 실천이성에 대해 실체적 핵심을 제거한 절차적 이해가 자유의지에게 자기주장 말고는 어떤 다른 방향설정을 전혀 지시하지 않는다는 것이다. 그에 못지않게 나를 혼란시키는 것은 공리주의에서 의무론의 재발을 구성하는 것 그리고 선험론철학과 물리주의 사이에 하나의 정신적 공범관계가 존재한다는 명제이다.

3. 다른 종류의 도전을 제기하는 것은 헨트 데 브리스의[85] 입장인데, 그는 종교에 대한 탈형이상학적 사고의 경계를 월경하여 종교철학 자리에 '종교적 철학'을 정립하고자 한다.[86] 그는 이 의도를 "어떻게 우리는 반성적인, 물론 비판적인, 태도를 취하면서 … 그와 동시에 종교의 지식보고 전체를 최소한 순환하도록, 그리고 정말로 작동하도록 할 것인가?"라는[87] 물음으로 표현한다. 데 브리스에 따르면 이것을

---

84 P. F, Strawson, "Freedom and Resentment", *Proceedings of the British Academy*, 48(1964), 1~25쪽.

85 데 브리스(Hent de Vries)는 볼티모어 소재 존스홉킨스대학의 인문학센터 소장이다.

86 미하엘 토이니센의 답변은 내가 보기에 더 강한 논거를 갖고 이와 유사한 방향으로 끌고 간다. M. Theunissen, "Philosophie der Religion oder religiöse Philosophie?" *Information Philosophie*, 5(2003), 7~15쪽.

87 "How does one adopt a reflexive, even critical, stance … while at the same time keeping the total archive of religion at least in circulation, indeed, in play?"

성취하는 것은, 합리성의 개념을 '단지 근거를 주고받는 것'을 넘어 확장시키는, 아포리아적 사고형태와 패러독스이다. 키르케고르에서 베냐민 그리고 데리다까지의 문학적 영감이 풍부한 사고실천이 종교적 내용의 번역에 모범적인 것을 성취했다는 데에는 의심의 여지가 없다. 그에 반해 하이데거의 '존재함의 추념'은 베일을 씌워 빌려 온 것이지 번역은 아니다. 진리에의 특권화된 접근에 항의하는 '깊이'의 파토스는 종교적으로 각성된 철학함의 현안일 수 없다. 철학은 결코 통상적 과학분과가 아닐지도 모르지만 자신을 하나의 과학적 활동으로 이해한다.

헨트 데 브리스는 시장과 전자매체의 지구화 과정이, 범세계적으로 의사소통하는 종교공동체 속에서 세계종교에 언제나 요구되었던, 전지구성의 가상적 현실화와 어떤 연관을 가지는지에 대해 흥미로운 사회학적 관찰을 제시한다. 그는 경험적으로 관찰된 현상들을 바탕으로 종교宗教가 아니라 종교성宗教性의 새로운 형태를 철학적으로 해석하려 한다. 이 새로운 형태는 형이상학적 내용의 핵심이 제거된 상태로 나타나는데, 한편으로는 세속적 일상생활에 대한 최소한의 영향이라는 의미에서 '약한' 것이지만, 다른 한편으로는 그것의 최대 확산과 애매한 편재성遍在性의 기반 위에서는 충분히 '강하다'. 다소 애매한 이 시대진단적 기술은 아마도 계속 광범하게 세속화된 사회들 안에서 의식意識의 '탈세속적' 변화들과 맞아떨어질 것이다.

9. 죄 없이 죽임을 당한 이들에게 우리는 무엇을 빚지고 있는가?

'종교적' 철학이라는 미끄러운 구역에서는 누구라도 쉽게 발을 헛디딜 수 있다. 아마도 종교적인 싸구려 통속물식으로 철학한다는 것에 대한 적대적 불신이 내가 더 일찍 모험을 각오하지 못하도록 막은 것 같다. 어쨌든 맥스 펜스키는[88] 빙판에 발을 내딛고도 미끄러져 넘어지지 않았다. 그는 테올로구메나를[89] 탈형이상학적으로 한 글자 한 글자 꼼꼼히 풀어내는 데 주저하지 않는다. 그의 인상적 논문에서 나는 또한, 우리의 나치 과거사를 정치적으로 철저히 규명하기 위한 생각과 관련하여 내가 예전에 명시적으로 기술했던 것보다 더 명확한 그의 고유한 생각을 만난다. 이 점은, 아우슈비츠가 던지는 시선에서 급진적으로 근본화된 신정론神正論의 문제에 답하고자 '기억을 위한 연대連帶'의 변호사를 자처하는, 요한 밥티스트 메츠의 신학에 대한 나의 복잡한 관계를 보면 특히 맞는 말이다.

앞에서 나온 책의 맥락에서 나를 특히 기쁘게 만든 것은, 맥스 펜스키가 종교적 진술의 번역이 가능한가 아니면 불가능한가에 관한 추상적 논쟁을 수행적으로 침묵시킨 것이다. 그는 "번역은 유추적 사고의 과정이다. 그것은 불완전한 등가물을 탐색하는 일이다"라는[90] 예를

---

88 펜스키(Max Pensky)는 미국 뉴욕주(州) 빙햄턴(Binghamton)대학 철학 교수이다.

89 [옮긴이] '테올로구메나'(Theologoumena)는 신성한 계시나 정통 교리에서 출원하지 않은, 신에 대한 신학적 단언이나 진술을 가리키는데 한국 신학에서는 이에 대한 공식 번역어를 제시하지 않은 것으로 조사된다. 아마 '신에 대한 비공식 사적 견해' 정도로 옮길 수 있지 않을까 생각되지만 본문에서는 원어 발음 그대로 적었다.

들어 이런 일이 어떻게 이루어질 수 있는가를 보여준다.

그동안 많은 나라에 퍼진 '기억의 정치문화'의 핵심은, 후세대는 과거에 자국 국민의 지지로 성립되었던 폭력체제가 자행한 잔혹한 대량범죄의 유산에 대해 어떤 태도를 취해야 하며 그에 대하여 공적인 추모를 거행한다는 것은 무엇과 관련되는가 하는 물음이다.

정치공동체의 구성원은 같은 전통 안에서 존립하며 사회화의 끈으로 서로 연결되어 있기 때문에 여러 세대를 거쳐도 여전히 밀착되어 있다는 발상은 상당히 다루기 힘든데, 이는 1945년 이후 카를 야스퍼스가 그의 유명한 책《죄의 문제에 대하여》에서[91] 발전시킨 것이었다. 죄罪에 대해서라면 철저하게 개인의 책임에 초점을 두는 오늘날의 척도에 따르면 '집단범죄'라는 것을 거론할 여지는 없는 것처럼 보인다. **엄격하게 도덕적** 의미에 입각해 보면, 정치적 범죄의 희생자에 대한 의무란 범죄에 **직접 가담했던 가해당사자들**에 대해서만 정당화되는 것이다. 그럼에도 불구하고 자기 나라에서 일어났던 대규모 범죄에 대한 당혹스러움에서 가해자의 후손들 역시 죄 없이 살해당한 이들에게 어느 정도 죄가 있다고 끊임없이 불안을 야기하는 감정이 각성되어 나온다.

---

90 "Translation is a process of analogical thinking. It searches for imperfect equivalents."

91 [옮긴이] 2차 세계대전 직후 1945~1946년에 걸쳐 야스퍼스가 나치 독일이 전쟁 중 자행한 국가범죄에 관하여 하이델베르크대학에서 행한 강의를 모아 출간한 책의 정확한 제목은《죄의 문제: 독일의 정치적 대리책임에 관하여》(*Die Schuldfrage: von der politischen Haftung Deutschlands*), (Heidelberg, Lambert Schneider, 1946)이다. 우리말 번역으로는 야스퍼스,《죄의 문제: 시민의 정치적 책임》, 이제승 역 (서울: 삭제앨피, 2014)이 있다.

이 불특정한, 가장 넓은 의미에서 도덕적 책임부담은 **집단적 대리책임**으로 해석될 수 있다. 이 개념의 법률적 함축은, 피해를 전부 보상하기에는 필연적으로 부족할 수밖에 없는 물질적 보상이 대체적으로 가능할 경우에 배상의 지불을 가리킨다. 그러나 그 수준을 넘어서는 종류의 대리책임이란 것이 있을까? 마치 '독으로 오염된 듯한' 생활조건을 상속받았다는 것이 특별한 책임의 근거가 될 수 있을까? 만약 그렇다면 그 책임은 (과거의 피해자들이 더 이상 생존하지 않는 지금의 상태에서 — 옮긴이) 누구에게 져야 할 책임인가?[92]

이 문제는 자국의 범죄적 과거에 대해 명확히 자각할 수밖에 없는 국가시민들의 윤리적, 정치적 자기이해 도달의 수준과 관련된다. 그렇지만 이 기념의 거행은 자신의 고유한 정치적 정체성과 미래에 대한 우려 섞인 고민의 틀을 완전히 벗어던질 수는 없는 듯이 보인다. 기억정치의 실현은 '다시는 안 된다'라고 하는 예방적 차원에서 그치지 않더라도, 여전히 어느 정도 자기몰입적 성격을 띨 수밖에 없다. 맥스 펜스키는 여기에서도 더 나아간 파블로 데 그레이프의[93] 해석에도 만족하지 않는다. 파블로 데 그레이프의 해독법에 따르면, 가해자 세대의

---

92 L. Wingert, "Haben wir moralische Verpflichtungen gegenüber früheren Generationen? Moralischer Universalismus und erinnernde Solidarität", *Babylon*, 9(1991), 78~94쪽.

93 [옮긴이] 파블로 데 그레이프(Pablo de Greiff)는 1963년 콜롬비아 출생으로, 과거 시점에 자행된 국가범죄를 주로 다루는 '이행기 정의'(transitional justice) 분야의 전문가이다. 뉴욕주립대학의 철학과 조교수로 출발하여 예일, 하버드, 컬럼비아 및 유럽대학교 연구소와 라틴 아메리카 여러 대학에서 강의했고, 하버마스의 이 책이 출간된 2012년 당시 유엔 인권국 고등판무관실의 '진실, 정의, 배상에 관한 특별보고관'에 막 취임한 참이었다.

후손들은 자기 조상들에 의해 고통받고 살해당했던 이들에게 그 과거의 불의不義를 인정한다는 공적 제스처를 취할 부채를 지고 있다. 그렇지 않으면 피해자 세대의 후손들은 가해자의 땅에서 계속 질식당하고 있는 것이나 마찬가지일 터이기 때문이다. 가해자와 피해자 양측 후손들의 화해 속 공존을 명백하게 지시하는 이런 상태조차도, 이들이 국가시민으로서 국가 자체와 맺은 자기연관성을 결코 삭제하지 않음을 보여준다.

막스 호르크하이머와 발터 베냐민 사이의 유명한 서신 교환에 의거하여 맥스 펜스키는 기억 실천에서 과거의 죄를 인정하는 것 이상의 표현, 즉 피해자 자신들과의 연대성의 표현을 인식하고자 한다. 하지만 이것은 "살해당한 이들은 정말로 살해당해 있다"는 호르크하이머의 반론에 정면으로 배치된다. 최후의 심판 때 내려지는 신의 심판과는 달리 집단적 기억이라는 미약한 추념追念은 어떤 재회복의 효과도 가질 수 없다. 즉, 추념만으로는 죽은 이에게 가해진 불의를 속죄할 수 없다는 것이다. 지상에서 가능한 정의란 구원적 정의가 아니다. 그럼에도 불구하고, 그런 예전의 과정을 더 이상 심리審理하지 않는 것은 바로 그 희생자들을 볼 때 잘못된 일이라고 어떤 불특정한 도덕감 같은 것이 우리에게 말해준다.

맥스 펜스키는 아우슈비츠의 관점에서 그 가치를 축소하지 않는 해석을 다음과 같이 제안한다.

> 어떤 사회든 그 구성원에게 참회와 후회를 표현할 충분한 기회를 제공할 수 있다. 그러나 어떤 집단 전체의 부당한 학살로 인해 오늘날까지 계속 느낄 정도로 사회적 구조에 깊은 상처나 틈이 생기는 극단적 경우도 있다. 그

런 경우, 우리는 죽은 자들과의 연대에 대해 이야기한다.[94]

가해자의 나라에서 추모의 정치적 실행은 그 범죄가 정치적 공동체의 사회적 구조에 남긴 결손을 지속적으로 환기하는 역할을 해야 한다. 아물지 않는 상처를 인정하는 것은[95] 과거가 현재에 완전히 흡수된다고 생각하는 현재중심주의를 방지한다. 추모는 과거에 일어났던 일을 미완료 과거형으로, 즉 규범적으로 완료되지 않은 과거의 양상으로 고착시켜야 한다. 기억의 공적 작동은 공동체의 전통들로 촘촘하게 짜인 세공물 안에 기억이 남겨둔 틈새를 의식하게 만듦으로써 현재 부재하는 이들에 대한 슬픔을 강화시켜야 한다.

그렇기는 하지만 슬퍼하는 유족에게는 너무나도 당연한 이 안타까

---

94 "While any society generates ample opportunities for its diverse members to express remorse and regret, it is only in extreme cases, where the unjust destruction of a class of persons opens up a wound or a gap in the social fabric that continues to be perceived in the present day, that we speak of a solidarity with the dead."

95 아도르노는 이런 견지에서 "하이네라는 상처(Wunde Heine)"를 얘기한다.
[옮긴이] 19세기에 활동한 독일의 서정시인 하인리히 하이네(Heinrich Heine, 1797~1856)는 프랑스나 독일뿐 아니라 유럽 시민을 전체를 겨냥한 계몽운동을 벌이다가 그리워하던 고국 독일로 돌아가지 못하고 프랑스에서 숨졌다. 이런 하이네를 두고 그의 조국 독일의 황제주의자, 보수주의자 그리고 종내는 히틀러의 국가사회주의, 즉 나치는 그를 독일의 망신이라고 폄하하고 그의 시를 가사로 하는 노래들은 모두 익명으로 취급했는데 그중에는 우리에게도 잘 알려진 〈로렐라이〉도 있다. 따라서 현대 독일 정치사와 문화사에서 하이네를 수용한다는 것은 그 자체가 독일 현대사의 '상처'를 진단하고 치유하는 과정이기도 하다. 이러한 '하이네 수용'의 움직임을 사상가별로 추적한 기록물은 K. T. Kleinknecht, *Heine in Deutschland: Dokumente seiner Rezeption 1834~1956* (de Gruyter, 1976)이 있다. 하이네의 사상과 활동에 대한 입체적 서술로는 오한진, 《아픔의 시인 하인리히 하이네》(서울: 지학사, 2014) 참조.

운 그리움의 관점은 가해자 세대의 후손보다는 생존자와 피해자 세대의 후손에게 더욱 적합하다. 가해자 세대의 후손에게는 이와는 좀 다른 것이 출발점이 된다. 즉 자국 국민 중 한 집단 전체를 낙인찍어 폭력적으로 배제한 행위에 대한 당혹감, 극단적 잔인성과 지속되는 일상의 정상성이 공존했다는 사실을 이해할 수 없다는 충격이 바로 그것이다. 이러한 측면에서 보자면, 피해자에 대한 공감은 가해자에 대한 대경실색을 넘어서는 과정을 통해 가능해진다. 이는 가해자와 피해자 간의 전승적 연결고리를 형성하는 문화까지 포함하는 문제이다.

가해자와 피해자 사이의 깊은 단절은, 가해자 후손과 피해자 후손 사이의 보이지 않지만 궁극적으로 극복할 수 없는 거리 속에서도 지속된다. 매개되지 않은 안타까운 그리움의 감정과 마주 서 있는 것은 그리워지는 것에 주의를 기울이도록 만들게끔 몰려 당혹스러움에 잠긴 양심이다. 이러한 관점 사이에 벌어져 있는 틈은 저절로 메워질 수 없는 것이다. 이것은 심리학적으로 또는 사회학적으로 서로 위치를 바꾸려는 낯 뜨거운 시도가 좌절한 예에서 자명하게 드러난다. 나아가 향후 세대들이 이러한 역사적 유산에 대해 어떻게 반응할 것인지는 경험적인 문제로 남아 있다. 손자·손녀와 증손자 세대는, 일이 잘 풀리려면, 스스로 결정할 수 있어야 한다. 그러나 당분간은 그들이 결정을 회피할 수 없도록 해야 한다.

6장

믿음과 앎에 관한 심포지엄

이의에 대한 반론 및 자극에 대한 반응[1]

이 모임의 참석자들을 종교라는 주제로 이끌었으리라 생각되는 관심 정황을 나 자신에게 되새겨 보면 마치 내가 외계인이 된 듯한 느낌이 든다. 이 모임 구성원 대다수는 학술활동에서도 종교적 경험에 의거하고 있으며 신앙공동체의 실천과 지속적으로 친숙함을 가진다는 점에서는 나보다 훨씬 앞선 이들이다. 나의 세대는 아무리 세속적 성향을 가졌어도 종교적 사회화의 기억으로 양육받는 방식으로 성장했다. 그것 말고도 나의 경우 역시 자유주의적인 개신교 부모가 집안을 꾸리면

1 2005년 9월 23~24일에 걸쳐 루돌프 랑탈러와 헤르타 나글-도체칼의 초청으로 빈대학에서 철학자와 신학자의 비공개 모임이 열렸는데, 참으로 감사하게도 이 자리에서 탁월한 동료들은 믿음과 앎의 관계에 관해 표명되었던 나의 입장과 대결을 벌였다. 예리한 만큼이나 자극적인 그들의 발제문에 대한 내 응답은 R. Langthaler & H. Nagl-Docekal (Hg.), *Glauben und Wissen: ein Symposium mit Jürgen Habermas* (Wien/ Oldenbourg/ Berlin: Akademie Verlag, 2007), 366~414쪽에 실었던 것을 재수록한 것이다.

서 교회와 신학에 대해 평화적이고도 우호적인 관계를 갖도록 권했던 편이었다. 어쨌든 이데올로기적 긴장이 거의 이완된 이 시대 서유럽 사회의 환경에서 전투적 형태로 종교를 거부하는 것은 더 이상 설 자리가 없다.

또 학창 시절 나의 스승이었던 헬무트 골비처나[2] 한스 이반트[3] 같은 — 나치 시대 동안 나치에 절대 굴복하지 않았고, 2차 세계대전 이후 독일연방공화국(서독) 건국 초기에 독일 사회와 교회 안의 권위주의적 정신자세와 타협을 강박하는 분위기가 이어지는 데 맞서 누구보다 목소리를 높였던 — 분들이 신학자였음을 잊지 않고 있다. 그러나 우리가 다른 누구보다도 이런 신학자들에게서 도덕적으로 올곧은 걸음걸이를 배울 수 있었기 때문에, 그분들이 이런 자세로 생업을 이어갔

2 [옮긴이] 헬무트 골비처(Helmut Gollwitzer, 1908~1993)는 독일 루터파 교회 목사이자 신학자로, 20세기 최고의 신학자라 일컬어지는 카를 바르트(Karl Barth)의 제자이자 그의 비판자였다. 골비처는 기독교적 마르크스주의 신학을 개척했다고 평가받으며, "사회주의자도 기독교도가 될 수 있으며, 기독교도라면 사회주의자라야 한다"는 유명한 경구를 남겼다. 또한 그는 예수를 피억압자 해방의 선도자로 해석하였는데, 민족사회주의(나치즘), 마르크스-레닌주의(스탈린주의) 그리고 이윤착취에 함몰된 자본주의를 모두 크리스천의 이름으로 비판하고 그에 저항하는 등 매번 당대의 억압자에 저항하는 실천을 마다하지 않았다.

3 [옮긴이] 한스 이반트(Hans Joachim Iwand, 1899~1960) 역시 카를 바르트의 영향을 받은 복음주의 신학자로서 종교개혁 이래 프로테스탄티즘 신학의 핵심이었던 다섯 솔라(Five Solas: 오직 성경·그리스도·믿음·은총·신에게 영광)에서 믿는 이를 초월하는 성경, 그리스도, 신의 세 요소는 일체 언급하지 않은 채 그야말로 '오직(sola)' 믿는 인간에게만 해당되는 "오직 믿음, 오직 은총"에 의거해 원죄뿐만 아니라 세속의 모든 불의에 맞서는 신앙인의 삶을 강조하였다. 이런 신앙관에 입각해 이반트는 성직자와 교회의 역할을 강조한 가톨릭주의뿐만 아니라 나치의 지원을 받았던 독일 기독교도 교회에 맞서서 고백교회를 결성하여 이른바 '교회투쟁'을 벌이고 지하 성경세미나를 열었다가 투옥되고 '제국 내 설교금지' 조처를 당하기도 했다.

던 전통도 그저 논쟁 한번 하고 제쳐버릴 성질의 것은 아니었다.

이런 사실을 염두에 두면, 내가 종교철학적 문제에 몰두하게 만든 동기가 왜 엄격한 의미에서 **종교철학적인 종류의** 관심사가 아닌지 설명할 수 있을 것이다. 종교적 설교나 경험들이 철학적으로 적절하게 개념화될 수 있느냐 여부는 내게 중요하지 않다. 마찬가지로 나는 기독교적 가르침의 근본 신념과 이 시대 철학의 담론 사이에 정당화될 수 있는 관계를 설정한다는 변론적 의도에도 거의 끌리지 않는다. 하지만 내가 그런 담론과 조우한다면 나는 기꺼이 그 논증을 부둥켜안고 환영할 것이다. 이런 방식으로 사람들은 믿음과 앎 사이에, 논란은 많지만, 상속관계가 있다는 것에 대한 관심을 공유하면서 만난다.

믿음과 마찬가지로 앎도 **탈형이상학적 사고의 계보학**, 즉 이성의 역사에 속한다. 그러므로 세속적 이성 자체는 현대를 반성적으로 성찰하는 종교적 의식意識에 대한 자신의 위상을 해명하고 기축시대의 인지적 돌파에서 공통적으로 기원한 정신의 상호보완적인 두 형태를 개념 파악하는 경우에 한해서만 이해될 수 있다. 이 방식으로 사람들은 칸트에서 출발하여 칸트적 사고방식을 포기하지 않은 채 헤겔적 문제제기로 진전할 수 있게 된다.

1. 칸트의 종교철학에 관하여

1. 나는 칸트의 종교철학뿐만 아니라 그것의 가장 중요한 의도들에 대한 나의 재구성에 관해 크리스티안 단츠가[4] 내놓은 해석에 동의한다.[5] 도덕은 오직 실천이성의 기초에 의거해서만 근거정립된다. 칸트와 함

께 단츠 역시, 도덕적으로 행위하는 개인들의 '실천적 자기의식에 대한 자기해명' 덕분에 종교철학으로의 이행이 이루어졌다고 하면서, "종교에서 유한한 의식이 주제화하는 것은 자유의 구성이 아니라 그 실현이다"라고 규정한다. 칸트의 종교철학은 신이 자연필연성과 인륜성을 하나로 합치시킨다는 교시를 갖고 이성적 세계 본질체들의 불안에 응답한다. 이성적 세계 본질체들은 주관적 최종목적인 자신의 행복뿐만 아니라, 객관적 최종목적인 세계에서 가능한 최고로 좋은 것인 모든 덕스러운 인간의 행복이라는 도덕적 행위의 결과에 무관심할 수 없다.

보통의 신앙인뿐만 아니라 칸트주의자임과 동시에 도덕적 행위의 주체이기도 한 철학자는 세계 안에서, 즉 자연법칙들이 지배하는 현상의 영역 안에서 자신의 도덕적 행위 전반의 의도된 결과가 전체적으로 어떻게 형성되는지 반성한다. 이와 똑같은 물음에 대해 판단력 비판은 자연이 목적들의 체계인 것처럼 상정하면서 그 안에 있다고 추정되는 자연의 최종목적Endzweck der Natur에 대한 숙고를 통해 답한다. 이 관점에 서면 재차, 자연에 법칙을 부여하는 지성일 뿐만 아니라 목적들의 도덕적 왕국 안에서 법칙을 부여하는 최고주권자라고[6] 우리가 생각하는 '하나의 지적知的 세계원인'이라는 가설이 제공된다.

---

4 단츠(Christian Danz)는 빈(Wien) 대학의 조직신학 교수이다.

5 C. Danz, "Religion zwischen Aneignung und Kritik", in: R. Langthaler & H. Nagl-Docekal(2007), 앞의 책, 9~31쪽.

6 나는 빌헬름 바이셰델(Wilhelm Weischedel)이 편찬한 *Werkausgabe in zwölf Bänden* (Wiesbaden, 1956)의 권수와 쪽수에 따라 칸트의 저작을 인용한다. 이 구절은 V권인 《형이상학 및 논리학 논술 제1책》(*Schriften zur Metaphysik und Logik 1*), 569쪽이다.

칸트의 도덕이론에 대한 나의 비판은 일차적으로, 칸트가 정의와 행복감의 합치가능성을 보장하는 신 또는 지성적 세계창조자의 가설을 도덕으로 일거에 정당화시킬 수 있다고 암시했을 때 '순전한' 이성의 경계를 너무 넓게 잡았다는 것과 관련된다. 나에게 중요한 것은 칸트 자신의 전제 아래에서도 **단번**에 명확해져야 하는 **탈형이상학적 사고**의 경계이다. 칸트의 종교철학은, 크리스티안 단츠 역시 강조하듯이, 그 아이디어의 발견법적 필체에서는 도덕철학보다는 자연철학과 역사철학에 더 가까운 입장을 취한다.

말하자면 칸트의 종교철학은, 자신의 도덕적 행위의 목적과 가능한 결과를 이성적 세계사 또는 — 자연철학에서처럼 — 합목적적으로 고찰된 세계 전체의 맥락에서 고찰하기 위하여 일체의 움직임을 멈추고 심사숙고에 잠긴 행위자의 이해가능한 욕구를 충족시키려고 시도한다. 역사와 자연이 목적론적으로 구성된 것처럼 가정하는 가운데, 반성하는 판단력에 의해 발견법적으로 시동되는 '마치 ~인 것처럼als ob' 이라는 가정법적 발상은 **대체형이상학적인** 발상이다. 이는 이론적 앎과 혼동되어서는 안 되며, 실천이성의 도덕적 통찰과도 혼동되어서는 안 된다.

크리스티안 단츠는 이 비판에 대하여 루돌프 랑탈러나 헤르타 나글-도체칼보다는 문제를 덜 느낀 것 같다. 오히려 단츠를 혼란스럽게 한 것은, 이성종교라는 통합적 개념에 대한 비판에서 내가 도출한 결론이다. 만약 칸트가, 나의 의견대로, 종교적 전승에서 '이 지상의 신의 왕국' 같은 입지점을 취해 자기 것으로 만들면서도 이렇게 영감을 주는 역사원천에 의존하고 있다는 것을 방법적으로 인정하지 않는다면, 이성이 종교에 자기비판적으로 경계를 지으려는 시도는 다른 방식으로, 말하자면 보다 주의 깊은 해석학적 방식으로 기획되어야 한다. 단츠는 종교적 전통의 아직 고갈되지 않은 의미잉여Bedeutungsüberschuss란 세속적 이성에 대한 부담이자 도전이라는 명제에 이의를 제기한다. 내가 강조하는 믿음의 혼종성混種性은 종교에 대한 '실체주의적' 오해, 그리고 종교의 의미론적 잠재력을 내가 요구한 대로 '내 것으로 만든다는 것'의 '애매함'을 은연중에 드러낸다. 이 점들에 대해 나는 다음의 3가지를 언급하고자 한다.

a. 만약 우리가 고대 제국의 문명을 위한 기본초석들을 일관하는 표본을 면밀하게 조사해서 현대 사회에서도 그것들의 활력과 정신적 현재성을 여전히 보존하는 것이 무엇인지 살펴보면 그중 아직까지 유일하게 남은 요소는 세계종교뿐임을 알 수 있을 것이다. 종교는 기축시대의 유물로 살아남았을 뿐만 아니라 역사적으로 유효한 하나의 힘으로 계속 유지되었다. 그런데 이 점은, 구원의 방도를 제공하고 대속代贖의 약속을 신앙할 가치가 있도록 만드는 '강한' 전통에는 맞는 말이지만, 기독교와의 분업 안에서 사변적으로 추구되는 구원의 재화를 운영하는 기능에서 물러나 인지적 과제에만 전문화되었던 그리스 형이상학에 통하는 것이 아님은 분명하다. 따라서 현대의 변화된 인지적 조건 아래에서도 활력을 유지했던 종교를 통해 고전고대적인 무엇인가가 특정한 방식으로 현재까지 돌입해 들어온다. 자신의 활력을 보전해 온 종교의 이 불협화적 동시대성은 단지 하나의 사회학적 사실에 그치지 않는다. 종교적 확실성은 신앙할 만한 여러 가치를 보존해 왔고, 그 가치를 진정한 삶의 영위를 입증하는 인상적인 간증看證과 결합시키고 있다. 따라서 나는 현시점에서 믿음과 앎이 이루는 성좌적 정렬을 일종의 경험적 유물로서뿐만 아니라 이성의 역사 안에 존립하는 하나의

사실로서도 진지하게 받아들인다.

탈형이상학적 사고는 아주 오랫동안 자기 자체에 대한 적합한 개념을 형성하지 못했을 뿐만 아니라 이성의 계보학으로부터 종교에 대한 관계를 **탈형이상학적 사고의 외적 요소로서** 명료하게 투시하도록 만드는 데에도 실패했다. 이성종교라는 계몽주의적 종교개념은 이질적인 것을 자기 안에 성급하게 동화시키는 사례인데, 그보다 훨씬 더 조야한 방식으로 행해지는 일이긴 하지만, 종교적 명상을 기도하는 승려의 뇌파로 환원시키는 오늘날의 신경생리학적 시도와 비교해도 손색이 없다.

만약 우리가 이런 잘못된 동화 방식을 취하지 않도록 조심하고자 한다면 권유할 만한 것은 한편으로 실체주의적 오해, 그리고 다른 한편으로 이성에 적대적인 종교관으로 잘못 들어가지 않도록 하는 경계선을 긋는 것이다.

나는 믿음과 앎 사이의 경계에 관해 오직 철학적 시각에서만 말할 뿐인데, 그 때문에 나의 그런 입장을 두고 '신앙주의Fideismus'라고 하는 것은 틀린 말이다. 왜냐하면 그 말은 종교에 관한 특정한 신학적 자기이해이기 때문이다. 그리고 현대의 조건 아래서 종교가 자기를 무엇으로 이해할 수 있을 것인가 하는 문제는 세속적 이성의 관심현안이 아닙니다. 신학자들이 기독교적 믿음이란 지성을 추구하는 믿음임을[7] 입

7 [옮긴이] '지성을 추구하는 믿음'이란 지성에 앞서 신앙을 강조하는 입장을 압축하여 표명한 것으로서 '이해(理解)를 추구하는 신앙'과 같은 의미이다. "믿는다. 그래서 알 수 있다."(Tract. Ev. Jo., 29.6)로 요약되는 아우구스티누스(354~430)의 교부철학과 캔터베리의 안셀무스(1033~1109)에 의해 강조된 신학적 방법으로서, 인간은 신앙에서 시작하여 신앙에 근거할 경우에만 기독교의 진리를 좀 더 잘 이해할 수 있다는 견해

증하자는 요구를 강화할 경우 신학적 종교관은 철학에 대하여 양보할 쪽이 되는데, "만약 기독교가 밀교密教 수준으로 전락하지 말아야 한다면 기독교와 철학적 형이상학의 공생이 완전히 풀어져 버린 뒤에도 바로 이런 신앙관을 무제한 고수해야 할 것이다."[8] "스스로를 탈형이상학적인 것으로 이해하는 사고의 전제 아래에서도 근거정립의 의무에 응하려고" 노력하는 마르쿠스 크납과 같은 신학자에게 나는 완전한 찬성을 보낸다.

b. 크리스티안 단츠는 내가 실체주의적 오해를 뒤집어 종교를 도구화하는 방향에서 종교와 교류한다고 비판한다. 하지만 이 비판은 내가 종교를 우리와 동시대의 정신형태로 간주하면서 종교에 부여하는 내생적 의미와 잘 맞지 않는다. 사회적 유토피아의 에너지가 고갈되고 미래지향적 환상이 비디오게임, 공상과학소설 및 '신新인간'에 대한 캘리포니아적 비전 속으로 퇴행해버린 오늘날, 신자유주의가 점거하고 기술향상과 가속화된 자본 흐름들로 위축된 현대 그 자체의 축적물을 원천으로 규범적 자기이해를 재생산할 수 있을지는 불확실하다. 이러한 두려움은 또한 세속적 시민 사이에서도 종교적 전승 안에서 아직 상쇄되지 않고 남은 힘에 대한 감각을 더욱 예민하게 만들었을지도 모

이다. 안셀무스는 〈프로스로기온〉에서 이 표현을 사용하여 신앙과 인간 이성의 밀접한 관계를 설명하고자 했다. 그는 신앙 쪽에서 인간의 모든 지적 사고물을 파악함으로써 신에 대한 신앙이 시간적으로, 그리고 무엇보다 논리적으로 인간 이성보다 앞선다는 것을 보여줌과 동시에 이성적 사고물도 보존하고자 하였다[안셀름, 〈Proslogion〉, in: 힉, 《(증보판) 종교철학개론》, 황필호 역·편 (서울: 종로서적, 1997, 초판 18쇄; 1980, 초판), 229~235쪽 참조].

8 M. Knapp, *Verantwortetes Christsein heute: Theologie zwischen Metaphysik und Postmoderne* (Freiburg, 2006), 247쪽.

른다.

탈형이상학적 시각에서 보면 종교적 가르침은 정체성을 뒷받침하는 좋은 삶에 대한 다른 개념과 나란히 놓인다. 그러나 종교적 교설은 진리에 대한 요구와 내적으로 결합되어 있느냐 여부를 통해 세속에 출처를 둔 삶의 윤리적 기획과 구분되는데, 즉 종교란 세계관이지 결코 가치체계는 아닌 것이다. 종교는 세속적 삶의 전망이 비껴가는 그런 인지내용과 동기화의 힘에 대해 근거를 정립해준다.

이 시각은 결국 종교란 단지 현대가 결핍하고 있는 도덕적 동기화에 대한 '임시대용물'로만 간주되는가 하는 물음을 격발시킨다. 실천이성에서만 근거가 정립되는 올바름正義의 도덕은 "도대체 왜 도덕적이라야 하는가?"라는 물음에 합리적으로 대답할 수 없다. 내가 보기에 칸트적 기원의 평등주의적인 개인주의적 보편주의에 대해 그보다 더 **이성적인** 대안은 더 이상 없기는 하다. 하지만 오늘날 점차 현실화되고 있는 **위협적인** 대안은 규범의식 자체, 즉 인간 정신이 규범적 구조를 가지고 있다는 의식의 소멸이다. 나는 종교적 유산을 비판적으로 자기화함으로써 '이성의 자기보존'에 대한 논거를 찾고자 하는 의도 안에서 칸트적 종교철학이 여전히 시의성을 가진다는 것을 목도한다.

오늘날 우리가 해석학적으로 세밀하게 다듬어 이러한 의도를 수용하는 데 쓰는 의식은 '교회신앙'을 단순히 '이성신앙理性信仰'을 촉진하기 위한 '수송수단' 정도로 폄하하는 실수를 방지할 수 있게 해준다. 그럼에도 불구하고 불가지론적 시각에서 보면 종교 자체의 운명은 미결정 상태이다. 왜냐하면 스스로를 책임 있게 행위하는 개인들로 보는 우리의 도덕적 자기이해를 인간종 안에 포활包活하는 데에는 종교적 전승들도 일정한 역할을 해왔는데, 만약 이성이 그것들로부터 의미론적 잠재태를 해방시킨다면 이성의 관심은 (종교보다는 — 옮긴이) 그 자신을 향할 것이기 때문이다.

보다 심층에 놓여 있는 인간학적 수준에서, 다시 말해 우리가 우리 자신을 인간종적人間種的 본질체로 이해하고자 하는 이 수준에서, 도덕적 계명 또는 규범 일반이 여전히 구속력을 가질 수 있고 또 구속력을 가져야 하는가 하는 물음의 답이 결정된다.

c. 잘못된 실체주의의 진단은 나에게 반대되는 질문을 제기하도록 자극한다. 그러기 위해 나는 조그만 우회로를 택할 수밖에 없다. 나는 크리스티안 단츠가 믿음과 앎 사이에 탈형이상학적으로 절제된 경계를 그으라는 나의 제안에 찬성하지 않는다는 인상을 받았다. 왜냐하면 그는 신학적 가풍을 위해 피히테의 사변을 활용하고자 하기 때문이다. 이 경우 우려되는 것은, 만약 신학이 종교적 다원주의의 도전에 대처하기 위해 철학의 도움에 의존해야 한다면 철학이 (신학 쪽에서 보기에 — 옮긴이) 잘못된 쪽, 즉 탈형이상학의 편에 빠져들어서는 안 된다는 것이다. 거기에다, 이를테면 '서로 구별되는 종교적 생활형태와의 건설적 교류'에 대한 신학적 물음은 — 슐라이어마허와 유사하게 — 종교인류학으로 더 뻗어나간다. 스스로를 '유한한 자유의 실현 이론'으로 이해하는 신학은 '종교란 유한한 자유의 자기의식이다'라는 공식을 갖고 '개인적인 유한한 자유 그 자체에 대한 투시가능성'을[9] 만드는 종교적 의식의 철학적 개념을 제공한다.

---

9 C. Danz, "Religion und Theologie unter den Bedingungen pluraler Gesellschaften", in: K. Dethloff & R. Langthaler & H. Nagl-Docekal & F. Wolfram (Hg.), *Orte der Religion im philosophischen Diskurs der Gegenwart* (Berlin, 2004), 341~362쪽.

종교적 다원주의의 문제는 당연히 철학과 법학의 관심영역이지만 이 분야들이 '평등한 존중의 도덕'과 '국가권력의 세계관적 중립성'이라는 공식으로 제공한 대답은 세속적 사회가 종교공동체에 제시한 요구와 연관된 것이며 이 공동체의 **종교적 자기반성**과 관련된 것이 아니다. 종교적 의식은 '믿음의 현대화'를 단순히 세속적 요구에 대한 적응이라는 인식 속에서 수행할 수 없다. 그것은 오히려 (존 롤스가 모듈의[10] 비유로 직관하도록 했듯이) **내부로**부터, **자기 고유의** 전제에 대한 해석학적 결착 속에서만 이루어질 수 있다. 이 경우 신학은, 서구 세계에서의 경우와 같이 신뢰할 만한 선도자의 역할을 하고자 한다면, 종교교구의 신앙으로 실현된다는 관점에서 믿음의 내용을 교의적으로 재구성하는 작업을 수행해야 한다. 그러나 철학에는 이런 시각이 막혀 있기 때문에, 단츠는 **오직 철학적 논거로만** 자기들 고유의 교구로 하여금 종교적 다원주의를 사실로 인정하도록 만들려는 신학자에게도 살아 있는 종교와 거리를 두라고 요구할 수밖에 없다.

이러한 논증 맥락에서 볼 때 나는, 신학적 교의학教義學은 오직 '현세에서 살아 있는 종교로부터의 자기 구분'을[11] 통해서만 자기 고유의 우발성에 대한 자각을 획득할 수 있다는 주장을 설명한다. 이 방식으로 신학적 교의학은 고유한 신앙 전통에 대한 반성적 기술이 종교성 일반에 대해 **여러 가능한 기술들 가운데 하나**에 불과하다는 사실을 인식해야 한다. 만약 내가 정확히 이해했다면, 기독교 신학자는 상이한

---

10 [옮긴이] '모듈'(Modul, module)은 본체(本體)에서 기능별로 분리되어 유기적으로 구성되어 있다가 필요할 때마다 본체로 합류하여 기능을 수행할 수 있는 부분단위체로서 통상 그 자체로 하나의 완전한 기능을 수행할 수 있는 독립 실체로 간주된다.

11 위의 책, 359쪽.

종교들이 '유한한 자유의 자기 부여'라는 동일한 양식에 대해 똑같이 타당한 여러 변형을 현시한다는 철학적 통찰을 통하여 종교적 다원주의의 사실과 자신을 화해시킬 수 있다.

이런 점은 같은 방식으로 입장을 바꾸어 종교인류학적으로는 자기 자신의 진리성 요구를 괄호 안에 넣는 신학자라면 자기 자신의 특수성을 상실하는 것이 아닌가 하는 반대물음을 격발시키지 않겠는가? 아니면 이 물음은 다시 종교에 대한 실체주의적 오해를 은연중에 드러내는 것은 아닌가?

2. 칸트 문헌학자인 루돌프 랑탈러는[12] 자신과 다른 의견을 가진 칸트 해석자를 우아한 검술로 손쉽게 무장해제할 수 있을 정도로 능숙하다. 그와 반대되는 의견을 제시하는 순간 내가 어떤 상황에 놓이게 될지 잘 알고 있다. 물론 우리가 여러 해석자들과 갈등을 일으키면서도 여전히 굳건한 기반에 서 있다고 해도 그것은 단지 추정상 그렇게 보일 뿐이라는 것은 확실하다. 루돌프 랑탈러와 똑같은 정도의 해석학적 열정, 논증적 예민함 그리고 사변적 육감을 가지고 텍스트를 이해하는 이들이라면 사안 자체를 비판적으로 자기 것으로 만들어 관련된 유산을 체계적으로 사용하고자 할 것이다.[13] 우리 둘 다 이 점은 공유하며, 이런 작업을 수행하는 중에 우리의 의도는 특정 지점에 이르기까지 서로 충돌하지 않고 평행선을 이룬다. 그렇지만 탈형이상학적 사고의 경계를 정확히 어디에 긋느냐에 대한 불합치는 우리를 갈라놓

12 랑탈러(Rudolf Langthaler)는 빈(Wien)대학 가톨릭 신학부 철학 교수이다.

13 R. Langthaler, "Zur Interpretation und Kritik der kantischen Religionsphilosophie bei Jürgen Habermas", in: R. Langthaler & H. Nagl-Docekal(2007), 앞의 책, 32~92쪽. 앞의 각주 1 참조.

는다.

랑탈러의 의견은, 칸트에게서 얻어낼 수 있는 것이 이성의 패배주의에 대항하는 허약한 역사철학적 근거만은 아니라는 것이다. '이성의 자기보존'에 있어 칸트의 관심은 최고의 정치적 선善이 취할 방향 설정의 근거를 정립하는 것으로만 환원되지 않는다. 랑탈러에 따르면 칸트는 희망의 종교적 차원과 희망의 역사적 관점을 구분한다. 그 때문에 랑탈러는 창조의 궁극적 목적과 최고선에 대한 칸트의 사변을, 실천이성에 이질적 제안물을 가리키는 '초超실천적 의미잠재태'로 해독하길 원한다. 이런 맥락에서 랑탈러는 실천적 한계지식, 도덕초월적 의미공준 또는 의미잉여, 도덕적으로 근거정립된 의미 관점 등, 말하자면 실천이성의 요구들을 통해 '매개'되고 '개명'되는 하나의 의미 차원에 관해 말한다.

이 해독법이 칸트 해석의 하나라고 한다면 내가 그에 어려움을 느낄 이유는 없다. 하지만 그것이 '도덕법칙의 서약'에 대한 이성신앙을 탈형이상학적으로 근거정립하는 방식이라고 하여 오늘날에도 여전히 통할 수 있는 길로 우리에게 제시된다면 여기에는 분명히 문제가 있다. 우리는 인륜법칙의 덕스러운 준수에 비례하여 보장되는 행복한 삶의 전망을 위해 칸트가 발전시킨 논거의 설득력에 대해서는 의견이 합치하지 않는다. 순수실천이성의 변증법은 최고선에 대한 학설로 체계적으로 발생한 흠결을 메운 곳인데, 엄격하지만 유연성이 없는 그의 의무론적 윤리학은 그 자체로는 고대의 지혜론이 윤리적 핵심문제로 다룬 좋은 삶 또는 행복한 삶이라는 문제에 대해서 아무런 답을 주지 못한다.

논쟁이 되는 문제는 기독교적 전승에서 내용을 끌어온 이러한 윤리학이 이성적으로 근거정립되는 도덕에서 '발출發出하기는' 하지만 '도덕이 보유하는 의무 개념'을 넘어선다면, 따라서 도덕으로부터 분석적으로 발전할 수 없다면[14] 그런 도덕은 어떻게 (그리고 어떤 의미에서) '이성적理性的'일 수 있는가 하는 것이다.

우리는 '도덕이란 불가피하게 종교에 이르기 마련이다'라는 명제를 어떻게 이해해야 할까? 이는 이성신앙이 오로지 (내가 도덕공식 자체에 대한 논변윤리적 해독법의 형태에 입각하여 정당화되었다고 간주한) '도덕법칙에 대한 통찰에서만 근거가 정립될 수 있다'는 의미인가?

(a) 우선 나는 과연 이 점이 맞는가 하는 의문을 던진다. (b) 그리고 루돌프 랑탈러는 나의 이 비판과 재차 대결한다. (c) 그러나 그 때문에 나는 이런 메타비판이 궁극적으로 무엇을 실제로 해낼 수 있다는 것인지 확실하게 알 수 없다는 소견을 밝힐 것이다.

a. 칸트적 도덕원칙이 수행하는 근거정립의 성취는 그것이 여러 규범의 보편화 가능성을 시험할 수 있는 기준을 제시했다는 데서 그 진가를 다한다. (이 점에 관해 나는 화용론적 관점에서, '보편화 가능성'이란 가능한 관련 당사자들의 시각에서 논변적으로 시험한 결과가 '인정받을 만한 타당성이 있다'는 것을 뜻한다고 이해한다.) 이러한 의무론적 개념화의 틀 안에서, 특정한 목적 혹은 바람직한 선은 오직 간접적으로만 — 즉 이것들이 타당한 규범에 대한 준수의 의미로서 판단될 수 있는지의 여부를 요구함으로써만 — 도덕적으로 판단될 수 있다.

이런 도덕원칙의 관점에서 보면, 도덕적으로 의무적인 규범을 준수

---

14 I. Kant, *Band IV: Kritik der reinen Vernunft*, in: W. Weischedel (Hg.), *Kant: Werkausgabe in 12 Bänden* (Wiesbaden, 1956), 652쪽, 주석.

하기 위해 앞의 목적보다 더 나아간 상위의 목적이 무엇인가를 묻는 것은 무의미하다. 즉 "올바른 행위를 위한 도덕은 목적을 필요로 하지 않으며 자유의 활용에 대한 형식적 조건 일반을 함축하는 법칙으로 충분하다."[15] 순수의지의 '유일한 결정적 규정근거'는 도덕적 법칙 하나로 충분하다. 왜냐하면 도덕이 그 자체로 어떤 상위의 목적을 위한 수단이 된다면 이는 도덕에 대한 의무론적 이해, 즉 도덕적 계율의 무조건적 타당성이라는 개념과 양립불가능하기 때문이다.

칸트는 "그 때문에 도덕이 준수된다고 하는" 도덕 너머의 어떤 선이 있다고 한다면 "그것은 어떤 경우에도 타율성을 발생시키고 (의지의 규정근거인) 도덕원칙을 축출할 것"이라는 점을 세심하게 주목한다.[16] 칸트가 행복을 최고선으로서 덕과 함께 제시할 때, 그는 인간학적 현실주의자로서 "이성적이지만 유한한 본질체"로서의 인간의 이중적 본성을 고려하기는 하지만 그가 "공정한 이성의 판단 안에서" 최고선의 이념을 정당화해야 한다는 것도 알고 있었다. 이 이념은 도덕법칙의 보완물로서 실천이성에 그 기원을 두고 있다는데, "왜냐하면 우리의 올바른 행위에서 나오는 결과가 무엇이든 상관없다는 식의 태도는 이성에게 불가능하기 때문이다."[17] 우리의 도덕적 행위 전체에 대해 이성에 앞서 정당화될 수 있는 어떤 '궁극적 목적'을 생각하려는 이러한 '자연적 욕구'는 최고선의 이념에 의해 충족된다. 이러한 충족이 없다면 이 욕구는 오히려 '도덕적 결단의 방해'가 될 것이다.

---

15 위의 책, 650쪽 이하.

16 위의 책, 237쪽.

17 위의 책, 651쪽.

그럼 이제 그 궁극적 목적은 이성에 '앞서' 어떻게 정당화될 수 있는가? "모든 행위에 반드시 어떤 목적을 갖다 붙여야 하는 인간의 자연속성을 근거로 하여" 그렇게 정당화할 수 없는 것은 확실하다. 그런 욕구에서 자유의지에 덧붙여지는 각각의 추가적 동기화는 모두 도덕적 행위의 유일한 인륜법칙과 엇나갈 것이다. 최고선의 이념은 오히려 도덕 그 자체로부터 '발출해야' 한다. 그런데 루돌프 랑탈러와 나 사이에는 이 불길한 '발출'이 의미하는 것에 대한 의견불일치가 존속한다. 말하자면, 최고선의 이념과 이 이념을 둘러싸고 뒤엉켜 있는 이성신앙의 종교적 실체는 '도덕적으로 발출해 나옴'의 문제가 '판단력 비판'의 법정 앞에서 다루어져야 할지 아니면 '실천이성비판'의 법정에서 취급되어야 할지에 따라 보다 광범위하거나 제한적인 근거정립을 획득한다.

만약 도덕적으로 행위하는 개인이 세계 전체에서의 자기의 위치와 도덕적으로 행위하는 모든 개인 사이의 공동작용이 최고선을 실현할 수 있는 조건에 대해 반성한다면, 그 개인은 도덕법칙이 맹목적 자연발생사의 인과성과 조화를 이루도록 모든 것을 조율하는 하나의 지성적 세계창조자가 필요하다는 사실을 깨닫게 된다.

물론 이 신神 관념은 세계의 합목적적 설치를 가설적으로 상정하는 목적론적 판단력의 발견법적 유보 아래 서 있다. 그러한 이성신앙은 도덕적으로 행위하는 개인의 윤리적 자기이해 도달에 이바지하며, 오늘날 우리가 말하는 방식대로 하자면, 동등하게 정당화된 '실천적 자기의식의 자기해명들'의 다원주의에 합류한다(단츠). 그런 이성신앙은 그것이 '실천이성비판'의 골격 안에서 도덕적 앎의 한 구성요소로 입증될 경우 완전히 다른 위상을 요구할 수도 있다.

이 대안은 최고선의 실현을 위한 의무, 즉 '우리는 최고선의 실현에 노력해야 한다'가 도덕법칙에서 근거가 정립된다는 가정에 의거한다.[18] 그의 종교이론에서 칸트는 이 의무를 선의의 협동, 즉 '다른 이들과 함께' — 우리가 그것이 과연 우리의 권능 안에 있는지 알지 못하는 — 전체를 위해 일하라는 계율로까지 확장시킨다.[19] 이 의무에 의거하고 있는 것이 바로 신의 현존재라는 **공준**公準이다. 개인은 도덕적으로 자력으로 실현할 수 있는 것만을 요구받아야 하기 때문에[20] 최고선의 실현을 위한 '의무'는 오직 하나의 지성적 세계창조자의 현존재를 공준으로 삼을 경우에만 정당한 요구라고 간주될 수 있다. 왜냐하면 그런 세계창조자의 작용 없이는 도덕적 계율의 실행을 가능한 것으로 생각할 수 없기 때문이다.

이런 논증에 대한 반론은 명백하다. 즉 최고선의 실현이 어떻게 가능한 것으로 사고될 수 있는지에 대한 문제가 다루어야 할 것은, 신의 공준을 **옹호하기보다** 오히려 과도한 목표설정으로 문제를 만들어내고 있는, 사전에 정당한 근거 없이 가정된 의무의 개념이다. 이 의무의 문제적 위상에 관해서도 칸트는 가르베에 대한 응답에서 명확하게 자기 의견을 밝힌다. '세계 내의 최고선을 향해 모든 능력을 다해 가능한 한 최선을 다하라'라는 의무는 '**특별한 종류의** 의지규정'을 수신처로 한다. 왜냐하면 이 과정에서 인간은 스스로를 신성神性과의 유비에 따라 생각해야 하기 때문이다.[21] 이 과도한 의무는 도덕법칙의 준수를

---

18 위의 책, 255쪽.

19 위의 책, 757쪽.

20 [옮긴이] 이것은 "능력을 넘어서는 의무는 부과될 수 없다"라는 로마법 이래의 도덕법칙 또는 법언(法言)을 풀어쓴 것이다.

넘어서 그 자체 이 도덕법칙에서 근거가 정립될 수 없기 때문에, 도덕적 '앎' 역시 최고선의 이념이 거기에서 (그리고 신의 현존재라는 공준에 뒤따라 나와) 논증적으로 강제하는 의미에서 '발출해 나올' 수 도 있는 **충분한** 기초를 제공하지 않는다.

b. 이 반론에 맞서 루돌프 랑탈러는, 최고선의 이론은 고대의 지혜론을 계승하는 것이고 그런 한에서 도덕이론을 넘어서는데 "그럼에도 불구하고 '올바르고' 또 '좋은' 삶에 대해 형이상학적으로 충전된 '전前비판기의' 요구와 관련하여 이유 있는 불안스러움을 아무도 모르게 접어버리지 않는다"는 명제로 칸트를 방어한다.[22] 내가 보기에 이 말은 맞지만 그것이 진실의 전부는 아니다. 다시 말해서, 신의 공준 이론은 실천이성과 목적론적 판단력의 각 관할권 사이의 경계를 흐려버린다는 것이다. 비록 랑탈러는 실천이성의 근거정립이 획득한 성취들을 정의도덕의 영역을 넘어 **자동적으로** '실천이성의 전체 목적'에까지 확대함으로써 이런 난감함을 피하고자 하기는 한다. 하지만 이 과정에서 그는, 예를 들자면 그가 최고선의 이념 안에는 "정의로움에서 영감을 받았기 때문에 도덕적으로 근거정립되기는 했지만 그래도 최종적으로는 도덕초월적 의미 차원이 전면에 등장한다"고[23] 말할 경우, 양의적兩意的인 애매한 정식에 말려드는 셈이다.

여기에서 논쟁점은 우리와 다른 이들 안에 내재하는 세계 최상의

---

21 I. Kant, *Band VI: Schriften zur Metaphysik und Logik 2*, in: W. Weischedel (Hg.), *Kant Werkausgabe in 12 Bänden* (Wiesbaden, 1956), 133쪽. 이에 대해서는 R. Langthaler & H. Nagl-Docekal(2007), 앞의 책, 35쪽의 주(註) 4 참조.

22 위의 책, 49쪽.

23 위의 책, 46쪽.

것을 실현하기 위한 '의무'를 출처로 한 이 이념의 '근거정립'이다. 한편으로 랑탈러는 이 계율에 도덕적 의무의 지위를 부여하고 그럼으로써 그것에 '강한 당위'의 자격을 인증해 준다. 그리고 다른 한편으로, 실천이성의 최종목적과 결합되어야 하는 것은 '비판적 한계개념에 의해 열려진 의미요구'뿐인데, 이 의미요구는 근거정립의 물음으로 환원되지 않는다.[24] 이 불명확성의 이유는 랑탈러가 '나는 무엇을 해야 하는가?'라는 도덕적-실천적-물음을 그것이 종교철학에서 다루는 '나는 무엇을 희망해도 되는가?'라는 물음까지 포함하도록 확장시켰다는 데서 찾아지는 듯하다.[25] 따라서 랑탈러는 이성적으로 근거정립된 도덕의 인지적 권위의 도움으로 교육된 희망에서 제기되는 물음과 그 대답에 대하여 순전히 윤리적인 자기이해 도달의 타당성 요구를 넘어서는 이성적 배후엄호를 제공할 수 있다.

---

24 "이 독해에 따르면 '세계 안에서의 최고선의 산출을 도덕적 의무의 지위로 격상시키는 것'(이것은 내 글에서 인용한 구절이다)이 아니라 이성적인 유한한 본질체를 위한 실천이성의 정의지향적이고 의미지향적인 궁극목적이야말로 배타적으로 칸트를 사로잡은 주요 관심사였다."(위의 책, 같은 쪽)

25 나의 견해로는 랑탈러의 이런 움직임은 덕(德)이론에 관한 칸트의 텍스트에서는 아무런 근거도 발견되지 않는다. '타인의 복리와 구원을 나의 궁극적 목적으로 삼고' '이방인의 행복을 촉진하기'를 요구한다는 의미를 가진 '이웃사랑'이라는 도덕적 계율은 긍정적 의무에 속한다. 이것은 규범적 의무의 문법적 형식에 딱 들어맞는다. 의무 충족의 정도는 쉽게 가늠할 수 없는 상태에 머무를 수밖에 없기 때문에 그 요구에서 긍정적 의무는 부정적 존중의무를 넘어선다. 그러나 긍정적 의무는 어떤 경우에도 — 최고선 촉진의 의무처럼 — 과도한 성격을 가지지는 않으며 각 개인에게 가능한 것의 틀 안에서 개인에 대해 복종을 요구한다. 긍정적 의무는 주변 정세의 사정에 따라 자력으로 실행할 수 없는 없는 의무부과를 전혀 하지 않는다. 랑탈러 자신은 다음과 같은 칸트 인용구들로써 이런 의무의 구조를 주목하게 한다. "우리는 부과된 의무 이상의 것을 할 수 없다는 점을 일단 생각하지 않는다면 가난한 이들에게 선을 베푸는 것 또한 우리의 의무일 따름이다."[I. Kant(1956), 앞의 책, 752쪽]

c. 그러나 이 논쟁적 진술에 제약을 가한다면 랑탈러가 상론하는 것의 실체를 제대로 처리하지 못할 것은 분명하다. 나는 그렇게 절실하게 수행되었던 칸트 독해가 도덕초월적 의미 차원이라는 심층부에서 꺼내 백주대낮의 밝은 빛에 드러나도록 촉진한 베냐민적 보물에 탄복한다. 종교적 내용을 이성적으로 자기화하려는 철학적 시도의 비교불가능한 모범으로서 칸트에 대한 베냐민의 관심을 공유한다. 랑탈러는 나에게 칸트 자신이 이러한 자기 역할을 잘 의식하고 있었다는 사실을 확신하도록 만들었다. 기독교적으로 이해된 **신앙**fides을 도덕적으로 동기 지어지는 **이성신앙**Vernunftglauben으로 번역하는 것에 대한 논평을 하는 기회에 칸트는 다음과 같은 점을 주목시키는 언급을 한다.

"하지만 이 경이로운 종교가 그 전언의 가장 위대한 간명함 안에서 인륜성에 대해 그것이 당시까지 전할 수 있었던 것보다 훨씬 더 규정적이고 훨씬 더 풍부한 개념으로써 철학을 풍요롭게 만들었던 유일한 경우는 아니지만, 이 종교가 일단 존재하면서 이성에 의해 자유롭게 승인받아 그 자체로 수용된 경우로서는 유일하다."

그다음 칸트는 "이 종교의 내용은 과거 철학이 자기를 원천으로 하여 스스로 도달할 수 있었던 것이며 또한 현재에는 철학이 도입할 수 있고 또 도입해야만 하는 것이다"라고 덧붙인다.[26] 이 추가문을 접하면서 나에게는, 철학이란 낯선 해변에서 이런저런 개념들을 주워 모은 다음 되돌아보고 나서야 비로소 자기가 그런 것을 스스로 창안할 수 있었을 것이라는 반사실적 확신에 도달할 수 있는 것이 아닐까 하

---

26 I. Kant, *Band V: Schriften zur Metaphysik und Logik 1*, in: W. Weischedel (Hg.), *Kant Werkausgabe in 12 Bänden* (Wiesbaden, 1956), 603쪽.

는 의문이 격발된다.[27]

3. 이 물음에서도 헤르타 나글-도체칼은[28] 타의 추종을 불허하는 탁월한 칸트 해석자일 뿐만 아니라 열정적 칸트주의자임이 입증되는데, 그녀는 이성종교의 계몽주의적 개념을 방어한다.[29] 그녀의 견해에 따르면 철학은 종교의 이성적 내용을 자신 있게 확인하기 위하여 세계를 개활開豁시키는 종교적 언어의 접합력에 의존하지 않는다. 따라서 철학은 전통에 의해 앞서 돌출되어 왔던 의미론적 잠재력을 되새김하지 않고도 자력으로 '윤리적 공동체' 개념을 발전시킬 수 있다. 철학은 부스러지기 쉬운 연대적 공생의 모습을 상기시키는 — 억압받고 굴욕당한 자의 한탄, 갈망, 희망을 감동적으로 표현해 주는 — 종교적 형상이나 서사의 상상력을 필요로 하지 않는다.

그녀의 견해에 따르면 실천이성은 정의의 도덕을 근거정립하는 수준을 넘어 인륜성을 행복과 통일시키는 성공적 삶의 이념을 자력으로 구성한다는 확신을 가질 수 있다. 종교철학은 모범적인 삶의 형태라는 개념을 선험적으로 보유하기에 '신의 지배' 그리고 '신의 왕국'이라는 비유 안에서 윤리적 공동체의 합리적 핵심을 열어 보일 수 있다.

---

27 '개인성(Individualität)' 개념에 관한 나의 연구로는 J. Habermas, "Individuierung durch Vergesellschaftung: Zu G. H. Meads Theorie der Subjektivität", in: ders., *Nachmetaphysisches Denken: Philosophische Aufsätze* (Frankfurt, 1988), 187~241쪽 중 특히 192쪽 이하 참조. 우리말 번역으로는 하버마스, 〈10장. 사회화를 통한 개인화〉, in: 같은 저자, 《탈형이상학적 사고 1》, 홍윤기·남성일 역 (파주: 나남, 2025) 331~403쪽 중 특히 2절 이하를 참조.

28 나글-도체칼(Herta Nagl-Docekal)은 빈(Wien)대학 철학연구소 교수이다.

29 H. Nagl-Docekal, "Eine rettende Übersetzung? Jürgen Habermas interpretiert Kants Religionsphilosophie", in: R. Langthaler & H. Nagl-Docekal(2007), 앞의 책, 93~119쪽.

이 견해는 내가 앞에 실었던 논고에서 이미 대결했던 실천이성의 변증법에 대한 독해방식에 의거한다. 루돌프 랑탈러와 마찬가지로 헤르타 나글-도체칼도 '우리 행위의 결과에 대한 통제 불가능성'에 직면하여 스스로 드러나는 '의미총체에 대한 실천이성의 욕구'를 출처로 '덕의 왕국'의 개념화를 정당화하기를 망설이지 않는다. 나는 이 논거의 실효성에 대한 논란을 새삼 재개하고 싶지 않다. 여전히 나는 개인주의적 단서를 가진 칸트의 도덕개념화를 근거로 할 경우 오직 협동적으로만 도달될 수 있는 목적을 의무화하는 것이 어떻게 근거정립되는지 알지 못한다. 내 견해로는, 교회공동체가 스스로를 신의 백성을 예감하는 것으로 이해하면서 비로소 도덕철학자들은 신의 왕국의 건설에 부응하는 이성적 등가물로 나아가는 길을 열도록 자극받는다.

오직 이렇게 해서만 비로소, 실천이성의 도덕적 입법화로는 결코 감당할 수 없는 칸트의 놀라운 진술, 즉 "각 개인에게 법칙의 규범을 부과하는 것에 덧붙여 도덕적 법칙을 부여하는 실천이성은 좋은 것善을 사랑하는 모든 이들이 한데 모일 수 있도록 덕의 깃발을 활짝 펼쳐 놓았다"라는[30] 것이 설명된다.

그러나 이 도덕적 입법 이성의 의무는 단순히 집단적 수신인들 때문만이 아니라 추구해야 하는 목적이 윤리적 공동체의 수립이라는 점에서 기존의 틀을 벗어난다. 왜냐하면 이러한 '윤리적으로 시민적인 조건'은, 목적의 왕국같이 본체계에 안주하든 정치공동체처럼 이 세계의 공화국으로 존재하든, '이성의 건축도'를 통해 사전 설계된 대안

---

30 I. Kant, *Band IV: Kritik der reinen Vernunft*, in: W. Weischedel (Hg.), *Kant Werkausgabe in 12 Bänden* (Wiesbaden, 1956), 752쪽.

에 들어맞지 않기 때문이다.[31]

논의의 진행을 위해 일단 이성신앙이 도덕적·실천적 이성 자체 안에 '정박되어' 있다고 인정하자. 이 점을 전제하면 교회신앙은 이성신앙의 척도에 따라 해석되어야 한다는 결론이 나오는데, 그렇다면 그 다음으로는 오늘날 정치적으로 첨예화되는 세계종교들 사이의 여러 갈등들에서 철학은 도대체 어떤 역할을 해야 하는가 하는 물음이 제기된다. 이 문제와 관련하여 헤르타 나글-도체칼은 외부에서 교리적으로 개입하는 판단의 형태로, 종교적 다원주의에 대한 이성의 우선성을 방어하지 않는다. 또 철학은 종교 간 대화의 통역자로만 등장해서도 안 된다. 나글-도체칼은 오히려 철학이 모든 종교공동체에게 각자의 전통 안의 내재한 이성적 내용에 대하여 스스로 내부적으로 계몽시키는 길을 제시해야 한다고 본다. 왜냐하면 그녀에 따르면 이성종교의 개념은 자기계몽의 길을 따라 모든 세계종교들 안에서 철학에 의해 이성적이라고 입증되는 똑같은 핵심내용이 그 껍질을 벗고 나올 것이라는 기대의 근거를 정립하기 때문이다.

이 개념화는 오늘날의 상황에 실제로 적절한가? 확실히 철학은 모든 종교공동체가 현대 사회의 자기이해와 공조共助해야 할 뿐만 아니라 자기들 나름의 종교적 신념의 내적 관점에서 자기들이 속한 세속적 주변사정의 규범적 기초에 접속할 길을 모색해야 한다는 요구의 변호사이자 해석자로서 역할을 할 수 있고 또 해야 한다.[32] 그러나 이 요구

---

31 이 신학적 주제에 대한 나의 관심에 대해서는 M. Knapp, *Gottes Herrschaft als Zukunft der Welt* (Würzburg, 1993) 참조.

32 이것은 롤스가 중첩적 합의와 연관시킨 직관이다.

는 철학이 모든 종교적 전통의 본질적 핵심이 무엇인지 미리 알고 있다는 가부장적 온정주의의 관점에서 제기되어서는 안 된다. '현대화하는' 종교적 의식意識의 자기계몽은 오직 자체적으로, 즉 내부에서 수행될 때에만 진정으로 성공할 수 있다. 왜냐하면 반성적이 된 '개혁된' 신앙이 과연 '참된' 신앙인지 여부를 결정하는 것은 결국 신앙공동체 자체이기 때문이다. 믿음과 앎의 관계에 관해 계몽주의에 뿌리내리고 있는 철학적 견해는, 탈형이상학적 사고의 계정을 초과하면서 자기에게 부여된 권한 이상으로 종교에 대해 더 많이 알고 있다고 주장한다. 따라서 그러한 견해는 전승되어 내려오는 종교적 가르침의 예언자적 기원과 실정성, 즉 삶에서 생동하는 신앙의 진정한 면모를 제대로 다루지 못한다.[33]

탈형이상학적 관점에서 볼 때 철학은 종교적 전승의 이성성理性性 여부는 열린 상태로 남겨둔다. 믿음과 앎을 구별하는 기준으로는 언어의 보편적 접근가능성과 허용되는 근거의 공적 수긍가능성만으로 충분하다. 종교적 신앙에 대해 선입견을 갖고 예단하지 않는 철학만이 신앙인, 이교異敎신앙인 그리고 무無신앙인 상호간의 관용을 위한 토대를 마련할 수 있다. 한편으로 그런 철학은 종교적 전승으로부터 나온 특정한 신앙내용을 종교적 신앙고백의 언어에서 공적 논변으로 번역하는 방식으로 학습하는 것에 열린 상태를 유지한다. 다른 한편으로 정치이론의 개념 안에서 그런 철학은 종교공동체가 종교적 다원주의, 입헌국가의 법과 도덕 그리고 세속사회 및 과학의 현세적 권위를 인정

---

33 R. Forst, *Toleranz im Konflikt* (Frankfurt, 2003), 312~351쪽에 있는 피에르 베일(Pierre Bayle)에 대한 해석 참조.

하기를 기대한다.

— **추신**: 나는 경쟁하는 세계관들 사이에서 어떤 합리적 결정도 허용하지 않는 다원주의라는 사실을 윤리적 문제에도 연관시키기 때문에 탈형이상학적 사고의 경계를 오스트리아 빈에 사는 나의 두 철학자 동료들보다 더 좁게 설정한다.

그러나 어쩌면 이성적 도덕에서 실제로 배경적인 윤리적 동기가 있을 수도 있으며, 이는 왜 칸트가 실천이성을 도덕적 입법의 능력으로만 국한시키지 않으려 했는지를 설명해 준다. 도덕적 관점이라고 하는 원뿔형의 좁은 빛줄기 안에서 합리적으로 결정할 수 있는 것은 오직 정의의 문제뿐이지, 더 이상 좋은 것 또는 흠결 없는 삶의 문제가 아니다.

좋은 것에 대해 올바름이 특권적 우위를 누리는 것은 (사실이 무엇인지에 관한) 단언적 진술에서 작동하는 참/거짓의 이진법적 코드를 가치판단의 영역으로 전이시킨 덕분이다. 왜냐하면 진리능력 있는 진술과 진리능력 없는 진술 사이를 이렇게 예리하게 가름으로써 비로소 평가적 진술의 집합에서 '옳다' 또는 '그르다'고 할 수 있는 정언적定言的 당위진술의 부분집합이 적출되기 때문이다. 그럼에도 불구하고 현대의 이성도덕은 이러한 결코 사소하지 않은 단계를 자신의 의무론적 의식에서 망각한 것처럼 보인다. 언뜻 보기에 아리스토텔레스주의자와 경험주의자가 칸트주의자들과 함께 계속하는, **인지주의로의 행보**가 결코 필연적이지 않다는 점에 대한 쟁론은 우리에게 이러한 한계를 일깨워준다.[34]

---

34 이에 대해서는 J. Habermas, "Richtigkeit versus Wahrheit: Zum Sinn der Sollgeltung moralischer Urteile und Normen", in: ders., *Wahrheit und Rechtfertigung: Philoso-*

이 쟁론의 끈질긴 지속성은 일종의 사고실험 방식으로 표상가능한 계보학적 설명을 통해 이해될 수 있다. 도덕적 진술이 진리능력을 가지는 것은 우선 그것이 종교적·형이상학적 세계상 안에 내입되었던 역사적 정황 덕이라야 한다. 그다음 종교적 다원주의가 사실이 되면서, 도덕적 진술을 '참이게 만드는' 우주론적 혹은 종말론적 맥락에서 분리할 필요성이 발생했다.

타당성의 기초가 이렇게 흔들리는 상황에서, 많은 철학자들은 도덕적 판단의 타당성 의미를 관습주의적으로 규정하여 문화적 가치 혹은 감정과 주관적 선호에 맞추어 그 위상을 바꾸어야 한다는 결론을 내렸다. 오직 칸트주의자만이 탈종교적 도덕의 축을 절차적 합리성의 기초 안에 옮겨 꽂았기 때문에 도덕적 판단을 '옳음'과 '그름'의 이진법 코드에 고착시킬 수 있었다.

여기에서 내가 첨언하자면, 칸트주의자를 이 길로 이끌었던 것은 아마도 어떤 논리적 강제력을 가진 통찰이라기보다는 오히려 그런 통찰을 자극하는 일종의 도덕적 동기였던 것으로 보인다. 그들은 동질적인 종교적 사회에서라면 잘 알려진 공생의 양태, 즉 도덕적 통찰을 통해 규제되고 정당화 능력이 있는 도덕적 감정을 통해 운전되는 공생의 양태를 굳이 거부할 의사는 없었다. 무엇보다 그들은 도덕적 진공 상태의 삶을 감수할 의사가 전혀 없었다. 그러나 이렇게 '하고자 한다'는 것(의욕 또는 의지 ― 옮긴이)이 결코 '하여야 한다'는 것Gesolltes(당위 ―

---

phische Aufsätze (Frankfurt, 1999), 271~318쪽. 우리말 번역으로는 하버마스, 〈제 7장 올바름 대(對) 진리: 진리도덕과 판단 및 규범의 당위적 타당성의 의미에 대하여〉, in: 같은 저자, 《진리와 정당화: 철학 논문집》, 윤형식 역 (파주: 나남, 2008), 373~429쪽.

옮긴이)은 아니다. 종교적으로 형성된 문화 안에서 규범적으로 규정된 관계를 염두에 두었을 때, 칸트주의자들은 종교적 다원주의로 인해 발생한 인식론적 당혹감 앞에서 종족중심적 가치상대주의, 동정심 또는 자아중심적 효용 계산으로 후퇴하지 않을 충분한 윤리적 근거가 있었다. 그런데 잘 살펴보면 그 근거란 도덕적 근거가 아니라 일종의 '욕구'였다.

우리가 그런 계보학으로 출발한다면 현대 사회는 생활세계와 정치 공동체의 실천을 이성도덕과 인권의 진리능력 있는 전제로 전환시켜 왔다고 할 수 있다. 왜냐하면 현대 사회는 하나의 **윤리적 대의**大義, 즉 모든 인간의 평등한 존중이라는 세속적 도덕으로써 **근본적인 세계관적 차이를 넘어** 인간적 존엄성이 보장되는 현존재를 위한 공동의 토대를 창출한다는 목표를 시야에 두었기 때문이다.

2. 종교철학적 반론과 제안

4. 칸트와 종교에 대한 빌헬름 뤼터펠츠의[35] 시선은 본질적으로《확실성에 관하여》라는 비트겐슈타인의 후기 메모에 대한 맥락주의적 독해라고 그 특징이 규정된다.[36] 이 안에서 비트겐슈타인은 대략 다음과 같이 논증한다. 어떤 진술 하나를 — 그것이 철학적이든 과학적이든

35 뤼터펠츠(Wilhelm Lütterfelds)는 파사우(Passau)대학 철학 교수이다.

36 이에 대해서는 R. J. Bernstein, *Beyond Objectivism and Relativism: Science, Hermeneutics, and Praxis* (Philadelphia, 1983)을 참조.

혹은 사소한 일상적 진술이든 — 근거정립하려는 모든 시도는 우리가 항상 이미 몸담고 있는 언어게임, 관행 그리고 세계상의 불가피한 맥락을 인식하게 만든다.

언제든 우리는 '삽이 부딪쳐 구부러지는' 암반에 맞닥뜨린다. 우리는, 가령 '나는 이것이 나의 손이라는 것을 안다'든가 '2 곱하기 2는 4이다', '나는 한 번도 달에 가본 적이 없다', '지구는 어제도 이미 존재했었다' 등과 같은 문장에서처럼, 부인 불가능하여 더 이상 근거정립할 수 없는 확실성에 걸리면 딱 멈추게 된다. 그런 전제에 (언제든지 의심할 만한 그것의 진리가치는 아닌) 확실성을 부여하는 것은 참인 것으로 간주되는 다른 모든 문장과 옥죄듯이 강박되는 정합整合, 따라서 세계에 대해 그 전체에 있어 참인 것으로 간주되는 하나의 상像이 자리잡은 맥락 안으로 내입되는 것이다. 우리의 생활세계 안에서 우리는 언제나 의미론적으로 완결된 한 우주의 믿음토대 위에서 움직이는데, 합리성에 대한 모든 기준, 즉 우리에게 참이다/거짓이다, 좋다/나쁘다, 아름답다/추하다 등으로 간주되는 것에 대한 모든 척도는 바로 이 믿음토대 안에서 자기지시적으로 정의되어 있다.

그럼 이제 전체론적으로 구성되고 의미론적으로 완결되었다고 추정되는 우주가 보다 많거나 아니면 다수가 있다고 한다면, 그리고 모든 문화적 삶이 각각의 이러한 우주들 가운데 하나에서 실연된다고 하면 문화상호간 이해 도달의 제3지점 또는 중립지점, 즉 어떤 해석자가 우주 A에서의 (문장이나 행위 같은) 발화를 우주 B에서의 발화와 비교할 수 있도록 해주는 '신의 관점' 같은 것은 전혀 존재하지 않을 것이다. 이것은, 데이비슨과 가다머가 보여주었듯이, 비록 개념적 도식이나 언어를 물화시킨 것이라는 문제가 있긴 했지만, 그것이 바로 비트겐슈타인의 텍스트에서 독해되어 나와 (1970년대에 호시절을 구가하면서) 논란이 분분했던 '세계상의 통약通約불가능성 명제'인데, 그 요지는 교착적 이해를 가능하게 하는 외국어 번역이나 외국어로의 번역은 있을 수 없다는 것이다. 이 전제 아래에서 해석자들은 서로를 대화상대로서가 아니라 마치 외계행성에서 온 사절처럼 관찰하게 될 것이다. 직관에 반反하는 이 가정에 의하면 해석학적 번역모델은 옆으로 제쳐 두게 된다.

내가 이 배경을 스케치한 이유는 그것이 빌헬름 뤼터펠츠의 칸트 해석을 이해할 수 있게 만들어주기 때문이다.[37] 만약 우리가 칸트의 '이성신앙'을 맥락주의의 관점에서 '세계상'으로 이해하고, 동시에 (이 세계상의 추종자들에게) 종교 일반에 대한 하나의 설득력 있는 해석으로 파악한다면, 이는 두 가지 측면에서 환영받지 못하는 결과를 초래할 수 있다. 하나는 (a) 칸트 종교철학의 해석, 다른 하나는 (b) 종교현상 일반의 해명이다.

a. 만약 우리가 이성신앙을 후기 비트겐슈타인의 언어게임 개념에 따라 모델링한다면, 신앙의 종교적 내용은 진리능력 있는 것으로 상정되는 가정의 지위를 상실한다. (그리고 이것들은 칸트 자신의 이해에 따라서도 이론적 근거정립이 가능하지 않은 이성의 공준으로 인정되는 그 지위를 여전히 보유하고 있기도 하다.) 마치 상인의 실천이 있음으로써

---

37 이 해석이 칸트 텍스트와 서로 정합하는지 여부와 그 방법에 대한 물음은 별도로 하더라도 나는 최종목적에 결착되지 않은 절차적 도덕에 왜 그 내용과 내용적 기준이 결여되어야 하는지 전혀 이해하지 못한다. 칸트의 견해에 따르면 도덕적으로 판단하는 개인은 논란이 되는 준칙(準則)의 형태로 내용이 사전에 주어지고 나면 그다음에 관련된 행위규범 가운데 어떤 것이 모두에게 평등한 정도로 좋은 것인지를 시험한다.

비로소 가능한 수익의 현실성에 대한 믿음이 창출된다고 하는 것과 같은 실용적(또는 화용론적 — 옮긴이) 방식으로 이성적 세계본질체에 대한 신앙의 실천 역시 신의 실존과 영혼의 불사不死에 대한 이념을 '근거정립해야' 한다. 이 화용론적 시각과 더불어 어떤 기능주의가 슬그머니 스며들어 온다. 그 공준은 윤리적 자기이해 도달의 언어게임 안에서 신, 영혼, 자유 같은 개념을 사용한다는 관점에 입각하여 정의된다. 어찌 되었든 신의 실존에 대한 문제는 **화용론적으로 상정된** 신의 실존의 의미가 자기 고유의 행복 또는 보편적 행복을 도덕적으로 장려하기 위해 상정되는 **그런 역할 안에서 출현**하면 그것의 존재론적 의미를 상실한다. 이렇게 되면 순수한 종교적 신앙은 오직 윌리엄 제임스식의 실용주의적 기준에 따라 '스스로를 입증할' 수 있기 때문에, 이런 방식에 따르면 그 신앙은 정체성을 수립하는 삶의 기획에 동화되기에 이른다는 것이 내가 받은 인상이다.

그 밖의 다른 결과들은 이성신앙의 총체론적 체질에서 귀결된다. 그런 개념구도 안에서 인륜법칙은 (칸트가 종교철학 안에서도 언제나 반복적으로 강화했던 명확한 일의적 진술과는 정반대로) 공준론의 배경과 독립적 타당성을 더 이상 일체 요구할 수 없는데, 그에 따르면 "도덕적 앎의 모든 진리의 근저에, 아니 그것의 모든 거짓의 근저에도 어떤 실천적 이성신앙의 인간행동학적 관점에서 내려진 참과 거짓의 판단이 깔려 있다."[38] 도덕적 언어게임이 오직 순수한 종교 신앙의 맥락과 토대 위에서만 작동할 수 있다면, 오로지 통찰에서 나온 의무만을 부

---

38 W. Lütterfelds, "Der praktische Vernunftglaube und das Paradox der Kulturellen Weltbilder", in: R. Langthaler & H. Nagl-Docekal(2007), 앞의 책, 120~154쪽.

과하는 도덕적 계율의 의무론적 의미는 그저 탁자 아래로 떨어지고 만다. "모든 앎은 화용론적 믿음을 통해 근거정립되어 있다"고[39] 상정하는 가운데 빌헬름 뤼터펠츠는 의무를 부과하는 규범 자체의 정언적 당위를 여전히 인륜성과 행복의 일치라는 최종목적과 연관시킨다. 뤼터펠츠에 따르면, 칸트에게는 참으로 죄송한 말이지만, **최고선**最高善**은 도덕 자체의 내용으로** 촉구된다는 것이다.

b. 만약 우리가 신앙 현상을 비트겐슈타인의 관점에서 이해한다면, 종교적 신앙에 고유하다고 여겼던 특징이 놀라울 정도로 서로 별 차이 없이 평준화된다는 사실에 도달하게 된다. 종교라는 것이 단지 여러 언어게임 중 하나에 지나지 않고 모든 것이 독단적 교의가 되어버린다면, 믿음과 앎의 차이 역시 점차 사라질 것이다. 통약불가능한 언어게임의 의미론적 완결성은 비교적秘敎的 교설에게 종교와 자연과학이론 옆에다 동등한 권리를 가진 자리를 허용하게 된다. 이 행렬이 지어지면서 '개혁된 인식론'이 작동하기 시작할 수는 있지만, '모든 고양이가 회색으로 보이는 밤'에는 종교철학이 자기의 고유한 관심대상을 시야에서 놓쳐버릴 위험이 크다. 과학과 철학, 법과 도덕, 예술과 비평, 미신과 종교의 타당성 양상이 화용론적으로 생기를 주입받은 확실성의 일상적 바탕 위에서 서로 나란히 짜맞춰진다면 기도祈禱의 실행 안에 닻을 내리고 있는 신앙의 양상 역시 사소한 것이 되고 만다.

첫눈에 보자면, 여러 세계상의 통약불가능성은 종교적 다원주의에 직면하여 각자의 진리성 요구를 어떻게 이해할 수 있을 것인가 하는 신학적 문제에 대해 적어도 하나의 해결책인 것처럼 보인다. 그런데

---

39 위의 책, 같은 쪽.

이런 겉보기 인상 역시 속임수이다. 왜냐하면 통약불가능한 세계상 안에다 이성을 내재화하면 종교의 진리성 요구는 정체성을 확립하는 인륜적 정조情調, Ethos의 '입증' 수준으로 위축되는 대가를 치르기 때문이다. 그에 따르는 철학적 결론 역시 썩 아름다운 것은 아니다.

이런 경우 벌어지는 사태는 다음 두 가지 가운데 하나이다. 둘 중 하나는 자기모순 없이는 방어할 수 없는 상대주의에 얽혀들게 되는 것인데, 왜냐하면 상대주의자는 자신이 부정하는 메타 수준으로 옮겨 갈 때 자기가 어떤 지점에 서서 말하고 있는지 설명할 수 없기 때문이다. 또 다른 하나는, 우리가 다른 세계상을 이해하기를 원한다면 그 낯선 의미를 우리 나름의 합리성 기준에 동화시켜야 한다고 주장하는 로티의 방법적 자민족중심주의로 이 반론에 대처하는 것이다. 우리는 또한 매킨타이어MacIntyre처럼, 다시 말해서 다른 쪽의 우월한 합리성 기준으로 회심시킬 가능성을 갖고, 개종자를 둘러싼 교착적인 자민족중심주의적 투쟁을 기획할 수도 있겠다.

뤼터펠츠는 자기 나름의 진리성 요구가 상호관용의 요구와 양립 가능하다는 직관을 올바르게 처리하고자 한다. 피터 윈치Peter Winch와 함께 그는 — 식사관습에서부터 장례의식에 이르는 — 문화적 경계를 통괄하는 기본요소적 행위양상의 기초 위에서 화용론적 접촉점을 용인함으로써, 세계상의 완결성 때문에 그런 이해방식에 부과되었던 제약을 완화시킨다. 하지만 이다음 확실한 것은 내가 의미론적 수준과 화용론적 수준의 교류 안에서 더 넓어진 의미들의 전이를 막을 장벽이 무엇인지 더 이상 보지 못한다는 것이다.

뤼터펠츠를 비롯한 이 통약불가능주의자에 반대하여 나는 여전히 마찬가지로, (서로 마주하는 화자와 청자, 참여자와 관찰자 관점, 그리고 합리성에 대한 교착적 상정과 공통된 지시체계를 갖춘) 담화상황의 화용론적 보편소들Universalien이 상호이해 도달을 위해 충분하게 확보된 출발 토대를 이미 채비하고 있다는 해석학적 이해모델을 방어하려고 한다. 철학은 탈형이상학적 사고의 경계 내에서 법과 도덕의 보편주의에 스스로를 국한시키면서도 그에 반해 좋음에 대한 자기 나름의 개념화는 삼간다는 바로 그 이유 때문에, 종교적 세계상과 문화적 생활형태 사이의 분쟁 안에서 양쪽을 소통시키는 소통진행자의 역할을 떠맡을 수 있다.

5. 한스 율리우스 슈나이더는[40] 빌헬름 뤼터펠츠와는 전혀 다른 방식으로 비트겐슈타인의 언어이론을 이용한다. 그는 언어게임의 다원주의를 통약불가능성 명제로까지 첨예화하지는 않는다. 그는 오히려, 언어적 발화의 내용과 양상의 차이를 구분하지 않는 언어개념을 통해, 비트겐슈타인의 신화적 성향에 기대어[41] 종교적 표현형태에 대한 특별한 해석에 도달한다. 윌리엄 제임스의《종교체험의 여러 모습들》에[42] 대한 비트겐슈타인적 독해는 결국 위대한 세계종교 안에서 상이한 방식으로 각인된 '종교적인 것'의 정의에 이른다.[43] 비트겐슈타인

---

40 슈나이더(Hans Julius Schneider)는 포츠담(Potsdam)대학의 이론철학 교수이다.

41 L. Wittgenstein, *Vortrag über Ethik* (Frankfurt, 1989), 9~19쪽. 우리말 번역으로는 비트겐슈타인, 〈2. 윤리학에 관한 강의〉, in: 같은 저자,《소품집: 비트겐슈타인 선집 2》, 이영철 편역 (서울: 책세상, 2020), 25~38쪽.

42 [옮긴이] W. James, *The Varieties of Religious Experience: A Study in Human Nature: Being the Gifford Lectures on Natural Religion Delivered at Edinburgh in 1901~1902* (Longmans, Green & Co., 1902). 우리말 번역으로는 제임스,《종교체험의 여러 모습들: 인간의 본성에 관한 연구》, 김성민·정지련 역 (서울: 대한기독교서회, 1998)과 제임스,《종교적 경험의 다양성》, 김재영 역 (서울: 한길사, 2003).

43 H. J. Schneider, "'Wertstofftrennung'? Zur Habermas'schen Skizze nachkanti-

에 호소하는 것은 여기에서 분석자 자신이 필요로 하는 언어게임의 위상에 대해 다음과 같은 물음을 격발하는데, 즉 (유한성, 무력감, 구원의식으로 규정되지만 구원종교적 희망은 없는) 종교성Religiosität에 대한 특정 이해의 특징을 규정하는 것은 종교적 언어게임 자체의 한계 안에서 이루어지는가? 이러한 재구성이 특정한, 예를 들어 선불교 같은 데서의 언어게임 문법을 그 자체의 관점에서 명료하게 드러내는 작업인가?

비트겐슈타인은 철학자로서 철학적 언어게임을 연구했으며 그 때문에 자신의 현상학적 연구를 철학의 치료적 자기계몽으로 이해할 수 있었다. 이와 반대로 한스 율리우스 슈나이더는 특정 종교전통의 독실한 추종자로서 그 전통 내부에서 자신의 해설을 기도해야 하거나 아니면 철학자로서 종교적 담론의 영역 밖으로 빠져나와야 하는데, 아마도 후자가 그의 의도일 것이다. 그렇지 않다면 그는 윌리엄 제임스를 따라 상이한 종교에 기원을 둔 진리성 요구 사이의 교리상의 경쟁을 그가 자명한 것으로 여기는 방식으로 중립화할 수 없었을 것이다. 그러나 종교에 대한 철학적 관찰자의 역할 안에서라면 슈나이더는 반성하는 자기해명이라는 비트겐슈타인의 표상과 일체화될 수 없는 방식으로 종교적 언어게임을 철학의 보편화하는 언어게임으로 번역하기를 기도했어야 할 것이다.

만약 내가 올바로 보았다면, 한스 율리우스 슈나이더는 종교적 경험 일반에 관하여 철학적 논평을 제공하려는 (나아가 그 수준을 넘어 어쩌면 특정 종교전통을 이성적인 것으로 정당화하려는) 종교철학적 의도

---

scher Religionsbegriffe", in: R. Langthaler, H. Nagl-Docekal(2007), 앞의 책, 155~185쪽.

로 자신을 이끌어 간다. 이러면서 그에게는 다음과 같은 일련의 물음이 제기된다.

"우리는 '전체를 보는 시각'에 관해 철학적으로 논증할 수 있는가?", "그런 시각의 접합은 논증적으로 접근가능한 내용을 갖는가?", "철학의 목적을 위해 종교적 언어형태를 포기하는 것이 필요한가?(그리고 가능한가?)", 그리고 "우리는 종교의 진술이 단지 표피적 사안만은 아닌 명제형태를 획득하도록 그것을 번역해야 하는가?"[44]

슈나이더는 종교적 세계상의 관점에 합리적 설명을 제공한다는 변호론적 의미로 철학적 번역의 과제를 이해하기 때문에, 이 물음들 모두에 대해 긍정적으로 답변한다. 종교의 자기이해를 건드리지 않고 온전히 보존한다는 측면에서 보자면, 종교적 언어게임의 철학적 운율을 파악한다는 이런 종교철학적 시도는 종교적 의미잠재력을 공적 언어로 번역한다는 나의 발상보다 그 정도가 덜한데, 한스 율리우스 슈나이더는[45] 이것을 '재활용을 위해 귀중품을 분리'하려는 헛된 시도라고 비판한다. 하지만 종교적 언어를 번역하려는 나의 의도는 종교적 신앙양식의 의미 자체가 아니라 특정한 신앙내용을 비판적으로 자기 것으로 만드는 것自己化이 목표이다. 이 때문에 종교적 언설 자체는 건드리지 않고 그대로 놔둘 수밖에 없다.

종교교구의 신앙전례에 닻을 내리고 있는 종교적 교의를 공적으로

---

44 위의 책, 같은 쪽.

45 이런 견해를 피력하면서 슈나이더가 겨냥한 나의 논문은 "Die Grenze zwischen Glauben und Wissen: Zur Wirkungsgeschichte und aktuellen Bedeutung von Kants Religionsphilosophie", in: J. Habermas, *Zwischen Naturalismus und Religion: Philosophische Aufsätze* (Frankfurt, 2005), 216~257쪽이다.

접근가능한 언어로 부분적으로 번역하는 일은 비교적 사소한 작업이다. 예를 들어 우리는 독일어 '기도하다'와 '부탁하다', '간증하다'와 '증언하다', '성스럽다'와 '행복하다' 같은 어휘 사이의 의미론적 연관의 흔적을 사후적으로 감지하거나 '숭배하다'와 '저주하다', '칭송하다'와 '비방하다', '추앙하다'와 '단죄하다' 같은 어휘의 신성한 기원을 되새겨보면, 그 말들 안에서 전혀 눈치채지 못하게 침윤되어 있는 일상언어와 마주친다. 죄와 속죄의 어휘, 즉 해방, 인간적 존엄 및 모욕의 어휘, 연대와 배신에 대한 언설, 도덕적 감정, 분노 그리고 여러 그리움의 언어 등은 흔히 종교적 배경을 가지며, 퇴색된 의미에 다시 생기를 불어넣기 위해 우리가 수사적으로 다시 활용할 수 있는 의미함축을 보존하고 있다.

그러나 중요한 것은 평가적 어휘의 갱신이 아니라 세속적 언어와 개념들이 일상적이지 않은 기원의 미묘한 의미들을 받아들일 수 있도록 개방하는 것이다. 이러한 의미 체계들은 종교적 가르침이 교리로 지속되는 과정에서 더욱 정교하게 분화된다. 특히 전통을 보호하는 일이 해석자의 접합력과 해석학적 분투에 도전하는 역사적 상황과 새로운 경험의 압력에 더 자주, 더 오랫동안 노출될수록 더욱 그러하다.

철학사에 대한 헤겔적 시각을 갖고 우리는 유대적-기독교적 전승 안에 들어 있는 무수한 차용借用과 그 번역 과정을 발견할 수 있다. 오늘날에도 9·11 테러 이후 수많은 철학적 저작이 악惡에 관해 논하는 현상을 관찰하는 것은 흥미로운 일인데, 여기에서도 중요한 것은 '악함'과 '나쁨', '죄'와 '속죄' 같은 단어 사이에서 사람들을 당혹스럽게 만드는 의미분화, 다시 말해서 우리가 아직 세속적 언설에서 포착하지 못했던 상태에서 의미상의 미묘한 뉘앙스 차이가 다시 활성화되었

다는 점이다.[46]

그것으로의 번역이 이루어져야 하는 목표언어에 대해서는 공공성이라는 간단한 기준으로도 충분한데, 특별한 언어공동체의 구성원뿐만 아니라 원칙적으로 무제한의 수신자 집단을 대상으로 옹호되어야 하는 모든 진술이 허용된다. 현대 사회의 일상생활 혹은 과학과 같은 세속적 생활영역에서 그 타당성이 한 스승의 개인적 권위에 호소해야 하는 계시의 진리, 따라서 역사적 색인을 가진 문장을 끌어들여야 되는 것이라면 그런 진술은 수락될 수 없다. 나는 각기 예수로 거슬러 올라가는 '진리들'과 소크라테스로 거슬러 올라가는 '진리들'에 대한 키르케고르의 인상적 비교를 상기한다.

우리가 후기 비트겐슈타인에 의거하여 단언적, 규범적, 평가적 혹은 표출적 문장에 제기하는 각 타당성 요구 사이의 차이를 평평하게 만들어 버린다면 믿음과 앎의 인식론적 양상 사이의 차이는 흐려진다.

한스 율리우스 슈나이더는 내가 그라이스, 존 설, 마이클 더밋에 대한 비판으로부터 발전시켰던 화용론적 언어이론에는 간여하지 않는다.[47] 이 때문에 나는 언어철학적 상세논의까지는 하지 않는데 우리

---

46 R. J. Bernstein, *Radical Evil: A Philosophical Interrogation* (Cambridge, 2002).

47 J. Habermas(1988), 63~149쪽(Teil II: Pragmatische Wende); ders., *Wahrheit und Rechtfertigung* (Frankfurt, 1999), 65~137쪽(Teil I: Von der Hermeneutik zur formalen Pragmatik); ders., "Kommunikatives Handeln und detranszendentalisierte Vernunft", in: ders., *Zwischen Naturalismus und Religion: Philosophische Aufsätze* (2005), 27~83쪽.

[옮긴이] 앞 글의 우리말 번역으로는 하버마스, 〈제 1부 해석학에서 형식화용론으로〉, in: 같은 저자, 《진리와 정당화: 철학적 논문집》, 윤형식 역 (파주: 나남, 2008), 3~121쪽.

맥락과 연관된 하나의 차이만은 예외이다. 즉 나는 내용內容과 양상樣相을 나누는 프레게의 분리를[48] 폐지하는 의미사용론에 대한 마이클 더밋의 비판에 동의한다. 후기 비트겐슈타인은 명제적으로 분화된 담화행위의 세계연관과 아울러 진술내용의 인지적 차원도 무시한다. 발화수반적 명제의 이중구조가 지닌 탁월한 특징과 아울러 합리적 논변의 특별한 지위도 상실된다. 대체적으로 소박하게 제기되고 감정鑑定되는 타당성 요구 자체는 후기 비트겐슈타인의 논변놀이 안에서 주제화되고 찬반의 근거를 갖고 비판에 노출된다.

논변놀이와 의사소통행위 사이의 반성 수준의 격차는 종교교구의 신앙전례와 신학적 논변도 구분한다. 그러나 신학은 신앙의 가르침으로부터 독립적일 수 없으며, 철학과 달리 모든 타당성 요구를 아무 유보 없이 비판에 노출시킬 수는 없다. 모든 진술내용이 그 진술의 양상과 독립적으로 달라진다는 것을 부정하는 이론은 **개방된 논증과 구속받는 논증** 사이의 절차적 구분에 대하여 둔감할 수밖에 없다. 신앙의 수호자로서 신학이 자기를 철학과 구별할 때, 신학 자신은 '삶에 대한

---

48 [옮긴이] 고틀로프 프레게는 그의 유명한 논문인 〈뜻과 지시체에 관하여〉에서 언어적 표현의 '내용', 즉 그것이 지칭하는 것(프레게는 '지시체'라고 부른다)과 지칭되는 것이 표현되는 방식 또는 양식(프레게는 '뜻'이라고 부른다)을 구분한다. 프레게가 제시했던 유명한 예문을 사용하여 이 구분을 적용하면, '새벽별'과 '저녁별'은 모두 '금성'(venus)이라는 동일한 지시체를 갖지만 그 뜻은 상이하다. 이 점을 염두에 두면 '새벽별은 저녁별이다'라는 명제는 우리에게 세계에 대해 무엇인가를 말해주는 실체적 진술이다. 이렇게 보면 특정한 행성체가 자기 자체와 동일하다는 진술이나 동일한 의미를 갖는 두 언어적 표현체의 동어반복적 진술이라고 해도 그것들을 (세계에 관해 얘기해 주는 것이 없는) 분석적 진술이라고 간단히 치부해 버릴 수 없는 이유가 설명된다. 프레게, 〈뜻과 지시체에 관하여〉, in: 이정민·이병근·이명현 편, 《언어과학이란 무엇인가》, 정대현 역 (서울: 문학과지성사, 1981), 370~390쪽.

시각'에 전문화되어 있는 반면에 철학은 명제적 앎에 집중한다는 이유를 들지는 않는다. 예언자적 가르침이 특별한 방식으로 세계를 혁신적으로 개활하는 힘에 의존한다는 것에는 의심의 여지가 없다. 그렇지만 철학적 언어들은, 위대한 철학자들의 자기의지에 따른 용어법이 입증하듯이, 급진적으로 새로운 세계를 위한 눈을 열게 할 수 있다. 믿음과 앎의 차이는 이 차원에서 나타나는 것이 아니다. 이것은 세계에 대한 새로운 시각을 생산적으로 성취하는 것이 명제적 내용의 고유한 의미와 독립된다고 간주하는 언어관이 간과하는 점이다. 이 점에서 후기 비트겐슈타인은 후기 하이데거와 한배를 타고 있다.

6. 나는 미국 실용주의의 기독교적 경험과 동기화의 배경을 철학적으로 주목하고자 하는 루드비히 나글의[49] 시도가 많은 성과를 거두었다고 치하한다.[50] 선험론주의에 뿌리내리는 19세기 초기의 철학적 관행은 종교에 관해서라면 아무 소리도 내지 않는 존 듀이와 리처드 로티 같은 실용주의자의 사고에서도 여전히 눈에 띈다. 만약 우리가 초기 로티의 물리주의적 면모를 도외시한다면, 자연과 자매 관계에 있었던 에머슨에 대한 회상은 모든 실용주의자로 하여금 — 때때로 기능주의적 이성관과 인식에 대한 도구주의적 개념에 강하게 쏠리는 경향이 있음에도 불구하고 — 과학을 신앙하는 조야粗野한 자연주의에 빠지지 않도록 하는 역할을 했다.

종교적 함축을 가진 실용주의의 기본개념에서 루드비히 나글이 '공

---

49 나글(Ludwig Nagl)은 오스트리아 빈대학 철학연구소 교수이다.

50 L. Nagl, "Die unerkundete Option: Pragmatistische Denkansätze in der Religionsphilosophie", in: R. Langthaler & H. Nagl-Docekal(2007), 186~215쪽.

동체'를 전체적인 사상운동 전개에서 핵심적 동기로 부각했던 것은 정당했다. 조사이아 로이스에서도 기독교적 함의는 여전히 명확하게 포착될 수 있다. 그러나 찰스 샌더스 퍼스부터 윌리엄 제임스, 조지 허버트 미드, 존 듀이까지 모든 실용주의자들은 — 이른바 성령聖靈의 영감을 받은 — 구체적으로 보편적인 것具體的 普遍者의 사회화 형태에 대한 헤겔적 직관을 공유한다. 이와 똑같은 직관이 하버드대학 캠퍼스의 제임스홀관 입구에 새겨져 있는 다음의 문장에 표현되어 있다.[51]

> 개인의 충동이 없다면 공동체는 정체되며,
> 공동체의 공감이 없으면 충동은 사멸한다.

'공동체'는 개별 구성원 사이의 거리와 그들 각자의 구분성과 서로 다름을 위협하지 않으면서 연대적 관계의 밀접성과 배려를 보장하는 삶의 형태 안에다 칸트의 평등주의적 보편주의에 입각한 존중성의 도덕이 지닌 개인주의를 내재화시킨다. '점점 더 확장되는 공동체'의 수립이라는 이념은 **개인화하는 사회화**의 개념과 연결된다. 공동체에는 각 개별 공동체 모두의 한계를 동시에 넘어서는 로고스가 체입體入되어 있다.

이 이념은 일상의 관행과 연구의 실행 모두에 대하여 오늘날까지 표준적 척도가 되는 **실천에 대한 실용주의적 개념화**를 규정했으며 그럼으로써 도덕철학 및 언어철학, 인식론과 과학이론의 상호주관적 접

---

51 [옮긴이] 하버마스는 이 현판에 새겨진 명문을 굳이 영어 원문 그대로 적어놓고 있다. "The community stagnates without the impulse of the individual, the impulse dies away without the sympathy of the community."

근에 길을 열어주었다. 또한 미드와 듀이의 이론을 거치면서 공동체 개념은 사회정치적 의미도 획득하게 되었다. 유럽에서는 일찍이 청년 헤겔학파들 사이에 이와 유사한 흐름이 나타났으며, 포이어바흐의 '사랑의 공산주의'부터 청년 마르크스의 '자연주의적 휴머니즘'까지 이어졌다. 그러나 의사소통이론과 사회이론에 이르는 상호주관적 접근은 여기 독일에서는 전통을 형성하는 힘을 발휘하지 못했다.

이 점은 예를 들어 1962년에 쓴 미하엘 토이니센의 교수자격논문에서 자명하게 드러난다. 〈다른 사람〉이라는 제목 아래[52] 저자인 토이니센은 후설과 하이데거의 주체철학적 개념화에 맞서 일종의 '대화적 철학'을 열어 보이는 고단한 작업을 위해 청년헤겔학파로부터 영감을 받은 카를 뢰비트의 교수자격논문과 마르틴 부버의 '나-너-관계'에서 쌓여진 발상을 들여와야 했다. 독일에서의 실용주의는, 막스 셸러와 아르놀트 겔렌의 선도자적 관심이 없지는 않았지만, 나의 세대에 와서야 비로소 카를-오토 아펠의 개척자적 성취를 통하여 촉발되면서 유보의 여지 없이 수용되기에 이르렀다.[53] 나는 루드비히 나글의 연관성 풍부한 해석에 동의하면서 단지 몇몇 부분에서만 약간 다른 강조점을 둘 것이다.

• 사회적으로 더 성공한 자신의 경쟁자에 대한 헤겔의 신랄한 비판

52 [옮긴이] M. Theunissen, *Der Andere: Studien zur Sozialontologie der Gegenwart* (Berlin: de Gruyter, 1965. 2. Aufl.).

53 K.-O. Apel, *Der Denkweg von Charles S. Peirce: Eine Einführung in den amerikanischen Pragmatismus* (Frankfurt, 1975; 1967년 초판 및 1970년); J. Habermas, "Amerikanischer Pragmatismus und deutsche Philosophie: Drei Rezensionen", in: ders., *Zeit der Übergänge* (Frankfurt, 2001), 155~172쪽.

과는 반대로 나는 (1830년에 출간된 그의 《교의학教義學》 서론에서) 후기 슐라이어마허의 논증을 더 높이 평가한다. 그에 따르면, 우리는 인류학적으로 일반적인 것이라고 할 수 있는 종교적 감정에 대한 철학적 정당화를 신학적 교리학 — 즉 현대의 세계관적 다원주의 사회 속에서 교회조직을 갖춘 신앙공동체가 내부 관점으로 여러 종교 전통들 가운데 특정 종교 전통을 해석하는 신학적 교리학 — 과 천재적으로 분리한 것을 가치 있다고 생각해야 한다.

• 찰스 샌더스 퍼스는 실용주의자 중에서도 종교철학의 흔적을 찾는 탐구에서, 여러 연관이 명시적으로 교착하는 조사이아 로이스를 제외하면, 연구결과물이 가장 풍요한 인물이다. 여러 창의적 발상이 넘치는 학습과정의 논리에만 따르는 해석공동체의 모델은 가장 사고력이 뛰어난 이 실용주의자에게 지속적으로 영감을 주었다. 이는 그의 초기 저작에서부터 후기의 기호학적으로 근거정립된 1차성, 2차성, 3차성의 형이상학에 이르기까지 일관되게 이어진다.

• 마지막으로, 리처드 로티는 일반적으로 윌리엄 제임스와 가장 가깝다고 느끼지만, 종교의 사안에서는 듀이와 견해를 같이한다. 그는 '보다 나은' 세계를 집단적으로 촉진할 수 있다는 듀이의 휴머니즘적 희망을 공유한다. 반면, 로티에게 종교적 신앙방향은 본질적으로 사적 성격을 지닌 윤리적 생활기획과 전혀 다른 것이 아니며 따라서 아무 고통 없이 정치적 공론장에서 사라질 수 있는 것에 불과하다. 이런 시각에서 로티는 온건하고도 평화로운 사유화를 금지하는 종교적 타당성 요구의 인지적 의미만 과소평가한 것이 아니다. 이로써 그는 탈현대적으로 연성화된 잔니 바티모의 기독교를 인정한 자신의 입장과 모순에 빠진다. 자비로운 행태에 대한 심리학적 충동으로 녹아들어 인

지적 날카로움을 모두 잃어버린 이런 종류의 '미온적' 종교는 더 이상 이 세상을 변화시키지 못할 것이다. 이런 종교는 공적 상태의 변화를 목표로 하는 '근거정립 불가능한 희망'의 재생산과 무관한데, 비록 로티에게 이런 희망을 가진다는 것이 바로 종교를 관용해야 하는 유일한 이유임에도 불구하고 그러하다.

7. 전반적으로 나는 클라우스 뮐러의[54] 현시기술에 동의한다. 현대 세계에서 변증법적 지양止揚에 처하게 되는 종교에 대해 가장 먼저 헤겔에 의해 규정되었던 나의 시선은 그동안 변화되었다. 현대 사회에서 종교가 계속 존속할 것이라는 징후들은 최근 수년간 더욱 뚜렷해졌다. 사람들이 경험적으로 확증된 사실을 **어떤 정신형태 하나**가 계속 존립할 징후로 해석할 경우에만 우리는 확실히, 종교적 에너지가 (무엇보다도 우선 세계의 다른 지역에서) 새로이 활기를 얻었다는 징표로부터 철학에 대한 **인지적** 도전을 독해해 낼 수 있다. 오직 이런 기술記述 아래에서만 '계속실존'은 내재적 혹은 이성적 근거에서 계속 존속한다는 것을 의미한다.

이 새로운 강조는 종교에 대한 나의 개인적 평가와 관계된 것이라기보다 오히려 (동양에서와 마찬가지로 서양에서도 특히 종교적 근본주의의 정치적 오용은 충분히 공포를 안긴다는 점에서 보듯이) 현대 사회에 대한 나의 평가가 더 회의적이게 되었다는 데서 기인한다. 지구화된 현대가 스스로 생성해낼 수 있는 정신적 잠재력과 사회적 동력은 자기들의 자기파괴적 경향, 무엇보다 우선, 자기 고유의 규범적 내용의 파괴를 멈춰 세울 만큼 충분히 강한가?

---

54 뮐러(Klaus Müller)는 뮌스터대학 가톨릭 신학부의 '철학적 기본문제' 담당 교수이다.

그렇기는 해도 베냐민의 '구원적 비판'에 대해 1972년에 작성한 나의 논고에서 보여주었듯이 이런 회의가 새로운 동기는 아니지만 그동안 (아마도 한 늙은이의 비관주의일 뿐이겠지만) 그 회의가 더 강해진 것은 사실이다. 베냐민은 아름다운 것을 참인 것의 매개체로 전이시키는 과제를 예술비평에 맡긴다. 여기에서 그는 진리를,《독일 비극의 기원》에서 아주 하이데거적으로 주석을 달았듯이,[55] "비밀을 말살시키도록 장막을 걷어버리는 것"이 아니라 "비밀을 정당하게 다루는 계시"로 이해한다. 1956년 내가 베냐민의 문헌을 처음 접한 이래, 그렇지 않았더라면 "메시아적 상태에 매몰되어 버렸을" 의미론적 잠재력에서 구속을 풀어 세속적으로 해방시킨다는 생각은 나를 매료시켰다. "베냐민이 공허한 진보라고 비판했던 것은 환희 없는 개혁주의였다. 이렇게 비판받을 즈음의 개혁주의는 살아가는 게 좀 나아져서 계속 재생산되고 있다는 식의 삶과 충족된 삶, 즉 실패하지 않은 삶, 사이의 차이에 대한 감성이 무뎌진 상태였다."[56]

따라서 클라우스 뮐러는 '아테네 또는 예루살렘'이라는 주제로 나의 신경을 건드린다.[57] 이성은 탈형이상학적 사고라는 현재의 형태 안에서는, 자기의 계보학을 완벽하게 현재화하지 않는 한, 그 자체가 이해될 수 있는 것이 아니다. 그것은 참여자 관점에서, 즉 어떤 의미에서

---

55 W. Benjamin, *Ursprung des deutschen Trauerspiels*(1928). 우리말 번역으로는 베냐민, 《독일 비애극의 원천》, 김유동·최성만 역 (파주: 한길사, 2009).

56 J. Habermas, "Walter Benjamin: Bewußtmachende oder rettende Kritik(1972)", in: ders., *Philosophisch-politische Profile* (Frankfurt, 1981), 336~376쪽, 여기에서는 374쪽.

57 K. Müller, "Balancen philosophischer Topographie", in: R. Langthaler & H. Nagel-Docekal(2007), 앞의 책, 216~237쪽.

'내부에서', 기축시대에 다른 세계종교가 발생하게 된 맥락 안에서 그리스 철학의 지위를 명료하게 밝히고, (좋은 것에 대한 관조 같은) 구원의 길을 포기하고 (꼭 이 종교만은 아니지만 특히) 기독교의 신앙실천과 교리와 심지어는 협동하고 대결하는 가운데 분업적으로 관철시켜 왔던 자기 고유의 학습과정을 재검토해야 한다. 이 교착적 학습과정을 되돌아보는 가운데 이성은 종교적 타당성 요구와의 **불투명한 관계**를 자기 측면으로부터 개념파악하는 방도를 모색해야 한다. 다만 이 시도는 칸트나 헤겔처럼 불투명성을 **삭제하고** 종교적 경험형태 자체를 **시대착오적인 것으로 만들어버리려는** 의도를 따라가서는 안 된다. 현대에 있어 이성이 자기확신을 확보하기 위하여 파악되지 않는 이질적인 것에 즉해서 종교비판적으로 자기 자신의 척도를 확인하는 것과 이 사태를 자기비판적으로 현재화하는 것은 좀 다른 일이다.

존경받는 요한 밥티스트 메츠와 내가 나눈 수차례의 우정 어린 토론에 관해 말하자면, 나는 클라우스 뮐러의 발제에서 내 의도를 재인식할 수 있었다. 그렇지만 나는 비록 내키지는 않아도, 신학적 대화 안에서 메츠와 대립하는 입장을 표하고 그가 반대했던 '믿음信仰과 자매지간인 이성'의 개념화에 철학적 보호지원을 공여하는, 철학자의 역할 안으로 나를 밀어 넣었다. 여러 오해들로 가득한 이 지형 안에서 우리는 우리가 어떤 지점에 서서 말하고 있는지를 알아야 한다.

메츠와 라칭거(후일 교황이 된 베네딕토 16세 — 옮긴이) 사이에 논란이 되었던 명제, 즉 기독교 신앙은 이스라엘의 신앙과 그리스적 정신이 그리스도를 통해 매개된 종합이라는 명제에 관해 신학자가 아닌 이의 시각에서 내가 말할 수 있는 것은 없다. 그런데 내가 철학적 시각에서 그 논란의 전제를 문제 삼을 수 있으리라는 것은 확실하다. 나는

'칸트 이후'의 철학 일반이 아직도 신에 관한 기독교적 언설의 보편적 타당성에 대한 일종의 형이상학적 근거정립을 신학적으로 기대하는 것을 충족할 수 있으리라고 생각하지 않는다. 요제프 라칭거 또한 기독교의 철학적 기반이 "'형이상학의 종언'을 통해 문제시되어 왔다"는[58] 의견이다. 절대적인 것에 대한 형이상학적 언설이 지성을 추구하는 믿음의 목표인 한, 탈형이상학적 사고는 돛을 내릴 수밖에 없다.

유대적 신앙과 그리스 철학이 공생했다는 사실 자체는 논란의 여지가 없다. 구원에 대한 기독교적 복음은 형이상학적 사고수단을 통해 비로소 교리적으로 완벽하게 가다듬어져, 막스 베버의 취지에 따라 얘기하자면, "합리화되었다". 하지만 동시에 (신의 삼위일체적 구조나 무無로부터의 창조와 같이 그리스인들의 우주론적 사고에 낯선)[59] 일신론적 창조사와 구원사의 혼종적 내용은 논증적 정교화와 동화의 긴 도정을 거쳐 자기 쪽에서도 형이상학적 개념틀에 전복적 개조력을 행사했다.[60]

신학 내부에서의 분쟁은 기독교의 헬레니즘화가 오히려 신의 다스

---

58 J. Ratzinger, *Glaube — Wahrheit — Toleranz* (Freiburg, 2003), 132쪽 및 이에 대해서는 M. Knapp(2006), 앞의 책, 51쪽 이하 참조. 교황 요한 바오로 2세의 회칙 〈신앙과 이성〉과 관련하여 마그누스 슈트리에트는, 신앙의 이성적 정당화라는 과제가 기독교 신학을 철학에 의존하게 만들지만, 그럼에도 불구하고 '철학에 역사적으로 성장한 특정한 형이상학 형태를 취할 의무를 지우는 것은 아니다'라는 언급으로 이 문제를 대수롭지 않게 처리한다.

59 M. Lutz-Bachmann, "Hellenisierung des Christentums?", in: C. Colpe & L. Honnefelder & M. Lutz-Bachmann (Hg.), *Spätantike und Christentum* (Berlin, 1992), 77~98쪽.

60 베네딕토 16세 교황은 '신은 사랑이다'(Deus caritas est)라는 회칙에서 '사랑'(Liebe)을 뜻하는 그리스어 단어군인 에로스(Eros), 필리아(Philia), 아가페(Agape)를 언급하면서 신의 사랑(Gottesliebe), 즉 인간에 대한 사랑을 갖고 신을 향한 인간의 기도에 '먼저 다가가는' 신이라는 사상의 폭발력을 입증한다.

림의 도래, 신정론神正論 문제, 최후의 심판 등과 같은 초기 기독교의 실존적 동기를 플라톤주의적으로 소외시키는 것이 아닌가, 유대적 신앙과 헬레니즘의 공생은 도리어 사상적 번영이 아닌가, 이런 사상적 공생이 신앙의 이성적 성격을 비로소 명확하게 만들어 (오히려 아시아적 종교체험에서 본생적 요소가 되는) 신비적 신체험神體驗에 정당한 장소를 창출해 주었던 것은 아닌가 하는 등의 문제를 둘러싸고 벌어진다.

철학적 관점에서 보자면 이런 문제에 대해 메츠의 평가를 따를 것인가 혹은 라칭거의 평가를 따를 것인가 하는 문제는, 그렇다면 탈형이상학적 사고로서 현대 철학은 아테네와 예루살렘 사이에서 어떠한 입장을 취할 것이냐 하는 물음보다 흥미롭지 않다. 나는 클라우스 뮐러가 이 양쪽의 문제제기 사이의 차이를 충분히 정확하게 주목했는지 확신이 서지 않는다. 신학과의 분업에서 철학은 신성함에 대한 앎을 확정적으로 포기한다. 철학은 위안을 줄 수 없으며, 기껏해야 용기를 북돋을 수 있을 뿐이다. 탈형이상학적 사고가 어떤 확약을 일깨울 수는 없어도 실천이성을 패배주의에서 지켜줄 수는 있음을 보여주었던 것은 결코 사소하지 않은 칸트적 종교철학의 공덕이다.

만약 내가 메츠에 반대하여 철학을 자기 쪽에서 자기 것으로 만들어 근거정립하는 언설의 우주 안으로 받아들여 자기 공동체에 통합시켰던 기독교적 동기를 강조한다면, 내게 중요한 것은 디터 헨리히와 미하엘 토이니센이 서로 대립하는 취지로 응답했던 쟁론의 문제이다.[61] 즉, 현대 세계에 고갈된 것은 형이상학적-우주론적 사고의 내용

---

61 나는 이 문제가 오늘날에도, 즉 그가 핀다로스에 관한 위대한 저작[M. Theunissen, *Pindar: Menschenlos und Wende der Zeit* (München, 2000)]을 출간한 이후에도 그에

인가 아니면 일신교적 전승의 내용인가 하는 문제이다.[62] 클라우스 뮐러는 내 답변의 방향을 정확하게 스케치하였다. 그는 독일 관념론의 의식철학 형태로서 형이상학의 미래를 보장하기 위해 우주신론과 유일신론 사이의 첨예한 대립을 누그러뜨리는 데에 더 관심을 두는 것처럼 보인다. 나의 반론이 그에게 놀라움을 주지는 않을 것이다.

헨리히에서처럼 절대적인 것絶對者이 근원적으로 자기-자체와-일체화된-상태 안에서 자기의식의 문제성을 매개적으로 해체함으로써 스스로를 개활한다면, 이런 메시지는 플라톤주의가 극동의 세계종교와 근원적 친족성을 가졌다는 점을 공언하는 셈이 된다. 이런 상태에서 기독교에 다리를 놓으려는 이는 기껏해야 다른 물가에 닿아서 전통의 밑에서 흐르던 신비주의적 흐름들에만 도달하는 데 그칠 것이다.

게 어떤 제한도 없이 여전히 문제로 통하는지에 대해서는 여기에서 별도로 다루지 않는다. 이 점에 대해서는 토이니센의 저작 M. Theunissen, *Schicksal in Antike und Moderne* (München, 2004)에 쓴 나의 〈서론〉을 참조하라.

62 헨리히와 토이니센 사이에 벌어진 최근의 논쟁에 대한 뮐러의 언급은 중요한 점을 시사한다. 독일 철학은 기타 다른 점에서는 앵글로-색슨 철학에 뒤처져 있지만 한 가지 점에서만은 앞서는데, 더 이상 형이상학적으로 응답될 수 없다고 해서 사라지는 것은 아닌 종류의 문제들에 대해 예민한 감수성을 여전히 유지하고 있다는 점이다. 이것이 칸트에서 헤겔과 마르크스에 이르는 전통의 유산인 것은 확실한데, 그 점은 이러한 전통이 사변적 사고의 눈높이에 맞추어(auf der Augenhöhe spekulativen Denkens) 그 자체로 지속된다는 것을 인증하지는 않는다.

3. 동시대 신학과의 대화

'아테네와 예루살렘'이라는 주제는 나를 신학자와의 대화로 이끈다. 특히 내가 1970년대부터 가톨릭 신학자들과의 토론에서 얻은 지적 자극에 대해 감사함을 표한다면 이것은 단순한 인사말이 아니다.[63] 하지만 종교 철학자들과의 논쟁이 아무리 자극되고 유익할지라도 익숙한 논거의 공간 내에서 유지되고 공유된 글을 언급하지만, 신학자들과의 만남에서 논쟁은 더 이상 이런 본거지가 되지 못한다. 우리는 반론과 호소를 받아들임과 동시에 보다 친숙한 학술적 환경에서 희미하게 남기 쉬운 언어논리들 사이의 차이를 고려해야만 한다. 덧붙여, 성서적 이미지와 신학적 사고형태가 기독교로 형성된 문화 속에서 훈련받은 세속화 정신에서 여전히 발생할 수 있다는 울림이 존재한다. 당연하게도 이러한 울림은 또한 양쪽 방향에서 바람직한 의미전달을 위한 해석학적 연결을 제공한다. 다원적 공론장에서 정치적 의사소통을 위해서라면, 양쪽 모두는 이러한 '번역'에 관심을 가질 수 있다.

8. 나는 칼케돈 공의회의 삼위일체 공식을 현대에서 이성과 계시의 관계에 적용하는 발터 라베르거의[64] 제안에 동감한다. 자기 쪽에서 스스로 긍정적 형이상학과의 연을 끊은 계시신앙에 대해 탈형이상학적

---

63 이 관심은 가톨릭 쪽에만 국한된 것이 아니다. 다른 연구들 가운데 특히 참조할 탁월한 연구들로는 H. Düringer, *Universale Vernunft und partikularer Glaube: Eine theologische Auswertung des Werkes von Jürgen Habermas* (Leuven: Peeters, 1999)와 J. Glebe-Möller, *A Political Dogmatic* (Philadelphia: Fortress Press, 1987) 참조.

64 라베르거(Walter Raberger)는 린츠대학 교리신학(Dogmatische Theologie) 교수이다.

사고가 맺은 관계의 개념은 '혼융된 것은 아니'지만 '분리된 것은 아닌' 것으로 파악된다.[65] 물론 비非신학적 관점에서 본 이 공식의 의미는 신학적 시각에서 볼 때와는 좀 다를 것이다. 내가 볼 때 '분리된 것이 아니다'라는 술어는, 되돌아보면, 기축시대의 세계상 혁명에서 나온 공통 근원뿐만 아니라 철학과 유일신론을 서로 엮었던 이성의 계보학과도 연관된다. 그럼에도 불구하고 우리의 현재 관점에서 보면 '분리된 것이 아닌'이라는 술어는 아직 해명되지 않은 유산관계들에 대한 문제표찰이다. 즉, 탈형이상학적 사고는 아직 청산되지 않은 의미론적 잠재력 밖에 여전히 남아 있는 바로 종교의 의미론적 잠재력에 얽혀 있는 실마리들을 끊어 버려서는 안 된다는 것이다. 따라서 라베르거가 생각하는 칸트로 말하자면, "종교에 맞서 아무 생각 없이 선전포고를 하는 것"은 이성의 관심사가 아니다.

칸트처럼 아도르노도 역사철학의 광범위한 관점에서, 아직 탐구되지 않은 이러한 잠재력을 비판적으로 자기 것으로 전유하는 것을 "땅위의 하느님 나라로 다가가는" 사회적 동력으로 고찰하였다. 그러나 "신학적 내용 중 어떤 것도 변형되지 않고 지속될 것은 전혀 없다. 다시 말해서, 신학 내용이라면 그것이 어떤 것이라도 세속적이고 현세적인 것으로 인입해 들어갈 수 있을지 스스로를 시험대에 세워야 한다"라는[66] 문장에 동의한다고 해서 이 동화과정에서 무엇이 더 근본적으로 변형되는가, 즉 현세적인 것의 형태나 성스러운 것의 형태 중

---

65 앞의 H. Düringer(1999)는 프로테스탄트적으로 이해된 유대적-기독교적 전승에 대한 의사소통행위이론의 관계를 이 점을 실마리로 삼아 해석한다.

66 T. W. Adorno, "Vernunft und Offenbarung", in: ders., *Kulturkritik und Gesellschaft II* (Frankfurt, 1977), 608쪽.

어느 것이 더 근본적으로 변형되는가에 대한 의견불일치를 흐리게 만들어서는 안 된다. 철학자들 사이에서는 차이가 더 크다. 만약 우리가 형이상학에 따라 부정적인 신학적 사고형태의 철학적 모방까지도 포기한다면, 아도르노 그리고 데리다에게 남아 있는 메시아적 희망에 대한 역사철학적 뒷받침마저도 사라지게 된다.

종교적 주술로부터의 각성은 언어적 실행에 체화된 오류가능한 이성이, 그 자체에 내재된 패배주의에 맞서, 의사소통을 위한 불가피한 가정의 관념론적 잉여로부터 자기의 재생산조건을 확인함으로써 확신은 아니더라도 용기는 얻을 수 있을 때까지 진행된다. 이 용기는 병리적으로 왜곡된 의사소통 형태 안에서도 여전히 진리성 요구의 가시가 박혀 있다는 사실에 뿌리를 두고 있기 때문에, 어떤 자기기만도 이 가시 없이 재생산될 수 없으며, 따라서 그것으로부터 확실하게 스스로를 보호할 수 없다.

우리 생활형태의 의사소통적 체질 안에는 일종의 내부로부터의 초월이 작동하고 있다. 이것은 발터 라베르거가 '은밀한 귀띔', 즉 "인간적 자기기만과 그로 인한 희생자의 멸실이라는 사실"에 맞서 진실을 은밀하게 귀띔해주는 것으로 이해하는 초월의 자기계시의 희미한 메아리에 불과하다.[67] 어쨌든 내부로부터의 초월은 칸트에게 '지성의 저울'을 구성하기에 충분했다.

종말론적 희망을 탈형이상학적으로 완화시키는 사례로는 발터 라베르거가 칸트의 《한 심령술사의 꿈들》에서[68] 인용한 이 따뜻한 형상

67 W. Raberger, "'Übersetzung': 'Rettung' des Humanen?", in: R. Langthaler & H. Nagl-Docekal(2007), 앞의 책, 238~258쪽.

보다 더 훌륭한 것은 없다. 다음의 인용은 너무나 아름다워 반복해야 마땅하다고 본다.

"지성의 저울이 전적으로 불편부당한 것은 아니다. '미래의 희망'이라는 글귀가 적힌 한쪽 팔은 기계적 이점을 지니고 있어 그 위에 떨어지는 근거들은 아무리 가볍더라도 반대쪽의, 근거들보다 훨씬 무거운, 사변들을 공중에 띄워버린다. 이것이야말로 유일하게 올바르지 않은 지성의 성질인데, 나로서는 그것을 바로잡을 능력이 없지만 사실 결코 바로잡고 싶지도 않다."69

그러나 만약 우리가 칼케돈 공의회의 공식에 따라 분명하게 그어진 경계를 넘어서는 대화를 시도한다면 반드시 상호적 온정주의를 경계하는 일정한 균형이 유지되어야 한다. 다른 동료들과 마찬가지로 발터 라베르거 역시 탈형이상학적 사고와 계시신앙의 관계에 대한 나의 규정 안에서 '자기 것으로 거둠專有의 순간'을 발견한다. 하지만 이 점 대신 내가 말하고자 하는 것은 이 시도들이, 이 대화가 제한된 관점인수라는 조건 아래서 이루어지는 한, 불가피하게 비대칭성을 띨 수밖에 없다는 것이다. 가톨릭 신학자가 이성 앞에서 자기의 신앙을 정당화한다는 목표를 갖고 철학적 사고의 모든 목록을 끌어다 쓸 수 있는 반면

---

68 [옮긴이] 《한 심령술사의 꿈들》(1776)에서 칸트는 당시 심령술사로 유명하던 에마누엘 스베덴보리의 합리적 심리학이 근거가 없음을 비판적으로 증명하고 철학의 연구에서 경험과학적 방법으로의 방향전회를 주장했다. 심령술 비판을 넘어 고대 철학 이래의 형이상학 전반을 비판한 이 책을 계기로 칸트는 본격적으로 비판주의 철학으로 이행하여 《순수이성비판》(1781), 《실천이성비판》(1788), 《판단력 비판》(1790)을 차례로 출간한다.

69 I. Kant, *Band I: Vorkritische Schriften bis 1768 1*, in: W. Weischedel (Hg.), *Kant Werkausgabe in 12 Bänden* (Wiesbaden, 1956), 961쪽.

에, 철학자는 계시진리에 손을 대면 안 된다. 따라서 나는 그 어떤 종교비판을 라베르거와는 달리 '소유격의 양식으로' 수행할 수 없다. "단지 차안此岸에서의 초월을 상정하고서야 기도로써 간구될 수 있다"는[70] 위로의 기능이 중요할 경우 세속적 사고는 스스로를 신학을 통해 '대표되게끔' 하고자 하는 것이 아니냐는 의심 역시 근거가 없다. 내가 이해한 바에 따르면, 종교적 언어를 일반적으로 접근가능한 언어로 '번역'하는 일 역시 '종교적 기본선택항'을 자기만의 지평 안으로 '이전'시키는 일종의 세속적 자기이해를 목표로 하지 않는다.

그러나 계시신앙과 철학 사이의 비대칭적 관계는 라베르거가 혐오해 마지않았던 바로 그 가부장적 온정주의를 초래하지 않았던가? 이 지점에서, 우리가 종교공동체의 구성원에 관해 얘기하는지 아니면 그들과 더불어 얘기하는지 물을 때마다 우리가 선택하는 두 관점을 서로 구별하는 것이 중요하다.

규범적으로 판단하는 정치철학자는 기술적記述的으로 진행하는 역사가 혹은 사회학자와 같은 방식으로 객관화하는 외부자의 태도를 채택한다. 하나는 현대적 생활조건에 대한 종교적 의식意識의 적응을 일종의 '현대화'로 기술하는 반면, 다른 것은, 종교적 시민이든 비종교적 시민이든 민주적 입헌국가의 모든 시민을 동등하게 겨냥하는, 거부할 수 없는, 규범적 기대를 근거정립한다. 이 두 경우 모두에서 종교공동체의 실천과 신념은 연구의 대상이지 파트너는 아니다. 따라서 종교쪽에서 제기되는 반론의 무게도 각 전공분야의 규칙에 맞춰 측정된다. 이것은 가부장적 온정주의와 아무런 관계가 없다.

---

70 W. Raberger(2007), 앞의 책, 253쪽.

이와 대조적으로, 2인칭 개인과의 대화적 관계 안에서는 '자기 것으로 거둠'으로의 경향이 아주 두드러지게 나타날 수 있다. 이 점은 세속적 개인이 신앙인과 대화를 나누면서 동시에 그를 진단하는 방식으로, 예를 들어, 그의 종교적 신념의 만료일을 알려줄 경우 언제나 나타나는 일이기도 하다. 그렇게 되면 1인칭 개인, 즉 화자는 2인칭 개인, 즉 청자에게 그가 (추측건대) 알지 못하는 무언가를 알고 있다고 주장하며, 그를 마치 3인칭 개인처럼 낮은 위치에 놓이게 만든다.

내가 특정 맥락에서 주장했던 '아직'이라는 표현으로 탈형이상학적 사고와 종교의 공존 상태를 설명하는 것은 철학자가 아직 끝나지 않은 번역, 즉 완전히 고갈되지 않은 의미론적 잠재력의 번역 과정이 언제 끝날지 알고 있다며 거만을 떠는 것이 아니냐는 의심을 유발할 수 있다. 나는 라베르거에 의해 인용된 진술이 이런 해석을 배제하지는 않는다는 점을 인정한다. 그러나 내가 그런 진술을 한 취지는 불가지론적인 것이다. 만약 우리가 역사철학적 생각이, 그리고 그와 아울러 인식적 유보 역시 언제나, 역사의 지향점이라는 것을 더 이상 믿지 않는다면, 미래의 삶의 정황과 그다음 이용할 수 있는 앎의 관점에서 볼 때 종교적 의미론의 해석적 힘은 과연 소진될 것인가, 그리고 그렇다면 오늘날 이미 우리가 '형이상학의 종말'에 관해 말하는 것과 유사한 방식으로 '종교의 사망'에 관해 얘기될 것인가 여부에 관해 우리는 알 수 없을 것이다.

마찬가지로 신앙의 실천과 세계지식도 각기 상이한 정신형태 — 또는 분화된 언어게임 — 로서 서로 나란히 존립하는 상태로 존속할 수 있다. 이 대안은, 종교적 구속력을 가진 의미론적 잠재력이 정치적 공론장의 인륜적 의식에 대해, 그리고 전반적으로 세속적 체질을 가진 정치적 공동체의 복리에 대해, 어느 정도까지 자유로울 수 있는지와는 완전히 별개의 문제이다. 따라서 철학과 종교 사이의 제로섬 게임의 가능성은 이미 배제되어 있다. 왜냐하면 교구의 제례거행과 기도의 실천에 뿌리박힌 종교적 경험내용이 **남김없이** 공적인 논변의 실천과 근거정립의 실천으로 전환되리라는 '주지주의적' 기대는 비현실적이기 때문이다.

9. 나는 왜 내가 나의 불가지론에도 불구하고 마그누스 슈트리에트의[71] 신학적 상론詳論을 크게 찬동하면서 읽고 있는지 잘 모르겠다.[72] 아마도 그것은 단지, 나의 몇몇 광시곡狂詩曲풍의 논평에 창조신학적 심층차원을 부여하겠다는 그의 관대한 제안에 대한 자아도취적 응답에 지나지 않을 수도 있다. 하지만 나는 신학에 무지한 까닭에 이런 관대한 제안을 받고도 부끄러움을 느낄 수 있을 뿐이다. 우리의 의견일치는 우선 헤겔 체계의 종교적 내용에 대한 해명과 관련되는데, "예언, 약속 그리고 대탈주의 경험은 영지주의적 위안에 저항한다." 궁극적으로 구원사救援史의 개방성과 우발성에 무감각한 정신의 백과사전적 순환은 (물론 지금은 신앙심이 있다고 해야겠지만?) 루터파 신자인 저자의 자기이해와 독특한 방식으로 대조된다.

계약신학의 관점에서 창조를, 타아 안에서 자기를 재인식시키려는 신의 의도와 관련시키는 슈트리에트의 상호주관주의적 접근은 내 눈길에는 셸링의 '세계시대' 철학에 부합한다. 만약 신이 **교착적 인정**의

71 슈트리에트(Magnus Striet)는 독일 프라이부르크대학 근본신학(Fundamentaltheo-logie) 교수이다.

72 M. Striet, "Grenzen der Übersetzbarkeit", in: R. Langthaler & H. Nagl-Docekal (2007), 앞의 책, 259~282쪽.

관계를 — 즉 신의 사랑이 '먼저 다가옴'에도 불구하고 인간에게 이해될 만한 상호적 관계를 — 창출하고자 한다면, 이런 방식으로 탁월한 징표를 부여받은 피조물은 슈트리에트에 따르면 근본적 의미의 '자유'를 갖출 수밖에 없는바, "자유롭도록 방면된 자는 자기 고유의 자율성 안에서 신에 부응해야 한다."

기독교적 신앙에 관해 말하자면, "오직 믿음 안에서만 접근할 수 있는 로고스의 성육신成肉身이라는 사실을 전제하는 한에서 그것이 이성에 대해서는 이질적으로 남아 있는 경우라도, 그런 점에 대한 이해를 추구하는 것"이라고 슈트리에트가 주장할 때, 믿음과 앎에 대한 그의 규정은 내게 변함없이 분명한 빛을 비친다. 이 자유신학의 개요 안에서, 나는 그의 개념적 설비 안에서 탈형이상학적 사고에 딱 맞아떨어지는 하나의 보완물을 인식한다. 왜냐하면 이 탈형이상학적 사고와 자유신학은 둘 다 "사회적-문화적 자기이해 도달의 과정은 '**설령 신이 실존하지 않더라도**etsi deus non daretur'의 원칙에 따라 진행되어야 한다"는 전제를 공유하기 때문이다.

그러고 나서 마그누스 슈트리에트는 그의 저작의 가장 흥미로운 부분에서, 인간이 자기 자신을 도구화할 가능성이 있을 때 그것이 인간의 자기이해에 어떤 결과를 초래할 수 있는지를 탐구한다. 지금까지 우리 생활형태의 자연발생적 구조는, 이제까지 밝혀진 바와 같이, 개인주의적으로 평등한 보편주의의 교류형태들이 그것으로 생존했던 고유의 본성에 대한 처분 불가능성을 보장했다. 오늘날 우리는 여태껏 부모 염색체 조합이 우연적으로 결합한 결과에 불과했던 인간 생명의 유전적 조립을 조작할 수 있는 기술적 가능성에 접근하고 있다. 우리 삶의 형태의 의사소통적 구성이 도덕적 심층층위 안까지 깊숙이 훼손될 위협이 박두한다.

슈트리에트는 신의 문제를 이 맥락 안에 위치시킨다. '무엇이 도덕적으로 요구되고 있는가'가 아니라 '도대체 왜 우리는 도덕적으로 행위해야 하는가' 하는 것이 문제라고 한다면 (특히 신경과학 쪽의 가장 새로운 발표에 따르면, 우리가 책임 있게 행위할 수 있다는 것은 더 이상 보장되지 않는 듯이 보이는 정황까지 고려한다면) "윤리적 비非구속성이 지배하지 말아야 한다면 신의 공백은 무엇인가로 새로이 채워져야 할" 필요는 없을까? 이 수사적 물음이 암시하는 답변은 나에게 설득력이 있다고 생각되지 않는데, 왜냐하면 인간 배아胚芽연구 혹은 자유주의적 우생학의 허용 여부와 같은 구체적 문제에서 칸트에 의해 영감받은 답변은 신학적 동기를 가진 답변과 크게 다르지 않기 때문이다.

생명윤리의 새로운 도전에 직면하여 종교 '진영'과 세속 '진영'의 구분에 따르지 않고 오히려 철학 안에서 흄과 칸트 사이의 전선을 따라 형성된 동맹의 윤곽이 드러난다. 인간이 모든 사람에 대한 평등한 존중의 원칙을 희생하더라도 자기 고유의 본성을 갖고 실험하고자 할 것인지 선택하도록 하는 상황은 차이신학差異神學의 관점에서 볼 때 신이 원한 도전이자 신의 창조의도의 마지막 결과로 해석된다. 즉, 인류는 스스로 결정을 내릴 수밖에 없다. 우리는 고유의 문화적 삶을 니체의 관점에서 '고삐 풀린 생명력의 실험'으로 이해하면서, 자유지상주의자로서 우리 행위의 결과에 대한 책임을 시장의 익명의 힘에 양도하든가 아니면 자연주의자로서 책임 같은 것은 완전히 포기하고자 하는 것이 아닐까? 그렇지 않으면 우리는 유전공학, 신경과학 그리고 인공지능 등에 의해 그 공간이 가능한 한 넓게 확장된 새로운 선택항의 개발과 사용을 지금까지 그랬던 것처럼 도덕적 관점 아래에서 정치적,

종교적 규제에 지속적으로 따르도록 해서는 안 되는가?

이 두 대안 사이의 선택은 신과의 명백한 연관도 없이 행하든 아니면 신과의 명백한 연관을 갖고 행하든 근거정립을 잘 하는 데 아무런 차이가 없다. 어떤 경우든 진정한 결정은 의식적인 정치적 결정 그리고 자본주의적 경제의 자연발생적 추진력을 따라가는 비非결정의 관행 사이의 메타수준에서 내려질 것이다.

마그누스 슈트리에트가 법적으로 허용되고, 어쩌면 도덕적으로 명령되기까지 하며, 어떤 경우에도 정치적으로 기대되고 촉진될 뿐만 아니라 실질적으로 과학과 기술 진보의 결과로서 불가피하게 우리에게 다가올 새로운 차원의 생명윤리적 문제를 강조한 것은 옳다. 예측적 지식의 범위와 개입의 심도가 늘어남으로써 — 이제 그 책임이 종교적인 것으로 이해되든 아니든 — 책임 있게 결정하는 개인과 시민에게 부과되는 '보다 작은 악'의 도덕적 부담 또한 증가한다. 우리가 여전히 책임 있는 행위자로서 스스로를 이해하고 '싶은가'라는 반성적 결정은 종교적 동료시민보다는 칸트주의자에게 더 큰 압박으로 다가올 수 있다. 왜냐하면 그것은 더 이상 도덕적 문제, 즉 도덕적 의무의 기준에 따라 일의적으로 명확하게 대답될 수 있는 물음이 아니기 때문이다. 대답은 오히려 여전히 오직 복수複數로만 등장하는 인간종의 윤리적 자기이해에 좌우된다.[73]

그동안 인간종의 윤리학을 연구하는 서클 안에서는 책임 있는 행위

---

73 J. Habermas, *Die Zukunft der menschlichen Natur: Auf dem Weg zu einer liberalen Eugenik?* (Frankfurt, 2005), 70쪽 이하 및 15쪽 이하. 우리말 번역으로는 하버마스, 《인간이라는 자연의 미래: 자유주의적 우생학 비판》, 장은주 역 (서울: 나남, 2003) 중 〈'올바른 삶'의 문제에 관한 탈형이상학적 대답은 있는가?〉, 78쪽 및 25쪽 이하.

자들의 규범적 자기이해와 양립할 수 없는 자연주의적 자기기술이 등장하였다. 슈트리에트에 따르면 과학만능주의적 자연주의가 승리하면서 "평등한 자유가 있어야 한다"는 명제의 자명성이 흔들릴 것이며 그럼으로써 "유대적-기독교적 신앙에 뿌리내린 서양정신사의 최후 보루는 그 기반까지 완전히 붕괴될 것이다."[74]

이러한 입장들이 동등한 발언권을 갖는 논변의 세계에서 우리는 도덕적 근거를 갖고 논쟁할 수 없으며, 기만적인 형이상학적 확실성이나 종교적 명확성에 의존하지 않으려면, 우리는 그보다 설득력이 약한 윤리적 논변에 만족해야 한다. 이로부터 귀결되어 나오는 것은 우리가 하필이면 실존적 문제 — 즉 어떻게 우리는 우리 자신을 종적 본질체로서 이해해야 하는가 하는 문제 — 에 직면해서는, 이성적으로 생각한다면, 불합치가 계속 존속함을 염두에 두어야 한다는 사실에서 스며 나오는 불안감이다. 신학적 시각에서는 이런 불안감이 처음에는 나타나지 않을지도 모른다. 왜냐하면 종교적 명확성은 다른 '포괄적 교의'와의 논변에서도 각각의 고유한 가르침에 대한 진리성 요구에 책임을 지기 때문이다. 하지만 종교적 시민에게도 그런 불안감은 결국 찾아오게 된다. 특히 그 종교적 시민이 종교적 진리성 요구를 정치적으로 관철시키기를 포기했다는 사실을 상기할 때 그러하다. 이는 입헌국가 안의 모든 종교공동체가 법적으로 보장된 종교적 관용을 얻기 위해 치러야 하는 대가였다. 종교적 시민과 비종교적 시민은 정치적 공론장에서 자기의 목소리를 내는 순간, 요동치는 한배에 동승하고 있는 셈이다. 이 점에 관해서는 어떤 의견불일치도 없을 것이다.

---

74 M. Striet(2007), 앞의 책, 277쪽.

그러나 여전히 남아 있는 것은 신앙인에게나 불신자에게나 가리지 않고 제기될 수 있는 신의 실존이나 비존재 문제를 제기하는 관점의 차이이다. 마그누스 슈트리에트가 세운 목표는 신앙을 이성에 '근거해서' 정당화하는 것이 아니라 이성 '앞에서' 정당화하는 것이다. 그에 따르면 신학은 철학적 수단을 써서 신이 존재하지 않는다는 가설을 지지하며 제시되는 근거를 무효화함으로써 '스스로를 계시하는 신'의 실존가능성을, 적어도 반대논법으로라도, 근거정립해야 한다.

이쯤에서 나는 이 안건에서 신학자들과 철학자들이 똑같은 것을 말하고 있는지 자문해 본다. 여기에서 내게는 언어게임 사이의 차이에 주의를 기울이라는 비트겐슈타인의 경고가 제대로 들어맞는 것처럼 보인다. 존재양화사存在量化詞의 존재론적 해석은 적용 영역에 따라 변한다. 수나 의미론적 내용은 상징적 발언이나 물리적 대상과 똑같은 뜻으로 '존재하지' 않는다.

만약 이제 신의 실제 존재가 자기 행복에 관심을 두는 예민한 감성을 가진 개인의 기분 안에서 자기에게 다가오는 신의 사랑을 일깨우는 저 '신뢰'를 통해 증언되는 것이라면, 그리고 이 신뢰가 모든 세속사를 초월하는 도움의 베풂을 약속하는 것을 지향한다면, 오직 기부寄附와 기약期約의 차원 안에서만 현전하는 상대방의 실존에 관한 진술이 '일종의 특정한 당혹감'을[75] 뒤에 남긴다는 것이 과연 이해하지 못할 일인가? 이것은 비록 나의 문제는 아니지만, 이러한 당혹감은 거짓이거나 성급한 비유에 대한 경고로서 '신의 실존'에 관한 쟁론에 참여하는 모든 이에게 치료적 효과를 가질 수는 있으리라 생각된다. 이런 시각

---

75 위의 책, 278쪽.

에서 나는 일관된 회피전략을 유지하는 대신 차라리 발상의 역설적 구조를 감수하는 일종의 부정적 신학의 조심스러움을 이해할 수 있다.

10. 요한 라이커슈토르퍼는[76] 나를 초대하는 다리를 세웠다. 그런데 나는 여기저기 흩어진 인용들로 되어 있는 나 자신의 말들을 신에 대한 맹세의 연설이라는 전혀 다른 맥락 안에서 마주친다. 게다가 '속죄받지 못한 고통의 기억'에 대한 호소는 발터 베냐민의 기본주제를 건드린다. 그 의도, 어조 및 단어 선택은 요한 밥티스트 메츠의 친숙한 신학에 일정하게 근접하고 있음을 증언할 뿐만 아니라 프랑크푸르트 시절부터 나에게 친숙한 선생님들의 사고기풍도 연상시킨다.[77] 그러나 나는 이 암시적 해석들이 강요하듯이 압박하는 것처럼 느낀다는 것을 고백해야겠다.

한편으로 바로 이 실천신학은 사회적 현대의 정상성 안에서 상실한 것, 결여된 것 그리고 좌절당한 것을 고발함으로써 종교적 전승을 모든 규범적 감수성이 둔화되는 것에 대한 임시방편이라고 하여 성급하게 그 가치를 평가절하하지 않은 나의 논점을 강화시켜 준다. 다른 한편으로 예수 그리스도의 수난사로부터 묻혀버린 이 '상실의 지식'을 **신학적으로** 재구성하는 것은 **세속적 철학자에게는** "의사소통적 이성을 '그 선험적 담화'로써 … 다시 '선험적 고통'과 연결시키는"[78] 근거일 수 없다.

'선험적 담화'를 나는 의사소통적 행위와 논증에 대하여 불가피하

---

76 라이커슈토르퍼(Johann Reikerstorfer)는 오스트리아 빈대학 근본신학 교수이다.

77 J. Reikerstorfer, "Eine 'Übersetzung', in der 'Übersetztes' nicht überflüssig wird", in: R. Langthaler, H. Nagl-Docekal(2007), 앞의 책, 283~298쪽.

78 이 구절은 라이커슈토르퍼의 발제원고에서 인용한 것이다.

게 이상화시킨 전제의 규범적 내용물로부터 발전되어 나오도록 한 의사소통적 이성의 개념으로 이해한다. 이 개념은 비판가능한 타당성 요구 일반을 논변적으로 결제하는 불가피한 조건을 분명히 한다. 반면 요한 라이커슈토르퍼는 오직 인류 고난사의 지평 내에서만 진리임이 증명될 수 있어야 하는 매우 특수한 타당성 요구에 관해 얘기한다. 과거의 불의에 대한 속죄와 지나간 고난에 대한 배상의 이념은 그로부터 (나의 용어법 안에서는)[79] 도출되어 나올 수 있는 타당성 요구가 강한 '도덕적인' 것이 아니라 단지 약한 '윤리적인' 것일 뿐이라는 정도의 무게만 가진 직관과 결합될 뿐이다.[80] 이러면서 나는 내가 메츠의 신학에 대해서는 어떤 '공감'을 느낀다는 것을 완전히 부인할 생각은 없지만, 그것은 단지 우리가 성서적 유산의 폭 안에서 살고 있으며 이 유산이 세속화를 거쳤더라도 한때는 종교를 통해 보편적으로 행사되었던 도덕적 감수성을 상실해서는 안 된다는 것을 아는 외부자로서 다소 주저하는 심정으로 애매모호한 방식으로 표현한 공감일 뿐이다.

요한 밥티스트 메츠는 아우슈비츠를 응시하면서 신정론의 문제를 진지하게 받아들여 이를 통해 사회에서의 부정의不正義라는 〈구약성서〉의 문제를 중심에 두었다. 그의 부정적否定的 신학은 결여되어 있는 것의 현상을 출발점으로 삼아 우상 금지가 근본적으로 다른 상태의 가능

---

79 J. Habermas, "Vom pragmatischen, ethischen und moralischen Gebrauch der praktischen Vernunft", in: ders., *Erläuterungen zur Diskursethik* (Frankfurt, 1991), 100~118쪽. 우리말 번역으로는 하버마스, 《담론윤리의 해명》, 이진우 역 (서울: 문예출판사, 1997), 〈5. 실천이성의 실용적, 윤리적, 도덕적 사용에 관하여〉, 123~146쪽.

80 이와 반대되는 것으로는 L. Wingert, "Haben wir moralische Verpflichtungen gegenüber früheren Generationen? Moralischer Universalismus und erinnernde Solidarität", in: *Babylon 9: Beiträge zur jüdischen Gegenwart*(1991), 78~94쪽.

성, 즉 자기관계적이기만 한 항수와 유토피아의 거짓된 실정성實定性 안으로 퇴행하는 것을 금하는 그런 상태에 대한 감수성을 계속 깨어 있도록 하는 것이다. 그러나 부정신학적으로 현전된 구원사 안으로 의사소통적 이성을 편입시키는 것은 자신의 '시대핵심'을 계속 자각하는 상태를 유지하는 그런 철학함에 대해서도 일종의 부당하게 부담스러운 기대로 남는다.

헬무트 포이케르트는 1970년대 초 그의 감탄스러운 과학이론적 연구를[81] 준비하는 동안 나와 접촉했다. 나에게 행운이 된 환경은 요한 밥티스트 메츠의 많은 제자와 나누게 된 풍부한 대화의 시작이었는데, 물론 이것은 메츠의 회의적 유보를 완화시키지 못했다. 메츠는 시간에 대한 의사소통적 이성의 무감각에 맞서 회상적回想的 이성이 기회를 갖도록 촉진한다. 그러나 의사소통적 이성은 비신학적 독해법 안에서는, '역사 안에서의 신'에 대한 신앙이 없으면 이성에 대한 급진적 역사화가 이성 자체의 희생, 즉 — 시간적으로 모든 것으로부터 거리를 취하면서 때때로 모든 맥락을 넘어서는 — 반성력反省力의 파행跛行에 이른다는 생각을 철저하게 자기 것으로 만들 수 있다.

다른 지면에서도 제기된 것이지만,[82] 모든 정치적 노력에도 불구하고 20세기의 문명단절을 **철학적으로** 진지하게 받아들이지 않는다는 것, 다시 말해서 내가 아도르노나 레비나스처럼 '아우슈비츠'를 모든 숙고의 결정점結晶點으로 만들지 않는다는 그런 비난이 내게 해당됨은

---

81 H. Peukert, *Wissenschaftstheorie, Handlungstheorie, fundamentale Theologie: Analysen zu Ansatz und Status theologischer Theoriebildung* (Frankfurt, 1988).

82 M. Pensky, "Jürgen Habermas and the Antinomies of the Intellectual", in: P. Dews (Hg.), *Habermas: A Critical Reader* (Oxford, 1999), 211~237쪽.

물론이다. 그런 비난과 마주했을 때 나는 이상하게도 무기력함을 느꼈기 때문에 어느 날 얀 필립 레엠츠마가 다음과 같은 대답을 주었을 때 기뻤다.

> 생각함Denken은 그것이 공포를 완전히 자각하고 그 공포를 단지 생각만으로 '이겨낼' 수 있을 것이라는 환상에서 벗어날 때에만 문명단절이라는 사태와 진지하게 마주할 수 있다. 그런데 생각한다는 것 자체가 그저 의례로 퇴행하지 않고자 한다면 '생각은 계속된다'는 사실, 그리고 그렇게 생각이 계속되는 도중에 재앙 역시 계속되겠지만, 베냐민의 주장에도 불구하고, 그 재앙이 단지 재앙 상태 그대로 계속되지는 않으리라는 사실을 지적으로나 정서적으로나 명심해야 할 것이다.[83]

철학의 잘못된 의례儀禮에서 무엇이 될 수 있는지는 후기 하이데거의 알아듣지 못할 사이비종교적 은어에서 해독해낼 수 있다.

나와 처음 만났을 때 이미 헬무트 포이케르트는 라이커슈토르퍼의 의심을 불러일으키기도 했던 문제, 즉 우리는 고난의 기억의 부정성 안에 내재된 책임보편주의를 도덕의 논변이론으로 남김없이 해결할 수 있는가 하는 물음과 대결하고 있었다. 성서적 의미에서 '남김없이'라고 할 수는 없다. 왜냐하면 탈형이상학적 사고에는 반작용적으로 회복시키고 치유해주는 구원자 신의 권능에 대한 확신이 결여되어 있기 때문이다. 단지 그런 권위를 가진 존재가 바람직하다는 이유로 그런

---

83 J. P. Reemtsma, "Laudatio", in: J. Habermas, *Glauben und Wissen: Rede zum Friedenspreis des Deutschen Buchhandels 2001* (Frankfurt, 2001), 47쪽.

것이 실재하며 또 그런 효과들을 발휘한다는 결론을 도출할 수는 없다. 이는 내가 쉽사리 벗어날 수 없었던 구식 패턴의 논증 모형이자 개념구도이다. 나는 어디에서 이런 불만스러움이 나오는지 이해하지는 못하지만, 믿음과 앎 사이 오해의 여지 없는 경계는 상호이해에 기여하기도 한다.

4. 탈세속적 사회에서의 종교의 지위

이번 회의의 마지막 세 발제문은 그 본질에 있어, 정치적 공론장에서 종교적 시민과 세속적 시민 사이의 교류의 윤리에 대해 내가 발전시켰던 논거를 다룬다.[84] 여기에서도 역시 중요한 것은 민주주의적 과정의 동력을 위한 종교공동체의 기능적 작동이다. 그러나 나는 이 역할을 우선 정치적 이론의 규범적 관점에서 검토하고자 한다. 민주적 국가시민에 대한 규범적 기대가 특정한 인지적 태도를 이미 전제하고 있다는 것은 분명하다. 정치이론은 또 다른 이론적 관점에서 연구되어야 하는 정신성과 학습과정에도 부딪친다. 자연주의가 제기하는 문제는 인식론적 본성을 가진 반면에, 현대적 생활조건 아래에서의 종교적 의식에 대한 자기계몽이 이루어지면 그와 함께 신학적 본성을 가진 문제를 불러일으킨다. 내가 이 분야에 대해 아는 것이 아주 적음에도 불구하고 슐라이어마허, 키르케고르 및 20세기 신학에 관심을 갖는 이유는

---

84 J. Habermas, *Zwischen Naturalismus und Religion* (Frankfurt, 2005)의 "II. Religiöser Pluralismus und Staatsbürgerliche Solidarität"와 "IV. Toleranz"의 게재문들 참조.

이런 사실로써 설명된다.

탈세속적 사회에서의 믿음과 앎의 관계라는 주제는 나를 정치윤리와 인식론의 여러 문제를 거쳐 최종적으로 이성의 계보학에 관해 다방면에서 언급되는 문제군으로 뒤로 거슬러 이끌고 간다. 자기이해 도달의 관점에서 볼 때 나의 관심을 끄는 것은 — 현대의 조건 아래에서도 스스로 자처하듯이 보이는 — 신학적으로 자기계몽된 의식의 현재에 대해 철학이 어떤 입장을 취해야 하는지이다. 이 때문에 나는 어떤 전략적 배경관념도 없이 신학자들 그리고 종교철학자들과 학술적 대화에 나선다.

11. 이 사전 언급이 필요한 이유는, 라인홀트 에스터바우어가[85] 그 상응하는 맥락 안에서 종교적 가르침(혹은 그것에 대한 신학적 해명)에 관해 내가 진술하면서 입각하고 있는 상이한 이론적 관점 사이의 변동을 고압적으로 무시하기 때문이다. 그는 기능주의적 관점 아래에서 종교를 일종의 권력행사적 지식형태로 치부하는 푸코 부류로 나를 채색한다.[86] 일종의 의혹疑惑의 해석학에 이끌려 그는 내가 종교에 관해 관습적으로 통하지도 않는 특이하게 불합리한 그림을 그리고 있다고 몰아세운다. 이런 말을 듣다보면 마치 나 자신이 정치적 입법자도, 철학도, 심지어 신학도 아닌, 종교의 교구에서 행하는 신앙실천만이 유일하게 무엇이 '참된' 종교로 간주되는지를 결정한다는 사실을 모르고 있는 것처럼 보인다. 확실히 외부자로서 내가 기원이 다른 종교에

---

85 에스터바우어(Reinhold Esterbauer)는 그라츠대학 가톨릭신학부 철학 교수이다.

86 R. Esterbauer, "Der 'Stachel eines religiösen Erbes'", in: R. Langthaler & H. Nagl-Docekal(2007), 앞의 책, 299~321쪽.

맞서 기독교적 계시진리라는 패를 내어 판세를 잡는다든가 다른 교파에 비해 기독교 교파가 더 탁월하다는 식의 주장은 할 리가 없다.

나는 이런 언급으로 내가 잘못된 종교 개념을 사용한다는 반론에 맞서 나 자신을 면죄시키려는 것은 아니다. 이미 나는 크리스티안 단츠에 대한 반론에서 내가 종교를 실체주의적인 것으로 오해하고 있다는 비판을 다룬 바 있다. 남은 것은 내가 종교적 가르침의 내용을 사회안정화에 대한 기여 여부로 환원시킨다는 일종의 기능주의적 고찰방식에 관한 일반적 반론이다. 다방면으로 강조했듯이 믿음과 앎의 관계에 대한 나의 관심은, 칸트적으로 말하자면, 철학 그 자체와 관련된 '이성의 자기보존'에 대한 관심으로 설명된다. 그러나 정신형태들 사이의 별자리 같은 형세는 관찰하고 기능적으로 판단하는 권력이론가의 시각에서가 아니라 오직 참여자 관점에서만 설명될 수 있다.

그리고 우리가 탈형이상학적 사고의 지평 안에서 운동하는 한 오류가능한 이성에는, 특히 미래 형세를 외삽外揷할 경우, 좁은 한계가 그어질 수밖에 없다. 모든 경험적 예언의 불확실성은[87] 일단 제쳐두고, 오늘날 두드러지게 출현하는 대안 가운데 어떤 사고흐름이 내생적 근거에서 계속 옳다고 할 수 있을지 하는 문제는 열린 채로 남아야 한다.

일단 보기에 그럴듯하게 내 머리에 떠오른 것은 더 이상 극히 별 뜻 없는 무미건조한 시나리오는 아닐지라도 많든 적든 우연적으로 주운

87 서구 내에서의 경험적 추세는 탈교회화된 종교성이 캘리포니아적 개인화의 방향 쪽을 가리킨다[F. W. Graf, *Die Wiederkehr der Götter: Religion in der modernen Kultur* (München, 2004)]. 반면 개신교와 이슬람의 복음주의적 흐름은 범세계적으로 탈중심화된 네트워크들이 전진 중이다[P. L. Berger (Hg.), *The Desecularization of the World: Resurgent Religion and World Politics* (Grand Rapids, 1999)].

대안이지만, 이 가운데 어떤 것도 완벽하다고 주장할 수는 없다.

• 많은 것들이 행위하는 개인격의 자연주의적 자기대상화가 개념적 한계를 가질 것이라는 데 찬성하는 얘기를 하고 있음에도 불구하고, 우리는 통제되지 않는 시장과 고삐 풀린 생산력의 지구화가 진행되는 가운데, 어떤 자연주의적 세계상의 지붕 아래에서 규범적 씨앗을 발라낸 인간의 자기이해를 강화시키는 자기조작의 책략이 맞설 수 없는 기세로 휩쓸고 들어올 것이라고 상상할 수 있다.

• 과학만능주의적 자연주의 대신 현대화 이론도 계속 옳다고 증명될 수 있다고 하는데, 오늘날 균등하게 탈국가화된 자본주의와 종교적 네트워크가 쏟아내는 에너지 흐름을 새삼 정치적으로 길들이는 데 성공한 뒤,[88] 전반적으로 평화로워진 상이한 버전의 이성종교 또는 종교 이후의 인권휴머니즘을 촉진하고 모든 종교에게 철저하게 세속화된 세계문화의 받침돌 위에서 자유주의적으로 가지치기한 교회프로테스탄티즘의 운명을 선사할 수 있으리라고 한다.

• 탈형이상학적 사고가 종교적 전승의 의미론적 가계家計에서 꺼낸 새로운 에너지를 창조하고 계몽되기는 했지만 정치적으로 그리고 사회적으로 소집된 어떤 자기이해의 규범적 실체를 재생성할 수 있어야 한다. 말하자면 종교들을 축출하는 것이 아니라, 양측이 대화와 공동의 사회적 실천 안에서 자신의 모습을 변화시키는 결과가 나오는 경우

---

88 국가적 체질을 가진 프로테스탄트적 개신교회들과 비교할 때 그 자체 로마적 가톨릭주의인 복음주의와 이슬람같이 전 지구적 연결망을 가진 종교공동체가 현재 누리는 선교적 성공은 하우케 브룬크호르스트로 하여금 현재의 문제형세를 유럽 근세 초기의 형세와 흥미롭게 비교하도록 영감을 준다. H. Brunkhorst, "Die Wiederkehr alter Probleme: Kapitalismus und Religion in der Weltgesellschaft" (Ms. 2006).

를 제외하고는, 전 지구적 난기류에 직면하여, 오늘날 이미 계속 광범하게 세계화된 '차가운' 유럽 사회에서 거론할 만한 가치가 있는 충격이나 반대운동이 나오리라고 기대하기는 어렵다.

• 마찬가지로 거의 배제될 수 없는 것은 세계관적 생산성으로부터 지식문화의 결합이 단절되는 여러 변양인데, 이 결과 비교秘教와 캘리포니아적 잡동사니의 계속된 확산 또는 극동과 서양을 막론하고 일어나는 우주신적이고 창조신학적인 세계상들로의 퇴행이 폭넓게 효과적으로 발생할 수 있으리라는 것이다. (따라서 학교 커리큘럼 안으로 지능적 설계가 밀고 들어오는 것은 퇴행적 방향을 취하는 문화투쟁의 표현이 아니라 미래 발전의 전조일 것이다.)

나는 라인홀트 에스터바우어가 나의 문제제기를 오해한다는 인상을 받는다. 내생적 타당성 요구의 관철에 좌우되기 때문에 어떠한 결정가능성도 없으며 그 내용은 사변적 역사철학의 영향을 받는 대안을 검토하는 의도는 오직, 탈세속적 사회 안에서의 믿음과 앎 사이의 관계에 대해 나의 관심을 끄는 관점이 있음을 보여주려는 것뿐이다.

12. 사람들은 박사학위논문을 쓰던 시기가 훨씬 지나서도 접촉을 유지하는 옛 제자들로부터 배우는 게 가장 많은 법이다. 그래서 나는 토마스 슈미트를[89] 통해 비로소 입헌국가에서의 종교의 정치적 지위에 관해 미국에서 이루어진 논의를 주목하게 되었다. 그와의 토론에서 나는 "종교적 시민과 세속적 시민에 의한 '이성의 공적 사용'을 위한 인지적 전제들"에 관한 나의 생각을 발전시켰다.[90] 우리가 가장 중요

---

89 슈미트(Thomas Schmidt)는 프랑크푸르트대학 가톨릭 신학부 종교철학 교수이다.

90 J. Habermas, "Religion in der Öffentlichkeit", in: ders., *Zwischen Naturalismus und*

한 의견 차이들을 이미 공표했던 이유는 이로써 설명된다. 나는 두 가지 정도에 국한해서 언급하겠다.[91]

a. '참인-것으로-간주함'의 대상이 되는 인지적 구성부분 'p…'와 수긍에 대한 신뢰를 나타내는 의지적 구성부분 'h…'의 합성으로 구성되는 모종의 믿음의 분석에서 토마스 슈미트는 합리적으로 책임져야 할 '역사적 진보'에 대한 희망의 개념을 극도로 현란한 방식으로 발전시킨다. 그는 조심스럽게 부정적 어법으로 "지구화란 소비재와 이윤의 증식 그리고 자연지배의 증대로 다 끝나지 않기를 기대"하는 것으로 이런 희망의 윤곽을 그린다. 이 합리적 희망은 신앙인과 비신앙인에게 교착적인 학습과정과 번역과정을 위한 공동의 토대를 제공할 수 있다. 그렇기는 하지만 세속적 측면에서도 신앙의 확실성이라는 구성요소에 대하여 지식의 구성요소와 결합된 등가물을 찾아야 하는바, "철학도 그리스도 재림 천년설Chiliasmus을 가질 수 있다." 바로 이런 식으로 슈미트는 칸트적 '이성신앙'의 등가물에 대한 탈형이상학적 탐색, 즉 자신감을 주입시키지 않으면서도 패배주의에 상처받지 않는 일종의 근거정립된 용기 고취를 설명한다.

아마도 자기 고유의 계보학에 대한 이성의 탐구는 그 자체 그런 합리적 자기확신의 한 양식으로 공급된다. (이 분석에 따르면 신에 대한 신뢰에 기능적으로 상응하는) 이성의 자기신뢰 자체가 어떻게 정당화될 수 있는가 하는 문제를 슈미트는 열어두고 있다. 그의 관심은 신앙에

Religion(2005), 119~154쪽.

91 T. Schmidt, "Religiöser Diskurs und diskursive Religion in der postsäkularen Gesellschaft", in: R. Langthaler & H. Nagel-Docekal(2007), 322~340쪽.

대한 종교적 확실성의 측면에서는 타당하다. 이 측면 역시 하나의 가설처럼 시험될 수 있어야, 다시 말해서 "오류가능한 지식에 대한 반성적이고 정합적인 관계 안에 맞추어질"[92] 수 있어야 한다. 그는 내부관점과 외부관점의 항상적인 반성적 교체 안에서 신앙적 신념이 다원주의적 사회의 불협화한 환경에 노출된 '세속적 신앙인'의 상像을 발전시키는데, "그 신념은 이 정당화의 과정 안에서 확실성과 직접성의 속성을 상실하지는 않지만, 다른 세속적 신념과 (로버트 아우디의 말처럼) 일종의 폭넓은 반성적 평형 안에 놓인다."[93] 과학적으로 계몽된 현대 안에 있는 신앙을 가진 지식인이 이렇게 자기 성격을 규정하는 것에 대해 내가 발언할 수 있는 것은 없다. 그럼에도 불구하고 이 반성된 신앙이해에서 도출된 하나의 결론은 논란의 여지가 있다.

b. 자유주의 국가가 종교적 시민으로부터 기대해도 되는 국가시민의 인륜人倫기풍에 대한 논쟁에서 나를 감동시켰던 것은 수정주의적 논거 가운데 한 가지였다. 이에 따르면 종교의 자유를 보장하는 자유주의 국가는 종교적 시민에게, 종교적으로 동기 지어진 입장표명의 공적 사용을 위해 세속적 번역과 근거정립을 모색함에 있어 그들의 정신을 사적 부분과 공적 부분으로 분리하라고 요구해서는 안 된다. 토마스 슈미트는 그것을 무리가 없다고 간주하는 로버트 아우디의 반대입장을 다음과 같은 논거로 방어한다. 세속국가는 모든 종교적 시민에게 정치적 공론장에서 종교적 발언을 자제하도록 요구해도 된다는 것이다. 왜냐하면 세계지식에 토대를 둔 다원주의 사회에서는 종교적 확

92 위의 책, 340쪽.

93 위의 책, 338쪽 이하.

실성 역시 추론적 근거정립이 얽힌 연결망 안에 편입되어 있어 세속적 환경의 신념과 언제나 의사소통하고 있기 때문이다.

이것은 '세속적으로 신앙을 가진' 시민에게 통할지 모른다. 하지만 규범적으로 말하자면, 민주주의적 입헌국가는 종교적 시민을 예외 없이 이 '세속적 신앙인'이라는 기술 아래 포함시켜도 되는가? 입헌국가의 이론은 그것이, 지식인이든 아니든, 모든 종교적 시민에 대하여 (예를 들어, '자발적 안락사' 같은) 어려운 도덕적 사태에 직면하여 자기와 가장 가까운 이들과 상담할 때 쓰는 언어를 정치적 공론장에서도 사용할 권리에까지 시비를 건다면 국가시민의 윤리기풍에 대한 요구가 너무 높은 것은 아닌가? 나는, 세속적 동료 시민의 정치적 기여에 아무 유보 없이 간여하지만 공적으로 협의되는 논거들에 대한 논쟁성 높은 문제에서 강하게 도덕적 감정들에 점거된 자기 자신의 직관과 맞지 않는다고 보는 한 종교적 시민의 경우를 염두에 두고 있다. 나는 이 시민이, 만약 그가 말을 할 수 있는 방식이 오직 종교적 언어뿐이라면, (자신이 보기에 관련성이 있지만 공적 논쟁에서는 결여되어 있는) 자신의 직관을 종교적 언어로 표현할 권리를 가져야 한다고 믿는다.

그럼에도 불구하고 그는 자기가 (종교적이거나 비종교적인) 다른 시민의 협력에 의존하는 상태에 있음을 아는 가운데 이 권리를 사용해야 한다. 왜냐하면 그의 입장표명은 그와 관련된 내용이 공적으로 접근 가능한 언어로 번역될 수 있는 경우에 비로소 의회, 법원, 정부의 정치적 결정과정 안에서 '계산될' 수 있기 때문이다.

13. 메브 쿡의[94] 기고문은 이런 제한에 반대하는 방향을 취한다. 토

---

94 쿡(Maeve Cooke)은 더블린대학(University College Dublin)의 철학과 교수이다.

마스 슈미트와 반대로 그녀는 모든 제도화된 상담과정과 결정과정에 대하여 내가 표명하는 번역의 유보가 너무 제한적이라고 생각한다. 그녀는 국가적 제도 안에서도 종교적 발언이 자유롭게 통용되도록 허용해야 한다고 요구하면서 니컬러스 월터스토프와 같은 미국의 강경파에 합세한다. 그녀는 근세 초기의 종교전쟁 이후 서구의 역사적 상황이 변했다는 논거를 들어 세속화된 국가권력의 폐지도 받아들이는데, 그녀에 따르면 "부분적으로는 다른 역사문화적 맥락에서 서구적 현대의 특수한 학습과정들을 거치지 않은 새로운 종교공동체가 등장하고 있다."[95]

그러나 종교적 다원주의의 심화와 다면화는 그에 대립되는 결론을 받아들이도록 하는 것은 아닌가? 자유주의 국가는 모든 종교적 소수자로 하여금, 불가피한 경우에는, 설득력 있게 근거정립되어 그들이 그 덕분에 자신들의 자유를 누리게 되는 입헌국가의 원칙을 그들 고유의 종교적 가르침이 가진 내적 관점에서 받아들이는 법을 **학습한다**는 기대와 타협 없이 대결하도록 해야 한다.

이주민과 소수자 문화가 이 기대에 부합하는 데는 여러 가지 좋은 근거들이 있다. 말하자면 그들은 세계관적으로 중립적인 국가권력이 철폐되면서 나타날 첫 번째 희생자인데, 왜냐하면 종교적 발언에 대한 제한의 철폐는 민주주의적 다수결 절차와 조합되어 교파상 다수자 문화의 정치적 지배에 이르는 길을 평탄하게 다듬기 때문이다. 다수자 문화의 정치적 대표자들이 그들만의 고유한 배타적 언어로 법을 결의

95 M. Cooke, "Säkulare Übersezung oder postsäkulare Argumentation?", in: R. Langthaler & H. Nagel-Docekal(2007), 앞의 책, 341~366쪽. 여기에서는 349쪽.

하고 법정의 판단을 내리고 행정규칙을 발표하자마자 국가권력은 타종교 신도나 무신앙자들에게는 이해할 수 없도록 정식화되고 이들과 대립하는 편에서 또한 이해되지 않게 정당화되는 규칙과 조치의 실행을 위해 요구되게 된다. 이렇게 되면 법치국가적으로 구성된 다수결 지배는 성직자 중심의 다수파에 의한 권위적 지배로 변질될 것이다. 물론 이것은 메브 쿡의 눈앞에 어른거리는 '탈세속적 국가'의 상像이 아니다.

그러나 나는 그녀의 텍스트에서 이러한 정치적 위험을 예방할 수 있는 그 어떤 규정도 발견할 수 없다. 나는 어찌할 바를 모르겠고 확실히 무엇인가를 오해했음에 틀림없다. 국회의원, 판사, 장관 및 공무원들이 (이들의 배후에 서 있는 것이 국가권력인데) 좀 '권위적이지 않게 사고하는 것'에 진력해야 한다는 것은 눈이 파래지도록 순진하게 호소한다고 해서 다 끝날 수 있는 일이 아니다.

메브 쿡은 세속적 국가권력의 재해석을 위해 다음의 세 가지 논거를 끌어들였지만, 그것들이 나를 설득했다고는 생각하지 않는다.

• 첫째, '정치적으로 적용되는 언어란 모든 시민이 동등하게 접근가능한 것이다'라는 조건은 비세속적 언어에 의해서도 충족될 수 있어야 한다. 나는 단어를 두고 다투고 싶지는 않다. 그러나 세속적 시민이, 좀 더 많든 적든, 큰 몫을 차지하는 모든 현대 사회에서 특정한 예언자들에게서 유래한 전승의 어휘나 근거정립의 틀은 보편적으로 접근하기 어렵다.

• 둘째, 정치적 논변은 세계를 개활하는 언어의 사용을 배제하는 언어의 '코르셋' 안에 갇히면 안 된다. 나의 견해로 이 관점은 정치적 공론장에 종교적 발언도 용인되는 데 찬성하는 것이다. 왜냐하면 이 정

치적 공론장에서 중요한 것은 가능한 한 폭넓은 스펙트럼을 가진 풍성한 주제와 기여를 동원하는 것이기 때문이다. 그러나 공론장에 좋은 것이라고 해서 거기에서 통용되는 언어가 그 의결로 모든 시민에게 동등하게 적용되게 되는 정치적 제도 안에서의 사용도 허용될 자격을 부여받지는 않는다.

• 셋째로, 종교적 시민들이 정치적 공론장에서 종교적 언어를 사용해도 된다고 하더라도, 오직 세속적 언어로만 정식화되어 있고 세속적 언어로 정당화될 수 있는 규제와 조치에 복종해야 한다면 그들의 국가시민적 자율성은 제한될 수밖에 없다. 그러나 종교적 시민 역시, 자기들이 자유주의적 질서를 인정한다면, 종교적 다원주의의 조건 아래에서 세계관적으로 중립적인 국가권력의 사용을 기대하는 자유롭고 평등한 이들이 자기 스스로를 통치하는 공동체의 구성원으로 자기 자신을 이해한다.[96] 또한 그들은 **모든 시민의 평등한 정치적 자율성을 위해** 공론장 안에서의 자기들의 종교적 발언에 번역 유보가 적용되기를 바랄 수 있어야 한다.

96 종교적 시민의 정치적 결정에 대한 강한 형이상학적 근거정립의 가능성을 주장하는 네 번째 논거가 있다면, 그것은 아마도 모든 정치적 물음이란 종교적 시민의 시선으로 볼 때 불가피하게 '끝에서 두 번째' 질문일 것이라는 오해에 근거하는 것으로 보인다.

3부

정치와 종교

7장

정치적인 것

정치신학의 의심스러운 유산의 이성적 의미

20세기 후반의 복지국가적 대중민주주의 안에서, 다시 말해서 **내장된 자본주의**embedded capitalism의 여러 조건 아래에서도, 정치는 사방으로 흩어지려는 하부체계를 **국민국가의 틀 안에서** 조정하는 영향력을 행사하여 그것이 사회분열 쪽으로 향하는 경향을 상쇄할 수 있었다. 그런데 사회통합 쪽으로 의식적인 영향력을 행사하기 위한 정치적 역량은 오늘날 지구화된 자본주의라는 조건 아래에서는 위험스러울 정도로 제약되어 왔다. 경제적 지구화가 진척되는 가운데 체계이론이 사회적 현대화에 대해 기획했던 그런 상像의 윤곽이 점차 뚜렷하게 드러나고 있는 것처럼 보인다.

이런 독해법에 따르면 민주적 자기조정의 수단으로서 정치는 불가능할 뿐만 아니라 불필요한 것이 되어 버렸다. 자기생산적으로 조절되면서 각각의 고유한 논리를 따르고 또 서로가 서로에 대하여 환경이 되는 여러 기능체계는 복잡성이 덜하게 네트워크된 여러 종류의 생활세계와 맞서면서 추정컨대 아마도 오래전에 각기 스스로를 자립화시켜 왔을 것이다. 그러는 동안 '정치적인 것'은 지금까지 권력에 의해 조절되는 행정적 부분체계의 코드 안에서 모양새가 너무나 위축되어 민주주의는 집행기관이 투입측면에서 무기력한 고객에게 향하도록 하여 눈속임을 하는 건물벽면처럼 보인다. 체계통합은 기능적 명령에 순응하고, 너무 많은 비용이 드는 사회통합은 그냥 미뤄진 채 잊혀 버린다. 그렇게 되면 사회통합은 행위자들의 머릿속에서나 여전히 나아가고 또 그러는 수밖에 없게 되어, 오래전에 서로 떨어진 생활세계의 규범적 구조들을 통해서는 더 이상 작동할 수 없는 상태가 되었다.

이런 관점은 전혀 비현실적인 것이 아니며, 이에 비해 규범적 정치이론들이 '잘 질서 지어진' 사회에 대해 기획하는 상像은 순전히 감상에 지나지 않는 것처럼 보인다. 하지만 아무리 사정이 그래도 규범에 대해 평가절하하는 그런 부류의 사회학자들의 기술記述은 야심 차게 비상하는 철학적 규범주의에게 다음의 사실, 즉 — 사회 전반의 통합을 목표로 하는 정치적 영향력의 획득이 출발할 수 있을 유일한 장소이자 — 불안정한 장소라고 할 수 있는 생활세계가 사회 변방으로 밀쳐지면서 주변화의 위협을 받고 있다는 사실 정도는 상기시켜 줄 수 있다.

사적인 생활영역 안으로 침투해 들어오는 경제적 지상명령의 압박에 위압받아 주눅 든 개인들은 점점 더 합리적 이기주의 안으로 숨어들며, 그들의 환경에 막을 치면서 스스로를 캡슐 안에 가둔다. 동시에, 체계 전체와 관련하여 의도적으로 행사할 영향력을 취득하지 못하도록 자기들을 점점 더 강력하게 끄집어 뽑는 것처럼 보이는 지상명령의 중압 아래에서 집단적으로 행위할 용의用意, 곧 단결된 시민들이 연대적 행위를 통해 자기들의 사회적 운명을 원하는 모양대로 만들어 갈 수 있다는 의식 일반이 사라지고 있다.

이제 생활세계와 시민사회의 사적 의사소통망과 공적 의사소통망은, 기능적으로 분화되고 체계 전반에 걸쳐 농축된, 사회 가장자리로 밀려나기는 했다. 그래도 이 의사소통망은 언제나 여전히, 기능체계가 그 고객의 실존적 생활역사로 전가시키는 모든 외부 비용에 대한 공명판을 이룬다. 의사소통적 행위, 규범 및 가치를 통해 실행되어야 하는 사회통합은 오직 여기 생활세계에서만 그 교란의 메아리를 발견한다. 사회에 대해 언제나 그렇듯이 분산되어 있기도 하는 의식이 그 자체로부터 전반적으로 자기를 획득하는 곳이 여기이며, 사회에 대한 이 의식이 또다시 정치적 공론장에서의 의사소통 순환 안에서만 스스로를 접합시키는 곳도 바로 이 생활세계이다. 민주주의를 "이미 다뒨 모델"(루츠 빙거트)로 낙인찍는 듯이 보이는 원심력적인 사회적 추세에 맞서, 이미 골동품이 되어 버렸다고 추정되는 '정치적인 것'이라는 개념에 새로운 시의성을 부여하는 시민사회적 방어력이 결집되는 곳도 바로 여기 생활세계이다.

카를 슈미트, 레오 스트라우스, 마르틴 하이데거 그리고 한나 아렌트의 전통 안에 있는 프랑스와 이탈리아의 몇몇 동시대 철학자에게(거명하자면 클로드 르포르, 에르네스토 라클라우, 조르조 아감벤 그리고 장-뤼크 낭시 정도를 꼽을 수 있는데) 이 정치적인 것의 개념은 일종의 비판적 탐침의 역할을 한다.[1] 이 동료들의 사고는, 형이상학과 종교의

---

1 O. Marchart, *Die politische Differenz: Zum Denken des Politischen bei Nancy, Lefort, Badiou, Laclau und Agamben* (Berlin, 2010) 및 T. Bedorf & K. Röttgers (Hg.), *Das*

영역 안으로 확장되면서 정치적 경쟁과 행정권력의 잘 알려진 제도형태들을 초월하는, 정치적인 것의 개념 둘레를 공전公轉한다. 클로드 르포르는 우리가 일반적으로 이해하는 '정치'와 '정치적인 것' 사이의 차이를 강조한다. 그는 우리로 하여금, "자기의 종교적 기초를 망각하는 각각의 사회는 순수한 자기관계적 내재성이라는 환상 안에서 살며 그럼으로써 철학의 자리를 지워버린다"라는 사실을 주목하게 만든다.[2]

나는 르포르의 의도를 공유하지만, 나의 의견으로는, 철학이 과학 위에 엘리트적으로 군림할 수 있었던 시대는 이런저런 훌륭한 이유로 인해 이미 지났다고 본다. 오늘날 사회과학은 정치체계를 자기의 대상영역이라고 주장하는데, 권력경쟁과 권력행사의 과정을 다루고 더 나아가 이 '정치'의 틀 안에서 '정책', 즉 여러 상이한 정치의 장에서 정치적 행위자가 추구하는 이념과 전략도 다룬다.

규범적 지향성을 가진 정치이론을 제외하면 철학은 정치체계에 대한 자신의 권한을 상실했다. 오늘날 정치와 정책 옆에 있는 정치적인 것은 전반적으로 더 이상 학문적 주제가 아닌 것처럼 보인다. 그런데 다른 한편으로, 전 지구적인 것으로 확대되는 사회의 기능적 분화가 발휘하는 원심력은 여전히 하나의 상상적 중심에서부터 나와 주변부 내부까지 그 사회를 포괄하는 것처럼 보이는 정치적인 것이라는 말에 대한 옛 유럽의 어법을 상기시킨다. 따라서 이와 관련해서 나는, 과연 우리는 고도로 애매모호한 정치적인 것이란 개념에서 어떤 이성적 의

Politische und die Politik (Berlin, 2010).

2 C. Lefort, "The Permanence of the Theologico-Political?", in: ders., *Democracy and Political Theory* (Cambridge, 1988), 213~255쪽 가운데 특히 224쪽.

미를 획득할 수 있는가 하는 물음을 제기한다.

1. 이 표현에서 분명한 의미를 획득하고자 한다면 우리는 일단 역사가의 관점에 설 수밖에 없는 것처럼 보이는데, 그에 따르면 정치적인 것이란, 최초로 국가적 조직을 갖추게 된 사회가 그것의 도움으로 자기 자신에 대한 상像을 만들어 내었던, 상징적 장場을 지칭한다. 정치적인 것의 흔적은 메소포타미아와 이집트 같은 초기 고도 문명의 먼 과거로 되돌아간다. 기원전 4천년기에서 3천년기로 넘어가는 시기에, 친족구조는 국왕이 다스리는 위계적 지배형태로의 사회적 통합으로 전형轉形되었다. 진화적으로 새로운, 법과 정치권력의 복합체가 등장하면서 전적으로 새로운 종류의 정당화 수요가 발생했다. 한 사람 또는 몇몇 사람이 집단적 구속력을 가진 모든 결정을 내려도 된다는 것은 결코 자명하지 않다는 것이다.[3] 종교적 신앙표상 그리고 의례와 지배가 설득력 있게 결합하면서 비로소 지배자들은 주민들로부터 권위와 법적 순응을 확보할 수 있었다.

법질서가 국가의 제재권력을 통해 안정화되었던 반면, 정치적 지배는 신성한 법이 정당화해 주는 힘에 의거해야 정의로운 것으로 받아들여졌다. 법 그리고 국왕의 사법적 권력이 신성한 아우라를 누리는 것은 현재의 지배왕조를 신적인 것과 융합시켜 주는 신화적 서사의 유산 덕분이었다. 이와 동시에, 전승된 의례儀禮의 거행은 국가의례로, 다시

---

3 사회통합 매체로서의 정치권력의 출현 조건에 관해서는 J. Habermas, *Faktizität und Geltung: Beiträge zur Diskurstheorie des Rechts und des demokratischen Rechtsstaats* (Frankfurt, 1992), 171~180쪽 참조. 우리말 번역으로는 하버마스, 《사실성과 타당성: 담론적 법이론과 민주주의적 법치국가 이론》, 한상진·박영도 역 (서울: 나남, 2000), 180~188쪽.

말해서 행정적으로 행사된 정치적 지배의 집단적 자기재현의 형태로 변형되었다.

지배자의 형상 안에는 그 사회가 전체로서 재현되었다. 따라서 이 상징적 차원 안에서, 정치적인 것의 개념이 관계된, 정당화에 유효한 정치와 종교의 합금合金이 생겨났다. 이때 '종교'는 **정치와는 독립적인** 자기 고유의 뿌리가 '구원과 재앙'의 표상 안에, 그리고 '구원을 불러오고 재앙을 막아내는' 세력과의 교류의식交流儀式 안에 있었다는 사실로부터 정당성을 부여하는 힘을 끌어온다.[4]

이제 신화적 서사와 의례는 언제나 집단적 정체성을 보증하는 기능을 갖게 되었다. 그러나 부족사회에서 국가조직을 갖춘 사회로 이행하는 중에 새로운 반성의 계기가 나타났다. 지배자의 자기재현 안에서 집단체는 자기 스스로를 정치적 지배를 통해 **의도적으로**, 따라서 의지와 의식을 갖고 사회적 결속을 창출하는 하나의 공통체로 직관하게 된다. 따라서 '정치적인 것'은, 정치적으로 실행된, 즉 **의식적으로 완수된**, 사회통합이 반영된다는 점에서 자연발생적으로 통합된 부족사회와 구분되는 공통체에 대한 상징적 현시 및 집단적 자기확신과 관련된 것이다. 이에 따라 **통제중심지**locus of control는 집단행위의 방향 쪽으로 옮겨간 것으로 이해되었다.[5] 그럼에도 불구하고 신화적 서사만이 상

---

4 여기서 나는 신화와 마법도 종교에 포함시켜 확장된 의미로 적용한다. 이에 대해서는 M. Riesebrodt, *Cultus und Heilsversprechen: Eine Theorie der Religionen* (München, 2007), 64쪽 이하 참조.

5 클로드 르포르는 이 형태조정의 맥락 안에 의미조정과 장면조정이라는 두 의미가 중첩되어 있다고 얘기한다. 그에 따르면 "우선은 그 사회가 사회관계들의 이해가능성을 제도화시킬 능력이 있는 경우에 한해서, 다음으로 사회가 그 자체를 유사하게 재현할 수 있을 정도로 복수(複數)의 다양한 기호를 사용할 능력이 있는 또 다른 경우에 한해

징적 재현의 유일한 수단인 한, '정치적인 것' 그 자체는 주제화될 수 없었다.

정치적인 것에 대한 **최초의 개념화**는 이스라엘, 중국 그리고 그리스에서 이루어졌던 노모스 사고, 일반적으로 말하자면, 기축시대의 인지적 돌출과 당시 발생했던 형이상학적 세계상과 종교적 세계상의 분절접합력 덕분이었다. 이 세계상은 당시 새로이 등장하였던 지적 엘리트인 예언자와 현자, 수도승 그리고 방랑설교자가 정치적으로 일어난 일을 초월하여 그것을 **전체**에서 거리를 두고 볼 수 있도록 허용하는 관점을 구축하였다.[6]

그 뒤로는 정치적 지배자가 비판의 대상이 되었다. 왜냐하면 이 세계 너머의 신 또는 우주적 합법칙성의 세계내재적 소실점과 연관되면서, 신비적 폭력에 지배되는 세상만사가 신화적으로 질서 지어진 홍수처럼 넘쳐나면서 조이는 올가미로부터 인간 정신이 개인적 구원의 추구 쪽으로 해방되자마자, 정치적 지배자는 여전히 신적인 것의 인간적 **대리자**로 지각되기는 했지만 더 이상 신적인 것의 고유한 **화신**化身이 될 수는 없어졌기 때문이다. 인간적인 개인격으로서 정치적 지배자 역시 이제부터는 모든 인간적 행위가 그에 맞추어 측정되어야 하는 노

서만 사회관계들을 조직할 능력을 가지는 한 사회의 출현이 이루어질 수 있다고 말할 수 있다." 이 인용은 H. d. Vries & L. E. Sullivan (Hg.), *Political Theologies: Public Religions in a Post-Secular World* (New York, 2006), 153쪽에 있으며, 관련 논문으로는 C. Lefort, *Die leere Mitte: Essays 1945~2005* (Berlin, 출간 예정) 참조.

[옮긴이] 프랑스어로 된 클로드 르포르의 해당 책은 2025년 6월에야 독일어로 번역되어 Suhrkamp 문고 2576번으로 출간될 예정이다.

6 R. N. Bellah, *Religion in Human Evolution: From the Paleolithic to the Axial Age* (Cambridge, Mass., 2011).

모스 아래 복속되었다.

이 세계상은 정당성 부여正當化와 동시에 지배의 비판支配批判도 가능하게 만들었기 때문에 고대 제국에서 정치적인 것은 종교와 정치 사이의 양면적 긴장관계를 통해 윤곽이 드러난다. 즉 한편으로 국가적 권력은 종교적 집단과 제도의 동조를 확보하기 위해 종교정책을 가동하였고, 또 다른 한편으로 종교적 신념은 개인적 구원연관을 기반으로 어느 누구도 마음대로 처분할 수 없는 강인함을 보유했는데, 말하자면 결국 정당성에 대한 믿음이란 누구에 의해서도 자의적으로 조작될 수 없는 것이 된다. 우리는 유럽 중세 깊숙이 들어오면서까지 황제와 교황 사이의 관계를 사례로 하여 이런 위태로운 균형이 무엇인지를 연구할 수 있다.

여기에서 내가 근세 초기로 대담하게 역사적 도약을 감행해야 한다면 그것은 '그 정치적인 것'에 대한 이야기가 그동안 명백한 의미를 갖기에 이르렀던 넓은 시간폭을 암시한다. 정치적인 것은, 어떤 '신성권력'과의 연관설정을 통해 권위의 정당성을 부여받았던 지배자에게 반영된 한 정치적 공통체의 집단적 자기현시의 상징적 질서를 특징짓는 것이다. 하지만 완전히 변화된 문화적 현대와 사회적 현대의 조건 아래에서 그리스 철학뿐만 아니라 기독교적 자연법 안에서도 분절접합되었던 정치적인 것에 대한 개념화는 그것의 '생활거점'을 상실했다. 카를 슈미트가 두 눈으로 볼 때, 통일성과 통합성을 부여하는 정치적인 것의 힘은, 독일 민족의 로마제국(신성로마제국 — 옮긴이)을 일관하면서도 긴장 가득한 교황과 황제의 이분법 안에서 보존되었지만, 이제 현대의 새로운 조건 아래에서는 기독교 국왕의 최고주권이라는 형태로만 살아남을 수 있었던 것이었다. 슈미트는 심지어 현대 초기 국가의 주권적 지배 안에서도 중세적 정당화 모델의 개혁된 형태를 재인식하고자 하였었다.

나는 (2) 우선 현대 초기 정치적인 것의 '국가화'라는 이 가정을 검토하고 나서, (3) 그다음 — 종말에 다가가는 국가성의 시대에 대한 역사적 관점에서 — 카를 슈미트가 권위적 대중민주주의의 조건을 위해 정치적인 것의 개념을 갱신하고자 했을 때 썼던 그 악명 높은 개념화에 간여할 것이다.[7] (4) 그 후 나는 카를 슈미트의 반례로서 존 롤스의 정치적 자유주의를 도입할 것이며, (5) 마지막으로 법치국가적 민주주의라는 오늘날의 조건들 아래에서 우리가 종교가 점거해온 정치적인 것의 개념에서 어떤 이성적 의미를 적출해낼 수 있을지 여부에 관한 체계적 물음으로 되돌아갈 것이다.

2. 카를 슈미트가 주권국가에 관해 구상하는 이념형 안에서 정치적 지배는 여전히 사회의 정점이자 중심이며, 이 정치적 지배는 전능한 신의 권위에 대한 믿음으로부터 그것의 정당화를 이끌어내는데, 현대적 국가기관의 합리적 특징은 정치를 거치면서 보장되는 사회통합에 대해 의식되는 성격을 첨예화시킨다. 그런데 슈미트의 시각에서 보면, 고대 제국에 맞추어 재단되었던 정치적인 것의 전통적 개념의 본질적 징표는 주권자의 결정권력 안에 보존된 것처럼 보인다. 하지만 계속성을 시사하는 듯한 이 개념은 기만적이다. 카를 슈미트는 현대 초기 주권적 지배가 모종의 불안정성을 내포하고 있음을 보여주는 두 요소를

---

7 C. Schmitt, *Der Begriff des Politischen: Text von 1932 mit einem Vorwort und drei Corollarien* (Berlin, 1963), 9~19쪽. 우리말 번역으로는 슈미트, 〈서문〉, in: 같은 저자, 《정치적인 것의 개념: 서문과 세 개의 계론을 수록한 1932년 판》, 김효전·정태호 역 (파주: 살림, 2012), 13~28쪽.

간과하고 있다. 근세 초기 국가의 형태구성은, 막 생성되던 자본주의뿐만 아니라 세계관적 다원주의 안에도 포함된 정치적 폭발력에 대한 응답으로서 그 개념이 기능적으로 파악된다. 거칠게 단순화하자면, 관료화된 국가의 관심초점은 여러 시장을 거치면서 규제되는 경제적 지상명령, 즉 국가에 의해 자유롭게 방면된 경제교류에 맞추어져 있으면서도, 다른 한편으로는 종교적 종파 사이의 유혈적 분쟁을 평화화하는 데 맞추어져 있다.

당시 출현 중에 있던 자본주의적 경제체계는 그 시대가 시작되면서 이미, 사회를 이질적 위계에 따라 구조변혁하기에 이르러 관료적 국가기구를 점점 더 하나의 사회적 하위체계로서 수행하는 역할 안으로 떠밀어 붙여 다른 사회적 하위체계 옆에 나란히 놓은 기능적 분화의 선도자임이 입증된다. 하지만 그럼으로써 정치적 구조와 사회적 구조의 저 교착적 삼투滲透는 점차 해소되어 버린다. 그런 과정을 거치면서 사회는, 헤겔과 마르크스에 동의하는 카를 슈미트처럼, 각자의 특징을 상실한다. 만약 우리가 정치적인 것을 앞으로도 계속, 사회적 통합의 여러 메커니즘에 의식적으로 작용하는 사회의 자기시현을 위한 상징적 매체로 이해한다면, 영토국가 차원에서의 시장의 팽창은 사실상 국가가 일정 정도 탈정치화된다는 것을 의미한다. 하지만 슈미트 나름의 진단과 대조적으로 정치적인 것의 비중은 근세 주권 국가의 틀 안에서 **그 초기**에 이미 이렇게 '사회'로 이동하기 시작했다.

그렇기는 했어도, 경제적으로 독립은 했지만 사적 영역, 즉 비국가적 영역 안으로 강제로 내몰린 사회시민층이 정치참여와 시민권에서 지속적으로 배제될 수는 없었다. 이와 동시에 종교개혁 이후 교파분열에 따라 관용을 명하는 최고주권자의 칙령으로 인해 지속적으로 억압되지는 않았던 종교적 갈등은 표현의 자유와 종교의 자유를 보장하도록 압박한다. 이 두 노선이 나란히 발전함으로써, 카를 슈미트가 19세기와 20세기 초에서야 비로소 이루어졌다고 비난하는, 정치적인 것의 '중립화'는 근세 초기에 이미 본궤도에 올라서고 있었다.

사회의 기능적 분화가 이루어진 결과물의 하나로서 현대 국가는 근세 초기에 이미 고대 제국이 사회를 **그 전체로서** 관통하여 구조 짓는 방식으로 구사했던 힘을 상실한다. 우리가 정치적인 것의 전통형태와 결부시키는 종교와 정치의 합금체가 18세기 후기의 헌법혁명 때문에 비로소 해체되었다고 보는 슈미트는 오류를 범했는데, 왜냐하면 국가 권력은 이 합금체가 해체된 결과가 아니라 그것의 세속화를 비준한 것일 뿐이기 때문이다.[8]

---

8 나는 카를 슈미트의 역사적 지각이 이렇게 왜곡된 것은 그가 중세의 사고 안에 이미 현대의 근원이 있었음을 무시했기 때문이라고 본다. 이에 대해서는 L. Honnefelder, *Woher kommen wir?: Ursprünge der Moderne im Denken des Mittelalter* (Berlin, 2008) 참조. 자기의 신(神) 개념은 유명론적 특징으로 각인되어 있음에도 불구하고, 기묘하게도 슈미트는 16세기와 17세기 지적 운동의 결정적 표준이었던 13세기의 이른바 유명론 혁명이 발휘하였던 장기적인 영향에 대해서는 전혀 주의를 기울이지 않았다. 질레스피가 M. A. Gillespie, *The Theological Origins of Modernity* (Chicago, 2008)에서 제시하는 다음 4가지의 핵심명제와 비교해 보면 그 점이 더욱 두드러지게 나타난다.

1. 하나의 길은 프로테스탄티즘에 이른다. 전능한 신에 대한 유명론적 강조, 깊이를 알 수 없는 신의 결의(決意)에 떠맡겨진 인간적 운명의 우연성, 또한 경험에 의거한 인간 지성의 체질적 약점 등에서 나온 길은 신에 대한 의지주의적 표상 그리고 프로테스탄트적 은총론에 이른다. 개인적 신앙의 확실성이 지닌 가치가 높이 평가되면서 프로테스탄티즘은 한편으로 국가의 권위에 대한 무관심, 다른 한편으로 국가 권위에 대한 저항에 영감을 주었던 개인의 자율성을 위한 정신적 원천을 개방하게 된다.

2. 또 다른 길은 유명론에서 현대 과학에 이른다. 유명론의 입장에서 신적인 관념을 축출하고 철저하게 결정론적으로 개별사물에게만 실존을 부여하는 성격의 존재론은, 영향사적 관점에서 볼 때, 경험적 자연과학의 발전을 위한 기반이기도 하였다. 이 경

그렇지만 여러 종교공동체의 평등한 대우를 보장하는 세속적 국가권력을 필요하게 만든 것은 종교개혁으로 인한 교파분열만은 아니었다. 자유주의적 국가시민의 자율적인 자기권한부여는 지배권력의 행사를 정당화함에 있어서 지배의 초超사회적 성격, 다시 말해서 사회의 저편彼岸에 존재하는 초월적 권위가 인증해주는 힘 같은 것은 지워버리는 일종의 민주적 절차를 요구한다. 따라서 슈미트는 자신이 자유주의 안에 정치로부터 사회통합의 의미를 빼앗는 힘이 있음을 인식했다고 믿었는데, 즉 한편으로 시민사회 안으로의 거점이동 과정에서, 다른 한편으로 국가와의 쌍결합에서 풀린 종교가 사적인 것으로 변질되는 과정에서, 정치적인 것은 사라졌다고 생각했다. 그를 불안하게 만든 것은 국가권력의 세속화로써 정치적인 것의 차원이 폐쇄되지는 않았는가, 또 그럼으로써 정치적인 것의 개념이 역사적으로 아예 폐기된 것은 아닌가 하는 물음이었다.[9]

험적 자연과학은 믿음과 앎 사이의 대조를 첨예화시켰고, 세계관적으로 다원적 사회 안에서 보편적으로 접근가능한 지식의 공통기반으로서 세계에 대한 지식의 공적 권위를 촉진했다.

3. 더 많은 논란의 여지를 남기는 것은 르네상스의 휴머니즘에 대한 유명론의 영향이다. 유명론은 근세적 사고에 있어서의 인간중심적 전회를 촉진하고 자연과학과 마찬가지로 종교적 세계관에 대한 일종의 이성적 대안을 발전시키는 데 기여했다.

4. 이와 대조적으로 기독교적 자연법의 토대를 부식시키는 데 유명론이 직접적으로 행사했던 영향은 명약관화하다. 유명론은 종교적 지배의 정당화를 뒤흔드는 수준을 넘어서 이에 덧붙여 인식론과 이성법 두 방면에서의 논변에서 일종의 주체철학적 전회가 이루어지는 길을 예비하였는데, 이 논변들은 17세기 철학을 지배하고 정치의 정당화를 위한 세속적 기반을 닦아주었다.

9 그러므로 M. Lilla, *The Stillborn God: Religion, Politics, and the Modern West* (New York, 2007)는 옳다고 보이는데, 이에 대해 비판적인 것으로는 M. Kirwan, *Political Theology: A New Introduction* (London, 2008) 참조.

아니면 정치적인 것은 그 거점을 국가의 최고주권자에서 연합된 민주적 국가시민들로 옮기고도 시민들의 사회 안에서 통합력을 상실하지 않을 수 있을 것인가? 결국 정치적인 것이란, 민주주의적 헌법의 규범적 형태를 취하더라도 비인격적으로 체화되는 것은 아니라는 점은 선험적으로 확정되어 있다. 하지만 정치적인 것을 이렇게 어떤 인격적 형태와 연관시키는 슈미트는 자신의 진단에서 전적으로 다른 결론을 끌어내고 있다. 즉 그에게 중요한 것은 세속화된 대중민주주의의 조건 아래에서도 주권적 권력의 권위주의적 핵심과 정당성 부여에 있어 기독교적 구원사와의 연관을 보존하는 것이었다. 이에 따라 그는 '내키지 않아 주저하는 현대주의reluctant modernism'를 동기로 하여 정치적인 것에 대해 현대적 관계에 적응된 개념을 기획한다.

3. 카를 슈미트는 자유주의야말로 중립화를 통해 정치적인 것을 파괴하는 적이라고 공격한다. 여기에서 중립화란 정치를 기능적으로 특수화된 부분영역 안으로 퇴행시키는 것뿐만 아니라 국가적 권위가 가지는 종교적 아우라가 상실되고 최고주권자의 결정권력이 논변적 의지형성으로 해소되는 것도 뜻한다. 그에 따르면 자유주의는 "형이상학적 진리까지도 … 토론으로 해소시키길 원한다."[10] 슈미트는 드 메스트르de Maistre나 드 보날드de Bonald 같은 반혁명적 사상가들, 또한 누

[옮긴이] 앞의 책 우리말 번역은 릴라, 《사산된 신: 종교는 왜 정치를 욕망하는가》, 마리 오 역 (바다출판사, 2009).

10 C. Schmitt, *Politische Theologie: Vier Kapitel zur Lehre von der Souveräntät* (Berlin, 2009), 67쪽. 우리말 번역으로는 슈미트, 《정치신학: 주권론에 관한 네 개의 장》, 김항 역 (서울: 그린비, 2010), 4장 중 "자유주의 부르주아지의 입장과 이에 대한 도노소 코르테스의 정의", 81~86쪽 전체 참조.

구보다 호전적인 도노소 코르테스의 국가철학에 대해 분명하게 공감을 표한다. 말하자면, 이 스페인 가톨릭교도는 기독교적 군주의 시대가 지나갔음을 인식하고 있었으며 그가 살았던 19세기 중반에 이미 '토론하는 계급'인 부르주아에 맞서 '칼의 독재'를 선포하고 나섰다. 그렇게 계속 추구되는 억압은 정치적인 것이 논란의 여지가 많은 본성을 가졌음을 은연중에 드러낸다.

바이마르공화국에서 헌법과 국제법 교수였던 카를 슈미트는 인민주권Volkssouveränität이라는 민주주의 사상이 불가역적이라는 사실을 너무나 잘 알고 있었다. 슈미트는 반혁명적 사고의 두 측면을 고찰하는데, 이때 그는 기독교가 주도했던 과거를 향한 향수에만 잠겨 있지는 않았다. 그중 한 측면은 오늘날 "가톨릭주의와 무신론적 사회주의 사이에 불붙어 있는 유혈적 결전"의[11] 역사신학적 배경이다. 그리고 다른 한 측면은 '정치적인 것의 형이상학적 핵심'이 자유와 평등의 제도화가 아니라 순수한, 즉 논리적으로 추론하지 않고 토론하지도 않으며 자기를 정당화하지도 않아 곧 "무無에서 창출된 절대적 결정의 순간"[12]에 있다는 것이다.

정치적인 것에 대해 실존주의적으로 채색된 이런 개념을 정당화하기 위해 슈미트는 하나의 동질적 인민에 기반을 두고 하나의 카리스마

11 위의 책, 63쪽. 우리말 번역으로는 슈미트, 위의 책, 같은 장, 77~81쪽.

12 위의 책, 69쪽. 그리고 카를 슈미트의 정치신학에 대해서는 H. Meier, *Die Lehre Carl Schmitts: Vier Kapitel zur Unterscheidung politischer Theologie und politischer Philosophie: Mit einem Rückblick — Der Streit um die politische Theologie* (Stuttgart/ Weimar, 2009)를 참조.

[옮긴이] 슈미트의 책 우리말 번역으로는 슈미트, 위의 책, 같은 장 가운데 "독재의 정통성에 관한 이념사적 발전", 71~81쪽.

적 영도자를 전적으로 추종하는 일종의 동일성 민주주의라는 것을 구성한다.[13] 사회운동으로 액화液化된 정치적인 것의 개념 안에는 정치적 지배의 권위주의적 핵심이 그대로 보존되어 있기는 했지만 호전주의적 대중민주주의의 헌법에는 슈미트에게 결정적이었던 것, 즉 상위의 신적 권력을 통한 종교적 정당화와의 관련은 결여되어 있었다.

---

13 '정치적인 것'에 대한 주의주의적(主意主義的) 개념이 전문가 공중에게 설득력을 갖도록 하기 위해 슈미트는 국가주권이라는 국제법적 개념에서 출발한다. 어떤 민주주의적 헌법이 국내에서 인민의 주권을 목 조른다고 해도, 대외적으로 민족국가가 국제법에 대한 고전적 표상에 따라 전쟁권(戰爭權)을 구비하는 한 자신의 주권을 주장해도 된다. 이렇게 전쟁수행 국가라는 관점에 입각하여 슈미트는 자신의 헌법론을 비규범적 헌법개념으로 시작하는바, 그에 따르면 "국가가 헌법을 가지는 것이 아니라 … 국가가 헌법이다. 다시 말해 국가는 존재하는 것이 합당하게 현전하는 하나의 상태, 즉 통일성과 질서를 가진 한 위상이다." [C. Schmitt, *Verfassungslehre* (Berlin, 1993), 4쪽. 우리말 번역으로는 슈미트, 《헌법이론》, 김기범 역 (서울: 교문사, 1976)]

슈미트는 헌법을 부여하는 민족의 권력도 통상적으로 이해되는 것처럼 자율적 시민들의, 법적으로 구성된, 통일체가 아니라 역사적으로 성장한 하나의 구체적 집단체로 파악한다. 민족적 소속성은 인종, 신앙, 숙명 및 전통에 따라, 다시 말해서 귀속적 징표에 따라 스스로를 규정한다(위의 책, 227쪽). 슈미트는 주관적 권리들에 대한 평등한 이해뿐만 아니라 숙의적 정치관과도 반대되는 방향을 취하는, 국민투표 최우선의 집단주의적 민주주의 개념을 가동하는데, 그에 따르면 "민주주의적 평등이란 법의 평등, 평등한 선거권, 평등한 투표권, 보편적인 국방의 의무, 관직에 대한 평등한 접근권 등과 같이 더 나아간 다른 모든 평등의 전제이다. 국가에 소속된 모든 이는 평등하다고 가정된다는 오직 그 이유 때문에 그들은 평등한 선거권, 평등한 투표권 등을 가져야 한다." (위의 책, 228쪽) 인민은 참여의 권리를 오직 박수의 방식으로만 행사할 수 있는바, "인민은 한 영도자 또는 하나의 제안에 환호하거나 … 아니면 침묵이나 불평을 통해 박수치기를 거절해도 되는 것이다."(위의 책, 243쪽 이하)

이러한 궤적은 오직 하나의 문제적 근본결정에 귀결한다. 슈미트는 자유주의적 헌법의 — 인민주권과 인권을 하나의 괄호 안에 묶는 그 명시적 의도와는 정반대로 — 구성부분을 정치적 부분과 법치국가적 부분으로 분해한다. 이런 방식으로 슈미트는 하나의 동질적 주민 그리고 자연발생적으로 움직이는 주민의 분위기 상태로 맞춘 일종의 동일성주의적 민주주의를 법치국가적 상부구조의 토대로서 법치국가 아래로 끼워 넣을 수 카를 슈미트는 신학임에도 불구하고 규범적이지는 않으면서 종교적 구원사救援史에 의거하여 자기 뜻대로 만든 아주 특이한 정치신학으로 이 공백을 메운다. 카리스마 있는 지도자는 수사학적 효과를 갖도록 설정된 적절한 **상황해석**을 통해 자기의 결정을 임시방편적으로 정당화하는데, 이로 인해 이 결정은 구원사의 좌표체계 안에서 자의성을 잃게 된다.

있었다. 어떤 경우에도 법은 정치에 단지 느슨한 족쇄를 채울 뿐이다. 예외상태에서는, '법의 지배'를 수단으로 지배한다는 정치의 요구가 자기주장의 지상명령에 복속한다는 것이 자명해진다. "구체적으로 목전에 놓인 갈등의 경우에 낯선 자가 다르게 있다는 것이 고유한 방식의 실존에 대한 부정을 의미하며 그 때문에 존재하는 것에 부응하는 고유의 삶의 양식을 보존하기 위하여 격퇴하거나 박멸되어야 할 것인가" 여부에 대해 최종적으로 결정을 내릴 수밖에 없는 것은 영도자와 민족이다[C. Schmitt(1963), 앞의 책, 27쪽. 우리말 번역으로는 슈미트(2012), 앞의 책, 〈3장 적대관계의 현상형태로서의 전쟁〉, 41~50쪽]. 정치적인 것의 개념이 투쟁 자체가 아니라 "동지와 적을 정치적으로 정확하게 구분하는 것"에 있다는 것은 확실하며[C. Schmitt, *Politische Theologie II: Die Legende von der Erledigung jeder Politischen Theologie* (Berlin, 1970), 79쪽. 우리말 번역으로는 슈미트, 《정치신학 2: 모든 정치신학이 처리되었다는 전설에 대하여》, 조효원 역(서울: 그린비, 2019) 가운데 〈3부 전설의 최종 결론〉 중 〈1장 최종 결론의 주장〉, 127~130쪽] 중대한 사태에 처해 자기 고유의 삶의 형태를 유지하기 위한 투쟁을 수용하는 어떤 민족의 태세에 있어서 슈미트는 추가적으로 무솔리니의 사례를 들어 이런 소양을 예시한다(같은 쪽).

정치적인 것에 대한 이러한 실존주의적 개념규정은 언제나 전통적 개념과 본질적 특징을 공유한다. 인민의 집단적 정체성 자체는 더 이상 정치적 지배질서의 개념이 아니라 정치적 낭만주의의 종족적 민족 개념 안에서 정의된다. 그러나 종족적 혈통, 전통 그리고 언어라는 자연발생적 공통점만으로는 집단체의 사회적 결속이 충분히 보장될 수 없다는 것은 명백하다. 오히려 정치적 리더십은 외부의 적에 맞선 생사를 건 투쟁에서 인민이 정치적으로 '제 형세를 제대로 유지하도록' 하기 위해 언제나 다시 그 인민을 동원하여 서로 용접시키는 수밖에 없다.

정치적인 것에 대한 이런 개념은《헌법이론》을 출간한 1928년 이후 몇 년 뒤 슈미트가 그의 '구체적 질서사고'를 갖고 민족사회주의(나치) 체제에 자발적으로 부역하면서 권위주의적 생각이 더욱 첨예하게 강화된 면모를 띠게 된 것이다.

카를 슈미트에게 '적敵그리스도'의 세력에 대항하는 투쟁은 "로마 황제 아우구스투스 시대의 주님의 출현과 시간들의 종말 때 주님의 재림 사이"를 관통하는 영겁의 시간을 통해 쭉 뻗어간다.[14] 이 투쟁은 반란을 일으키는 인류의 프로메테우스적 형태에 대해 슈미트가 대조시키는 기독교적 에피메테우스의 형상을 취함으로써 마니교적 특징을 획득한다.[15] 이 영지주의적靈知主義的 틀 안에서[16] 슈미트 자신의 고유한 진단은 1789년의 혁명적 전회에 고착되어져 있었다. 즉 그때 이래 악에 저항하는 투쟁에서 정신적으로 탁월한 인물들은 계시를 편들고 계몽에 저항하고, 권위를 옹호하고 무정부상태에 맞서며, 신에 대한 복종을 위하여 인간의 자율적 권한수임에 반하는 당파성에 즉하여 서로가 분열을 일으켰다는 것이다.

정치적인 것에 대한 이 성직자 파시스트적 개념화가 과거의 일인

---

14 위의 책, 75쪽. 우리말 번역으로는 슈미트, 위의 책 가운데 〈3부 전설의 최종 결론〉 중 "2장 최종 결론의 신빙성", 131쪽.

15 루스 그로는 카를 슈미트와 에릭 피터슨(Eric Peterson)의 토론 안에 일종의 '양분된 신의 신화'가 들어 있음을 인식한다. 이에 대해서는 R. Groh, *Arbeit an der Heillosigkeit der Welt: Zur politisch-theologischen Mythologie und Anthropologie Carl Schmitts* (Frankfurt, 1998), 156~184쪽 참조. 이 독법에 따라 슈미트는 메시아적 영감을 받은 폭력적 선동자에 대항하는 질서세력의 세속사적 투쟁을 신 자체의 이원론적 본성 안에 정박시킨다. 그에 따르면 구원의 약속은 창조질서의 계명에 맞서 스스로 죄를 짊어지는 세속의 개선자가 소요를 일으키도록 격렬히 자극하는 요인이기도 하다. 이 기묘한 개념화의 반유대주의적 전제에 대해서는 M. Brumlik, "Carl Schmitts theologisch-politischer Antijudaismus", in: B. Wacker (Hg.), *Die eigentlich katholische Verschärfung...: Konfession, Theologie und Politik im Werk Carl Schmitts* (München u.a., 2008), 247~256쪽 참조.

16 T. Assheuer, "Zur besonderen Verfügung: Carl Schmitt", in: *Kursbuch*, 166(2007), 12~19쪽과 아울러 J. Manemann, *Carl Schmitt und die Politische Theologie: Politischer Anti-Monotheismus* (Münster, 2002)도 참조하라.

것은 확실하다. 하지만 그것은 정치신학을 갱신하려는 모든 시도에 대한 하나의 경고일 수밖에 없다.[17] 즉 다른 한편에서 보자면 그런 시도에 대한 계기는 오늘날까지도 완전히 척결된 것 같아 보이지는 않는다. 무해하지만 이런 종류의 충동은 1789년의 혁명적 단절을 봉합시키고 정치적 권위의 초超사회적 정당화와 오직 이성에 의거한 자유주의적 헌법원칙의 정당화 사이의 차이를 평가절하하려는 여러 시도로 표출된다.[18] 존 롤스의 정치적 자유주의조차도 그사이 비록 규모는 작아졌지만 탈형이상학적으로 재무장한 정치신학의 반론에 침묵해 오지 않았다. 계속 진행되는 '정치적인 것의 부정'이라는 진단은 그 힘이 완전히 빠지지는 않은 것 같다.

4. 종교와의 모든 진지한 연관에 매어 있던 정치적인 것의 개념을 풀어냈던 이성법의 고전가들과는 달리, 존 롤스는 국가권력의 세속화로써 사회에 대한 종교의 정치적 의미가 그 자체로 처리된 것은 아니라는 사실을 인식한다. 국가의 세속화가 사회의 세속화와 동일한 것은 아니다. 이 사실을 염두에 두면, '오직 이성에 의거한' 헌법원칙의 정당화에 대한 근본적 반감이 왜 오늘날까지 지속하는지를 설명할 수 있을 역설의 안착이 이해된다.

비록 자유주의적 헌법은 모든 종교공동체에게 시민사회 안에서 평등한 권리가 부여된 자유공간을 보장하도록 기획되었지만, 동시에 자유주의적 헌법은 집합적 구속력을 가진 의결을 결의하는 모든 국가기

---

17 J. Taubes (Hg.), *Religionstheorie und Politische Theologie* (München u.a., 1983)에 나오는 슈미트에 대한 논평들 참조.

18 C. Taylor, "Die Bedeutung des Säkularismus", in: R. Forst & M. Hartmann & R. Jaeggi, M. Saar (Hg.), *Sozialphilosophie und Kritik* (Frankfurt, 2009), 672~696쪽.

관을 종교적 영향으로부터 차단한다. 자신의 종교를 실천하고 경건한 삶을 영위할 권한을 명시적으로 부여받은 개인들이 국가시민으로서 참여하는 민주적 과정에서는 그 결과가 모든 종교적 오염들로부터 자유로워야 한다.

종교를 완전히 사적인 것으로 간주하는 정교政教분리주의는 이 역설에 대해 만족스러운 답변을 주지 못한다. 왜냐하면 종교공동체가 정치적 공론장 안에서 생동적 역할을 수행하는 한, 모든 시민들은 숙의정치라는 것이 종교적 시민과 마찬가지로 비종교적 시민이 이성을 공적으로 사용하는 것에 근원을 두고 있음을 명확하게 깨달아야 하기 때문이다.

두말할 나위 없이, 정치적인 것의 개념은 — 정치신학이 정치적 권위의 정당성을 초사회적 근원에 연원을 두려고 시도하는 한 — 의심스러운 유산으로 남아 있다. 민주주의적 입헌국가 안에서 지배의 합법적 행사는 종교적 아우라를 상실했다. 현대 사회의 특성이 세계관적으로는 지속적으로 다원주의로 각인되어 있다는 점을 고려한다면 국가권력의 세속화에 이르렀던 역사적 행보가 어떻게 역행될 수 있는지를 알기란 어렵다. 국가권력의 세속화는 세계관적 관점에서 볼 때 헌법원칙 그리고 집단적 구속력을 가진 모든 결정을 중립적으로 정당화하기를 요구하며, 이에 대해서는 정당화를 창출하는 민주주의적 절차 말고는 그 어떤 대안도 없다. 그것이 무엇이든 보다 심층적인, 그러면서도 보편적인 구속력을 가진 토대를 만들어 민주주의적 정당화를 대체한다는 관념은 사실상 몽매蒙昧주의이다. 하지만 이렇다고 해서 민주적 의사형성을 도모함에 있어 종교공동체와 종교적 시민의 기여가 무시되어야 한다는 뜻은 아니다.

마찬가지로 민주주의적 시민사회의 집단적 자기이해도 세계관적 다원주의의 종교적 계기에 의해 건드려지지 않고 그대로 남아 있을 수는 없다.[19] 이런 점에서, 대체로 국가에서 시민사회 안으로 거점을 옮겨간 정치적인 것은 세속적 국가 안에서, 비록 간접적일지라도, 종교와의 연관성을 유지한다. 종교적이든 비종교적이든 시민들이 서로를 그 자체로 존중하고 탈세속적인 동시대인으로서 서로 교류하는 한 정치적인 것은 어떤 경우에도 종교와의 연관을 유지할 것이다. 이성의 공적 사용이라는 발상을 갖고 롤스는, 정당성 부여에 효과적으로 작용하는 종교적 시민의 기여를 고려하는, 정치적인 것에 대한 수정된 개념에 이르는 길을 제시한다.

제도화된 권력정치의 경계를 넘어서는 유일하게 자연발생적인 요인은 의사소통적 자유의 무정부적 사용으로 촉발된, 아래로부터 발생하는 거대한 의사소통의 밀물이 밀려들면서 내는 소음뿐이다. 오직 이 물길을 통해서만, 활력 있지만 근본주의적으로 경직되지 않은 종교공동체가 변혁적 힘을 펼칠 수 있는데, 이는 세속적 목소리와 종교적 목소리 사이의 마찰이 — 그런 문제의 상관성에 대한 의식을 일깨워 깨인 상태로 유지시켜 주는 규범적 문제에 대한 — 논쟁을 격발시킬 경우에는 더욱 그렇다.

5. 공론장에서 종교가 차라리 제한된 역할을 하는 것을 옹호하면서 존 롤스는 생동성 있는 토론을 야기했다. 즉, "포괄적인 가르침을 통해 떠받쳐진다는 것을 지지하기에 충분한 적절한 정치적 근거가 적절

---

19 C. Taylor, *Ein säkulares Zeitalter* (Frankfurt, 2009) 가운데서도 특히 15장, 899쪽 이하 참조.

한 시기에 제시된다면 이성적이고도 포괄적인 가르침은 언제든지 공적인 정치적 토론 안으로 진입할 수 있다."[20]

그런데 이런 '유보'는 무엇보다 두 가지 반론에 부딪친다. 하나는 경험적 반론인데, 많은 시민이 그들의 정치적 입장표명에서 종교적 언어 또는 세속적 언어로 이루어지는 기여를 구분하라는 요구를 받아들일 수 없거나 아니면 받아들일 의욕이 없다는 것이다. 또 다른 하나는 규범적 반론으로, 종교적 생활형태를 보장한다는 것은 자유주의적 헌법의 존립근거이기도 한데 그런 헌법이 시민에게 그런 추가적인, 그리고 결과적으로 비대칭적인 부담을 부과해서는 안 된다는 것이다.[21] 우리는 번역의 유보를 제도화함으로써 이 반론에 대처할 수 있다.[22]

이런 표상에 따르면, 정치적 공론장에서 모든 시민은 종교적 언어를 사용할지 여부를 자유롭게 결정할 수 있어야 한다. 그렇지만 이 경우 모든 시민은 자기들의 종교적 발언의 내용을 국가적 결정위원회의 의제와 협의에 부의하기 전에 일반적으로 접근가능한 언어로 번역해야 한다는 것을 받아들여야 한다. 개별 시민에 대해 도덕적으로 부당

---

20 J. Rawls, "Nochmals: Die Idee der öffentlichen Vernunft", in: *Das Recht der Völker* (Berlin/ New York, 2002), 165~218쪽, 여기에서는 189쪽. 우리말 번역으로는 롤스, 《만민법》, 장동진·김만권·김기호 역 (서울: 아카넷, 2009) 가운데 〈공적 이성에 대한 질문〉, 261~277쪽.

21 이러한 반론들의 요약에 대해서는 J. Habermas, "Religion in der Öffentlichkeit: Kognitive Voraussetzungen für den 'öffentlichen Vernunftgebrauch' religiöser und säkularer Bürger", in: ders., *Zwischen Naturalismus und Religion: Philosophische Aufsätze* (Frankfurt, 2005), 119~154쪽.

22 제임스 뵈트처는 나의 입장과 롤스의 제안 사이의 차이점을 크게 중시하지 않는다. 이에 대해서는 J. W. Boettcher, "Habermas, Religion and the Ethics of Citizenship", in: *Philosophy & Social Criticism*, 35, 1-2, 2009, 215~238쪽.

한 요구를 제기하는 대신 공론장에서의 비공식적 의사소통과 집단적 구속력을 가진 결정에 이르는 공식적 논의 사이에 제도적 여과가 이루어진다. 이런 제안으로써, 국가적 제재력을 부여받은 모든 결정은 일반적으로 접근가능한 언어로 정식화되고 정당화될 수 있으면서도 그 때문에 공적으로 다채로운 목소리들의 다음조多音調를 이미 그 뿌리에서 미리 제약할 필요가 없다는 자유주의적 목표가 도달된다. 종교적 시민의 '단일언어적' 기여가 공허한 메아리로 사라지지 않으려면 협동의 용의가 있는 동료시민의 번역 노력에 의존해야 한다.

이러한 규제는 양쪽 모두에 부담을 준다. 헌법에 충성하는 민주주의적 공동체의 구성원으로서 자신을 이해하는 종교적 시민은 국가권력의 세계관적 중립성을 유지하는 대가로 '번역의 유보'를 받아들일 수밖에 없다. 국가시민이 따르는 동일한 윤리적 기풍에서부터 세속적 시민에게도 모든 시민을 상대로 상호동등한 해명을 행하라는 거의 같은 정도의 어려움을 안기는 의무가 발생한다. 정치적 공론장에서 모든 시민은 종교적 발언을 간단하게 무시하거나 처음부터 무의미한 난센스로 치부해서는 안 된다. 이성의 공적 사용에서 세속적 시민과 종교적 시민은 서로 같은 눈높이에서 대등하게 만날 수밖에 없다. 왜냐하면 어느 한쪽의 기여는 원칙적으로 다른 쪽의 기여에 못지않게 민주적 과정과 연관성을 갖기 때문이다.

양쪽 모두에게 도덕적으로 요청되지만 법적으로는 강요될 수 없는 요구조건 많은 인식상의 태도표명이 기대된다.[23] 국가시민적 윤리의

---

23 이것이 내가 J. Habermas(2005), 앞의 책, 그 중에서도 141~154쪽에서 전개한 논증의 요점이다.

기대가 과연 대체적으로 충족될 수 있는가 하는 문제가 상호보완적 학습과정에 좌우된다는 것은 확실하다. 말하자면,

• 이성의 공적 사용은 종교 쪽에서 상호경쟁하기는 하지만 자기들 쪽에서 반성적이 된 종교들과 이성적 관계를 구축하고,

• 세속적 일상사에 대한 앎의 권한은 제도화된 과학에 귀속시키며,

• 인권도덕의 전제를 고유한 신앙적 진리에 접속시키는 그런 점들에 대해 반성적 의식을 갖기를 요구한다.

다른 한편으로, 평등한 권리를 가진 종교적 시민과의 논변적 대결은 세속적 시민에게 탈형이상학적으로 계몽된 이성의 비슷하게 반성된 자기제한을 요구한다. 왜냐하면 활력 있는 세계종교가 억제되거나 혹은 개활되지 않은 도덕적 직관이라는 의미를 가진 '진리내용'을 가져다 줄 가능성을 보유할지도 모른다는 것에 대한 통찰은 세속적 부분에 속하는 주민에게는 결코 자명한 일이 아니기 때문이다. 이런 연관에서 풍부한 도움을 주는 것은 모든 이들을 평등하게 존중하라는 이성도덕의 종교적 발생연관에 대한 일종의 계보학적 의식이다. 서양적 발전은 본질적으로, 철학이 유대적-기독교적 전승으로부터 지속적으로 의미론적 내용을 차용해 온 과정에서 형성되었다. 그리고 수백 년을 지속한 이 학습과정이 오늘날에도 스스로 계속될 수 있을지 혹은 여전히 미완의 상태로 남아 있을 것인지에 대한 문제는 그 답이 아직 열려 있다.[24]

---

24 J. Habermas, "Die Revitalisierung der Weltreligionen: Herausforderung für ein säkulares Selbstverständnis der Moderne?", in: ders., *Kritik der Vernunft: Philosophische Texte*, Bd.5 (Frankfurt, 2009), 387~407쪽.

하지만 카를 슈미트가 두려워하면서 기대했던 것은 사실상 현실이 되고 말았는데, 즉 왕의 주권적 권력은 이미 오래전에 해소되면서 시민사회 안에서 넘치는 여러 의사소통의 물결 속으로 흘러들어갔던 것이다. 국왕권력은 정치적 의견형성과 의지형성을 위한 여러 과정 안에서 절차적 형태를 취하는 것으로 마무리되었다. 클로드 르포르 역시, 국가주권은 그 어떤 신체성도 박탈당하고 분산되어 일종의 '구멍 난 중심'만 남겼다는 말을 했는데, 그것은 맞는 말이었다. 하지만 공적 논변에서 세속적 시민과 종교적 시민 사이의 상호보완적 관계는 세속적 국가의 시민사회 안에서 존립하는 정치적인 것에 대하여 종교와의 간접적 연관을 유지한다. 물론, 종교는 그 핵심이 도덕적인 것으로 환원될 수 없으며 또 그 자체 윤리적 생활기획들과 동일시될 수 있는 것은 아니지만, 도덕적인 것과 윤리적인 것의 두 요소가 깨인 상태에서 견지될 수 있도록 하는 데는 기여할 수 있다.

다원주의적 사회들에서 세속적 시민과 종교적 시민이 이성을 공적으로 사용하는 것은 숙의정치熟議政治를 자극하는 쇠꼬챙이일 수 있는 잠재력을 가진다. 종교적 전승과의 논변적 조우, 좀 더 올바르게 말하자면, 아직 소진되지 않은 의미론적 잠재력을 다시금 꺼내보려는 시도는 양적 극대화에 몰입하는 목적합리성의 헤게모니에 대한 버팀벽을 이룬다.

민주주의적 조건 아래에서 혁신된 정치신학의 종말론적 사고는[25]

---

25 T. Polednitschek & M. J. Rainer & J. A. Zamora (Hg.), *Theologisch-politische Vergewisserungen: Ein Arbeitsbuch aus dem Schüler- und Freundeskreis von Johann Baptist Metz* (Münster, 2009).

정치이론의 규범적 사고에도 각 시대적 맥락의 시간적 차원을 환기시킨다. 이상적 질서를 기획하는 여러 정의론에 맞서 요한 밥티스트 메츠는 그것이 과연 과거의 고난, 현재 짊어진 짐 그리고 미래의 잠재력에 대한 '시대감수성'과 감성을 가졌는지 짚어보자고 고발하면서 그것의 계발을 청구한다.[26] 자유주의적 헌법에 대한 역동적 이해만이 민주주의적 절차가 학습과정이라는 점을 분명히 해주며,[27] 이 과정이 무엇이 아직도 가능한가에 대한 감성의 부족으로 인해 반복적으로 차단될 수 있음을 인식하게 한다. 민주주의적 헌법은 본질적으로 하나의 **지속적인 프로젝트 과정**이다. 국민국가의 틀 안에서 민주주의적 헌법은 헌법원칙의 규범적 내용을 변화하는 역사적 조건 아래서 더욱더 폭넓고 깊게 **모두 실현하도록** 설계되어 있다. 유엔 창설 이래 그것이 표방하는 인권적 내용의 보편적 타당성 요구는 이제 생성 중에 있는 것으로 파악되는 다문화적 세계사회를 위해 만민법을 헌법화하는 방식으로 하나의 정치적 헌법을 발전시키라는 전 지구적 과제를 가리키고 있다.

---

26 J. B. Metz, *Memoria passionis: Ein provozierendes Gedächtnis in pluralistischer Gesellschaft* (Freiburg, 2006).

27 C. F. Rostbøll, "Emancipation or Accommodation? Habermasian vs. Rawlsian Deliberative Democracy", in: *Philosophy & Social Criticism*, 34, 7, 2008, 707~736쪽.

8장

좋은 삶이라는 혐오스러운 상투어

청년 롤스의 정치이론에서 종교윤리의 의미

1942년 12월 존 롤스가 프린스턴대학 철학과 졸업을 위한 문학사 시험에서 논술시험 답지로 제출했던 이 이례적으로 탁월한 작업물이 출판된 것에 대해서 우리는 편집자인 토머스 네이글과 그의 유산 관리자인 마가렛 롤스 및 토머스 스캔론에게 응당 감사를 드려야 할 빚을 지고 있다. 조슈아 코헨과 토머스 네이글이 이 텍스트를 열면서 시사점 많은 논평을 붙이고, 로버트 M. 애덤스가 그것을 동시대의 신학 토론 안에 신학적으로 적절한 자리를 매긴 덕분에 롤스의 이 책에 대해 이것들보다 더 나은 세부 논평이 나올 여지는 거의 없게 되었다. 이에 나는 이 텍스트에 관해 4가지 정도의 언급만 하는 것으로 내 역할을 국한시키기로 했다.[1]

1 내가 논하고자 하는 텍스트는 J. Rawls, *Über Sünde, Glaube und Religion* (Berlin, 2010)이며, 이 글 본문 괄호 안에 표기된 숫자는 이 독일어 번역본의 쪽수이다.

스물한 살의 대학생이 썼다고 하기에는 대단히 노련해 보이는 이 총기 발랄한 글은 20세기 가장 의미 있는 정치이론가의 저작과 인격에 대한 놀랄 만한 증언으로서 우선 세간의 관심을 끌 만하다(1). 의사소통이론의 관점에서 발전된 종교윤리는 롤스가 쓴 졸업 논문의 철학적 실체를 형성한다. 그것은 개인이라는 절대적 가치에 맞추어 만들어진 평등주의적인 보편주의적 의무윤리의 본질적 특징을 모두 나타낸다(2). 작품의 시작 부분을 저자 사후에 열린 그의 일생에 대한 전기적 관점에서 통찰해 보면 종교적 동기들의 철학적 번역에 대한 괄목할 만한 사례가 드러난다. 여기를 보면 오직 이성에만 근거한 의무윤리적 개념화의 종교적 뿌리들이 마치 돋보기를 통해 확대된 것처럼 환하게 드러나 있다(3). 이 학부생의 논문은 또한 국가권력의 세속화를 시민사회의 세속화와 혼동해서는 안 된다는 후기 인식의 계기도 담고 있다. 이성법 전통에서 롤스가 차지하는 독보적 지위는 세계관적 다원주의에 대한 체계적 고찰 덕분이다(4).

1. 아무런 사전 준비 없이 1993년 출간된 롤스의 《정치적 자유주의》의[2] 책장을 열어 무심코 〈강의 I 근본개념들〉을[3] 열어본 이는 거기

[옮긴이] 하버마스가 논하는 이 독일어판 롤스 책에 대한 보다 자세한 서지사항은 T. Nagel (Hg.), tr. by S. Schwark, *Über Sünde, Glaube und Religion: Kommentiert von Thomas Nagel, Joshua Cohen, Robert Merrihew Adams und Jürgen Habermas* (Berlin: Suhrkamp, 2010)이며, 이 글은 해당 독일어판의 315~336쪽에 수록된 것이다. 이 책의 영어 원전은 J. Rawls, *A Brief Inquiry into the Meaning of Sin and Faith: With "On My Religion": Commentaries by Joshua Cohen and Thomas Nagel, and Robert Merrihew Adams* (Cambridge, Mass.: Harvard University Press, 2009)로서 영어 원전에는 하버마스의 논평이 실려 있지 않다. 이 책의 우리말 번역은 롤스 저, 네이글 편, 《죄와 믿음의 의미에 대한 짧은 탐구》, 장동진·김기호·강명신 역 (파주: 동명사, 2016) 참조.

2 [옮긴이] J. Rawls, *Political Liberalism: John Dewey Essays in Philosophy*, 4 (New York:

에 아무런 사전 설명 없이 도입되어 있는 강력한 규범적 근본개념들을 보고 경악을 금치 못할 것이다. 그 책의 이론적 건축물은 연결된 두 개의 아치형 기둥 위에 세워졌다. '잘 질서 지어진 사회' 그리고 '개인에 대한 정치적 개념'이라는 발상은 '공정으로서의 정의justice as fairness'라는 관념을 다리 삼아 오가면서 서로서로 교착된다.[4] 롤스는, 모든 시민이 정의에 대한 명석한 지각능력뿐만 아니라 자기 고유의 삶의 기획을 발전시키고 합리적으로 추구하는 능력도 장착하고 있으며, 이러기 위해서 **사회의 기본구조**는 **협동의 공정한 조건**을 보장해야 한다고 확정적으로 추정한다. 개인의 개념과 사회의 개념은 정의에 대한 동일한 개념화에 대칭적으로 의거함으로써 서로 맞물려 있다. 이러고 나면 정의는, 그것이 모든 참여자 각자에게 좋거나 혹은 유익한 사회적 골격조건을 정당화한다면, 재차 모든 시민의 동의를 기대할 수 있다.

《정의론》에서 롤스는 이 규범적 지침점을 똑같이 교조적 방식으로 펼쳐보였다. 거기에서 이미 롤스는 규범적 부하가 걸려 있는 '개인'과 '사회'라는 두 개념의 틈새를 정의로운 공동생활이라는 하나의 개념

Columbia University Press, 1993). 이 책의 증보판에 롤스의 이론 발전에 귀중한 가치를 지닌다고 평가되는 새 서문과 아울러 〈하버마스에 대한 한 응답〉이라는 제목의 보론이 추가되었다. 해당 책의 우리말 번역본인 롤스, 《정치적 자유주의(증보판)》, 장동진 역 (파주: 동명사, 2016)도 이를 〈일반보급판 서문〉과 〈강의 IX 하버마스에 대한 응답〉으로 옮겨 모두 수록하고 있다.

3 [옮긴이] 위의 롤스, 《정치적 자유주의(증보판)》, 82~138쪽의 〈강의 I 근본개념들〉 참조.

4 [옮긴이] 하버마스가 《정치적 자유주의》의 제 I강에서 적시한 이 세 근본개념 가운데 앞의 두 개념에 대한 롤스의 규정은 위의 책, 〈§5. 정치적 인간관〉(115~122쪽) 및 〈§6. 질서정연한 사회의 개념〉(123~129쪽)에 설명되어 있다. 마지막 "공정으로서의 정의"는 롤스가 본래 그의 《정의론》에서 발전시킨 정의이론의 지도개념이다.

화로 서로 이어 메운다. 이 정의로운 공동생활이라는 개념과 대조되는 것이 바로, 고전경제학에서 발전된 '사인사회私人社會'의 상像에 의거하여 자기 이해관계에 따르는 시장市場참여자인데, 그에 따르면 "인간의 사회적 본성은 사인적 사회의 개념과의 대조로 가장 훌륭하게 자명히 드러난다. 인간들은 공동의 최종목적을 가지며 공동의 제도와 활동 자체를 좋은 것gut an sich으로 간주한다. 인간들은 서로를, 자기 자신을 위해 선택된 여러 생활형태의 동반자로, 필요로 하며 타인의 성공과 기쁨은 필연적으로 자기들 복리의 보완물일 수밖에 없다."[5] 그 본성에 따르면 개인들이란 각기 무엇이며 또 무엇이라야 하는가 하는 문제는 그 안에서 모든 이들이 서로 의존하는 사회적 지상명령에서 답이 도출된다.

그렇기는 하지만 '개인'과 '사회' 사이에 펼쳐진 규범개념들의 네트워크는, 롤스의 주장에 따르면, 법치국가와 민주주의에 익숙한 주민집단의 일상적 직관에 따라 타당성을 확인하도록 하면 된다.[6] 롤스의 《도덕철학사 강의》에서 칸트는 사회적으로 통용되는 규범이 시민들 사이에서 조성되는 이런 공통감과 연결되어 있음을 모범적으로 보여주었다고 평가된다. 여기에서 롤스는 정언적 명법 자체도 도덕적 판단의 근거정립을 위한 절차라고 설명한다. 이 절차의 **형식** 안에는 오

---

5 J. Rawls, *Eine Theorie der Gerechtigkeit* (Frankfurt, 1975), 567쪽.
[옮긴이] 하버마스가 여기에서 인용하는 독일어 번역본은 "79. Die Idee der sozialen Gemeinschaft"(564~574쪽)이며 우리말 번역본에서는 롤스, 《정의론》, 황경식 역 (서울: 이학사, 2003), 666~677쪽의 〈79절 사회적 연합의 관념〉이다.

6 반성적 평형의 방법에 대해서는 《정의론》의 독일어 번역본인 위의 책, 68~72쪽 참조. 우리말 번역본으로는 롤스, 《정의론》, 황경식 역 (서울: 이학사, 2003), 87~94쪽에 실린 '제1부 원리론'의 〈9절 도덕이론에 관한 몇 가지 제언〉.

직 — 칸트가 철자 하나하나 짚으면서 상세히 해명했던 — 건강한 인간지성의 **실체**만이 반영되는바, 롤스에 따르면 우리 모두에게는 자유롭고 평등한 개인들로 이루어지고 합법칙적으로 질서 지어지는 사회 전체에 대한 직관이 목전에 어른거리고 있으며, 이 경우 개인들은 모두 '이성적'일 뿐만 아니라 '목적합리적으로 숙고하는' 본질을 가진 것으로 간주된다.[7]

그리고 인간은 오직 사회적 환경 안에서만 스스로 개인으로 성장한다는 생각의 출처로 롤스는 헤겔을 인용하는데, 그에 따르면 "개인 개념과 사회 개념은 같이 맞물리며, 이 두 개념 각각은 그때마다 다른 쪽을 필요로 하면서 결코 서로 떨어져 단독으로 서지 못한다."[8]

이제 새로 발견된 역사적 원천자료는 롤스가 칸트와 헤겔을 통해 비로소 이 전제들을 확신하게 된 것이 아니었음을 분명히 보여준다. 이미 학부생 시절에 롤스는 영국 성공회 교구 구성원으로서 겪은 공동체 경험을 칸트나 헤겔과 유사한 개념으로 정돈했다. 그의 완결된 정치이론에서 교조적으로 보이는 시작점들도 여전히 전적으로 기독교적 정신에 의해 기획된 윤리의 기본신념에 의존한다. 이미 청년 롤스는 사회상태가 독립된 개인들의 계몽된 자기이해에 대한 관심에서 발생한 것으로 상정하는 여러 계약론의 잘못된 개인주의와는 반대되

---

7 J. Rawls, *Geschichte der Moralphilosophie* (Frankfurt, 2004), 314~322쪽.
[옮긴이] 영어 원문은 J. Rawls, *Lectures on the history of moral philosophy* (Cambridge, Mass.: Harvard University Press, 2000), 237~240쪽이며, 우리말 번역으로는 롤스 저, 바바라 허먼 편, 《도덕철학사 강의》, 김은희 역 (서울: 이학사, 2020), 〈VI강 도덕적 구성주의〉 중 368~373쪽의 〈2. 칸트의 도덕적 구성주의〉와 〈3. 구성주의적 절차〉에 해당된다.

8 위의 책, 472쪽. 우리말 번역으로는 롤스, 위의 책, 550쪽.

는 방향을 취하고 있다.

"계약론자들은 개인이 공동체로부터 분리되어서는 더 이상 개인이 아니며 참된 공동체는 개인을 흡수하는 것이 아니라 그의 개인격성을 비로소 가능하게 만든다는 것을 보지 못한다. … 따라서 개인과 공동체의 화해, 즉 개인(체)과 사회의 화해는 이 개념들 자체에 대한 분석을 통해 이해될 수 있다. 그것들은 서로를 쌍방적으로 조건 지운다. 하나는 다른 하나 없이는 실존할 수 없다."(155)

물론 여기에서도 롤스는 정치의 문제를 윤리의 문제와 같은 숨결로 거론하고 있으며(135, 156) 사회의 규범적 구조를 죄와 회심悔心 사이의 종교적 관계라는 관점에서 파악한다. 예배교구, 즉 어떤 종교공동체에 의해 실행되는 신앙은 롤스가 개인과 사회의 올바른 관계를 읽어낼 때 의거한 모델의 역할을 한다. 이 관점에서 보면 눈에 들어오는 것은 얼굴과 얼굴을 맞대면하는 관계뿐이다. 모든 갈등은 그것이 발생할 때부터 본래 도덕적 성격을 지니는데, 롤스식으로 보면 사회적 갈등 그리고 이성적으로 기대될 수밖에 없는 의견불일치의 해결을 위한 제도적 차원은 놓치고 만다. 그러나 고도로 선택적인 이런 시선을 일단 도외시하고 보면 '개인'과 '공동체'에 대한 종교적 색조를 띠는 개념은 이미 그의 완숙한 정치이론의 초석 안에 들어갈 규범적 내용물을 선취하고 있었다. 여기에서 우리는 모든 인간들이 유보 없이 평등하게 교착적 인정관계의 사회적 네트워크 안에 포용되면서 각 개인이 각자 책임지고 생활을 영위한다는 비타협적 개인주의와 마주친다.

심지어 롤스는 나중에는 그의 시야에서 사라지게 되는 한 가지 중요한 차원을 부각시킨다. 그의 분석에서 중심에 서 있는 것은 **의사소통적으로 매개되는** 상호작용이다. 당시의 그에 따르면, "한 개인은 또 다른 개인과 직접적으로 접촉할 수 없으며(왜냐하면 주변 사정들의 성질이 이것을 불가능하게 만들기 때문이다), 기호 수단을 통해서, 즉 단어, 표정, 몸짓 등과 같은 것을 수단으로 해서 접촉한다. 개인적 관계들은 그런 식으로 자기를 드러내는 행위를 전제하며, 그런 경우가 아니라면 개인들 사이의 그 어떤 접촉도 발생할 수 없다."(114) 물론 롤스는 이 관계들의 인륜적 함의에만 배타적으로 관심을 두고 그것이 의사소통 그 자체의 본성과 어떻게 관계되는지는 설명하지 않고 있지만, 그는 화자와 청자가 서로에게 취하는 화용론적 태도표명에 즉하여 '개인적' 관계를 '자연적' 관계로부터 구별함으로써 의사소통이론적 관점에 입각한 도덕철학적 연구들을 도입한다.

이 전통이 조사이아 로이스의 저작과 신학적 유대관계들을 갖고 있음에도 불구하고 이때 그는 놀랍게도 미국 실용주의의 관련된 작업을 완전히 도외시하고 있었다.[9] 실용주의자들은 사회화의 개별화하는 힘 그리고 개인, 공동체, 의사소통의 내적 관계에 대해 전적으로 비슷한 표상들을 발전시켰었다.

개인상호적 관계에서 롤스는 1인칭 개인으로서 화자가 2인칭 인격으로서의 청자와 마주하여 그에게 취하는 상호이해지향적 태도를 도덕적으로 명령된 것으로 간주한다. '나-너-관계'란 한 사람이 다른 사람에 대하여 1인칭 개인의 역할 안에서 그때마다 보증하는 혼동할 여지 없는 개인적 본성에 대한 통찰이라는 더 큰 의미에서 보더라도 '개인적'이다. 그에 반해, 한 관찰자의 객관화하는 태도 또는 3인칭 개인

---

9 롤스는 지나가듯이 짧게 실용주의에 대해 비판하면서 은연중에 도구주의적인 해독방식을 드러내는데, 이런 도구주의적 독해법은 당시 유럽에서 지배적이었다(215).

격은 사태의 인지적 포착 그리고 인과적으로 규제되기 때문에 비非인격적인 자연발생사에 대한 실천적 개입에 적합하다.

자기연관적이고 자기 고유의 선호에 의해 이끌어지는 목적 활동은, 여러 욕구 충족이 '나-너-관계'를 교란하지 않는 한, 도덕적으로 우려할 점이 전혀 없다. 롤스에 따르면, "인간은 자연본성적 욕망과 요구를 갖고 있다 … . 이런 요구는 좋은 것이며 그 대상 역시 좋은 것이다."(147)

그렇지만 이 '자연본성적' 이기주의Egoismus는 행위자가 자연대상뿐만 아니라 타인에게도 객관화하는 태도를 취함으로써 타인을 단순히 자신의 목적을 위한 수단으로 조작하는 순간, 도덕적으로 비난받을 만한 이기주의로 변질된다. 즉, "이기적인 사람은 다른 사람을 마치 어떤 임의의 대상처럼 취급하며, 다른 사람을 자기 욕망충족의 수단으로 이용하고 그럼으로써 공동체를 파괴한다."(150) 이 도구화 금지는 정언명법, 그중에서도 두 번째 공식을 공동체주의적으로 근거정립해주는 것처럼 읽힌다.[10] 롤스는 '나-너-관계'의 '이기주의적' 전도轉倒와 부도덕한 자기연관성을 확대시키면서 더욱 심화된 형태, 즉 '자기중심벽Egotismus'을 구분한다. 자기중심벽은 그 특성상 개인 간 관계를 훼손시키지 않고 온전하게 놔두지만 인정의 상호성이 거부됨으로써 개인 간 관계를 안에서부터 공동화空洞化시킨다.

자기타당성에 대한 병적 중독, 즉 타당성 중독으로 비유할 수 있는 자기중심벽은 '동료애', 즉 연대적 교류와는 정반대되는 모습이다. 거

---

10 "칸트도 그렇게 말할 것이지만, 사람들을 순전한 수단으로 이용하는 죄는 모든 경험 영역에서 찾을 수 있는 일이다."(231)

꾸로 된 자기숭배는 등급이 격하된 타인의 두 눈 안에 비치는 자신의 거울 이미지에만 관심을 둠으로써 공동체의 구성원들을 결속시키는 사회적 유대의 끈을 망가뜨린다. 자기중심벽은 또한 증오와 경멸에서 스스로를 표출한다. 그러나 타당성 중독과 자기과장, 즉 명성과 명예 그리고 차별적 인정에 대한 엘리트적 탐욕은 청년 롤스의 미덕 목록에서 이웃사랑이라는 명령과 가장 대립되는 요소이다. 그것들은 다른 사람을 깎아내리고 그 값어치를 박탈하는 등 자기사랑의 파괴적 잠재력의 핵심을 가리는 장막을 벗겨낸다.

개인 간 관계의 본성을 전도轉倒시키고, 다른 사람을 자기 소원의 충족을 위한 수단으로 도구화시킴으로써, 그런 관계를 객관화하는 관계로 **대체시키는** 이기주의가 자기중심벽보다 덜 심각한 것은 확실하다. 자기중심벽은 오직 개인 간 관계 **안에서만**, 다시 말해 서로에 대한 교착적인 의존상태를 일방적으로 이용하는 경우에만 그 사악성을 전개할 수 있다. 악한 것은 정신적인 것 자체 안에 근원을 가진 반면 자연, 즉 '살肉體'은 날 때부터 태생적으로 '무죄'이다.

2. 궁극적으로, 타당성 중독과 오만은 당연히 신에 대한 의절義絶의 암호이다. 그것들은 신의 형상에 따라 인간이 창조되었음을 부인한다. 신과의 공동체를 거부한다는 것은 곧 공동체 일반의 파괴이다. 말하자면 공동체는 2개의 보완적 관계모델의 합성으로 구성된 3원적三元的 구조를 보유한다. 첫째, 중심점은 없지만 포용하는 관계망으로서 여기에서 모든 개인은 서로가 수평적으로 연결된다. 둘째, 각 개인과 신의 관계는 집중적으로 신을 향해 나아가며, 이는 공동체 전체의 통합적 기준 역할을 한다.

"모든 개인적 관계는 궁극적으로 서로 연결되어 있다. 왜냐하면 우리가 여태껏 한 번도 만난 적이 없다고 하더라도 우리는 모두 신 앞에 실존하고 신과의 관계를 통해 모두가 서로 결합되어 있기 때문이다. 개인 간 관계들은 이러한 결합체를 형성하기 때문에 우리는 종교와 윤리가 서로 분리될 수 없다는 결론을 내린다."(142)

신과 '나'의 개인적 관련 그리고 다른 개인들이 각자 신과 맺는 개인적 관련들에 대한 교착적 앎은, 두 가지를 함께 취합하면, 양심이라는 내면적 법정을 구성하는 것과 마찬가지로 — 칸트가 그의 종교철학에서 말하는 — '신의 백성'에의 귀속성도 구성한다. 이 공동체의 구성원을 단결시키는 것은 모든 것을 알고 있음과 동시에 불편부당하고 자비롭게 판단하는 같은 신에 대하여 각자 지는 개인적 책임에 대한 도덕적 의식인데, 신은 공동체 구성원을 각기 대체불가능한 개인으로 놓고 최후의 심판일에 이웃사랑이라는 기독교적 계율의 관점에서 그들이 살아온 삶의 길과 그들이 응당 책임져야 할 모든 행위에 대해 해명할 것이다.

롤스에 따르면, "우리는 우리가 누군가의 앞에서 실존하고 있다는 것, 그리고 이 누군가가 우리를 판단한다는 것을 안다."(142) 이와 동시에, 올바른 것과 그릇된 것이라는 규범적 차원은 신의 면전에서 실존하는 신앙인들의 공동체라는 개념으로 정의되어 있다. 도덕적으로 신의 계명을 어긴다는 것은 자아중심적으로 신과 단절하는 것, 즉 단지 범칙일 뿐만 아니라 죄이다. 죄는 도덕적 실책보다 더 무거운 것이다. 죄는 공동체의 의사소통적 관계 자체를 손상시키는 잘못된 삶을 의미한다. 오직 올바른 신앙으로의 회개만이 죄인을 그의 잘못된 삶에서 구할 수 있으며 그것은 곧 공동체의 연대성으로의 복귀이다.

우리의 맥락에서는 이렇게 유일신론적으로 해석된 교구의 3원적 구조가 커다란 의미를 가진다. 말하자면 이 3원적 구조는, 청년 롤스의 종교윤리에 본질적일 뿐만 아니라 그와 똑같은 정도로 칸트적 특징으로 각인되어 "오직 이성에서만" 근거정립되는 세속적 의무윤리에도 본질적인 것으로 남으며, 그에 따라 롤스의 후기 정치이론에서도 본질적인, 다음 4가지 측면(a~d)을 규정한다. 신앙공동체의 3원적 구조를 기술한 것을 보면, 롤스의 일생 내내 한 치의 오차도 없이 그의 도덕적 감수성을 각인했던 평등주의적 보편주의의 의무론적이면서도 개인주의적인 의미가 이해된다.

a. '무조건적으로' 타당한 도덕적 명령의 의무론적 의미는, 세계내적 존재자의 인과적 연관으로부터 벗어나 있으면서, 자기의 명령에 자의성과 함께 강제로부터 자유로운 '진리성'의 권위를 부여하는 신의 초월성에서 귀결된다.[11] 의무타당성의 정언적 성격은 도덕적 명령에 대한 결과주의적 이해를 배제한다. 신앙인들은 도덕적 명령의 준수를 개인적 구원의 조건에 결부시켜서는 안 된다. 이것은 현대 신학에 곤혹스러운 문제를 안기는데, 칸트는 도덕적으로 행위하는 사람이 행복이 아닌 '행복의 가치성'을 획득한다고 함으로써 이 문제를 해결한다.

청년 롤스도 칼빈주의적으로 해석된 은총의 선택이라는 비합리적 대가를 지불하면서까지 구원에 대한 개인적 기대로부터 도덕적 삶의

11 롤스는 《정의론》 첫 문장에서부터 이미 정의를 진리에 비유하는 일에 간여한다. 즉 "사상 체계의 제1덕목을 진리라고 한다면, 정의는 사회제도의 제1덕목이다. 이론이 아무리 정치(精緻)하고 간명하다 할지라도 그것이 진리가 아니라면 배척되거나 수정되어야 하듯이, 법이나 제도가 아무리 효율적이고 정연하다 할지라도 그것이 정당하지 못하면 개선되거나 폐기되어야 한다." 독일어판 J. Rawls(1975), 앞의 책, 19쪽. 우리말 번역으로는 롤스(2003), 앞의 책, 36쪽.

영위를 분리하길 원하지 않는다. 그 대신 롤스는 창조자와 피조물로 이루어지고 모든 구성원들이 도덕적 명령들을 일관되게 준수할 경우 비로소 성립되는 공동체를 창조과정의 목표로 표상한다. 이런 방식으로 개인적 구원은 **완전히 참다운 의미에서의 공동체**의 창출과 같은 뜻이 된다. "… 그리고 인간의 자연적 존재가 그 공동체 안에서 충족된다는 것이 아무리 맞는 말이라고 하더라도, 이런 개인적 충족은 공동체 자체에 견주어 이차적인 것이다."(258)

도덕적 힘의 의무론적 파악은 도덕적인 의무타당성과 노력을 기울여 획득할 가치가 있는 재화財貨의 매력성 사이를 엄격하게 구분하는 것을 필요로 한다. 취향에 대한 의무의 우선성은 롤스의 정치이론에서는 좋은 것에 대한 올바른 것의 우선성이라는 발상 안에 반영되어 있다. 청년 롤스의 이 생각은 형식화용론적 아이디어들을 도덕적으로 해석한 데서 귀결한다. 도덕은 개인 간 관계에 거점을 갖고 있는데, 이러한 관계는 의사소통적으로 행위하는 이들에게서 2인칭 개인으로 등장하는 다른 사람에게 교착적 태도표명을 요구한다. 그런데 나와 의사소통하는 이를 마주하여 자기연관적 상태에서 목적활동적으로 행위하는 행위자는 자기 나름의 선호를 추구하는 가운데 개인 간 관계에 관여할 일이 전혀 없다. 이런 사람은 3인칭 개인에 대하여 객관화하는 태도를 취하는 가운데 1인칭 개인으로서 자기 앞에 현전하는 자기 고유의 욕구들을 충족시킨다는 목표를 갖고 자연적 발생사에 관여한다.

이러한 '나-그것-관계'의 차원에서 개인은 태생적으로 도덕과는 무관한 자연적 발생사에 사로잡힌 상태에 머문다. '자연적' 개인으로서 이 개인은 도덕적으로 민감한 '나-너-관계'의 영역 안으로는 스스로를 일체 격상시키지 못한다. 이런 시야에서 보면, 목적론적 행위모델에서 출발하면서 노력을 기울여 취득할 가치가 있는 재화를 영리하게 최적화하는 것을 지향하는 고전적 윤리들은 인륜적인 것의 차원을 단 하나도 건드리지 못한다.[12] 따라서 롤스에 따르면, "우리는 혐오스러운 상투어인 이른바 '좋은 삶'이 어떤 목적물을 취득하는 데 있다는 것을 믿지 않는다. 좋은 삶은 그것과는 완전히 다른 어떤 것, 즉 개인적 관계들의 사안이라는 것이다."(193) 아도르노와 마찬가지로 롤스가 화제로 삼는 것은 '좋은 삶'이 아니라 어느 모로 보나 '허비된[verfehlte] 삶'이다.[13]

b. 의무론적 측면과 나란히 롤스의 종교윤리가 강조한 두 번째 측면은 어느 것과도 비교불가능한 개인의 존엄성이다. 구원의 복음의 수신자는 개인(체)이다. 개인(체)은 오직 사회화를 통해서만, 즉 공동체 내에서만, 한 개인으로 스스로를 성장시킨다. 하지만 개인(체)은, 초월적인 신의 면전에서 해명해야 할 경우, 도덕적으로 책임 있는 행위의 장본인으로서의 자기 역할 안에서 자기를 대변하도록 할 수는 없다. 다른 측면에서 보면, **그 누구도 대변할 수 없는** 수신자의 부담에 상응하는 것은 그 누구와도 혼동할 수 없는 개인(체)으로서 다른 모든 개인들과 구분되는 개인의 불가침성과 온전성이다. 이 유일무이성이 개인을 교환가능한 크기로 간주하여 한 개인(체)의 복리와 고통을 다

---

12 그리스와 중세의 윤리에 반대하는 비판은 도덕철학 강의 도입부에 메아리치고 있다. J. Rawls(2004), "Einleitung", 25쪽 이하 참조. 우리말 번역으로는 롤스(2020), 앞의 책, 229~254쪽의 〈도입: 근대도덕철학, 1600년에서 1800년까지〉.

13 물론 아도르노는 단지 사회이론적으로 보다 포괄적인 소외비판의 틀 안에서만 의무론적 직관의 여지를 제시할 따름이다. T. W. Adorno, "Zueignung" in: ders., *Minima Moralia* (Frankfurt, 1950), 7쪽 이하. 우리말 번역으로는 아도르노,《한줌의 도덕: 상처입은 삶에서 나온 성찰》, 최문규 역 (서울: 솔, 2000) 참조.

른 개인(체)들의 것으로써 잘못 계산하도록 만드는 연산의 대상이 되지 않게 보호한다.

롤스가 《정의론》에서 제기하는 공리주의에 대한 반론은[14] 그의 종교윤리 안에서 배태된다. 여기에서 다시금 개인들의 공동체의 구조에서 개인성의 결정적 징표들이 귀결되어 나오는데, 개인들은 서로에게 그 누구에 의해서도 대표될 수 없는 자기주체성과 그 누구하고도 혼동될 수 없는 자기독특성을 주장할 권리를 가졌다고 인정함으로써 수행적 태도표명 안에서 자기를 **교환불가능한** 다른 개인과 관계시킨다. 왜냐하면 "한 개인이 다른 개인과 맺는 모든 개인적 관계는 유일무이한 성격을 갖는 반면에 자연적 관계는 더 이상 생각할 여지도 없이 교환가능하기 때문이다. 만약 탁자에 사과 몇 개가 있고, 모든 사과가 우리 취향을 만족시켜 준다고 가정하면, 이 사과들 중 하나는 다른 사과와 똑같이 좋다고 할 수 있을 것이다. 반면에 개인적 관계들 안에서 우리는 각각의 관계 모두를 각기 유일무이한 것으로 관찰할 뿐만 아니라 그 관계들의 **유일무이성**을 인식한다."(143, 강조 필자)[15]

---

14 J. Rawls(1975), 앞의 책, 27~28쪽 및 186~220쪽. 우리말 번역으로는 롤스(2003), 앞의 책, 58~65쪽의 "5절. 고전적 공리주의" 및 254~264쪽의 "고전적 공리주의: 공평성과 이타심".

15 이 맥락에서 롤스는 로마 시대에서 유래한 'persona'라는 용어의 익명성을 벗겨내어, 삶의 역사를 통해 개체화되는 개인, 즉 die Person이라는 용어를 기독교적으로 개념화시킨 것으로서 파악하여 그것을 개인(체), das Individuum의 개념과 대조시킴으로써 그리스적 사고에 은연중 논란을 제기한다. 왜냐하면 본래 그리스어에서 유래한 개인(체)이라는 개념은 시공간적으로 개체화된 모든 대상에 적용되기 때문이다. 롤스에 따르면 "모든 개인은 개별사물, 말하자면 경계 지어지고 명확하게 구별될 수 있는 단위체지만 모든 개별사물이 개인은 아니다. 개인성, 'Personalität'는 아마도 우리가 정신이라고 부르는 것에 상응하는 듯하다. 만약 우리가 정신적인 삶에 대해 언급한다

c./d. 도덕의 의무론적이고 개인주의적인 의미는 역시 칸트가 그의 윤리학에서 강조했던 두 측면, 즉 근본적으로 평등한 처우와 완벽한 포용에 대한 요구들로 보충된다. 신이 각 개인의 삶의 역사가 갖는 값어치를 평가함에 있어 그의 행실과 태만에 대해 올바르면서도 동시에 자비롭게, 각기 차별되게 판단하면서 궁극적으로 구원을 받을 수 있도록 한다는 역설적 과제를 해결하리라는 최후의 심판의 상像에는 평등주의적 보편주의도 농축되어 있다.

평등주의의 훼손에 대한 청년 롤스의 예민한 감성은 그가 열거한 부덕不德의 목록에서 긍지矜持가 차지하는 높은 위칫값에서 자명하게 드러난다. 긍지는 그것이 방약무인하게 신에게 등을 돌릴 경우에만 죄가 되는 것이 아니다. 롤스는 사회적인 자기격상, 즉 자신의 성취에 대한 능력주의적 긍지도 마찬가지로 비난한다.

이런 의미에서의 긍지는 인정받을 가치가 있는 성취에 대하여 비교적 더 높은 값어치를, 따라서 성취능력 있는 **개인 자체**에 우월성을, 부여하고자 할 경우 모든 이의 평등한 가치부여에 대한 상호인정을 위태롭게 한다. 성공이 오직 자기 자신의 성취능력에 기인한다고 하더라도 여러 재능과 능력을 전제한다. 창조주인 신이나 자연의 복권뽑기가 이런 자원을 과연 이렇게 배분했는지 여부와는 상관없이 수혜자들은 그런 잠재력을 나름 처분할 수 있다는 점을 자기가 취득한 것으로 돌려서는 안 된다.

승리를 구가하는 시장자유주의는 그동안 바로 이 구별점을 지워버렸다. 특정 개인들은 성공과 성취에 기초하여 기능적 '엘리트'로 분류

면, 우리는 그 삶이 개인을 의미한다고 생각하는 것 같다."(136)

될 수 있고 다른 이들은 그럴 수 없다고 해도, 그것이 모든 사람에게 인간적 존엄성을 기초로 평등하게 보장되어야 할 존중과 처우에서 차이를 두는 것을 정당화해 주지는 않는다.[16] 우연찮게 롤스 자신이 일생 눈에 띄지 않게 이런 평등한 처우와 개인적 겸손함의 기풍을 "몸소 살았다". 아무리 스쳐 지나가듯이 했어도 그를 개인적으로 몸소 만났던 모든 이에게 롤스의 인상적 습관은 감명을 주었다.

모든 인간이 그 앞에서 평등한 유일신의 실재에 대한 기독교적 신앙은 각 개인 모두의 평등한 가치에 대한 평등주의적 개념에 덧붙여 그 어떤 경계도 없이 완벽한 포용에 의거하는 신과 그 백성 사이의 맹약을 함축한다. 청년 롤스는 타자를 배제하면서 자기 자신만을 부각시키는 이 시대의 현상형태가 첨예화되는 것으로부터 이 보편주의를 방어한다. 그는 죄인시되는 인종과 계급, 이방적인 종파, 민족 그리고 문화들에 대한 배제 혹은 억압에서(231쪽 이하) 집단주의적으로 일반화된 자기중심벽을 인식한다. 그에 따르면, "폐쇄된 집단들의 발전은 서구 문명의 특징적 요인이 되었다. 이제 이런 집단들이 이 문명을 산산이 깨트리고 있다."(233) 그가 이 논문을 쓴 지 불과 몇 년 후 평등주의적 보편주의는 유엔의 '세계인권선언' 안에서 새로운 국제법적 표현과 역사적으로 중대한 의미를 갖게 된다. 기독교적 신앙공동체와는 달리 법공동체는 더 이상 이웃사랑의 형제애에 기댈 수 없는바, 그것은 이성적으로 근거정립되어 세속적 형제와 마찬가지로 종교적 형

---

16 실체화된 '엘리트'의 반대 개념은 낙오자(落伍者, loser)인데, 이 개념은 지난 몇십 년간 비로소 유통되기 시작한 것이다. 거기에 대해서는 I. Schulze, "Über den Begriff 'Verlierer'", in: ders., *Was wollen wir?* (Berlin, 2009), 280~286쪽 참조.

제들에게도 다 같이 수긍될 수 있는 법적 시행에 의거할 수밖에 없다.

3. 존 롤스의 연구 역사에서는 칸트가 처음 했던 것과 비견할 만한 종교적 생각들의 철학적 변형이 되풀이되고 있다. 종교적 공동체 윤리의 기본특징은 실천이성이라는 세속적 기초 위에서 개인주의적으로 적용된 평등주의적인 보편주의적 의무윤리로 지양될 수 있다. 왜냐하면 일신론적 신앙공동체의 3원적 관계모델은 (칸트적 개념의 — 옮긴이) '목적의 왕국' 안에, 다시 말해서 통찰에 입각하여 스스로를 자기에게 부여된 도덕법칙에 묶는 지성의 보편적 공동체 안에, 계속 보존되어 있기 때문이다. 여기에서도 개인들은 다른 개인들과 **직접적이지 않게** 관계하는 상태에 있다. 모든 개인 간 관계는 오히려 각각의 참여자 모두가 비당파적인 제3자의 권위, 즉 이성에 의거하여 근거정립되는 인륜법칙과의 연관을 통해 매개되어 있다. 개인(체)이 연관을 창립해 주는 초월적 신과 맺는 관계 대신 이제 들어오는 것은, 만인에게 구속력을 가져 자율적으로 행위하는 주체 **자신**이 갈등상태에 빠졌을 경우 어떤 태도를 취할 것인지를 놓고 스스로 양심적인지를 시험하게 하는 도덕적 관점이다.

그러나 인륜법칙은 정언적 타당성을 요구하기 때문에, 초월적 긴장은 위축되는 것이 아니라 실천이성 안으로 내면화된다. 롤스에 따르면, "영원성의 시선은 세계 밖의 특정 장소에서 내다보는 것이 아니며 초월적 본질의 눈길도 아니다. 그것은 오히려 세계 안에서 이성에 의해 지도되는 인간이 자기 것으로 만들 수 있는 생각함과 느낌의 특정 형식이다."[17] 초월성은 더 이상 저 피안에서 나와 이 세계 안으로 침입

17 J. Rawls(1975), 앞의 책, 637쪽 이하. 우리말 번역으로는 롤스(2003), 앞의 책, 737쪽

하는 것이 아니라 이념을 기획하고 모든 세계내적 사건을 안으로부터 초월하는 힘으로서 세계 안에서 작동하는 것이다.

운동방향의 인간중심적 역전은 자발적 이성이념의 객관성을 손상시키지 않는다. 이 이성이념들은 자의와 우연에서도 벗어나 있다. 따라서 도덕적으로 책임 있는 개인들의 공동체가 지니는 3원적 구조는 이성도덕으로의 이행에도 변함없이 유지된다.[18]

도덕적 관점으로 승화된 초월성은《정의론》에서 '원초적 입장'이라는 형태로 구현된다. 롤스는 정의의 정확한 개념화를 심의하는 상황을 이 명칭으로 부른다. 롤스에 따르면 이 상황 또는 이 상태는 관련 당사자들의 동등한 장치물, 동등한 정보 제한 및 동등한 역할 같은 징표로 특정되며, 이에 따라 "이 조건 또는 상태 안에서 선택된 원칙은, 그것이 어떤 종류이든 간에, 도덕적으로 올바른 것이 되는"[19] 방식으로 구조화되어 있다.

방법적 관점 아래에서 보더라도 신의 입지점이 — 자기 이해관계에

이하, 〈87절 정당화에 대한 결어〉.

18 롤스 자신이 장 보뎅과 관련하여 1997년에 회고적으로 언급했던 추상화의 길은 그 연속성에 대해 명확하게 이해되는 대안을 제공하지는 않는다. 롤스에 따르면, "만약 우리가 신의 의지가 모든 존재와 아울러 모든 도덕적 및 정치적 가치의 원천이라고 말한다면, 신의 실존을 무시하는 것은 이 가치들의 무시도 함축한다. 그러나 우리가 이 가치들의 근거와 내용이 '신의 이성이다'라고 하거나 적어도 신의 이성에 잘 알려진 것이라고 말한다면, 신의 의지는 이성 안에 근거정립되어 있는 저 신적인 의도를 제재하는 하위층의 역할만 하는 것이다. 이 경우 신의 실존에 대한 무시는 신적인 제재에 대한 무시에 지나지 않지만 가치 자체의 무시에 이르는 것은 아니다."(310) 이 생각은 이성에 입각하여 행위하는 신이라는 토마스적 개념을 전제하는데, 청년 롤스가 시비를 거는 것은 바로 이 점을 반대하는 방향이다.

19 J. Rawls(1975), 앞의 책, 142쪽. 우리말 번역으로는 롤스(2003), 앞의 책, 173쪽 이하, 〈20절 정의관에 대한 논의의 성격〉.

사로잡힌 참여자들로 하여금 그들의 실천이성을 도덕적으로 사용하도록 강제하는 구조를 갖도록 제작된 — 논증관점들로 전형하는 것은 청년 롤스의 신학적 사고 안에서도 접촉점을 찾을 수 있다. 왜냐하면 청년 롤스가 그 시절 의사소통공동체에서 **조우하는** 2인칭 개인의 수행적 시각에서 신의 개념을 파악했던 것과 마찬가지로, 이제 그는 도덕적으로 의무화된 것도 — 자기가 여러 갈등에 얽혔다고 보는 경우 자기가 다른 개인에게 어떤 잘못을 했고 어떤 덕을 졌는지를 의사소통적으로 **경험하는** — 개인의 수행적 태도표명 안에서 활짝 열어 보이기 때문이다. 모든 것을 객관화하는 자연신학의 시각과의 첨예한 대결에서 자명해지는 것은 롤스가 신학적으로 시작했던 이래 현전하는 암묵적 지식을 참여자 관점에서 재구성하는 데 능통해 있었다는 사실이다.[20]

물론 기독교적 교구 안에서의 '올바른' 삶에 대한 신학적 기획을 '잘

---

20 로버트 M. 아담스의 교훈적인 논문은 청년 롤스가 쓴 졸업논문의 신학적 맥락을 기술한다[R. M. Adams, "Die theologische Ethik des jungen Rawls und ihr Hintergrund", in: J. Rawls(2010), 앞의 책, 35~121쪽]. 청년 롤스는 누구보다도 키르케고르에 의해 각인된 변증법적 신학과 함께, 에밀 브루너(Emil Brunner)를 통해 매개된 마르틴 부버의 대화철학의 영향 아래 있었다. 이 두 신학전통은 모두 하나의 타인 또는 여러 타인과의 의사소통적 만남이 지닌 실존적·종교적 경험맥락에서 나온 신학적 진술을 발전시킨다. 롤스는 그가 신의 개인격성을 모든 존재론적 함의로부터 해방시켜 인륜적 맥락의 경험지평으로부터 '공준(公準)'을 도출할 경우, 이렇게 수행적으로 현전하는 배경에 호소한다. 롤스에 따르면, "신이 어떤 종류의 본질성을 가졌는가 하는 문제, 즉 신이 응당 자기 것으로 귀속되는 모든 형이상학적 특질을 보유하는가 여부의 물음에 대해 우리는 아는 척해서는 안 된다. 과연 자연신학이 거기에 관해 우리에게 매우 많은 것을 말해줄 수 있는지는 의심스럽다."(135쪽 이하) 자기 고유의 생활세계적 배경에 대한 반성 안에 어떤 지지대도 찾을 수 없는 이 존재론적 진술에 맞선 이와 같은 탈형이상학적 절제는 자연신학에 반대하는 '서문'의 논쟁적 언급 안에 그 울림이 있는데, 거기에는 '1파운드의 아리스토텔레스'는 '1온스의 성경'만 한 가치가 없다는 구절이 나온다.

조직된 사회'의 제도를 위한 냉철하고도 논변적인 근거정립으로 바꾼 것에는 롤스 자신의 개인적 동기도 있다. 롤스는 1997년에 작성한 사적인 기록(〈나의 종교에 관하여〉)에서[21] 자신이 신앙을 상실한 것에 관해 해명하려고 시도한다. 그에 따르면 도덕적으로 예민한 젊은 남성의 종교적 신념은 — 한 종군목사를 통해 보편주의적인 구원의 복음이 정치적으로 전도되는 경험이라든가, 친밀했던 한 동료가 맞은 죽음의 운명으로 인해 자기 자신의 생명이 도무지 알 수 없을 정도로 멋대로 박탈당하여 답답하게 억눌리는 경험 등과 같은 — 전쟁체험을 겪으면서 산산이 부서져 버렸다.

전쟁이 끝난 후 홀로코스트에 대해 알게 되었을 때, 롤스는 신정론적 문제, 즉 "아우슈비츠에서 신은 어디에 있었나"라는 물음과 씨름한다. 그리고 더 나아가 아주 독특한 동기로는 그의 엄격한 도덕적 정조, 다시 말해서 도덕적 행위를 위한 근거는 개인적 구원에 대한 자기연관적 동기와 과연 충분히 분리될 수 있는가 하는 의심을 들 수 있는바, "우리 자신의 개별적 영혼과 그 구원은 문명화된 삶 전반에 비해 결코 특별한 의미를 갖지 않는다."(308)

《정의론》은 사회적 분업, 정치권력 및 국가적 제재력을 가진 법 등과 같은 요소와 함께 문명화된 사회의 모습을 그리고 있다. 이는 순전히 도덕적으로 규제되는 종교적 공동체의 공동생활에는 결여된 요소였다. 복잡한 사회에서 이루어지는 교류와 더 나아가 분배갈등의 조정

---

21 [옮긴이] 이 기록은 롤스가 사망하고 난 뒤 발견되었는데, 하버마스가 여기에서 논평하고 있는 롤스의 사후 출판작(앞의 각주 1 참조) 말미에 붙어 함께 발표되었다. 우리말 번역으로는 롤스(2016), 앞의 책, 347~358쪽의 "나의 신앙에 관하여" 참조.

은 정의롭고 정당성을 가졌다고 인정되는 사회적 협동의 제도를 요구한다. 청년 롤스에게는 이미 여러 선호물이나 성향이 튀어나오는 주관적 욕구본성은 결코 악한 것을 의미하지 않았지만, 좋은 것에 대한 나름의 개념화의 근원은 정치이론에서 전례 없는 가치절상을 경험한다. 왜냐하면 모든 개인에게 이성적으로 기획된 개인적 생활계획의 교육과 실현을 위한 평등한 활동공간을 보장하는 주관적 자유는 앞으로도 계속 정치적 자유주의의 핵심을 형성하기 때문이다. 그럼에도 불구하고 '정의'는 여러 제도가 기본재화의 공정한 분배가 실현되게끔 설비되어 있어야 하는 한 '좋음'에 대해 우선권을 누린다. 왜냐하면 이 정의가 있어야 비로소 평등한 주관적 권리가 모든 시민에 대해 동등한 가치를 갖도록 보증하기 때문이다.

그러나 공정으로서의 정의가 무엇을 **의미하는가** 하는 것은 신의 말씀을 통해 계시되는 것이 아니며 태생적 관념으로 주어지는 것도 아니다. 정의로운 것에 대한 개념화는 모든 시민에게 명확하게 인지될 수 있으려면 공통적인 인간 이성으로부터 구성적으로 기획되어야 한다. 실천이성의 올바른 사용은 규제가 요구되는 개인 간 관계를 도덕적 관점 아래서 고찰하는 데 있다. 도덕적 관점이 '원초적 입장'으로 모델화되든 다른 방식으로 설명되든, 초월적 권위의 대체물에는 모든 참여자가 반드시 따를 수밖에 없다. 도덕적 관점은 실천이성의 구성적 발상에, 이론이성이 독립적으로 실재하는 세계 안에 있는 대상에 대한 지시指示를 기반으로 요구할 수 있는 종류의 **객관성**에 대한 등가물을 보증한다.

그렇지만 《정의론》은 종교에 대해서는 침묵하고 있으므로 색인에서 종교에 관한 항목을 뒤져봐도 헛수고일 뿐이다. 만약 이것이 저자인 롤스의 마지막 말이었다면 사후 발견된 그의 논문은 단지 제한된 전기적 가치만 가질 것이다. 나는 이 유물의 진정한 의미가 다른 곳에 있다고 본다. 청년기 종교 경험의 결과 그는 축출된 종교가 이성법적인 계몽주의 사고에 남겨두었던 진공 때문에 스스로 계속 불안한 상태에 있었을 것이다. 《정의론》 출판 이래 20년 동안 롤스를 사로잡은 문제는 우리가 공동으로 보유하면서 정치적 정의의 개념을 구성하는 데까지 이르는 실천이성이 종교의 자매인 도덕에 물을 대어줄 정도로 충분한 실체를 보유하는가 하는 물음이다. 마지막으로 롤스는 공동체 안에서 자유주의적 정의 개념이 종교적 맥락과 세계관적 맥락 안에서 지지대를 찾을 경우에 비로소 피와 살을 획득한다는 결론을 내렸다.

종교공동체가 정치적 공론장에서 활력과 중요한 역할을 보유했던 동시대 미국 사회의 명약관화한 증거가 《정의론》에서 《정치적 자유주의》로 계속 발전하는 계기가 되었던 것만은 확실하다. 정치적으로 규제를 필요로 하는 갈등은 사회적 이해관계의 대립과 그에 상응하는 분배문제에서 발생할 뿐만 아니라 각기 상이한 문화적 생활형태 사이의 가치갈등과 신앙공동체 사이에서 이성적으로 일어날 수 있으리라고 예측되는 의견불합치에서 마찬가지로 기인하기도 한다. 그럼에도 불구하고 이제 지각되는 '다원주의라는 사실'만으로는 그 이후 계속되는 이론 발전을 설명하기에는 충분치 않다. 왜냐하면 이 이론 발전은 관용의 문제의식을 넘어서기 때문이다. 관용 문제 자체를 다루는 것은 실천이성을 정치적 정의의 문제에 국한시키지 않게 만든다.[22]

《정치적 자유주의》에서는 정의를 공정으로 개념화하는 내용 자체

---

22 R. Forst, *Toleranz im Konflikt* (Frankfurt, 2003).

는 크게 변하지 않았지만, **확장된** 이론의 틀 안에서 정의의 지위는 변화를 겪는다. 롤스는 정의에 대한 '올바른' 정치적 개념화를 위해 이제부터는 도덕철학적 파악과 독립적이기는 해도 모든 '이성적인' 종교집단과 세계관집단의 찬동에 의거하면서 '텅 빈 상태에서 자유롭게 서 있는' 그런 이론의 위상을 요구한다. 나는 그의 이런 행보가 때에 따라서는 되돌아가는 듯이 보이기도 하는 젊은 시절 그의 종교적 견해들에 뿌리박고 있다고 추측한다. 이 점은 그의 졸업논문에서 다음과 같이 드러나 있다. "우리 모두는 신 앞에 실존하며, 그와의 연결을 통해 서로 연결되어 있다. … 개인적 관계들이 그런 연결망을 형성하므로 우리는 **종교와 윤리는 분리될 수 없는 것**이라고 결론내릴 수 있다."(142, 강조 필자) 세계관적 다원주의의 정치적 도전에 직면하여 이 진술의 일반화는 다시금 롤스와 새로이 연관성을 획득했을 것으로 보인다. 즉 도덕적 신념은, 그것이 실존적으로 유지하고 동기를 부여하는 힘을 잃지 않으려면, 종교와 형이상학의 '포괄적' 가르침의 긴밀한 맥락에서 분리되어서는 안 된다.

4. 사태가 이렇게 진행되면서 종교에는 점차 자유주의적 질서의 도덕적 토대를 위한 새로운 의미가 덧붙여져 그 의의가 커간다. 정치적인 것의 개념으로부터 종교와의 관련성을 각기 모두 제거했던 이성법적인 사회계약론 전통의 고전적 이론가들과는 반대로 롤스는 국가권력의 세속화로 종교의 사회적 역할이라는 문제가 저절로 해결되지는 않는다는 사실을 인식한다. 국가의 세속화가 결코 사회의 세속화를 의미하지는 않는다는 것이다. 이 점을 염두에 두면 종교적 공동체들 안에서 오늘날까지 '오직 이성에 근거해서만'이라는 헌법원칙의 정당화에 맞선 일종의 잠재의식적 반감을 생생하게 유지해왔던 역설의 숨결

이 설명된다.[23]

자유주의적 헌법은 시민사회 안에서 모든 종교공동체에게 평등한 자유공간을 보장하도록 만들어져 있기는 하지만, 그와 동시에 집단적 구속력을 가진 의결을 행하는 국가적 법인체들을 모든 종교적 영향으로부터 차단할 의무도 지닌다. 자기들의 종교를 실행하고 경건한 삶을 영위할 권한을 부여받은 개인들은 국가시민으로서 민주주의적 절차에 참여해야 하며, 그 과정의 결과는 모든 종교적 혼합물로부터 자유로워야 한다.

정교분리주의는 종교를 완벽하게 사적인 것으로 만듦으로써 이 대립을 해소한다. 그러나 종교공동체가 시민사회와 공론장에서 생생한 역할을 하는 한, 비종교적 시민 못지않게 종교적 시민도 이성을 공적으로 사용함으로써 숙의정치가 발원한다. 롤스는 공론장에서의 종교의 역할이라는 측면에서 비록 어느 정도 주저하는 입장을 대변함에도 불구하고, **자유주의적 헌법의 기본명제**를 **정당화**하는 일은 신앙공동체의 인지적 기여에 의거한다고 여긴다. 모든 시민에게 공통적인 실천이성은 오직 종교적, 형이상학적 가르침과 역할을 분담하는 경우에만 정당성 부여의 문제를 극복할 수 있다는 것이다. 왜냐하면 '이성적으로' 근거정립되는 정의 개념은 시민의 **포괄적** 자기이해와 세계이해의 맥락 안에서 비로소 시민의 마음에 설득력을 발휘할 정도로 분명해지기 때문인데, 그런 개념은 하나의 공약수公約數처럼 그들 나름의 세계

23 C. Taylor, "Die Bedeutung des Säkularismus", in: R. Forst & M. Hartmann & R. Jaeggi & M. Saar (Hg.), *Sozialphilosophie und Kritik* (Frankfurt, 2009), 672~696쪽 참조.

상에 딱 끼워져 '중첩적 합의'의 방식으로 일반성을 갖는 찬성을 찾아낼 수 있다. 바로 이런 발상이《정치적 자유주의》의 핵심을 이룬다.

롤스는 헌법제정 행위의 모델을 세 단계의 과정으로 정립한다.[24] 우선, 철학자들은 이성적으로 근거정립되는 여러 정치적 구상 중 하나를 선택하여 제시한다. 그다음, 시민 각자는 경쟁하는 의견들 가운데 하나가 과연 자신의 포괄적인 정치적 세계상과 정합하는지 여부를 시험한다. 사적으로 수행된 개별 시험의 결과가 공론화되고 난 뒤 교착적 감찰監察에서 마지막으로, 사회 안에 실존하는 신앙공동체의 가치 지향이 여러 자유주의적 정의관 가운데 어떤 하나의 측면에서 확실하게 맞추어질 수 있을 정도로 서로 중첩되는지 여부가 밝혀진다. 이성적 통찰과 신앙적 확실성 사이의 인지적 분업은 해당 사회 안에 사실상 퍼져 있는 종교적 세계상과 형이상학적 세계상에 일종의 인준認准의 권리를 부여하는 것이다. 그리고 이렇게 '이성적으로' 근거정립된 공약분에 대해 비로소 세계관적 맥락을 근거로 '진리성'이 추인되어야 한다.[25]

공적 이성과 사적 진리 사이의 문제적 대립은[26] 청년 롤스의 배경 앞에서는 일정한 개연성을 획득한다. 어떤 경우든 이성은 롤스가 보

---

24 J. Rawls, "Reply to Habermas", in: *The Journal of Philosophy*, XCII, Nr.3, 1995, 132~180쪽 중 여기에서는 142쪽 이하.

25 J. Rawls, *Politischer Liberalismus* (Frankfurt, 1998), 214쪽. 우리말 번역으로는 롤스(2016), 앞의 책, 262쪽 이하, 〈강의 VI 공적 이성의 개념〉.

26 J. Habermas, "'Vernünftig' versus 'wahr' oder die Moral der Weltbilder", in: ders., *Die Einbeziehung des Anderen*, (Frankfurt, 1996), 95~127쪽. 우리말 번역으로는 하버마스, 〈3장 '이성' 대 '진리' 또는 세계관들의 도덕〉, in: 같은 저자,《이질성의 포용: 정치이론 연구》, 황태연 역 (서울: 나남, 2000), 103~132쪽.

편성 요구에서 도덕성을 벗겨내 종교에다 갖다 붙임으로써 결정적으로 약화된다. 어쨌든 반反직관적으로 실천이성의 핵심을 뽑아내어 버리는 바람에 롤스는 그 대가를 치른다.[27] 신앙공동체의 중첩적 합의가 오직 효력이 부여되어 있는 헌법에 대한 사실상의 인정 또는 안정성을 위해서만 필요한 것인지, 아니면 헌법원칙 자체가 마땅히 받아야 할 인정의 값어치 및 그에 따른 **타당성**을 위해 필요한지는 여전히 불명확한 상태로 남아 있다.

다시 말해서 롤스는 중첩적 합의의 형성을 위해서 오직 '이성적인', 따라서 근본주의적이지 않은 신앙공동체의 목소리만이 '그 셈 안에 세어질' 수 있다는 조건을 제시한다. 이때 롤스가 '이성적'이라고 부르는 개인들은 바로 (**논증의 부담들**에 대하여) 인간 정신의 오류가능성을 자각하고 있으며 자신들의 역할에서, 이성을 공적으로 사용할 경우 그 때마다 상대하게 되는 타자의 관점을 받아들일, 공동의 입법자로서의 역할을 수행할 준비가 되어 있는 이들이다.[28] 따라서 정의에 대한 정

---

27 이 과정의 반(反)직관적 성격은《정치적 자유주의》의 2장에 나오는 정치적 정의와 도덕적 정의 사이의 구분을 흐려버림으로써 자명하게 나타난다. 그에 따르면 "첫째 표징은 개념화의 대상에 관련된다. 그런 개념화가 도덕적 개념화인 것이 아무리 당연하다고 하더라도 그래 보았자 그것은 특정 대상, 즉 정치나 사회 그리고 경제에서의 제도에 맞추어 제작된 일종의 도덕적 개념화이다." 또한 이에 대하여 다음과 같은 각주가 붙어 있다. "어떤 관점이 도덕적이라고 함에 있어 나는 다른 것들 가운데 특히 그 내용이 특정 이상 및 원칙과 기준에 의해 주어지는 것을 가리키며, 이 규범들이 특정의 가치, 이 경우에는 정치적 가치를 표명해 주고 있음을 뜻한다." J. Rawls(1998), 앞의 책, 76쪽. 우리말 번역본은 롤스(2016), 앞의 책, 13쪽, 〈정치적 정의관의 개념〉 중에서.

28 J. Rawls, "The Idea of Public Reason Revisited", in: *The University of Chicago Law Review*, 64(1997), 765~807쪽 중 771쪽. 이를 J. W. Boettcher, "What is reasonableness?", in: *Philosophy & Social Criticism*, 30(2004), 597~621쪽 중 604쪽 이하와 비교하여 참고.

치적 개념을 정당화함에 있어 두 권위체 가운데 어느 쪽이 최종결정권을 가지는지, 즉 믿음인가 아니면 앎인가 하는 문제는 궁극적으로 미결정 상태로 남는다.

롤스에게도 국가권력의 세속화는 이미 완결된 사안이다. 따라서 자유주의적 헌법은 세계관적으로 중립적 정당화를 요구한다. 그러면서 다른 한편으로 보면 이 정당화가 사회 안에 실존하는 신앙권력의 인지적 잠재력을 무시해서는 안 되며, 시민사회적 토대에 즉하여 민주적 의견형성과 의지형성에 이들이 기여할 여지를 일찌감치 잘라버려도 안 된다. 롤스가 취하는 입장을 우리가 어떻게 판단하든 간에, 그는 세속적 헌법국가에 대하여 신앙공동체가 여전히 가지고 있는 연관성을 처음으로 명확하게 파악하였다. 롤스는 자기 자신의 종교적 사회화 경험을 떨쳐버리지 않고 오히려 재가공했기 때문에, 우리는 이제 그가 왜 위대한 정치철학자 가운데 최초로 세계관적 다원주의를 진지하게 받아들이고, 공론장에서의 종교의 위상에 대해 생산적 논증을 촉발시키게 되었는지 더 잘 이해할 수 있다.[29]

29 J. Habermas, "Religion in der Öffentlichkeit: Kognitive Voraussetzungen für den 'öffentlichen Vernunftgebrauch' religiöser und säkularer Bürger", in: ders., *Zwischen Naturalismus und Religion* (Frankfurt, 2005), 119~154쪽.

9 장

롤스의 정치적 자유주의

토론의 재개에 대한 응답

고든 핀레이슨과[1] 파비안 프라이엔하겐이[2] 1995년 논쟁의 재개를 주동하고 나섰을 때 우선 내가 느낀 감정은 놀라움이었지만, 그들이 만든 책의 명료한 서론에서 제시한 근거를 읽고 그 결과를 본 지금 나는 이 두 편집자가 그들의 기획을 실현한 것에 대해 감사하게 생각한다.[3] 물론 나의 응답은 이 작업이 지닌 벗어날 수 없는 비대칭성이라는 오

---

1 핀레이슨(James Gordon Finlayson)은 서섹스(Sussex)대학 철학과 교수이다.
[옮긴이] 영어로 쓰인 그의 하버마스 입문서는 국내에 번역되어 있다. 핀레이슨, 《하버마스 입문》, 서요련 역 (서울: 필로소픽: 푸른커뮤니케이션, 2022).

2 프라이엔하겐(Fabian Freyenhagen)은 에섹스(Essex)대학 철학과 시간강사이다.

3 J. G. Finlayson & F. Freyenhagen (Hg.), *Habermas and Rawls: Disputing the Political* (New York, 2011).
[옮긴이] 위 책의 283~304쪽에 실린 마지막 글, 12장이 지금 이 하버마스의 글인데, 거기에서는 "A Reply to my Critics, Jürgen Habermas Notes on Contributors" 라는 제목이 달려 있다.

점을 뚜렷하게 드러낸다. 내가 롤스보다 더 오래 살아남았다는 이 맹목적인 우연은[4] 지속되는 논쟁에 더 이상 몸소 참여할 수 없는 롤스와 마주하는 나를 아주 당혹스러운 상황에 몰아넣는다. 그러나 우리 모두가 존경해 마지않는 이 인물의 귀하고도 한없이 관대한 정신 앞에서, 무엇보다 그의 탁월한 작업이 지니는 엄청난 무게의 측면에서 볼 때 이 우연적인 형세는 빛이 바랜다. 어쨌든 '끝이 없는 대화'에서 누구도 최종적인 말은 할 수 없는 상태이다.

당시의 논쟁을 되돌아보면서 편집자들은 '잃어버린 기회'에 대한 실망감을 표한다. 어쩌면 출발 상황에서 기대치가 너무 높았을지도 모르겠다. 〈철학저널〉은 1991년 가을 롤스와 협의하여 컬럼비아대학 출판사가 출간 예고했던 그의 새 저작인《정치적 자유주의》에 관한 입장표명을 부탁하기 위해 나를 초청하였다. 나는《정의론》이야말로 실천철학의 발전에 있어서 획기적 단절이라고 간주했고 나와 기꺼이 토론하고자 하는 이 위대한 저자가 나를 오히려 과대평가하는 것이 아닌가 하는 느낌이었다. 그 이후 우리 사이에 오간 교신에서도 내가 쓰고자 하는 '논평'이 계속 언급되었다. 1992년 5월 26일 롤스는 나에게 출판준비가 끝난 수고手稿의 사본을 보내주었으며, 1993년 1월 그는 나의 '논평'에 감사 인사를 전했고, 마지막으로 같은 해 4월 마침내 출간된 자신의 저서를 보내면서 "드디어 끝났다는 사실을 전할 수 있어 기쁩니다!"라는 안도의 헌사를 남겼다.

---

4 [옮긴이] 2002년에 롤스가 81세로 사망하면서, 그의 가장 치열한 논쟁 상대였던 하버마스의 반론에 직접 응대할 수 없게 되었다. 그의 사후 9년 만에 하버마스와 롤스 사이의 직접적 논쟁들 및 뒤이은 동학 사이의 논쟁들을 수록한 책이 출간되었지만 정작 당사자인 롤스는 이에 관한 논평 역시 할 수 없었다.

내가 이런 배경을 구구하게 얘기하는 것은 당시 내가 저자의 대답을 염두에 둔 비평가의 역할을 자처하고 있었다는 점을 납득시키기 위해서이다. 즉, 내가 논평문을 작성했던 것은 공교롭게도 당시 막 출판되었던 내 법철학을 고유한 나의 이론적 단서로 소개하기 위함이 전혀 아니었다.[5] 그렇지만 내가 이 책에서의 논변이론을 염두에 두고 있었다는 사실은 롤스의 신작을 읽는 데 방해가 되었을지도 모른다. 당시 나에게는 아주 교란적으로 다가왔던《정의론》에서《정치적 자유주의》로의 행보가 사실상 의미하는 바는 무엇인가 하는 문제는 아주 차츰차츰 이해되었다. 즉 이성적 견지에서 보자면 국가권력의 세속화에도 불구하고 시민사회 안에서 종교적, 세계관적 다원주의가 지속적으로 존재할 수밖에 없다는 사실을 체계적으로 고려함으로써 비로소 이성법의 여러 고전가 반열에서 존 롤스가 차지하는 독보적 위상의 근거가 정립된다.[6]

5 *Faktizität und Geltung* (Frankfurt, 1992), 즉《사실성과 타당성》의 영어 번역본은 1996년에야 비로소 출간되었기 때문에 내가《정치적 자유주의》에 대한 논평을 작성했던 1992년 당시 롤스가 나의 이 책을 익히 알고 있었다고 전제할 수 없었다.

6 이에 대해서는 나의 서평논문인 "The 'Good Life' — A 'Detestable Phrase': The Significance of the Young Rawls's Religious Ethics for His Political Theory", *European Journal of Philosophy*, 18(2010), 443~454쪽 참조. 바로 앞장인 〈8장. 좋은 삶이라는 혐오스러운 상투어〉가 바로 이 글이다.

1. 실천이성의 도달 거리에 관하여

고든 핀레이슨과 파비안 프라이엔하겐은 모든 면에서 상이한 건축구조를 지닌 두 이론을 투시할 수 있도록 만듦으로써 도덕, 법 그리고 정치는 어느 범위까지 이성적 근거정립에 접근가능하며, 또 그것들은 개인과 사회적 집단의 윤리적·실존적 생활지향과 세계관의 규범적 내용과 어떤 관계를 가지는가 등에 관한 토론이 그것들의 결정적 차이까지 이르도록 첨예화하는 공을 세웠다.[7]

내 입장에서 말하자면, 나는 모든 개인에게 기입되어 있는 실천이성이 자율성의 개념을 통해서 — 개인적 행위의 도덕적 정당화뿐만 아니라 — 구성원들이 정당하다고 인정하는 정치적 헌법의 구축을 위해 신뢰할 만한 길잡이를 제공한다고 상정하는 점에서 칸트를 추종한다고 할 수 있다. '자율성'이란 것을 칸트는, **자기 자신의 통찰에 입각해 스스로에게** 부여하여 일반적으로 의무화시킨 규범에 자신의 자의恣意를 기속羈屬시킬 수 있는 능력으로 그 개념을 파악한다.

그렇기는 해도 롤스는 단지 정치적 정의 개념을 드러내 보이기 위해서만 이러한 개인주의적이고 평등주의적인 보편주의를 줄곧 고려하는 반면, 도덕적 개념화들은 복수複數로 등장하는 '포괄적 교조들'에 밀쳐버린다. 그러나 나의 이해에 따르면 '좋음에 대한 올바름의 우선성'은, 공정公正으로 개념파악되는 정치적 정의의 개념이 오직 배타적으로 칸트적 의미에서만 '도덕적인 것으로' 정당화된다고 간주될 수

---

7 J. G. Finlayson & F. Freyenhagen, "The Habermas-Rawls Dispute: Analysis and Re-evaluation", in: J. G. Finlayson & F. Freyenhagen(2011), 앞의 책, 1~21쪽.

있지만 특정 정치문화의 가치에 함께 각인되어 있지는 않은 방식으로 계수係數를 설정한다. 이 책의 편집자인 핀레이슨과 프라이엔하겐은, 자유주의적 정치문화에서 그 목표로 도달된 '반성적 평형'이 '원초적 입장'에서 선취된 보편화 과정에 남겨둔 여지를 지적함으로써, 롤스가 상정하는 각종 전제에 이의를 제기한다. 다시 말해서 그런 문화에 대한 반성된 자기이해가 '개인'과 '사회적 협동'에 대한 나름의 개념과 더불어 원초적 입장 안에 들어가게 된다면 그것은 원초적 입장에서 선취하는 일반화를 선先결정한다. 즉 "공적인 정치문화로부터 취해진 정치적 가치와 관념은 하버마스가 도덕적이 아니라 윤리적인 것으로 분류하고자 한 요소를 포함할 수도 있다."[8]

나는 리처드 로티에 의해 최초로 제안된 맥락주의적 독해법으로는 롤스가 '공정으로서 정의'와 연결시킨 보편성 요구를 감당할 수 없다고 믿는다. 하지만 이 독해법은 내가 볼 때 '중첩적 합의'의 구축이 야기하는 다른 문제를 해결할 수 있다는 장점을 갖는다. 한편으로, 정의

8 "The political values and ideas taken from public political culture might include materials that Habermas would classify as ethical rather than moral.", 위의 책, 15쪽.

[옮긴이] 여기에서 '도덕적'이라는 용어는 이성을 본질로 하는 존재자라면 모두 수긍가능한 보편적 행위규범을 의미하는 반면, '윤리적'이라는 용어는 각 사회 내지는 공동체에서 행위조건에 따라 통용되는 내용을 가진 행위규범을 가리킨다. 독일 관념론에서 후자의 행위규범은 개인의 차원을 벗어난 각종 사회적 생활단위, 즉 가족, 시민사회, 국가 차원에서 그것들에 소속된 주체의 상호작용에 의해 형성된 질서규범이다. 특히 헤겔의 정신철학과 법철학 그리고 그 전통을 잇는 독일 도덕철학에서는 그런 통용 규범을 도덕성과 대비되는 '인륜성(人倫性)'이라고 표기한다. 도덕적 보편주의 관점에서 보면 인륜성은 문화상대적이며 그 적용 범위와 내용은 인륜공동체, 특히 국가나 문화권마다 상이하므로 이러한 관점에서는 규범적 보편타당성을 주장하는 데 한계가 있다는 비판을 받는다.

를 정치적으로 개념화할 경우 그 정확성은 그것이 과연 하나의 계수로서 각기 상이한 포괄적 교의들 안에 산입될 수 있는가 여부에 따라 측정돼야 하는데, 다른 한편으로 이런 경우 이 테스트를 통과할 수 있는 것은 정치적 가치의 우선성을 인정하는 '이성적' 교조들뿐이라는 것이다. 이 경우 누가 누구를 능가하는가, 즉 사안마다 "아니요!"라고 투표할 수 있는 권한을 가지면서 경쟁하는 서로 상이한 세계관 집단이 우선인가, 혹은 누구의 표가 중요한지를 사전에 확정하는 실천이성이 더 중요한가 하는 물음의 답은 계속 불명확한 상태로 머문다.

나의 의견은, 시민에 의한 이성의 공적 사용에서 표출되는 실천이성이 최종결정권을 가져야 한다는 것이다. 그것은 확실히 모든 개인을 평등하게 존중하라는 도덕을 철학적으로 근거정립하기를 요구한다. 롤스는 '그 어떤 규정에도 구속되지 않는 자유자립적인' 정치적 정의의 이론에만 관심을 국한시킴으로써 이 부담에서 벗어나고자 했다. 나는 양측에 대한 대안이 제시되면서 제기되는 난문難問들을 2~5절에 걸쳐 재차 다루고자 한다.

그리고 나의 법철학 맥락에서 다른 문제들이 발생한다. 고든 핀레이슨과 파비안 프라이엔하겐은 법질서와 지배질서의 기초들을 상위의 도덕원칙에서 도출하는 것이 아니라 민주주의 원칙과 법형식을 교착시키는 방식으로 구성하는 건축학적 이론구조물을 일목요연함과 고도의 명확성으로 스케치한다. 여기에는 실정적이고도 강제성을 가진 법의 성격뿐만 아니라 무엇보다 주관적 권리의 형식에 의거하는, 법과 도덕의 구분이 근저에 깔려 있다. 그런 권리는 법주체가 하고자 하는 것을 행하고 또 그러도록 허용하는 자의적 권한의 범위를 규정한다. 이 법형식은 금지되지 않는 모든 것이 허용된다는 원칙을 전제한다. 그에 상응하여 현대적 법질서에서는 법적 **요구**가 법적 **의무**보다 우선성을 갖는 반면, 모든 도덕은 '너는 ~ 해야 한다'는 원칙을 앞세우고 도덕적 권리를 선행하는 의무로부터 근거정립한다.[9] 그러나 법형식이 논변원칙과의 결합 속에서 도덕과는 무관하게 정당한 법의 근거정립에 충분하다면 법의 체계는 도대체 어디로부터 도덕적 내용을 이끌어올 것인가 하는 물음이 제기된다.

나는 6절에서 법과 도덕의 복잡한 관계를 되돌아보고자 한다. 이 기본문제와 연관하여 나는 7~9절에서 공론장에서의 종교의 위상, 국제법의 헌법화 및 인권의 지위에 관한 단상斷想들을 다룬다.

2. 도덕적 비당파성

크리스토퍼 맥마흔의[10] 반론은 나에게 모든 개인에 대한 평등한 존중이라는 도덕의 보편타당성 근거를 상기시켜 주는 기회를 제공한다.[11] 여기에서 우리가 공유하는 출발점은 사실을 모사하거나 단지 주관적

9 입법자의 관점에 입각하여 법의 실정성 및 보편규범의 근거정립을 강조하는 대륙법 전통에서 이 법과 도덕의 구분은 — 판사의 관점에 입각하여 법의 지속성 측면, 즉 선행판례의 해석학적 적용에 집중하는 — 영국식 관습법에서보다 더 예리하게 부각된다.

10 맥마혼(Christopher McMahon)은 캘리포니아대학 산타바바라캠퍼스의 철학 교수이다.

11 나의 접근법에 대한 비판은 딱 30년 전에 쓴 나의 글 "Notizen zu einem Begründungsprogramm", in: J. Habermas, *Moralbewußtsein und kommunikatives Handeln* (Frankfurt, 1983), 53~125쪽이 빈약하지만 어느 정도 토대가 된다. 우리말 번역으로는 〈논의윤리학: 논증프로그램을 위한 노트〉, in: 하버마스, 《도덕의식과 소통적 행위》, 황태연 역 (서울: 나남, 1997), 73~166쪽.

태도표명이나 느낌을 표출하는 것이 아니라 사람들이 무엇을 할 것인가 또는 무엇을 하도록 **해야 할 것인가**를 표현하는 도덕적 판단에 대한 구성주의적 이해이다.

유효한 규범이란 그것이 모든 관련 참여자의 동등한 관심 안에서 행위를 조정하기 때문에 **응당** 수신자의 찬동을 **받을 만하다**는 그런 의미에서 '올바른' 것이다. 인정받을 만한 값어치가 있다고 파악되는 도덕적 규칙의 당위적 타당성은 그것이 좋은 근거에 의해 뒷받침된다는 인식적 의미를 가진다. 그것은 곧, 요구되는 경우, 이런 근거로써 **논변적으로** 보편적 찬동에 도달할 수 있다는 것이다.[12] 모든 도덕적 규범에서 후광이 벗겨지고 기본명제 차원에서 문제시될 수 있을 정도가 되고 나면 명령의 '정의성' 여부는 실천적 논변에서 그 명령이 받을 수 있는 시험의 '비당파성'에 수렴한다.[13]

그러나 논변윤리는 도덕적 명령의 효력 기준으로 '근거정립된 찬동능력'에 만족하지 않는다. 도덕적 판단의 효력에 관한 이런 이해는 우

---

12 롤스는 도덕적 판단의 객관성을 이와 비슷하게 상호주관적 의미로 이해한다. 이에 관해서는 J. Rawls, *Politischer Liberalismus* (Frankfurt, 1998), "3. Vorlesung", §5 참조. 우리말 번역으로는 롤스, 《정치적 자유주의》, 장동진 역 (파주: 동명사, 2009/1998, 초판), 〈강의 III 정치적 구성주의〉 중 "5. 객관성의 세 가지 관점".

13 이 수렴은 결코 사소하지 않으며, 종교 및 형이상학에서 나타나는 세계관의 다원주의라는 현대의 조건 아래에서 정의에 대한 실체적 표상이 해체된 결과이다. 이에 관해서는 "Richtigkeit versus Wahrheit: Zum Sinn der Sollgeltung moralischer Urteile und Normen", in: ders., *Wahrheit und Rechtfertigung* (Frankfurt, 1999), 271~318쪽 중 여기에서는 특히 302쪽 이하 참조. 우리말 번역으로는 하버마스, 〈7장 올바름 대(對) 진리: 진리도덕적 판단 및 규범의 당위적 타당성의 의미에 대하여〉, in: 같은 저자, 《진리와 정당화: 철학 논문집》, 윤형식 역 (파주: 나남, 2008), 373~428쪽 중 409쪽 이하.

선 칸트적인 보편화 원칙의 내용물을 표현하는 논증규칙의 형태로 작동될 수밖에 없지만 맥락주의적 반론에 맞서 그 보편성의 요구에서도 근거정립되어야 한다.[14]

도덕원칙의 보편성을 근거정립하는 것은 크리스토퍼 맥마흔이 지적하는 결정적 단계이다.[15] 논란이 되는 명제는, 전반적으로 논쟁에 진지하게 참여하는 인간은 모두 특정한 화용론적 전제와 그것이 강력하게 이상화하는 내용에 간여하게 되는 것을 회피할 수 없다는 것이다. 논증의 목표, 즉 논란되는 어떤 행위규범을 근거정립한다는 것이 무엇인가에 대한 앎과 연관 지어 보면, 암묵적으로 상정된 내용으로부터 보편화 원칙의 효력이 도출될 수 있다. 그런 '도출'의 기본발상은 4개의 화용론적 가정 위에 터 잡고 있다. 4개의 가정이란, 모든 관련자가 (a) 포용되면서 (b) 각기 평등한 권리를 가진 채 참여하고, (c) 그들의 발언들이 진실성을 가지며, (d) 의사소통의 무無강제성이 구조적으로 보장되어야 한다는 것이다.

도덕적 근거정립의 논변들에 있어서는 (a), (b), (c)의 바탕 위에서 보면, 관련된 모든 기여가 언어적으로 표현되어도 되지만, 각자 모두의 관심과 가치지향을 동등한 정도로 고려하는 근거만 찬성을 기대할 수 있다. 그리고 (c)와 (d)의 바탕 위에서 보면, 논란이 되는 규범에 대

---

14 다음 내용에 대해서는 J. Habermas, "Eine genealogische Betrachtung zum kognitiven Gehalt der Moral", in: ders., *Die Einbeziehung des Anderen* (Frankfurt, 1996), 11~64쪽 가운데 여기에서는 50~64쪽 참조. 우리말 번역으로는 하버마스, 〈1장 도덕의 인지적 내용에 대한 계보학적 고찰〉, in: 같은 저자, 《이질성의 포용: 정치이론 연구》, 황태연 역 (서울: 나남, 2000), 21~72쪽 가운데 64~72쪽 참조.

15 C. McMahon, "Habermas, Rawls and Moral Impartiality", in: J. G. Finlayson & F. Freyenhagen(2011), 앞의 책, 200~223쪽.

한 찬동에 결정적 중요성을 가져도 되는 것은 (다른 어떤 계기도 아니고) 오직 근거뿐이다. 이 근거정립 전략에 반대하여 크리스토퍼 맥마흔은 다음 두 가지 반론을 제기한다.

- 도덕적 논변에서 목표로 삼은 판단의 비非당파성은 개별 참여자의 감정 같은 논변외적 요인에 좌우되기 때문에 공동의 논변실행의 개념 안에서는 완벽하게 설명될 수 없다. 그리고,
- 도덕적 판단의 효력은, 논변을 통해 목표로 도달되는 동의同意가 공감, 다시 말해 자기 자신을 다른 참여자의 운명과 동일시할 태세에 좌우되기 때문에, 결코 순전히 인지적 의미만 갖지는 않는다.

첫 번째 반론은 논변의 목표로 성취되는 동의의 의도주의적 기술記述에 바탕을 둔다. 우리에게 그런 합의合意는 단지 모든 개별적 태도표명을 합산한 결과일 뿐, 하나의 집단적 태도표명으로 이해될 수는 없다. 이 지점에서 내가 할 수 있는 것은 이 구분의 배경전제에 간여하는 것이 아니라 단지 하나의 직관적 이해에 호소하는 일이다. 즉 만약 논변 참여자가 동일한 근거에서 나오는 하나의 논거를 받아들인다면 공동으로 실행된 논증의 실천은 하나의 동의에 이르렀다고 할 수 있다. 한 개인이 근거와 반대근거에 대한 찬반을 저울질하면서 내면의 광장에서 독백적으로 이 생각 저 생각을 진행시키는 것은 내면화된 논변의 모델에 따라 개념파악될 수 있다. 그 때문에 논변분석은, 의견불합치 또는 개인들 사이의 상이한 근거에서 이루어져 타협 또는 '중첩적 합의'의 형태로 등장하는 동의가 문제 되는 경우에만, 개인적 생각의 실마리를 추적할 필요가 있다. 그렇지 않다면, 실천적 논변에 참여할 역

량을 가진 이들이 구조적으로 요구되는 징표를 충족했음을 기술하는 것으로 충분하다.[16]

그러나 이 구조적 접근은 도덕적 논변의 동기나 정서 측면을 해명할 수 있을까? 사람들은 과연 도덕적 논변 전반에 간여하는가? 그리고 그다음 사람들은 경우에 따라 도덕적 통찰을 가슴에 새기고 그에 상응한 행위를 하는가? 사실 이런 문제들은 동기화의 문제인 것이 확실하다. 그러나 논변이론의 시선에서 중요한 것은 인지적 작동에 덧붙여 들어오는 감정과 태도표명이 아니다. 확실히, 도덕적 태도표명과 감정은 명제적 내용을 가지며 **내용의 수준**에서 어떤 갈등을 적절하게 기술하기 위한 중요한 지표이다. 그러나 실천적 논변에서 논증참여자에게 중요한 것은 다른 모든 문제해결의 경우와 마찬가지로 오직 인지적 과제뿐이다. 그럼에도 불구하고 논증참여자들은 자신들이 **무엇을 향해** 논증해야 하는지를 알고 있다면 도덕 전반에 관해 어떤 도덕적 직관을 이미 갖고 있어야 한다.

의사소통으로 매개된 그들의 사회화가 진척되는 과정에서 스스로를 개인화시키는 피조물만이 도덕을 필요로 하며 그들의 공동생활 안에서 상호주관적으로 의무를 부과하는 규범을 지향한다. 왜냐하면 개인들은 오직 **사회적 관계 안으로 외화**外化**시켜 몰입**하는 위험한 방식으

---

16 논증의 실행에 대한 기술(記述)에는 역할 분담, 화용론적 전제 그리고 의사소통의 목표가 포함되는데, 논증의 목표는 도덕적 타당성 요구의 의미로부터 설명되며 다시 그 목표에서 논리적·의미론적으로 용인될 수 있는 논증모델이 설명된다. 거기에 해당되는 각각의 우연적 내용은 조정이 필요하다고 지각되는 행위갈등에서 비롯된다. 기술되는 논증역할의 충족에 요구되는 성향과 기예를 정의에 따라 참여자에게 귀속시키는 연구가 있다면 논변외적인 다른 요인을 끌어들일 필요는 없다.

로만 그 어떤 것과도 혼동될 수 없는 자신의 정체성을 도야陶冶한 다음 이 정체성을 사회적 연결망 안에서 안정시킬 수 있기 때문이다. 이 사회화의 양태 자체에 내장된 사회관계의 훼손가능한 취약성에 대한 응답이 바로 도덕규범인데, 도덕규범은 다음 두 가지를 동시에 성취하는바, 첫째, 개인의 온전성을 보장하고, 둘째, 그 안에서 개인이 서로 의존하며 교착적으로 인정하는 사회적 공간을 창립하고 그 경계를 설정한다.

흥미롭게도 논증의 실천은 이미 의사소통의 형태로 도덕적인 것의 핵심에 맞추어져 있다.[17] 논변은 **근거를 갖고 '예' 또는 '아니오'라고 입장을 표명할 자유**를 통해 각 개인이 자신의 관심을 표명하도록 허용한다. 그러나 동시에 논변은 **상호이해 도달의 목표를 지향함**으로써 서로 상대방에 대한 인정의 **사회적 결속**이 파열되는 것을 저지한다. 논변적으로 도달되는 동의는 개별 참여자들의 '예'와 '아니오', 그리고 그들의 자아중심적 시각을 극복하고자 하는 의지에 좌우된다.

개인적 자기이해와 세계이해도 공적 주제가 될 수 있다. 왜냐하면 당사자들이 자신의 욕구를 그 아래에서 작동시키는 해석은 결코 사적인 사안이 아니며, 최종 심급에서의 1인칭 개인의 인식적 권위를 부정하지 않는 한 비판의 대상은 될 수 있어야 하기 때문이다. 그리고 이 비판은, 자기 고유의 관점을 탈중심화하고 자기이해와 세계이해 각각의 지평 안으로 타자를 내입하여 관계시키는 것을 앞으로 추동하는, **쌍방향적 관점인수의 동력**(G. H. 미드)을 재차 가동시킨다.

---

17 J. Habermas, *Diskursethik: Philosophische Texte*, Bd.3 (Frankfurt, 2009), 9~30쪽의 내 '서론' 참조.

이 상호교환적 관점인수는 '감정이입' 같은 것을 요구할지도 모른다.[18] 그러나 이 감정이입이 밖으로부터 논변 안으로 도입되어 상호교환적 '양보'에 이르는 비당파성의 비합리적 출처로 파악되어서는 안 된다. 문제는 오히려 도덕적 논변에 들어선 각자가 다른 참여자의 발언을 마주하면서 인지적 의도에서 취할 수밖에 없는 방법적 태도표명이다. 그렇지 않으면 그 개인이 참여하는 것은 어떤 경우에도 논변, 그것도 도덕적 논변이 아니다. 우리의 도덕적 세계가 점진적으로 구성되어 완숙해 간다는 크리스토퍼 맥마흔의 관점은 나에게 빛을 던져준다. 하지만 그가 이 관점에서 인지적 성격을 박탈하여 그것을 흄과 벤담을 섞어 심리학적으로 설명해야 한다면 집단적 편견으로부터의 교착적 교정과정이 취하는 **이성적 방향**을 그는 어떻게 이해할까?[19]

3. 탈형이상학적이지만, '자유자립적이지는 않은'

조셉 히스의[20] 열성적 방어에 덧붙일 것이 그리 많지 않음은 놀라운 일이 아닐 것이다.[21] 당시 나는 내가 롤스와 같은 취지의 '포괄적' 이론을 발전시켰다는 비난에 대해 나 자신을 더 힘 있게 방어하지는 않

18 나는 이해함의 감정이입이론에 대한 오해를 방지하기 위해 이 표현을 피하는 경향이 있기는 하다.

19 그리고 이러한 자취는 역사적으로도, 예를 들어 법의 발달에서도 입증될 수 있다.

20 히스(Joseph Heath)는 캐나다 토론토대학의 철학 교수이다.

21 여기에서 내가 논변윤리(Diskursethik)의 언어이론적 토대에 대한 그의 예리하지만 재고의 여지가 많은 비판에 간여할 수는 없다. J. Heath, *Communicative Action and Rational Choice* (Cambridge, 2001) 참조.

았다. 왜냐하면 나는 그런 비난을 오해로 간주했기 때문이다. 옳음에 대한 좋음의 우선이라는 롤스의 전제는 나도 공유했는데, 롤스는 그 전제 아래에서 '포괄적 학설들'로부터 정의에 대한 정치적 개념화를 경계 지으려고 기도하는 듯 보였다. 그런데 '자유자립적freestanding'이라는 말이 가진 다른 함의의 관점에서 볼 때, 당시 나의 그런 생각은 아마도 약간 성급했던 것 같다.

하지만 경계구획에 대한 롤스의 이 기획은 그가 아무리 다른 곳으로 강조점을 옮기고자 했더라도 분명 칸트의 형이상학 비판에서 자극받은 것이다. 나에게는 어떤 경우든 이 칸트의 형이상학 비판이야말로 '탈형이상학적 사고'의 이해에 결정적 자극을 주었다. 이런 종류의 사고는 총체성 사고의 특징인 본질 진술의 가치를 유명론적으로 박탈하고 난 이후에도 여전히, 일단 보기에 '중요한 것으로 여겨지는' 범주의 근거만 확보하려고 힘쓴다. 이렇게 되면 현시기술顯示記述에 적용되는 우리의 수단을 반성적으로 검토해 보지 않는 한, 자연과 역사 전체에 대한, 즉 존재하는 것의 총체성에 대한 진술에 대해 우리는 더 이상 신뢰를 주지 않게 된다.

다른 한편으로 우리는 이 틀 안에서 이루어지는 모든 철학적 진술을 논변을 통해 결제決濟할 수 있는 타당성 요구와 연계시킨다. 나는 그 어떤 전공분야라고 하더라도 진지하게 취급될 철학적 작업 가운데 진리성 대신 (예를 들어 정치적 발언의 수사학적 효과 같은)[22] 어떤 효과를 목표로 하는 작업이 있다는 것을 생각할 수 없다. 문제제기와 사안

22 J. Heath, "Justice: Transcendental not Metaphysical", in: J. G. Finlayson & F. Freyenhagen(2011), 앞의 책, 117~134쪽. 그리고 다음 4절 참조.

분야에 따라 근거의 종류 및 관련 수신자의 범위가 달라지며, 그에 상응하는 진술이 요구하는 타당성도 달라진다. 바로 그렇게 '나에 대하여' 또는 '우리에 대하여' 좋은 것에 대한 윤리적 진술은 특정한 자기이해와 세계이해의 관점에 계속 포박된 상태에 머물지만 (이렇게 제약된 범위에 따라 상대화되는 가운데서도) 유효한 타당성을 요구한다.

우리가 일반적으로 유효한 타당성을 요구하는 경우는 사실에 관한 진술과 정의에 관한 진술뿐이다(이 경우 나는 '정의'를 칸트적 의미로 이해한다). 만약 우리가 선로의 궤도를 이 방향으로 돌렸다면 탈형이상학적 정신 안에서 모든 이론적 단초, 심지어는 약한 선험론적 논증을 구사하는 것도 '자유자립적'이라고 할 수 있다. 조셉 히스가 지목하는 것은 무해무익한 위상을 가진 바로 이런 종류의 진술이다.[23]

이제 롤스는 '자유자립적' 그리고 '포괄적'이라는 반대개념들을 다른 의미로 사용하는데, 이에 따르면 그 개념들은 철학의 전공분과들이 서로에 대해 독립성을 가진다든가 아니면 서로에 대해 의존성을 가진다는 것과 관련된다. 사람들이 예리하게 분화된 물음을 제기하는 문제에 전적으로 집중할 것인가 아니면 하나의 근본관념으로부터 많은 전선단면에서 공격받을 수 있는 하나의 포괄적 이론을 발전시킬 것인가, 이는 전공 분야에 따른 전문화의 사안일 뿐만 아니라 흔히 개인적 사고 스타일과 관련된 사안이기도 하다. 예를 들어 도널드 데이비슨

---

23 그렇기는 해도 (예를 들어 책임부담 능력이나 진실성 같은) 의사소통의 '불가피한' 전제가 이상화하는 내용, 많은 경우에 반사실적인 내용의 이해에 동료들은 여러 어려움을 겪는다. J. Habermas, "Kommunikatives Handeln und detranszendentalisierte Vernunft", in: ders., *Zwischen Naturalismus und Religion* (Frankfurt, 2005), 27~83쪽 참조.

은 언어이론의 틀 내에서 합리성과 진리에 대한 자신의 이론을 발전시켜 이것을 다시 자신의 행위이론에 우아하게 통합시켰다.

자신의 이론적 단초를 이웃 전공에서 일어나는 논란들로부터 자유롭게 유지하고자 했던 롤스의 열망에는 규범적 정치이론의 정치적 의미와 연관된 근거가 있다. 이런 방식으로 그는 공정으로서의 정의라는 개념이 폭넓은 공적 수용을 보장할 수 있기를 희망한다.[24] 이 점에서 나는 회의적이다. 왜냐하면 롤스는 (도덕적 vs. 정치적, 합리적 vs. 완전히 자율적, 옳은 것 vs. 좋은 것, 참인 vs. 이성적인, 이성적인 vs. 합리적인, 진리성 vs. 객관성 등과 같은) 근본개념에 있어 그가 확정한 각각의 구분을 갖고 전공과 관련된 논변에서 정치이론의 수준을 훨씬 뛰어넘는 입장을 끌어들여야 하기 때문이다. 오류가능주의 그리고 모든 전선에서 지속되는 논쟁은 우리가 탈형이상학적 절제를 위해 이러저러하게 지불해야 하는 대가이다.

정치이론의 다소 '현실주의적인' 내용에 관한 조셉 히스의 언급은, 내가 추구하는 것과 같은 일종의 재구성적 접근이 (고전적 계약이론의 규범적 관점에서는 유의미한) '이상적' 이론과 '비이상적' 이론 사이의 구분을 효력 없이 만든다는 점을 상기하도록 이끌어 준다.[25]

---

24 그러나 그 차이점에 대해서는 다음 각주 28을 참조.

25 여기에서 내가 얘기할 수 있는 것은 다음과 같은 정도이다. 내가 '재구성적'이라고 부르는 이론이란, 예컨대 의사소통적인 일상적 실천과 같이 사실적으로 작동하는 실행에 암묵적으로 상정된 규범적 내용을 참여자의 시각에서, 다시 말해서 수행적 태도 안에서 해명하는 것을 과업으로 하는 이론이다. 따라서 입헌국가에 대한 재구성적 이론이라고 한다면 경험적인 것이든 아니면 이상적 일반화에 입각한 것이든 헌법제정 실천에서 시작하게 마련이다. 이 이론은 헌법에 따라 제도화된 관행(보통선거, 의회에서의 협상 및 사법적 절차 등) 가운데 형성된 연결망으로부터 민주주의적 헌법의 규범

4. 수긍가능성 대 수긍함

앤서니 사이먼 레이든은[26] 신新아리스토텔레스주의적 의미에서 정의의 개념화가 '자유자립적' 성격을 가진다고 해석한다. 그는 정치이론이 수사학의 영역에 해당되기 때문에 처음부터 정치이론을 시민사회의 공적 수긍가능성에 맞추어 재단하고자 한다.[27] 철학이나 학문의 다른 분과에서 논증은 전문가 공중을 겨냥하는 데 반해, 그의 견해에 따르면, 정치철학은 폭넓은 정치적 공론장 안에서의 찬동을 획득해야 한다는 정치의 특성 때문에 정당화의 '정치적' 양식에 스스로의 태도를 맞출 수밖에 없다.

이 양식은 찬동의 근거가 어떤 효과만을 겨냥하는 것인지, 아니면 비당파적 평가에도 버텨낼 수 있는 좋은gut 근거인지를 묻는 물음에 대해서는 철저하게 무관심함으로써 전문적 학문 영역을 넘어서는 폭넓은 수신자 집단의 찬동을 획득한다. 어쨌든 정치적 논증이 수사학적 성공을 거두어 그 제안이 실제로 수긍받는 경우 거기에는 이미 그 제안의 수긍가능성이 녹아들어 있다고 상정된다.[28]

적 의미를, 비유하자면 발굴하듯, 밝혀내는 데 주력한다. 그럼에도 불구하고 사람들이 추상화의 최고 단계에서 도달하는 법체계의 형태는 규범적 정치이론의 통상적 형태와 거의 구분되지 않는다. 이에 대해서는 J. Habermas, *Sprachtheoretische Grundlegung der Soziologie: Philosophische Texte*, Bd.1 (Frankfurt, 2009)의 III부 및 이에 대해 같은 책, 〈서론〉, 23쪽 이하에 나온 논평 참조.

26 레이든(Anthony Simon Laden)은 시카고 소재 일리노이대학 철학 교수이다.

27 A. S. Laden, "The Justice of Justification", in: J. G. Finlayson & F. Freyenhagen (2011), 앞의 책, 135~152쪽.

28 이것이 과연 롤스의 텍스트들에 대한 적절한 해석인가 여부는 그 답을 열어두겠다. 내가 이해한 바에 따르면 앤서니 사이먼 레이든은 롤스가 정의에 대한 '이성적' 개념파

앤서니 사이먼 레이든이 실천적 문제에서 비非인지주의자가 아닌 것은 명백하다. 근거를 통해 공중의 찬동에 도달할 필요가 없다면 정치적 정당화 같은 것은 불필요할 것이다. 그런데 정치적 맥락은 무엇이 그렇게 특별해서, 근거의 설득력은 그것에 내재된 속성 덕인가 아니면 우연히 국지적 배경확신과 일치한 덕인가 하는 질문이 무의미해졌는가?

행위와 결정에 대한 실천적 압력은 종종 현장에서 작동되는 가치지향을 보다 심층적으로 문제시할 필요를 축소시킨다. 그러나 이 점이 정치적 기본명제를 정당화할 때 점점 더 진전된, 그리고 이런 의미에서 보편적인, 찬동을 추구하는 열망을 감퇴시키지는 않는데, 앤서니

악 및 특히 원초적 입장의 보편주의적 정당화기능과 결합시킨 인지적 요구를 심하게 과소평가했다. 정의에 대한 개념파악의 이성적 성격과 포괄적 교의의 진리성 요구 사이의 순환적 관계가 의문시될 여지가 아무리 남아 있다고 하더라도 롤스는 '정치적 정당화'의 정확성 또는 올바름에 대하여 최종적으로는 진리성 요구가 그것을 감당하기를 요청한다. 다시 말해서 롤스는 잘 질서 지어진 어떤 사회의 정당성과 안정성이 적어도 하나의 교의는 그 토대에 놓인 정의 개념에 진리성을 이전시키는 데 의존하도록 만들었다.

그에 따르면, "합의에 포함된 교의 가운데 하나가 진리성을 가진다고 하면 그것은 정의에 대한 올바른 정치적 개념파악에 이른다는 것을 보장한다. 아무리 그 진리가 모든 이성적 가르침이 참된 개념화를 통해 규정되는 것과 같은 방식에 따라 올바른 근거로부터 그렇게 하지 않는다고 해도 마찬가지다. 시민들 사이에 여러 차이가 존립한다면 모든 시민이 무제한적으로 올바를 수는 없다. 왜냐하면 몇몇 시민은 근거는 잘못되었어도 올바를 수 있기 때문이다. 그럼에도 정치적으로 보면 시민들이 준수하는 가르침 가운데 하나가 참이라고 밝혀진다면 모든 시민이 올바른 것이다. 왜냐하면 그 시민들은 모두 찬의를 표하는 정의관에 호소하기 때문이다." J. Rawls(1998), 앞의 책, 214쪽.

[옮긴이] 이 책의 우리말 번역본인 롤스(2009), 앞의 책, 〈III. 정치적 구성주의〉 중 "정치적 구성주의의 범위", 159쪽을 참조하여 옮긴이가 교정 및 보완.

사이면 레이든 역시 여기에는 이의를 제기하지 않는다. 최종적으로 그는 공적 논변의 상호주관적 성격을 들어 '철학적' 정당화로부터 '정치적' 정당화를 문제적 측면에서 경계 짓는 근거를 제시한다. 그에 따르면 "철학적 정당화와는 달리 정치적 정당화는 거의 모든 작동방식에서 근본적으로 상호주관적인 추론 형식이다."[29]

그럼에도 불구하고 우리가 모든 타당성 요구가 논변적으로 결제되어야 한다는 데서 출발한다면, 이 기준은 그 경계점이 충분히 예리한 것은 아니다. 여러 타당성 요구의 차이를 포착하려고 한다면, 한편으로는 기술적 진술이, 그리고 다른 한편으로는 규범적 진술이 부각되게끔 하는 것이 더 낫다. 비非인식적 진리개념은 '세계 안에서' 독립적으로 실존하는 대상에 대한 사실진술의 연관이 가진 함의를 실행하는 반면, 규범적 진술의 객관성 또는 옳음은 '우리에 대한' 합리적 수긍가능성이라는 인식적 의미를 보유한다.

이제 논란이 되는 기술적 문장의 진리성에 대해서도 모든 의심을 넘어서는 '결정적' 논거 같은 것은 전혀 없게 되므로 우리는 기술적 경우와 규범적 경우, 이 두 경우 안에서 — 아무리 이상적으로 확장가능하다고 하더라도 — 상호주관적으로 공유되는 세계의 경계를 넘어서지 못하고 오류가능하게 진행되는 논변에 의지할 수밖에 없다. 물리적 진술에 적합한가 아니면 규범적 진술에 알맞은가에 따라 논증의 모델과 근거들의 종류가 구별되는 것은 당연하지만, 이 두 경우 안에서 논

29 "Unlike philosophical justification in most of its guises, political justification is a fundamentally intersubjective form of reasoning." A. S. Laden(2011), 앞의 책, 137쪽.

변적 정당화 양식에서 그 진술이 참인가 아닌가 내지는 올바른가 아닌가 여부가 결정되어야 한다.

그렇다면 철학적, 학문적 정당화와 정치적 정당화 사이의 구별은 무엇을 의미하는가? 사회가 다루는 주제나 그 인지 수준에 따라, 특정 진술에 대한 정당화는 오직 다소 전문적인 이해와 전문적 언어를 통해서만 가능할 수도 있다. 사회적 복잡성의 정도에 비례하여, 어떤 전공 분야에서 진행되는 논변으로부터 모든 비전문가를 사실상 배제함을 뜻하는 '언어적 분업'(퍼트넘)도 증가한다. 그럼에도 불구하고 참이거나 올바르다고 주장되는 진술은 원칙적으로 관련된 논거에 따르는 법을 배운 각각의 사람에게 이해가능해야만 한다.[30]

이 점에서 정치철학의 논변 역시 결코 예외가 아니다. 궁극적으로는 우리도 동료 전공자 사이에서 토론한다. 그런 경우 사람들은 한 가지는 눈에 담아두어야 한다. 즉 정치철학이 **특정한** 민주주의적 정치공동체가 정당성을 부여하는 기본토대를 해명하는 데 기여하고자 한다면, 정치철학 전문가들의 논변을 국가시민 공중의 일반적 논변과 결합시키는 번역의 교량을 붕괴시켜서는 안 된다. 왜냐하면 민주주의적 법치국가에서는 시민들 자신이 정치적 공론장에서 — 그리고 주어진 단초에서 언제나 재차 — 지배질서의 정당성에 대한 신념을 가질 수 있

30 의사소통의 일상적 연관에 대해 몇몇 학문이 다른 학문보다 더 먼 거리를 취한다는 사실 역시 그것의 실천연관과 관계된다. 바로 이 점에서 기술적으로 가치증식이 이루어지는 자연과학적 연구결과는 인문학적이거나 철학적인 인식과 구별된다. 후자의 인식은 전문가를 통해 사회적 기능체계 안으로 들어가거나 아니면 해석학적으로 자기화하는 더욱 복잡한 길을 걸어 문화 전반을 위하여 정신성을 형성하는 힘을 펼쳐 보일 수 있다.

어야 하기 때문이다.[31]

5. 도덕적 입법과 민주적 입법 과정의 규범적 실체

신新아리스토텔레스주의적 해석보다 전망이 더 좋은 것은 헤겔의 칸트 비판이라는 시각에서 롤스의 정치이론을 이해하려는 시도이다. 이미 그의 《도덕철학사 강의》에서 롤스는 누가 봐도 오해의 여지 없는 공감을 갖고 헤겔의 법철학을 다루는데, 왜냐하면 롤스에 따르면 헤겔의 법철학은 개인들이 인륜적으로는 시민사회에 존립하는 제도에 뿌리내리고 있음을 존중하면서 인륜성 안에서의 도덕의 내입內入을 정의이론의 우선적 주제로 다루고 있기 때문이다.[32]

제임스 글레드힐은[33] 대단히 교육적인 비교연구의 출발점으로서

---

31 나는 정치철학자들이 입헌국가의 분석에 대해 무엇인가 말할 것이 있어야 한다면 전문가로서 헌법상의 권리에 관한 문제의 해결에도 기여할 수 있음을 배제하지 않고자 한다. 그렇지 않다면 그들은 철학적 저자 또는 지식인의 역할 안에서 기껏해야 정치문화 그리고 공적 의식에 간접적 영향만 행사할 수 있을 뿐이다.

32 [옮긴이] 헤겔 법철학의 개념구도에 따르면 도덕성(道德性, Moralität)은 한 개인이 준수해야 하는 행위규범에 해당되고, 인륜성(人倫性, Sittlichkeit)은 개인이 소속된 인적 집단, 즉 가족, 시민사회, 국가를 상위순차적으로 규정하는 개인들 사이의 제도적 규범에 해당된다. 헤겔식의 관념론 어법에 따르면 개인은 주관정신에 머물고 사회적 제도는 객관정신에 해당되는데, 주관정신은 객관정신을 통해 자신의 유한성을 보완받는다. 이런 구도에서 보면 객관정신, 즉 개인을 넘어서는 상위정신체는 개인적 한계의 극복이자 각 개인이 공존하면서 자기를 실현해 가는 정신활동의 보다 넓고 체계적인 장(場)이다. 영어에서는 '인륜성'에 해당하는 독일어 Sittlichkeit를 ethics로 번역하는데, 헤겔의 인륜성 개념에서 통상 '윤리'로 번역되는 ethics를 적용함으로써 헤겔 법철학 이해에 상당한 난관을 초래한다.

33 글레드힐(James Gledhill)은 런던정경대학원(London School of Economics and

이 관점을 선택한다. 그는 내가 지금까지 '더 나은 헤겔주의자'로 간주하지 않았던 새로운 롤스를 보여준다.[34] 그가 잘 숙지하고 있는 나의 재구성적 접근법은 결국 칸트의 도덕철학과 법철학을 헤겔적인 마르크스주의로 자기화한 것이다. 따라서 이는 다른 규범적 접근법들에 비해 정치적 정의이론을 사회이론적으로 통합하는 데 더 적합할 수 있다. 그러나 오직 배타적으로 입헌국가의 정당성을 설명하는 쪽으로 방향을 잡은 시선에서 보면 롤스 이론에서는 헤겔적 요소가 비교적 강하게 부각되는데, 제임스 글레드힐이 '원초적 입장'에서 칸트적 보편화 원칙의 역할에 부여한 그런 독법을 따른다면 어떤 경우에도 그렇게 보인다.

이에 따르면, **이성적으로 교육된** 시민들의 직관과 감정 안에는 **보편적** '정의감'이 반영되어 있기 때문에 '반성적 평형', 다시 말해서 자유주의적 정치문화의 시민들이 가진 건전한 상식에 대한 반성에서 귀결된 실체적 기본개념은 그것이 기원한 특수한 맥락을 초월한다. 그럼에도 불구하고 모든 개인에게 평등하게 갖추어져 있는 이 정의감은 삶의 구체적 생활관계에서 성장한다. 그리고 이 정의감은 제도적으로 질서 지어져 사회적 생활세계에 있는 상호행위의 연관 안에 접합되어 있기 때문에, 그것의 규범적 내용은 원초적 입장에서 일어나는 추상적 정당화 절차를 공고히 했다고 해서 고갈되지는 않는다. 이 원초적 입장에서는 '개인', '잘 질서 지어진 사회', '공정한 협력' 등과 같이, 롤스가

Political Science) 소속이다.

34 J. Gledhill, "Procedure in Substance and Substance in Procedure: Reframing the Rawls-Habermas Debate", in: J. G. Finlayson & F. Freyenhagen(2011), 앞의 책, 181~199쪽.

《정치적 자유주의》에서 별다른 해명 없이 적용하는, 보편적이지만 실체적인 기본개념도 발생한다고 하는데, 글레드힐에 따르면 "원초적 입장과 관련해 실체적인 이성적 구속력을 위한 궁극적 정당화라는 것은 무엇인가? 롤스는 정의감 안에 내재되어 있다는 그런 의미에서 정의감의 규제를 받는 원칙을 제시하면서 일종의 도덕감정 이론으로서 '공정으로서의 정의'를 기술한다."[35]

이 전제 아래에서 제임스 글레드힐은 흥미로운 대립점에 도달한다. 롤스는 칸트적으로 이해된 자율성이나 이성에 따른 자기입법의 절차에 의거해서만 정치적 정의의 규범적 내용을 도출하지 않는다. 반면, 논변윤리는 사회인지적으로 파악된 자율성을 오직 전적으로 도덕적 타당성 요구의 논변적 결제의 절차로 번역하는 것에만 의거한다. 이 절차는 그 자체로 규범적 내용을 갖고 있지만 또한 정언명법의 적용과 같은 의미에서 '형식적'이다.[36] 그렇지만 이런 결과에다 나는, **정치적** 정의의 의미가 논변이론적 관점 아래에서도 **도덕적** 정의의 의미와 같은 방식으로 논변적 의견형성과 의지형성의 절차 안에 **전적으로** 포집되지는 않는다는 언급을 더하고 싶다.

---

35 "What is the ultimate justification for the substantive reasonable constraints on the original position? Rawls describes justice as fairness as a theory of moral sentiments, setting out the principles that are regulative of, in the sense of being implicit within, the sense of justice." J. Gledhill(2011), 앞의 책, 191쪽 이하.

36 다만 '도덕적 정의' 개념의 절차적 해소라고 해서 그것이 도덕적 판단의 '올바름'이 있는 타당성 차원이 '정의'와 동일하다는 것을 뜻하지는 않는다. 만약 행위상의 갈등이 비폭력적으로, 그것도 분쟁 중인 당사자 자신에 의해 유발된 무당파적 판단형성과 의사형성을 통해, 해결되어야 한다면 과거의 실체적 정의개념은 행위갈등을 '도덕적 관점' 아래에서 고찰해야 한다.

입헌국가의 정치적 정의란 현대법의 수단을 써서 공간과 시간 안에서 실현되는 지배질서의 정당성을 뜻한다. 그런 정치질서의 이성적 구성을 위해 제공되는 것이 바로 헌법제정적 실천의 모델이다. 헌법제정적 실천의 논변은 이미 현대적 국가의 조직형식을 전제하며 도덕적 논변보다 더 강한 사전지침에 따라 이끌어져야 한다. 여기에서 중요한 것은 행위규범 일반의 논변적 판단이나 구성뿐만 아니라 정치권력의 적용을 정당하게 규제하는 공동체의 법적 구성이다. 이 경우 목표는, 서로를 평등하게 권리를 부여받은 민주적 동료 입법자로 인정하고 평등하게 분배된 (그리고 기회균등하게 사용될 수 있어야 하는) 주관적 권리의 주체로서 존중할 수 있는, 자유롭고 평등한 시민의 자유의사에 따른 결사結社이다.

이 복합적 목표에도 불구하고 이런 식으로 상술된 정치적 정의의 개념은 절차적 특성들을 담지한다. 왜냐하면 그 개념의 내용, 말하자면 '법체계'는 가장 먼저 민주주의적 입법발의 절차의 구성에 기여하기 때문이다. 다시 말해서 처음에는 추상적으로만 발전되지만, 자유롭고 평등한 이들의 결사가 그 안에서 형태를 갖추어야 하는, 다른 법범주에 실질적으로 내용을 부여하는 것은 민주주의적 입법자의 특권으로 남아야 하기 때문이다. 이런 측면에서 제임스 글레드힐이 논변윤리뿐만 아니라 법과 민주적 법치국가의 논변이론에 대해서도 규범적 실체가 '절차 안에' 있는 것이지, 롤스처럼 "실체 안에 절차"가 있는 것은 아니라고 주장하는 것은 전적으로 옳다.

6. 법과 도덕

어느 누구도 라이너 포르스트보다[37] 더 이해하기 쉽게 이성도덕의 기본관념 및 자율성과 공적 정당화의 관계를 명료하게 설명한 사람은 없다. 나는《정치적 자유주의》의 초고를 처음 읽었던 1991년 당시에 이미 그에게 도움말을 요청했는데, 마침 그는 연구차 롤스에게 가 1년간 체류하다가 막 돌아온 참이었기 때문에 롤스의 최근 이론 발전상에 대해 나보다 더 잘 아는 상태였다.

그가 상정했던 바와는 반대로 우리는 종교적 '세계상'[38] 또는 윤리적 가치지향과 도덕적 신념의 내용 사이의 유동적 경계에[39] 관해서 의견불일치가 없었다. '국민주권'의 원리와 '법의 지배'의 동同근원성을 어떻게 이해해야 할 것인가 하는 문제에 이르러 비로소 법과 도덕의 관계에 관한 진정 논쟁적인 주제에 이른다. 민주적 자기입법을 우선시하는 공화주의적 입장은 다수의 전제적 지배가 개인의 기본권을 침해할 수 있다는 자유주의적 입장의 반론에 부딪친다. 반면, 인권을 우선

37 포르스트(Rainer Forst)는 프랑크푸르트대학 '정치이론 및 철학' 담당 교수이다.

38 종교적 세계상과 윤리적 생활기획은 신앙인의 관점에 입각하여 어떤 '진리성 요구'와 결부시키는 신념을 통해 서로 구분된다. 그러나 철학자의 관점에서는, 이 특별한 맥락에 즉하여 '진리'에 관해 언급해도 된다는 것이 무슨 뜻인지를 묻게 된다. 내가 보기에, 종교적 진술에 요구되는 타당성이 명제적 진리에 동화되면 안 된다. 이런 문제의식에 대해서는 E. Arens, *Gottesverständigung: Eine kommunikative Religionstheologie* (Freiburg, 2007), 239~265쪽에 나온 신학적 측면을 참조.

39 예리한 변별력을 발휘하는 것은 도덕적 관점뿐인데, 우리는 갈등이 발생할 경우 이 도덕적 관점 아래에서 각기 상이한 가치지향의 보편화 능력을 검토한다. 도덕적 규범은 논변적으로 여과되는 가치갈등을 구성적으로 제어함으로써 발생하는 것이기 때문에 언제나 윤리적 신념에서 기원하는 가치의 저수지에서 의미론적 내용을 창출한다.

시하는 자유주의는 자연법에 입각하여 가부장적 온정주의를 내세우는 공화주의의 반론에 직면한다. 결국, 연합된 시민들의 주권을 더 높은 통찰력을 근거로 제한할 권위를 누가 주장할 수 있는가 하는 문제가 제기된다. 이 딜레마는 공화주의와 자유주의의 두 원칙이 동등하게 설득력 있게 정당화한다고 해서 해소될 성질의 것이 아니다.

라이너 포르스트는 시민이 태생적으로 도덕적 개인이며, 자기 자신으로서 인권에 계박繫縛되어 있음을 느끼며, 도덕적으로 근거정립된 이 권리를 자신의 헌법제정적 실천 과정에 반영하여 기본권으로 실정함으로써 민주적 입법과정을 가능하게 한다는 데서 출발한다.[40] 하지만 이러한 접근은 인권의 자유주의적 우선성을 도덕적으로 사전 계획된 헌법제정자들의 가부장적 온정주의로 변형시키는 결과를 낳을지도 모른다. 왜냐하면 법체계 그리고 그것으로써 비로소 설립되는 민주적 절차는, 모든 정치적 협의에 앞서 타당성을 획득하게 되는, 선행하는 도덕적 지혜의 유출물일 것이기 때문이다.

이런 결과를 회피하기 위해 나는 헌법제정자들이 스스로를 애초부터 정치시민으로 이해하는 시나리오를 제안했다. 그러나 그들은 헌법제정자로서의 자기들의 이례적인 역할과 아울러 헌법부여자로서 자신들의 실천이 가진 복잡한 의미에 관해 개념적으로 명확히 이해해야 한다.[41] 이 경우 그들에게, 자유롭고 평등한 이들의 자기결정적 결사

40 R. Forst, "The Justification of Justice: Rawls and Habermas in Dialogue", in: J. G. Finlayson & F. Freyenhagen(2011), 앞의 책, 153~180쪽.

41 헌법제정자와 부여자의 두 단계 개념화에 관해서는 J. Habermas, "Der demokratische Rechtsstaat: eine paradoxe Verbindung widersprüchlicher Prinzipien?", in: ders., *Politische Theorie: Philosophische Texte*, Bd.4 (Frankfurt, 2009), 154~175쪽 참조.

란 오직 현대적 법을 수단으로 하며 인정될 값어치가 있는, 다시 말해서 논변적으로 창출된, 주관적 권리들의 기초 위에서만 구성될 수 있다는 점이 자각될 것이다. 이 시나리오에 따르면 정치적 시민들은 우선 필수적으로 **보장되어야** 할 권리의 법체계에 대해 협의하고, 다음으로는 구체적인 규제가 필요한 상황에서 점진적으로 그 내용을 구성하고, 국가적 제재를 통해 시행하는 방식으로 발전시켜야 한다.

대체로 민주주의적 입법자는 **가능한** 권리, 즉 (자유권·정치권·사회권 및 문화권 같은 여러 범주의) 인권의 **필수적** 체계를 **개념적으로** 해명하는 것으로 첫걸음을 내디디면서 자신의 정치적 의지를 표현할 수 있는 '언어'를 획득한다. 민주주의적 절차에 따르는 헌법상의 입법자는 자신의 첫 번째 구체적인 입법적 활동으로써 단번에 이 규약을, 말하자면 자기 자신의 처분권 안에 설정해야 한다. 이에 따라 우리는 칸트가 평등한 주관적 행위자유에 대한 유일한 근원적 권리 안에 이끌어 넣은 인권이 외적 구속으로서 민주적 입법자에게 순전히 부과되어서도 안 되고, 입법자의 목적을 위한 기능적 소도구로서 순전히 도구화되어서도 안 된다는 직관을 고려하게 된다.

나아가 나의 시나리오는 인권이 그 형식에 따르면 결코 도덕적 규범이 아니라 도덕적 내용을 가진 법률적 권리라는 사정을 염두에 두는 것이다. 비로소 현대 유럽에 이르러서야 탈중심화된 시장교류와 관료화된 국가의 기능적 압력 아래에서 — 아무리 개인뿐만 아니라 공동체의 자율성도 공동기반으로 하더라도 — 종교적으로 또는 형이상학적으로 근거정립된 '객관적' 법질서로부터 법과 도덕은 상이한 방향으로 분화된다.

이 분화는, 이제 우위를 점하게 된 주관적 권리를 갖고 정밀하게 특수화된 법적 요구가 모든 생활영역에 스며들어 있는 '너는 ~ 해야 한다'는 식의 도덕적 우선성을 대체하는 한에서, 법을 도덕으로부터 독립하게 만든다. 주관적 권리는 법적으로 자의적인, 따라서 정당화의 의무로부터 면제된 행위에 대해 법적으로 경계가 그어진 영역을 허용하고, 그럼으로써 일상적인 도덕적 정당화의 의무로 이루어진 밀집된 연결망에서 법 영역을 적출하여, 자기가 책임지는 생활기획에 대한 주관적 자유의 보편적 인정이 제재를 가하는 요구들의 근거를 정립한다. 이런 유형의 법에 속하는[42] 인권과 기본권은 도덕규범처럼 근거정립될 수는 없는바, 따라서 도덕적 개인들의 통찰에만 귀착될 수 없는 것들이다.

인권이나 기본권은 오히려 보편주의적 도덕의 내용 중 일부만을 선별하여 강제력을 가진 실정법을 매개로써 실현가능한 요소만을 포함한다.[43] 따라서 본래부터 실정화에 의거하는 인권의 근거정립을 논변적으로 진행시키는 과정에서 주관적 권리의 형식은 일종의 여과지로 기능한다. 이 법형태는 논변원칙에 따라 진행되는 헌법제정의 실천 안에 고유의 요소로 도입되어야 한다.

이와는 대조적으로 라이너 포르스트는 도덕적 정의와 정치적 정의를 동일하게 근본적인 '정당화의 권리'로 소급시키고자 한다. 이 권리는 모든 행위자가 '이성적으로는 어느 누구도 거부할 수 없는' 규범의 관점에서 행위를 정당화하도록 교착적으로 요구할 권한을 부여한다.

---

42 사회적이고 문화적인 참여에 대한 실질적 권리 역시 주관적 자유의 보장에 근거한다.

43 J. Habermas, "Das Konzept der Menschenwürde und die realistische Utopie der Menschenrechte", in: ders., *Zur Verfassung Europas* (Berlin, 2011), 13~38쪽.

나는 이러한 간결하면서도 하나의 주형鑄型에서 나온 듯 일관된 이론적 구성이 가진 우아함을 부정하지 않는다. 그러나 정당화의 권리의 경우 이미 출발점부터 여러 물음이 제기된다. 즉 도덕적 타당성 요구에 대한 논변이론적 또는 (T. M. 스캔론에 따라) 계약론적 이해에서 귀결하는 것은 오히려 정당화에 대한 도덕적 의무의 우선성이다.[44] 원저자의 '책임 있는' 저작권이라는 말과 관련된 일상적 언어게임이 보여주듯이, 어떤 행위자가 자신의 의도적 행위의 결과들에 대해 '책임'을 진다는 말의 뜻은 그가 자기 행위와 관련된 개인들에게 **해명할 빚을 진다**는 것이다. 이 점에서 이 의무의 상호성은 전혀 변함이 없다.

관련 당사자들에 대해 보자면, '우리가 서로에게 빚지고 있는 것'에서 비로소 다른 이가 경우에 따라 말해주고 답해주리라고 **기대할 권리로 귀결**한다. 이성법이 법적으로 조직된 지배질서를 종교적으로 정당화하는 일이 깨어져버려 그것을 인간의 **권리들**이라는 이념과 대결시킨 이후, 정당화에 대한 권리는 **만사를 감당하는** 도덕적 의무에서 **도출된** 권리부여의 위상을 상실하고 비로소 하나의 정치적 요구로 전형한다. 인권이 태생적으로 정당화의 의무가 면제된 주관적 권리의 법률적 형식으로 개념화되어 있다는 정황은 법과 도덕을 일신론적으로 구성하는 것에 반한다.

44 T. M. Scanlon, *What We Owe to Each Other* (Cambridge, 1998).

7. 세속국가에서 종교의 역할

캐서린 오다드는[45] 내가 종교를 주제로 한 최근 연구물에서 추적해 온 두 의제를 설명한다.[46] 첫째는 규범적 정치이론의 소관사항인 공론장에서의 종교의 적절한 역할을 둘러싼 논쟁이다. 두 번째는 탈형이상학적 사고가 종교적 전승과의 관계 안에서 어떻게 이해되어야 할 것인가 하는 메타철학적 물음이다. 거칠게 말하자면, 17세기 이후 신학은 아리스토텔레스가 그때까지 목적론적으로 구조 지어진 세계상으로써 제공했던 당대 자연과학과의 연결을 잃었다. 그 이래 철학은 과학의 편에 서게 되었고 신학은 점점 주변으로 밀려났다. 어쨌든 그때부터 종교적 입증부담과 세속적 증명책임의 배분은 역전되었다.

유대적-기독교적 전승의 유산을 **수용한** 독일 관념론의 철학자들은 종교적 내용물에서 무엇이 참이며 무엇이 참이 아닌가를 말할 수 있는 권위를 매우 자명한 것으로 요구했다. 그들 역시 종교를 본질적으로 과거의 산물로 간주하였다. 하지만 종교가 과연 그러한가?

철학에 대해서는 종교가 정신의 **현시대적** 형태 가운데 하나로 남아 있다는 **경험적** 증거들이 있다. 하지만 이 점에 대해 철학은 무엇보다 바로 그 자체의 고유한 역사 안에 들어 있는 **내재적** 근거들을 갖고 있다. 종교적 내용을 오랜 시간에 걸쳐 철학의 언어로 번역하는 과정이 이미 고대 후기에 시작되었는데, 개인과 개인(체), 자유와 정의, 연대

---

45 오다드(Catherine Audard)는 런던정경대학원(London School of Economics and Political Science) 소속이다.

46 C. Audard, "Rawls and Habermas on the Place of Religion in the Political Domain", in: J. G. Finlayson & F. Freyenhagen(2011), 앞의 책, 224~246쪽.

와 공동체 같은 개념의 함의를 생각해 보면 그 점을 잘 알 수 있을 것이다. 역사철학적 사고에서도 이런 삼투현상이 일어났는데 해방, 진보, 위기 등과 같은 개념에는 종교 언어에서 나온 흔적들이 여전히 남아 있다.

오늘날 우리는 종교의 의미론적 잠재력을 자기 것으로 만드는 자기화의 과정이 그 핵심에 있어서 접근불가능한 상태로 남아 있는 종교적 언어게임에서 소진되어 버렸는지 아니면 여전히 계속될 수 있을지 여부에 관해 알 수 없다. 종교적 문필가들과 작가들의 개념작업은 (이 경우 내가 생각하는 사람들로는 청년 블로흐, 베냐민 그리고 레비나스와 데리다가 있는데) 그런 철학적 노력이 계속 생산성을 갖는다는 데 찬성한다. 이 두 가능한 사정은 오류가능주의적으로 된 철학으로 하여금 모든 종교적 전승을 마주하면서 학습할 용의가 있으며 대화적인 태도 쪽으로 방향을 전환하고, 탈형이상학적 사고를 과학과 종교 사이에 위치지우는 것에 대해 새로이 반성할 것을 권한다.

이러한 반성은 두 가지 공격방향을 취한다. 첫째, 이 반성은 철학에 대한 과학만능주의적 이해에 반대하는데, 이 이해에 따르면 철학은 전적으로 과학 안에 들어간다. 철학을 엄밀한 과학의 모범상에 모두 동화시켜 버리는 것은 철학의 자기이해 도달 작업을 과학적 연구활동으로부터 구분하는 반성적 차원을 동결시킨다. 둘째, 우리가 무엇인가를 참인 것으로 간주하는 양식을 취할 경우 그것이 참인 것으로 안다는 것知識과 그것이 참이라고 믿는 것信仰 사이에 존립하는 차이가 희석되어서는 안 된다. 탈세속적 상황에 대한 사후성찰의 결과 아무리 종교에 대한 태도표명이 달라져 일정한 견해 수정이 이루어졌다고 하더라도, 탈형이상학적 사고 역시 하나의 세속적 사고이며, 무엇인가를 참인 것으로 간주하는 양식에서 믿음과 앎의 차이는 고수되어야 한다는 점에서 달라질 것은 전혀 없다.

이 역사적 관점에서 상호보완적 학습과정에 대한 물음이 저절로 밀려온다. 서구에서 종교개혁은 광범위한 신학적 반성을 촉발했다. 그 결과 종교적 의식은 궁극적으로 세계관적 다원주의, 인권에 입각한 세속국가의 정당성 확립, 현세적 지식에 관한 여러 과학의 독점성과 조화를 이루게 되었다. 그렇다면, 종교적 의식의 이러한 현대화에 상응하여, 세속주의적으로 경직된 계몽주의의 이해 역시 유사한 반성적 변화를 겪어야 하지 않을까? 자신의 한계를 의식하는 계몽이라면 소진되지 않은 세계종교의 의미론적 잠재력을 공적으로 접근가능한 언어로 번역하는 일을 계속 진전시킬 수 있는 가능성으로부터 스스로를 차단시킬 필요는 없을 것이다.

이 메타철학적 상념은, 민주주의 국가는 종교적 시민과 비종교적 시민의 공적인 이성 사용으로부터 무엇을 기대해야 하는가 하는 보다 좁혀진 주제의 정신사적 배경을 건드린다. 롤스로부터 나는 민주주의적 국가시민의 윤리에 관해 많은 것을 배웠으며, 이 점에서 그와 기본원칙상의 의견불일치는 보지 못했다. 다만, 나는 시민에게 종교적으로 경건한 생활을 영위할 권한을 명시적으로 부여하는 자유주의 국가가 민주주의적 국가의 시민사회적 뿌리에서부터 종교적 목소리를 차단해서는 안 된다는 의견이다. 나의 생각으로는 정치적 공론장에서 시민에게는 종교적 언어를 활용할 자유도 허용되어야 한다. 하지만 그럴 경우 시민들은, 종교적 발언의 내용이 의회, 법원 및 국가결정위원회에서 논의되기 전에 보편적으로 접근가능한 언어로 번역되어야 한다는 점을 수긍해야 한다.

공론장에서의 비공식적 의사소통과 — 집단적 구속력을 가진 여러 결정에 이르는 — 공식적 논의 사이에는 제도적 여과장치가 필요하다. 이를 통해 국가적 제재력을 부여받는 모든 결정이 보편적으로 접근가능한 언어로 정식화되고 정당화될 수 있도록 보장해야 한다. 이 자유주의적 목표를 달성하기 위해서는 공적 음성들의 다채로움이 발휘하는 다음성多音聲이 미리 제한될 필요는 없다. 종교적 시민의 '단일언어적' 기여는 결국 세속적 언어로 번역되는 과정에서 다른 사람들의 협동적 노력을 필요로 한다. 동시에 비종교적 시민들도 종교적 동료시민의 기여를 개방적으로 수용해야 한다.

8. 국제법과 세계시민주의

세계시민적 상태라고 하는 칸트의 이념에서 언제나 나를 매료시켜 왔던 점은 국가시민이 세계시민의 위상을 획득하는 동시에 자국 정부의 실패와 범죄에 대항하여 필요한 경우 국제적 공동체의 보호를 받는다는 것이다.[47] 그럼에도 불구하고 나는 제임스 보먼의[48] 주장과는 반대

---

47 국제적 평화질서에 대한 칸트의 역사철학적 표상은 일찍이 나를 사로잡았는데, 예컨대 1960년 제6차 독일철학총회에서 있었던 이른바 '핵시대'에 관한 토론의 평화정책적 맥락에서였다. 이에 관해서는 J. Habermas, "Über das Verhältnis von Politik und Moral", in: H. Kuhn & F. Wiedmann (Hg.), *Das Problem der Ordnung* (München: 1962), 94~117쪽을 참조하라. 그러나 나는 1989~1990년의 전환(Wende) 이후에야 비로소 세계 차원의 국내정책을 가능하게 만들 세계시민적 질서의 문제의식에 몰두하였다. 제1차 걸프전쟁의 정당성 문제와 인도주의적 개입의 의미에 관한 논쟁을 계기로, 나는 미하엘 할러(Michael Haller)와의 서면 인터뷰 자리에서 이 문

로 세계정부 같은 것이 가능하다거나 그것을 바람직한 것으로 전망이나마 했던 적은 한 번도 없었다.[49] 늦어도 1998년 이래 나는 "세계정부 없는 세계내무정책"이라는[50] 공식을 사용하고 있으며, 유엔의 기능을 평화보장과 인권의 전 지구적 관철을 위한 핵심역량에 한정시키는 것을 지지하고 있다.[51] 이 방향에서 나는 독일의 국제법 학자들로부터 국제법의 진보적 헌법화라는 이념을 수용하였으며 — 롤스와 비

제를 다뤘다. 이에 대해서는 J. Habermas, *Vergangenheit als Zukunft* (Zürich, 1991), 10~44쪽을 참조하라. 나는 1993년 이 책의 재판을 찍으면서 후기에서(München, 1993, 189쪽 이하) 이 주제를 다시 다루었다.

[옮긴이] '전환'이란 20세기 후반 독일 현대사의 급변기를 가리키는 역사적 고유명칭이다. 이는 1989년 11월의 베를린장벽 붕괴 및 뒤이은 1990년 10월의 동서독 재통일에 따라 당시까지 세계질서를 지배했던 동서 냉전의 기축적 대립상이 해체되면서 도래하였다.

48 보먼(James Bohman)은 미국 세인트루이스 워싱턴대학의 '철학과 국제관계' 담당 교수이다.

49 칸트의 평화논고 출간 200주년을 기하여 출판된 한 논문에서 나는 대니얼 아치부기(Daniele Archibugi)와 데이비드 헬드(David Held)의 이런 생각을 언급하기는 했지만, 그 즉시 다음의 말을 덧붙였다. 즉, "이들의 성찰은 국민국가적 헌법의 구성부분을 지향하는 한에서 관습적이다. 하지만 개념적으로 해명된 세계시민법을 구현하려고 한다면 그 이상의 제도적 환상이 요구되는 것은 확실하다." 이에 대해서는 J. Habermas, "Kants Idee des ewigen Friedens: aus dem historischen Abstand von 200 Jahren", in: *Die Einbeziehung des Anderen* (Frankfurt, 1996), 192~236쪽 중 특히 219쪽 참조. 우리말 번역으로는 하버마스, 〈7장 200년의 역사적 시간차에서 본 칸트의 영구평화 이념〉, in: 《이질성의 포용: 정치이론 연구》, 황태연 역 (서울: 나남, 2000), 197~236쪽.

50 J. Habermas, *Die postnationale Konstellation* (Frankfurt, 1998), 165쪽과 아울러 J. Habermas, "Euroskepsis, Markteuropa oder Europa der (Welt-)Bürger", in: ders., *Zeit der Übergänge* (Frankfurt, 2001), 85~103쪽 중 특히 98쪽 이하 참조.

51 위의 책, 160쪽. "기본요소적인 질서 성취능력에 한정시킨다는 점을 염두에 둔다면 (국제연합의) 기존 제도를 아무리 야심 차게 개혁한다고 하더라도 세계정부라는 것이 생겨날 여지는 전혀 없을 것이다."

교하였을 때 더욱 야심적이고 규범적 요구가 더 많은 — 전 지구적 다층체계의 표상을 기획하였지만, 전반적으로 그 어떤 국가적 성격도 띠지 않는 것이었다.[52] 민주주의적 정당화의 관점에서 보더라도, 이런 개념화는 국민국가적 정당화의 사슬을 전 지구적 공론장과 하나의 세계시민사회 안으로까지 연장시킨다는 발상을 단지 희미하게 암시하는 데 그친 제임스 보먼 자신의 생각보다 더욱 견고하다.

(앞의 각주 49~52에서 입증했던 바와 같은) 엄청난 오해의 원인을 나는 제임스 보먼이 '주권'과 '정당성'에 대한 고전적 개념을 고수했다는 데서 찾는다.[53] 하지만 이 두 개념은 모두 국민국가적 모델에 여전히 포박된 상태로 남아 있으며 현재 발생 중인 다문화적 세계사회의 복잡성을 제대로 다루지 못한다. 여기에서 내가 상기하는 것은 단지 그 두 개념에 상응하는 두 가지 회전반回轉盤뿐이지만, 이것들은 그사이 적시성을 잃었다. 유엔 총회에서 의결된 결의안에서도 국가주권의 개념은 이미 오래전에 한스 켈젠의 취지에 따라 수정되었다. 국제법에 대한 일치된 해독법에 따르면 '주권'이란, 국제적 공동체는 국제법적 폭력 금지의 구속을 받고 있는 각 국가 정부에 각자의 영토 위에서 자기 시민들의 기본권을 보장해줄 권한과 의무를 부여한다는 것을 뜻한다. 각 국가의 정부는 자기들이 이 의무를 범할 경우 제재를 받을 것을 고려

52 J. Habermas, "Hat die Konstitutionalisierung des Völkerrechts noch eine Chance?", in: ders., *Der gespaltene Westen* (Frankfurt, 2004), 113~193쪽. 우리말 번역으로는 하버마스, 〈국제법의 입헌화는 아직 기회가 있는가?〉, in: 같은 저자,《분열된 서구》, 장은주·하주영 역 (파주: 나남, 2009), 147~242쪽.

53 J. Bohman, "Beyond Overlapping Consensus: Rawls and Habermas on the Limits of Cosmopolitanism", in: J. G. Finlayson & F. Freyenhagen(2011), 앞의 책, 265~282쪽.

해야 한다.

더 복잡해지는 것은, 익숙한 국민국가적 제도와 절차의 형태 안에서 지금까지 작동되어 왔고 이제는 **국민국가의 피안에서 이루어질 그런 통치** 쪽으로 개조되어야 하는, 민주주의적 정당화 개념의 확대이다. 정치적 헌법을 갖춘 그런 세계사회라면 초超국가적 수준에서 경영되는 안보정책과 인권정책뿐만 아니라 분배와 관련된 전 세계적 문제, 즉 범세계적인 에너지정책, 환경정책, 금융정책 및 경제정책 등에 관해 범국가적 수준에서 이루어지는 협상도 일종의 민주주의적 정당화가 필요해진다.[54]

기후변화 그리고 고삐 풀린 채 질주하는 금융시장 등과 같은 문제는 국가 간 조약에 의거한 고전적인 국제법적 도구로는 더 이상 제어될 수 있는 문제가 아니라 전 지구적 행위능력을 가진 제도를 요구하는 것이다. 과도하게 번성하는 국제기구들의 네트워크는 오늘날 세계내무정책이라는 새로운 양식을 요구하는 문제만 눈앞에 세우는 것은 아니다. 그것은 이미 발생해 있으나 지금까지 충족되지 않은 상태에 머물러 있는 정당화의 수요를 어렴풋이 예감시킨다.

이런 긴장은 제도적 상상력을 자극하며 건설적 기획을 정당화한다. 여기에서 나는 내가 제안했던 시나리오를 상론할 수는 없으나 그것을 구성함에 있어 결정적이었던 두 가지 아이디어는 언급하고 싶다.[55] 하

---

54 J. Habermas, "Eine politische Verfassung für die pluralistische Weltgesellschaft?", in: ders.(2005), 앞의 책, 324~366쪽.

55 J. Habermas, "Konstitutionalisierung des Völkerrechts und die Legitimationsprobleme einer verfaßten Weltgesellschaft", in: ders., *Politische Theorie: Philosophische Texte*, Bd.4 (Frankfurt, 2009), 402~424쪽과 아울러 "Europapolitik in

나는 정당화의 부담이 관할권과 과제들에 따라 전문화되면서 (전반적으로 국가적 성격은 갖지 않는) 하나의 다층체계를 심급화하는 가운데 국민국가에서와는 달리 배분된다는 것이다. 또 다른 하나는 우리가 국가와 민주주의적 헌법이 감당할 수 있는 범위가 동일하다는 전체론적 생각과 결별해야 한다는 것이다. 유럽적인 국민국가의 역사적으로 성공적인 형태 안으로 용해되어 들어가 있는 3개의 본질적 요소, 즉 국가조직, 자유롭고 평등한 인간들의 결사를 위한 헌법 그리고 정치적·문화적으로 보장되는 국가시민들의 연대는 전 지구적 다층체계 안에서 상호분해되면서 하나의 새로운 정렬상 안으로 진입해야 할 것이다. 이에 덧붙여, 정치적 헌법을 갖춘 하나의 국제적 공동체가 이 이름에 값할 정도로 국가와 시민에 의해 — 더 정확하게 말하자면, 국가시민과 세계시민이라는 이중의 역할을 수행하는 이들에 의해 — 헌법화되어야 할 것이다.

---

der Sackgasse: Plädoyer für eine Politik der abgestuften Integration", in: J. Habermas, *Ach, Europa* (Frankfurt, 2008), 115~122쪽(Abschnitt IV: Szenarien einer künftigen Weltordnung). 그리고 "Die Krise der Europäischen Union im Lichte einer Konstitutionalisierung des Völkerrechts — Ein Essay zur Verfassung Europas", in: ders.(2011), 앞의 책, 82~96쪽(Abschnitt III: Von der internationalen zur kosmopolitischen Gemeinschaft) 참조.

[옮긴이] 마지막 글은 아직 우리말로 번역되지 않았다. 앞 두 글의 우리말 번역으로는 우선 이 책 〈11장. 국제법의 헌법화와 세계사회헌법을 위한 정당화 문제〉; 하버마스, 《아, 유럽》, 윤형식 역 (파주: 나남, 2011), 〈9. 막다른 골목에 처한 유럽정책〉, 123~155쪽.

9. 인 권

제프리 플린은[56] 인권 측면에서 세계시민적 상태의 구성에 대한 나의 생각들을 다룬다. 나는 모든 문장에 들어 있는 그의 면밀한 분석에 동의한다.[57] 그가 롤스와 나의 견해를 구분 짓는 두 개의 본질적 지점을 강조한 것은 옳은 일이다.

- 나의 견해로는, 국제적 공동체의 헌법 역시 원칙적으로 입헌국가와 동일한 정치적 정의의 개념에 맞춰 측정되어야 한다. 즉 국제법의 헌법화를 기함에 있어서 새로운 — 규범적으로 강도가 약화된 — 접근법이 필요한 것은 전혀 아니다.
- 정치적 정의의 개념을 규명하는 법체계는 평등주의적이고 보편주의적인 내용을 기반으로 하여 그것의 계속적 실현 또는 전면적 활용을 위해 투쟁할 일종의 유토피아적 잉여를 포함하며, 이 투쟁은 국가적 수준뿐만 아니라 전 지구적 수준에서도 정체되지는 않을 것이다.

이 두 명제 모두 여러 문제를 던지며 자격조건을 규정할 필요가 있다. 서구에서 발생했던 법체계는 상이한 국가와 정치문화의 맥락에서 상이한 방식으로 제도화되었다. 그러나 서구적 이해에 따르면 이 법체계는 모든 유엔 가입국이, 하다못해 그 문장에 쓴 철자들까지도, 인정한 것과 동일한 규범적 실체를 구현하고 있다. 그렇다고는 해도 전 지

56 플린(Jeffrey Flynn)은 뉴욕 소재 포덤(Fordham)대학 철학 교수이다.
57 J. Flynn, "Two Models of Human Rights", in: J. G. Finlayson & F. Freyenhagen (2011), 앞의 책, 247~264쪽.

구적으로 확대된 문화와 세계종교의 영역에서 언제나 반복적으로 불붙는 해석상의 갈등까지 간과할 수는 없다. 이제 소략하게 문제를 가다듬어 말하자면, 서구 국가들의 공동체는 롤스와 내가 선택했던 출발상황이 조명해준 선택지 앞에 서 있다고 생각된다.

그런 선택지 중 하나는 '서구'라고 특징짓는 쪽이 기존 상황을 고수하면서 나머지 세계에 대해 대외정책적 관점 아래에서 자신들이 보기에 더 '안심'되거나 덜 '안심'되는 정도에 따라 다른 문화들의 등급을 매겨, 어느 정도까지 그에 상응하는 연합상대 내지는 적대자로 취급할 것인가에 따라 분류하는 것이다.

또 다른 선택지는, '서구'가 전 지구적 행위능력을 가진 기구들을 건축할 필연성을 인식하면서 규범적 문제에서 자기들과 어긋나는 다른 문화의 자기이해에 논변적으로 자기 자신의 태도를 맞춰나가는 것이다. 토론할 용의가 있는 자기의식은 인권에 대한 서양적 이해가 자명하게 잘 근거정립되어 있으며 보편적 동의를 획득할 만한 값어치가 있다는 신념에 부응하는 것으로서, 끈질기게 지속되는 완강한 문화적 차이 앞에서 성급하게 지레 체념하는 것보다 훨씬 나은 것이다. 그렇기는 해도 이것은 서구적 국가공동체가 자기 고유의 해독법이 오류가능함을 의식하는 가운데서도 자신의 논거가 지닌 힘을 신뢰하면서 모든 문화적 배경을 가진 이들과 열린 대화를 시도해야 한다는 의미이다.

만약 인권에 대한 해석이 단순히 서구적 개념을 확산하는 대외정책적 관점이 아니라 하나의 정의로운 세계내무정책을 공동으로 가능하게 만든다는 관점 아래에서 고찰된다면, 그런 논변이야말로 그 위에서 정치적 정의의 기본명제들이 범세계적 수긍가능성을 획득할 수 있을지 여부가 시험될 수 있는 유일한 포럼이다. 그런 곳에서는 모든 당사국이 자기네의 맹점과 관련된 다른 나라의 지적에 교착적으로 개방되어 있어야 한다. 이 학습에 대한 용의는 참여국이 여러 국가헌법 및 그동안 국제법에서도 구속력을 획득한 규범에 체화되어 있는 법체계에서 출발해야 할 것이라는 점에서 달라질 것은 전혀 없다. 문화상호적 찬동을 확보할 능력이 있는 정치적 정의의 기본명제에 대한 이 개념적 해명은 헌법제정 실천의 첫 단계에 해당되는데, 현실에서 그 해명은 비판적 도전의 압박 아래 국제적 공동체를 제도적으로 공고화하려는 여러 분투와 밀접한 연관을 갖고 나란히 진행된다.

제프리 플린이 다룬 또 다른 차이점은 이런저런 혁명에서 우연적으로 발출되어 나온 것이 아닌 인권의 성격에 대한 논쟁과 관련된다. 규범적으로 고찰하자면, 여러 인권은 평등하게 권리가 부여된 국가시민에 의해 상호적으로 인정된 위상을 근거정립하는 기본권이라는 형태로 실정적 타당성을 획득한 것이다. 역사적으로 말하자면, 여러 인권이 가지는 기본권으로서의 위상은 오늘날까지 완결되지 않은 과정을 겪는 중이며 이 과정에서 정치적으로 흔히 폭력적 투쟁과 혁명적 전복이 일어나곤 했다. 이런 정황은 이 독특한 권리의 내용과 형식 안에도 반영되어 있다. 이 권리는 담지자에게 평등한 권리의 주체로서 인정받겠다는 **요구**를 보장하는데, **주관적 권리라는 형식**을 통해 보장된 자기의식적 성격의 요구 안에는 인권이 인간존엄성에 대한 체계적 훼손과 그에 대한 집단적 분노에서 발생했던 기원의 흔적이 남겨져 있다. 그와 동시에 **인권의 내용 안**에는 모욕과 천대에 대한 항의에서 발출하여 보편적 타당성을 요구하는 권리의 도덕적 잉여도 은연중에 드러난다. 이 도덕적 충전은 국가적 제재력을 갖춘 기본권에, 그것이 애초부터 인권과 시민권 사이의 변증법적 긴장 안에서 표출되었던 유토피아적 잉여가치의 '미未충족분'이라는 증표를 부여한다. 다시 말해서 인권이란, 그 취지에 따르면, 점점 더 많은 포괄성을 갖게 되는 포용을 촉구한다는 것이다. 그러나 사회적 차원, 국경 너머 저 피안으로의 확장을 위한 투쟁에서만 불안정의 순간이 표출되는 것이 아니다. 즉 이런 투쟁은 국민국가의 내부에서 인권수호의 강화가 문제 될 경우 현안적 차원에서의 여러 대결과 통하는 측면이 더 많은 것이다.

공고하게 확립된 입헌국가에서도 말하자면 실정법적으로 보장된 권리들의 가능성을 **더욱 확대시켜 적용하는** 것이 중요하다. 눈에 띄는 사례는 2010년 2월 9일의 독일 연방헌법재판소의 '하르츠Hartz Ⅳ'-판결이다.[58] 여기에서 연방헌법재판소는 실업자를 위한 사회급부의 산정기준에 관한 구체적 분쟁을 계기로 〈독일연방공화국 기본법〉 제1조로부터[59] **하나의 새로운** 기본권을 '도출했다'. 연방재판소의 이 판결은

---

58 "연방헌법재판소(BVerfG)의 1BvL 1/09 2010년 2월 9일 판결". 안건은 실업자의 사회급부 계산이었다. 이는 2005년 사회민주당의 게르하르트 슈뢰더를 연방총리로 하여 집권한 적녹연정정부(赤綠聯政政府)가 도입했던 하르츠 개혁의 결과 문제 된 것이다.

59 〈독일연방공화국 기본법〉 "제1조. (1)인간의 존엄성은 불가침이다. 모든 국가권력은 이를 존중하고 보호할 의무를 진다. (2)그러므로 독일 국민은 침해할 수 없고 양도할 수 없는 이 인권을 세계의 모든 인류공동체, 평화 그리고 정의의 기초로 인정한다."

[옮긴이] 독일연방공화국(BRD)은 '헌법(Verfassung)'이라는 용어 대신 '기본법'이라는 용어를 적용한다. 2차 세계대전 이후 동서독 분단 시기에 서독은 통일된 국민국가에 적용되는 헌법이라는 명칭을 유보하고 기본법이라는 명칭을 사용하여 이것이 과도기적 헌법의 위상을 갖는다고 〈기본법〉 제146조에 명시하였다("제146조. 독일의 통일과 자유 성취 후 전체 독일 국민에 적용되는 이 기본법은 독일 국민이 자유로운 결정으로 정하는 헌법의 효력 발생일에 효력을 상실한다").

그리고 1989년 11월 베를린장벽 붕괴 이후, 재통일 방식 논의에서 통일헌법 제정 여부가 쟁점으로 부각되었다. 그런데 이 논의가 동서독 전역에 걸쳐 진행되던 중 각종 제도 정비 문제 등을 해결하느라 재통일 시기가 상당 기간 늦춰질 것이라는 우려가, 특히

경제적 최저생계비 수준을 넘어 성인들에게는 '사회적, 문화적 생활에의 참여'(그리고 관련 아동에게는 이런 참여에의 준비)를 가능하도록 하는 기초보장을 승인하였다. 인권을 대외정책적 목표설정으로 축약시키는 최소주의적 해석은 이런 내적 동력에서 빗나가는 것이며, 18세기 헌법혁명의 보다 심층적인 풍부한 의미를 오도한다.

최초의 인권이 실정법으로 번역되면서 인류의 기억 안에 새겨진 채 계속 난사되어 빗나가기만 했던 도덕적 내용이 법적 의무로 효력을 갖게 되었다. 인권은 더 이상 집단적 행복의 그림을 사회유토피아적 요술을 부려 그려내는 것이 아니라 정의로운 사회에 대한 요구를 헌법국가 자체의 제도 안에 정박시키는 것이라는 의미에서, 현실주의적 유토피아를 이룩하는 것이다.[60]

동독 국민과 서독 정치권에서, 커져 갔다. 이에 동독 정부는 관구들을 폐지하고 2차 대전 때까지 동부 독일 지역에서 자치권을 행사했던 5개 주를 복원하여 서독 기본법에 따라 주별로 독일연방공화국, 즉 서독에 개별 가입하는 형식으로 재통일을 정치적·행정적으로 완성하기로 하였다. 이에 제 146조는 사실상 사문화됨으로써 독일 '헌법'은 아직도 제정되지 않았다는 형식적 성격을 유지하게 되었다.

60 E. Bloch, *Naturrecht und menschliche Würde* (Frankfurt, 1960). 우리말 번역으로는 블로흐, 《자연법과 인간의 존엄성》, 박설호 역 (파주: 열린책들, 2011).

10장

탈세속적 사회의 공론장에서의 종교

캔터베리 대주교는 영국 의원들에게 자국 내 무슬림 주민을 위해 이슬람 율법인 샤리아 중 가족법 부분을 수용하기를 권고했다. 사르코지 프랑스 대통령은 알제리 출신 청소년의 폭동이 엄습한 파리 외곽의 악명 높은 구역에 경찰 4천 명을 추가 파견하였다. 루트비히스하펜에서 발생한 화재로 아이 4명을 포함하여 9명의 튀르키예인이 불타 죽은 사건은 그 원인이 밝혀지지 않았음에도 불구하고 튀르키예 언론의 깊은 의혹과 격렬한 분노를 일으켰다. 이에 따라 튀르키예 총리가 독일을 방문했는데, 쾰른에 별반 도움 되지도 않는 행보는 오히려 독일 언론의 격렬한 반응을 유발하였다.

이 모든 보도는 단지 2007년 1월 어느 한 주말에 나왔다. 이는 세속적이라고 상정되는 사회의 내부 결속력이 얼마나 위태로운지, 그리고 나아가 우리가 과연 '탈세속적' 사회에 살고 있는지, 그렇다면 어떤 의미에서 그러한지를 묻는 것이 얼마나 긴급한 문제인지 드러낸다.

1. 유럽적 특수경로 또는 세속화 명제에 대한 회의

'탈세속적 사회'라는 말을 거론할 수 있으려면 이 사회는 그 이전에 '세속적' 상태를 거쳤어야 한다. 따라서 논란이 많은 표현은 유럽의 복지사회들과 캐나다, 호주 그리고 뉴질랜드 같은 나라들에만 적용될 수 있다. 이런 나라에서 시민들의 종교적 유대는 제2차 세계대전 종전 이래 지속적으로, 심지어는 급격하게 이완되어 왔다. 이들 지역에서는 세속화된 사회에 살고 있다는 의식이 비교적 광범위하게 퍼져 있었다. 하지만 종교사회학의 통상적 지표에 맞추어 측정하면 이들 국가의 토착 주민의 종교적 처신방식과 신념은 결코 이 사회를 '탈세속적'이라고 기술하도록 할 정도로 변화하지는 않았다. 우리 사회를 보더라도 탈교회화와 새로운 영적 형태의 종교성을 향하는 추세조차 위대한 종교공동체의 명백한 쇠퇴를 상쇄할 정도는 아니다.[1]

그럼에도 불구하고 전 지구적 변화와 오늘날 종교적 문제를 둘러싸고 점화되어 눈에 띄는 광범한 갈등은 종교의 관련성이 상실되었다는 주장에 대해 의심을 불러일으킨다. 오랜 시간 논란의 여지가 없었던 테제, 즉 사회의 현대화와 주민의 세속화 사이에는 밀접한 연관이 있다는 명제에 동의하는 사회학자의 수는 점점 더 줄고 있다.[2] 처음에

---

1 D. Pollack, *Säkularisierung — ein moderner Mythos?: Studien zum religiösen Wandel in Deutschland* (Tübingen, 2003).

2 H. Joas, "Gesellschaft, Staat und Religion", in: H. Joas & K. Wiegandt (Hg.), *Säkularisierung und die Weltreligionen* (Frankfurt, 2007), 9~43쪽. ders., "Die Zukunft des Christentums", *Bläter für deutsche und internationale Politik*, 8(2007), 976~984쪽도 참조.

이 명제는 자명한 듯이 보이는 다음의 3가지 고려사항에 의거했다.

첫째, 과학과 기술의 진보가 인과적으로 설명가능한 '탈마법화된' 세계연관에 대하여 **인간중심적 이해**를 촉진시키며, 과학적으로 계몽된 의식은 신神중심적이거나 형이상학적인 세계상과 그리 쉽사리 조화되지는 못한다. 둘째, 교회와 종교적 공동체는 **사회적 부속체계의 기능적 분화**가 진전됨에 따라 법, 정치, 공적 복지, 문화, 교육, 학문 등에 대한 영향을 유실하고 순전히 구원수단의 경영이라는 기능에 스스로를 제한하면서, 종교의 활동을 점점 더 사적인 사안으로 만들고 공적 의미는 일반적으로 상실하게 된다. 마지막으로, 농업사회에서 산업사회 그리고 탈산업사회까지의 발전은 복지수준의 고도화와 사회적 안정의 증가를 가져왔는데, 일상적 위험부담이 완화되고 실존적 안전이 증대되면서 개인은 '저 너머 피안에 있거나' 우주적인 힘과의 의사소통을 통해 통제할 수 없는 우연성을 극복하려는 실행의 필요성을 덜 느끼게 된다.

세속화 테제는 유럽의 복지사회로 입증된 것처럼 보임에도 불구하고 전문 사회학자들 사이에서는 20년 넘게 논쟁의 원천이었다.[3] 유럽중심적으로 좁혀진 시각에 대한 근거가 없지 않은 비판이 이어지는 가운데 이제는 심지어 '세속화 테제의 종말'이라는 주장도 나온다.[4] 물론 변함없이 활력에 찬 신앙공동체와 종교적으로 결속된 능동적 시민의 비율이 거의 동일한 비율을 유지하면서도 현대화의 첨단을 이룬 미

---

3 J. K. Hadden, "Toward Desacralizing Secularization Theory", *Social Forces*, 65 (1987), 587~611쪽.

4 H. Joas(2007), 앞의 책.

국은 오랜 세월 세속화 추세의 주요한 예외로 간주되었다. 그러나 다른 문화와 세계종교에 대해 전 지구적으로 확대된 시야로 학습이 이루어지면서 미국의 사례는 오히려 정상적인 경우로 나타난다. 이러한 수정주의적 관점에서 보면, 서구적 합리주의로 다른 지역에서 모범으로 간주되었던 유럽의 발달상은 정상이라기보다는 오히려 하나의 예외 또는 일종의 특수경로로 보이게 된다.[5]

2. 종교적인 것의 활력성

범세계적인 '종교의 귀환'이라는 인상으로 압축되는 것은 무엇보다 서로 중첩되는 3가지 현상, 즉 (a) 위대한 세계종교의 선교사업 확장, (b) 종교의 근본주의 강화, (c) 종교의 폭력적 잠재력의 정치적 도구화 등이다.

a. 위대한 세계종교의 선교사업 확장에 대하여. 활기성活氣性의 지표 중 하나는 현존하는 종교공동체와 교회 안에서 정통파 또는 적어도 보수적인 집단이 전반적으로 세력을 확장하고 있다는 사실이다. 이 현상은 3대 유일신 종교인 기독교, 이슬람교, 유대교뿐만 아니라 힌두교와 불교에서도 마찬가지로 나타난다. 무엇보다 아프리카, 동아시아, 동남아시아 국가들에서 이 기성종교들이 지역적으로 확산되는 것이 눈

5 P. L. Berger, "The Desecularization of the World: A Global Overview", in: ders. (Hg.), *The Desecularization of the World: Resurgent Religion and World Politics* (Grand Rapids, 1999), 1~18쪽.

에 띈다. 이 종교들이 수행하는 선교사업의 성공 여부는 조직형태의 유연성에 달려 있다. 로마 가톨릭의 다문화적 세계교회는 지구화의 추세에 보다 잘 적응하는 반면 개신교회는 큰 타격을 입고 있다.

가장 역동적으로 세력을 펼치고 있는 것은 탈중심화된 이슬람 네트워크(특히 사하라 사막 이남 아프리카)와 복음주의 교회(특히 라틴아메리카)이다. 이들의 두드러진 특징은 특정한 카리스마적 지도자들에 의해 촉진되는 열광적인 종교적 열정이다.

b. 종교의 근본주의 강화에 대하여. 오순절파나 급진 이슬람과 같이 가장 빠르게 성장한 종교운동은 가장 일찍이 '근본주의적'이라고 기술될 수 있는 종파였다. 이 종파들은 현대적 세계와 싸우거나, 아니면 최소한 그로부터 거리를 둔다. 그들의 예배의식 안에는 종말이 가까워졌다는 생각과 영성주의가 경직된 도덕관, 성경에 대한 글자 그대로의 맹신과 결합되어 있다. 이에 반해, 1970년대 이래 급격히 증가한 신新종교운동에는 오히려 '캘리포니아식' 혼합주의가 각인되어 있다. 이 종파들은 복음주의 교회와 마찬가지로 탈제도화된 형태의 종교적 관행을 공유한다.

일본에서는 불교와 민속종교에서 기원한 요소를 유사과학적이고 비교적秘教的인 교의와 혼합시킨 400여 개의 종파가 발생했다. 중국의 경우 파룬궁法輪宮 종파에 대한 정치적 탄압이 이뤄지면서, 신도 수가 총 8천만 명으로 추산되는 수많은 '신新종교들'에 대한 관심을 불러일으켰다.[6]

---

6 J. Gentz, "Die religiöse Lage in Ostasien", in: H. Joas & K. Wiegandt(2007), 앞의 책, 358~375쪽.

c. 마지막으로, 종교의 폭력적 잠재력의 정치적 도구화에 대하여. 이란의 회교지도자인 물라와[7] 이슬람 테러리즘의 권력체제는 정치적 구속력이 풀린 종교적 폭력의 잠재력을 보여주는 가장 극적인 사례일 뿐이다. 종교적 요소가 개입되면서 본래 세속적인 것에 기원을 둔 갈등이 비로소 점화되는 경우가 종종 있다. 이 현상은 인도와 파키스탄과 힌두민족주의 정책 사이의 지속적 갈등[8] 또는 이라크 침공을 전후한 미국에서 활성화된 종교적 우파와 마찬가지로 중동에서 일어나는 갈등의 '탈세속화'에서도 나타난다.

3. 탈세속적 사회: 세속적 환경 속 종교적 공동체

나는 유럽의 세속화된 사회가 종교적으로 활성화된 세계사회의 속에서 특수경로를 걸어왔다는 주장에 대한 사회학자들의 논쟁에 세부적으로 간여할 수는 없다. 그러나 내가 보기에, 전 지구적으로 수집된 비교자료가 여전히 세속화 이론을 지키려는 이들을 놀랄 만큼 견고하게 엄호하고 있다.[9] 세속화 이론의 약점은 오히려 '세속화'와 '현대화'의

---

7 [옮긴이] '물라'(Mulah)는 이슬람교 교리와 율법에 정통한 학자, 성직자 그리고 이슬람 사원인 모스크의 주관자에게 붙이는 존칭이다. 이란에서는 호메이니가 주도한 1978년의 반(反)팔레비 이슬람 혁명 이후 세속적 왕조체제를 폐지하고 알라를 최고 통치자로 추존했다. 그리고 그의 뜻에 가장 가깝게 따르는 물라들의 모임을 최고결정기구로 하여 세속 신자들의 투표로 선출된 세속의 통치기구를 통제하고 조정했다. 이로써 한편으로는 세속적 독재자의 출현을 방지하고, 다른 한편으로는 국민 전체가 이슬람 율법통치에 포섭되는 '신정체제(theocracy)하의 이슬람 공화국'이 들어섰다.

8 H. Joas & K. Wiegandt(2007), 앞의 책, 465~507쪽과 194~223쪽에 실린 H. G. Kippenberg와 H. v. Stietencron의 기고문들 참조.

개념을 예리하게 구별하여 적용하지 못한 데서 나타나는 모호한 결론들에서 기인한다.

여전히 유효한 주장은 사회적 기능체계의 분화가 진척되는 가운데 교회와 종교공동체가 점점 더 영혼구원적 실천이라는 핵심기능에 집중하게 되었으며 다른 사회영역들에서 포괄적 권한을 포기할 수밖에 없었다는 것이다. 그와 동시에 종교활동은 더욱 개인적인 형태로 축소되었다. 즉, 종교체계의 기능적 전문화에는 종교실천의 개인화가 상응한다.

그러나 호세 카사노바가 정확하게 지적했듯이 종교의 기능상실과 개인화가 반드시 종교의 의미상실로 귀결하는 것은 아니었다. 이는 정치적 공론장과 사회의 문화, 개인적인 생활의 영위에서도 마찬가지였다.[10] 그 규모와 상관없이, 종교공동체는 광범하게 세속화된 사회에서의 생활 속에도 여전히 '거점'을 유지할 수 있다.

오늘날 '탈세속적 사회'라는 기술은 "주변 정황이 계속 세속화되어 가는 중에도 종교공동체는 지속적으로 존립하는 상태를 겨냥한 태도 표명"인 한에서만 유럽의 공적 의식에 적용될 수 있다.[11] 세속화 테제에 대한 변화된 독법은 종교공동체의 실체보다는 오히려 '그런' 종교의 미래 역할에 대한 예측과 더 관련된다. 현대적 사회를 '탈세속적'이라고 새로이 기술하는 것은 내가 무엇보다 3가지 현상으로 설명하는

---

9 P. Norris & R. Inglehart, *Sacred and Secular: Religion and Politics Worldwide* (Cambridge, 2004).

10 J. Casanova, *Public religions in the Modern World* (Chicago, 1994).

11 J. Habermas, *Glauben und Wissen: Rede zum Friedenspreis des Deutschen Buchhandels 2001* (Frankfurt, 2001), 13쪽.

의식전환과 연관된다.

첫째, 미디어가 종종 범세계적 갈등을 종교적 대립으로 보도하는 과정에서 생기는 표상은 시민의 공적 의식을 변화시킨다. 사실 근본주의적 운동과 종교적으로 위장된 테러리즘에 대한 공포 없이도 유럽의 다수 시민에게 그들의 세속적 의식이 세계적 척도에 맞추어 볼 때 상대적이라는 사실을 깨닫게 할 수 있다. 그것은 예측가능한 시간 안에 종교가 사라지리라는 세속주의적 신념을 동요시키고, 세계에 대한 세속적 이해가 구가하던 승리주의를 축출한다. 세속적 사회에서 살고 있다는 의식은 문화적, 사회적으로 진전하는 현대화가 공적이면서 개인적이기도 한 종교의 의미를 희생물로 삼아 완수되리라는 확신과 더 이상 결합되지 않는다.

둘째로, 종교는 국가적 차원의 공론장에서도 중요성이 커지고 있다. 이 경우 내가 일차적으로 주목하는 것은 미디어에서 효력을 발휘하는 교회의 자기현시가 아니라, 세속적 사회의 정치생활에서 종교공동체가 해석공동체의 역할을 받아들이는 경우가 점증한다는 주변사정이다.[12] 이들은 이제 설득을 하든 공격을 하든 관련된 주제에 관해 여러 모로 입장을 표명하여 기여함으로써 공적 의견형성과 정치적 의지형성에 영향을 발휘할 수 있다.

세계관적으로 다원주의적인 우리 사회는 정치적 규제를 필요로 하는 세계의 갈등으로 점점 더 분열되기 때문에 그런 개입에 대해 매우

---

12 F. S. Fiorenza, "The Church as a Community of Interpretation", in: D. S. Browning & F. S. Fiorenza (Hg.), *Habermas, Modernity and Public Theology* (New York, 1992), 66~91쪽.

예민한 공명판이 되어준다. 낙태 혹은 자발적 안락사의 합법화, 유전자복제의학의 생명윤리적 문제, 동물 보호나 기후 변화의 문제 등에 관한 논증의 지형은 조망이 불가능할 정도로 혼란스럽기 때문에 처음부터 어떤 편이 올바른 도덕적 직관에 의거한다고 미리 단정할 수는 없다.

한편, 외래 종교공동체의 등장과 활력은 국내에 토착하는 종파에도 반향을 일으킨다. 예를 들어 네덜란드와 독일 사례를 보면, 이웃의 무슬림은 기독교도 시민에게 경쟁하는 신앙실천과 마주할 것을 압박할 것이다. 세속적 시민에게도 이 사태는 공적 현상으로 등장하는 종교를 더 명확하게 의식하도록 만든다.

주민들의 의식전환을 이루게 하는 세 번째 자극은 전통의 각인이 뚜렷하게 남아 있는 나라로부터의 노동이민과 전쟁난민이다. 16세기 이래 유럽은 자국의 문화와 사회 내부에서 **교파적** 분열을 다루는 법을 배워야 했다. 그러나 이민의 여파로 상이한 **종교들** 사이의 날카로운 불협화는, 단순히 **신앙적 지향의 다원주의**를 넘어, 이주사회들에서 전형적으로 나타나는 **생활형태의 다원주의**라는 도전과 결합하였다. 여전히 탈식민지적 이주사회로 전형하는 고통스러운 과정을 겪고 있는 유럽사회에서, 상이한 종교공동체 간의 관용적인 공생 문제는 이주문화의 사회적 통합이라는 난해한 문제로 더 첨예해진다. 지구화된 노동시장 아래에서 이러한 통합은 사회적 불평등의 심화라는 굴욕적 조건 속에서도 성공해야만 한다. 하지만 이것은 확실히 또 다른 논의의 주제가 될 것이다.

4. '국가와 교회의 분리' 과정

지금까지 나는 사회학적 **관찰자**의 관점에서, 대부분의 세속화된 사회를 왜 '탈세속적'이라고 부를 수 있는가 하는 물음에 대답하려고 시도했다. 이런 사회에서 종교는 여전히 공적 의미를 유지하고 있으며, 가속화되는 현대화 과정에서 종교가 점차 사라질 것이라는 세속주의적 확실성은 점차 설득력을 잃고 있다. 그런데 **참여자**의 관점에 서면 우리에게는 전혀 다른, 다시 말해서 규범적인 문제가 들이닥친다. 즉 우리는 탈세속적 사회의 구성원으로서 우리 자신을 어떻게 이해해야 하는가? 또한, 역사적으로 공고하게 틀이 잡힌 우리의 국민국가 안에서, 문화적이고 세계관적인 다원주의라는 조건 아래에서도 시민들 사이의 문명적 교류를 계속 유지·보존하기 위하여 우리가 서로에게 기대해야 하는 것은 무엇인가?

이러한 자기이해 도달에 대한 논쟁은 2001년 9·11 테러의 충격 이래 더 날카로운 음조를 띠어 왔다. 특히 2004년 11월 2일 네덜란드에서 발생한 테오 반 고흐[13] 피살 사건, 그리고 가해자인 모하메드 부예

13 [옮긴이] 테오 반 고흐(Theo van Gogh, 1957~2004)는 후기 인상주의 화가인 빈센트 반 고흐의 동생 테오 반 고흐의 증손자이며 네덜란드의 영화 제작자이자 프로듀서, 신문 칼럼니스트였다. 그는 2004년, 정치가이자 작가 아얀 히르시 알리(Ayaan Hirsi Ali)가 쓴《복종》(Submission)을 바탕으로 같은 제목의 단편영화를 제작하였다. 이 영화의 제목인 '복종'은 아랍어인 'Islam'의 번역어로, 내용은 이슬람에서 여성들의 처우를 비판한 것이었다. 이 소식을 접한 모로코계 네덜란드 국적자이자 무슬림인 모하메드 부예리는 2004년 11월 2일 아침 9시경 출근하기 위해 암스테르담 동부를 자전거로 주행하던 고흐를 총으로 저격한 뒤 쓰러진 그의 목 옆을 칼로 수차례 찌른 다음, 이 영화의 원작자인 히르시 알리도 죽이겠다는 살인 예고장을 고흐의 가슴에 칼로 꽂은 뒤 도주했다. 부예리는 얼마 뒤 경찰에게 잡혀 가석방 없는 종신형에 처해졌지만

리 및 그 증오의 본래 목표였던 아얀 히르시 알리 등을 둘러싸고 터졌던 토론은 아주 특별한 성질을 가졌기 때문에,[14] 그 파고는 국경을 넘어 쏟아져 나가 범유럽적 논쟁을 촉발했다.[15] 나는 '유럽의 이슬람'에 관한 이 대결에 폭발력을 부여하였던 배경 가정假定에 관심이 있다. 그러나 상호비난의 철학적 핵심을 다루기 전에 나는 논쟁 당사자들이 공유하는 출발점, 즉 교회와 국가의 분리에 대한 신앙고백을 좀 더 정확하게 개괄하고 싶다.

국가권력의 세속화는 서유럽 전역에 걸쳐 구교파와 신교파가 맞싸운 근세의 종파전쟁에 대한 적절한 대응이었다. '국가와 교회의 분리 원칙'은 점진적으로 여러 국가의 법질서에 도입되어 시간과 장소에 따라 다른 방식으로 실현되었다. 국가권력이 세속적 성격을 띠게 됨에 따라, 처음에는 단지 관용의 대상이었던 종교적 소수파의 권리도 점차 확장되어, 신앙의 자유가 인정된 뒤에는 신앙고백의 자유가 뒤따랐으며 결국에는 자유롭고 평등한 종교적 실천활동의 권리가 부여되었다. 이 장기간에 걸친 과정은 20세기까지 이어졌으며, 이를 역사적으로 조망하면 모든 시민에게 평등하게 적용되는 포용적인 종교의 자유라는 값비싼 성취의 전제를 이해하는 데 도움이 된다.

종교개혁 이후 국가가 직면한 일차적 기본 과제는 종파적으로 분열된 사회를 평화롭게 만드는 것, 즉 안정과 질서를 창출하는 일이었다.

최후진술에서 설령 석방되더라도 고흐 같은 사람을 또 죽이겠다고 단언했다.

14 G. Mak, *Der Mord an Theo van Gogh: Geschichte einer moralischen Panik* (Frankfurt, 2005).

15 T. Chervel & A. Seeliger (Hg.), *Islam in Europa: Eine internationale Debatte* (Frankfurt, 2007).

현재 논의의 맥락에서 네덜란드 작가인 마르그리트 더 무어는 자기 나라 사람들에게 이러한 초기의 상황을 상기시킨다. 그녀에 따르면,

> 관용은 흔히 존중과 같은 의미로 사용되지만 16세기와 17세기에 뿌리를 둔 관용은 존중을 바탕으로 하는 것이 아니라 오히려 그 반대이다. 우리는 서로의 종교를 증오했다. 가톨릭교도와 캘빈교도는 서로의 종교관을 전혀 존중하지 않았으며, 80년 전쟁은 스페인에 저항하는 봉기였을 뿐만 아니라 가톨릭교에 대항한 정통 캘빈교도의 피비린내 나는 지하드聖典였다.[16]

우리는 곧 마르그리트 더 무어가 말하는 '존중'이 무엇을 의미하는지 보게 될 것이다. 안정과 질서의 관점에서, 국가권력은 당시 지배적 종교와 여전히 얽혀 있었음에도 불구하고 세계관적으로는 중립적 태도를 취할 수밖에 없었다. 국가권력은 분쟁하는 종파들을 무장해제시키고, 적대 종파들의 평화로운 공생을 위한 조정안을 창안하여 그들의 위태로운 공존을 감시해야 했다. 그렇게 해서 사회 안에서 적대적인 하위문화들은 서로가 서로에게 낯선 이방인인 상태를 유지하는 방식으로 정주할 수 있었다. 이런 생활양식은 불충분한 것으로 입증되었는데, 18세기 후반의 헌법혁명으로 새로운 정치질서가 수립되면서 완전히 세속화된 국가권력이 법의 지배 그리고 동시에 인민의 민주적 의지에 복속하게 된 것이다. 바로 이 점이 내게는 중요한 사실이다.

---

16 M. d. Moor, "Alarmglocken, die am Herzen hängen", in: 위의 책, 211쪽.

5. 종교의 자유와 관용의 원칙

이 헌법국가에서는 시민들이 종교공동체의 폐쇄적인 생활세계에 갇혀 서로를 배제하지 않는다는 의무조건 아래에서만 평등한 종교의 자유를 보장할 수 있다. 종교적 하위문화들은 구성원들을 종교의 속박으로부터 풀어줘야 하며, 그래야만 이들이 시민사회에서 서로를 **상호적으로** 국가시민, 즉 **같은 정치공동체**의 담지자이자 구성원으로 인정할 수 있다. 민주주의적 국가시민으로서, 사적私的 **사회시민**으로서 이들은 자신들에게 적용될 법을 스스로 제정하며 이를 통해 문화적·세계관적 자기정체성을 보존하고 상호존중할 수 있다.

민주주의적 국가, 시민사회 그리고 하위문화의 독자적 고유성 사이의 새로운 관계는, 비록 서로 보완해야 하지만, 오늘날 서로 경쟁하는 양대 계기의 올바른 이해에 도달하는 관건이다. 즉, 정치적 계몽의 보편주의적 관심사는 올바르게 이해된 다문화주의의 특수주의적 감수성과 결코 모순되지 않는다.

이미 **자유주의적** 국가는 종교의 자유를 기본권으로 보장하기 때문에 종교적 소수파는 더 이상 단순히 용인되거나 관용적인 국가권력의 선의에 의존하지는 않는다. 그러나 이 원칙을 비당파적으로 적용하는 것은 **민주주의적** 국가에 와서야 비로소 가능해졌다.[17] 개별 사례를 보면, 베를린, 쾰른, 프랑크푸르트의 튀르키예 공동체들이 큰 길 뒤의 회

17 자유주의와 민주주의에 입각한 헌법국가 운영의 역사와 그에 대한 체계적 분석으로는 라이너 포르스트의 포괄적인 연구작업을 참조하라. R. Forst, *Toleranz im Konflikt: Geschichte, Gehalt und Gegenwart eines umstrittenen Begriffs* (Frankfurt, 2003).

랑에 있던 그들의 기도소를 옮겨 멀리서도 볼 수 있는 모스크를 짓고자 할 때, 이는 더 이상 종교자유의 원칙 그 자체가 아니라 원칙을 공정하게 적용하는 문제이다. 무엇이 관용되어야 하고 무엇이 더 이상 관용할 수 없는가를 규정하는 타당한 근거는 민주적 의지형성을 위한 숙의적이고 포용적인 절차를 통해서만 도출될 수 있다.

관용의 원칙은 갈등의 당사자들이 같은 눈높이에서 서로 더불어 상호이해에 도달할 경우에야 비로소, 거만하게 봐준다는 식의 관용이라는 의혹에서 벗어난다.[18] 적극적인 종교의 자유, 즉 자신의 고유한 신앙을 밖으로 시현할 권리와 소극적 자유, 즉 다른 신앙을 가진 이들의 종교적 의례실행으로 인해 고통을 받지 않을 권리 사이의 경계를 실제 사례에서 어떻게 그을까 하는 문제는 항상 논란거리이다. 그러나 민주주의에서는 이해 당사자가, 비록 간접적으로라도, 의사결정 과정에 참여하게 되어 있다.

물론 '관용'은 단순한 법제정과 법적용의 문제가 아니라 일상생활에서도 실천되어야 하는 것이다. 관용이란 신앙인, 다른 신앙인, 비신앙인들이 각자 자신은 거부하는 신념, 관행적 의례, 생활형태라고 하더라도 그것을 서로의 권리로 인정해야 함을 뜻한다. 이런 권리인정은 혐오스러운 불협화 사이의 가교가 될 수 있는 상호인정이라는 공통 토대에 의거해야 한다. 그런데 이런 인정이 낯선 문화와 생활방식 또는 자신이 거부하는 신념과 의례관행에 대한 가치존중과 혼동되어서

---

18 J. Habermas, "Religiöse Toleranz als Schrittmacher kultureller Rechte", in: ders., *Zwischen Naturalismus und Religion: Philosophische Aufsätze* (Frankfurt, 2005), 258~278쪽.

는 안 된다.[19] 우리가 관용을 필요로 하는 때는 우리가 잘못되었다고 간주하는 세계관 그리고 우리가 취향상 좋아하지 않는 생활습관과 마주할 경우이다. 인정의 토대는 특정한 자질이나 성취에 대한 가치존중이 아니라, 모든 시민이 평등한 권리를 가지는 하나의 포용적 공동체에 속한다는 의식이다. 이 공동체 안에서 각 개인은 다른 개인에게 자신의 정치적 발언과 행위에 대해 책임질 의무가 있다.[20]

하지만 그것은 말처럼 쉽지 않다. 모든 시민을 시민사회적으로 평등하게 포용하기 위해서는 무관심과 자유주의적 태도를 혼동하지 않게 막아주는 정치문화만 요구되는 것이 아니다. 시민사회적 포용은 특정한 물질적 전제들, 특히 다른 무엇보다도 사회적 불이익을 보완하는 유치원, 학교 및 대학으로의 통합 교육과 노동시장에 대한 평등한 접근 기회 등도 충족되어야만 실현될 수 있다. 그러나 우리의 맥락에서 내가 무엇보다 중시하는 것은 국가시민적 평등과 문화적 차이를 서로 올바른 방식으로 조화시키는 포용적 시민사회의 상像이다.

예를 들어 튀르키예 출신이면서 무슬림 신앙을 가진 독일 국가시민들의 상당수가 정치적으로 새 조국보다 옛 조국에 더 강하게 묶여 있

---

19 찰스 테일러(Charles Taylor)의 *Multikulturalismus und die Politik der Anerkennung* (Frankfurt, 1993)에 대한 나의 대결은 J. Habermas, *Die Einbeziehung des Anderen* (Frankfurt, 1996), 237~276쪽에 실린 나의 논고인 "Kampf um Anerkennung im demokratischen Rechtsstaat" 참조. 우리말 번역으로는 하버마스, 《이질성의 포용》, 황태연 역 (파주: 나남, 2007), 240~275쪽에 실린 〈8장 민주적 법치국가에서의 인정 투쟁: 테일러의 '인정의 정치'〉 참조.

20 이성의 공적 사용에 관해서는 J. Rawls, *Politischer Liberalismus* (Frankfurt, 1998), 312~366쪽 참조. 우리말 번역으로는 롤스, 《정치적 자유주의》, 장동진 역 (파주: 동명사, 1998), 262~317쪽의 〈강의 VI 공적 이성의 개념〉 참조.

는 한, 공론장이나 선거 과정에서 기존의 지배적 정치 문화를 확장하는 데 필요한 조정 역할을 할 수 있는 시정의 목소리가 부족하게 된다. 소수자에 대한 시민사회적 포용이 없다면 상보적인 두 과정, 즉 생소한 하위문화에 평등한 권리를 부여하기 위해 차이의 감수성을 갖고 정치공동체를 개방하는 과정과, 하위문화의 구성원으로 하여금 개인적으로 평등한 권리를 갖고 민주주의적 절차에 참여하도록 자유주의적 개방의 자세를 취하는 과정이 같은 속도로 발전할 수 없다.

6. 계몽근본주의 대 다문화주의:
새로운 문화투쟁과 구호

우리가 탈세속적 사회의 구성원으로서 스스로를 어떻게 이해해야 하는가 하는 물음에 대해, 서로 안쪽으로 맞물린 과정들이라는 이 상像은 일종의 길잡이가 될 수 있다. 그러나 오늘날 공적 논쟁에서 맞서고 있는 이데올로기적 당파들은 이 점에 충분한 주의를 기울이지 않는다. 한쪽 파당은 집단적 정체성의 보호를 강조하여 반대 측을 '계몽근본주의'라고 비난하고, 반대편은 소수자를 기존 정치문화 안에 철저히 포용하는 데 집착하면서 상대측을 계몽적대적인 '다문화주의'라고 비난한다.

이른바 다문화주의자들은 문화적 소수자가 평등한 처우를 보장받을 수 있도록 법체계의 차이감수성을 증진하고자 투쟁한다. 그들은 강요된 동화와 문화적 배경 상실에 대해 경고한다. 그들의 주장에 따르면, 세속국가는 소수파를 국가시민의 평등주의적 공동체 안에 편입시키는 일을 너무 강력하게 추진하여 개개인이 자신의 정체성을 형성해 온 맥락에서 찢겨 나오게 해서는 안 된다.

이 공동체주의적 시각에서 보자면 현재의 정책은 소수자를 다수자의 명법에 굴복시키려 하는 것이 아닌지 의심받는다. 그러나 이제 다문화주의자들은 강한 역풍을 맞고 있다. 부루마에 따르면 "학자들뿐만 아니라 정치인과 신문 칼럼니스트들도 계몽주의를 이슬람 극단주의에 맞서 방어해야 할 요새로 보고 있다."[21] 하지만 이것은 역으로 '계몽근본주의'에 대한 비판을 등판시킨다. 예를 들어 티모시 가튼 애쉬는 2006년 10월 5일 자 〈뉴욕리뷰오브북스〉에서 "이슬람교도 여성조차도 히르시 알리가 자신이 당한 억압을 특정 국가, 지역 혹은 부족 문화 대신 이슬람의 책임으로 돌리는 방식에 이의를 제기한다"며 우려를 표한다.[22] 이슬람 이주자들은 사실상 자기들 종교에 반하지 않고 오직 그것을 지닌 채 서구 사회에 통합될 수 있을 뿐이다.

다른 편에서 볼 때 세속주의자들은 문화적 배경과 종교적 소속을 불문하고 모든 시민을 구분 없이 정치적으로 포용해야 한다고 주장한다. 이들은 문화적 소수파의 문화적 고유성을 보존한다는 명목으로 법체계를 너무 넓게 개방하는 정체성 정치의 결과에 대해 경고한다. 정교분리주의적인 이 시각에서 보면 종교는 배타적으로 사적인 사안에 머물러야 한다. 따라서 파스칼 브뤼크네르는 이런저런 문화적 권리를 거부하는데, 그 이유는 이런 권리가 여러 평행사회들, 즉 '각자 다른

---

21 I. Buruma, *Die Grenzen der Toleranz: Der Mord an Theo van Gogh* (München, 2007), 34쪽.

22 T. Chervel & A. Seeliger(2007), 앞의 책, 45쪽에 나온 티모시 가튼 애쉬(Timothy Garton Ash)의 논고 참조.

규범을 따르는 소규모의 닫힌 사회집단들'을 만들어 내리라고 추정하기 때문이다.[23] 하지만 브뤼크네르가 다문화주의자들을 통틀어 '반인종주의적 인종주의'라고 비난할 때 그의 공격은 기껏해야 집단적 보호 도입을 옹호하는 극단적 다문화주의자들에만 해당된다. 전체 문화집단을 위한 그런 식의 종족보호책은 결국 개별 구성원들이 자기 고유의 삶의 형태를 형성할 권리를 사실상 제약할 것이다.[24]

두 파당 모두 자유주의적 사회의 틀 안에서 자율적 시민의 문명화된 공생을 원하기는 하면서도, 정치적으로 새로운 쟁점이 부각될 때마다 격화되는 문화투쟁에 휘말린다. 문화적 정체성의 보존과 국가시민적인 통합이라는 두 측면이 연결되어 있다는 것은 명백함에도 불구하고 어느 것을 더 우선해야 하는가를 두고 논쟁을 벌인다. 이 논쟁은 상대편에게 옳든 그르든 책임을 서로 떠넘기게 만드는 철학적 전제로 인해 더욱 치열한 대립으로 치닫는다. 이안 부루마는 2001년의 9·11 테러 이후로 기존에는 학계 안에서나 이루어졌던 계몽과 반反계몽을 둘러싼 분쟁이 대학의 담장을 넘어 대중적 공론장으로 확산되었다는 흥미로운 관찰을 하였다.[25] 이 논쟁을 가열하는 것은 배경에 자리한 문

23 위의 책, 67쪽에 나오는 브뤼크네르(Pascal Bruckner)의 말이다.

24 위의 책, 62쪽. "이것은 다문화주의의 역설이다. 즉, 다문화주의가 평등한 처우를 보장하는 것은 모든 공동체이지, 모여서 공동체를 각기 만들어내는 인간들은 아니다. 왜냐하면 다문화주의는 개별 공동체 안의 인간들이 자기들 고유의 전통으로부터 스스로를 떨쳐내는 길을 막기 때문이다." 이 점에 관해서는 B. Barry, *Culture and Equality* (Cambridge, 2001) 및 J. Habermas, "Kulturelle Gleichbehandlung — und die Grenzen des Postmodernen Liberalismus", in: ders.(2005), 앞의 책, 279~323쪽.

25 I. Buruma(2007), 앞의 책, 34쪽.

제적 신념, 즉 이성비판적으로 새로 단장한 문화상대주의 그리고 종교비판에 집착하는 경직된 세속주의이다.

7. 급진적 다문화주의자들의 상대주의

다문화주의에 대한 급진적 독해는 자주 세계상, 담론 또는 개념도식들의 '통약불가능성'이라는 잘못된 표상에 의거한다. 이 맥락주의적 시각에서 보면 각각의 문화적 생활형태 역시 의미론적으로 폐쇄적인 세계로 간주되며 서로 비교불가능하고 각자의 고유한 합리성의 척도와 진리를 내포한 것으로 보인다. 따라서 모든 문화는 각각 자체적으로 존재하며 의미론적으로 봉인된 전체로서 다른 문화와의 논변적인 상호이해 도달로부터 원천적으로 차단되어 있다. 이러한 논쟁에서 덜그럭거리며 흔들리는 타협 외에 존립하는 것은 복종과 개종改宗 사이의 양자택일뿐이다. 이러한 전제 아래에서는 보편주의적 타당성 요구, 즉 민주주의와 인권이 가진 일반적 타당성에 대한 논거조차 결국 지배문화의 제국주의적 권력 요구로서 해석될 수밖에 없다.

역설적으로 이 상대주의적 독해법은 의도치 않게, 문화적 소수자에 대한 불평등 처우를 비판할 기준을 스스로 박탈한다. 탈식민지적인 이주사회 안에서 소수자 차별은 지배문화의 자명한 전제에서 기인하는데, 이는 확립된 헌법원칙의 선택적 적용으로 이어진다. 하지만 이러한 헌법원칙의 보편적 의미를 전혀 진지하게 받아들이지 않는다면, 헌법해석에 다수자문화의 편견이 부당하게 얽히는 현상을 발견할 수 없게 된다.

여기서 나는 문화상대주의적 이성비판이 철학적으로 유지불가능하다는 주장에 더 이상 간여할 필요를 느끼지 못한다.[26] 그러나 이 입장은 다른 이유로 흥미를 끄는데, 그것은 정치적으로 아주 기묘한 진영 변경을 설명해 주기 때문이다. 이슬람교도의 테러를 목격한 일부 좌파 다문화주의자들은 전쟁에 열광하는 자유주의적 매파로 변신하였고, 심지어 신보수주의적 계몽근본주의자들과 예기치 못한 동맹을 맺기도 했다.[27] 이슬람 근본주의자들과의 투쟁 속에서 이 전향자들은 (보수주의자들과 마찬가지로) 한때 반대했던 계몽주의문화를 '서구적 문화'로 쉽게 받아들였다. 그 이유는 그들이 계몽주의의 보편주의적 요구를 이미 거부했기 때문이다. 즉 부루마에 따르면, "계몽주의는 단지 보편적 가치이기 때문이 아니라 바로 '우리의', 다시 말해서 유럽적인 서구적 가치이기 때문에 더욱 매력적인 것이 되었다."[28]

물론 이 비판은 원래 '계몽근본주의'라는 비난의 대상이었던 프랑스 출신의 정교분리주의 지식인들을 겨냥한 것은 아니다. 그러나 이러

---

26 통약불가능성 테제에 대한 결정적 비판은 1973년 미국철학협회에서 행한 도널드 데이비슨의 유명한 회장 연설로 거슬러 올라간다. 이 연설문 "On the Very Idea of a Conceptual Scheme"의 독일어 번역인 "Was ist eigentlich ein Begriffsschema?"는 D. Davidson & R. Rorty, *Wozu Wahrheit*? (Frankfurt, 2005), 7~26쪽에 실려 있다.

27 A. Lieven, "Liberal Hawk Down — Wider die linken Falken", *Blätter für deutsche und internationale Politik*, 12(2004), 1447~1457쪽 참조.

28 I. Buruma(2007), 앞의 책, 34쪽 참조. 부루마는 좌파 개종자들의 동기를 다음과 같이 분명하게 기술한다. 즉 그에 따르면, "무슬림은 초대받지도 않았는데 파티에 나타난 자들이다. … 따라서 관용은 네덜란드 진보파에게도 한계가 있는 것이다. 우리가 함께 있을 때 본능적으로 신뢰할 수 있다는 감각을 느끼는 사람들, 그들의 농담을 우리가 이해하고 우리가 사용하는 아이러니를 공유하는 이들에게 관용적이기는 쉽다. … 그러나 우리의 생활방식을 불쾌하게 여기고 또 우리도 그들의 생활방식을 불쾌하게 여기는 사람들에게 관용의 원칙을 적용하기란 훨씬 더 어렵다."(같은 책, 123쪽)

한 보편주의적 계몽주의 전통의 수호자들에게서도 특정한 호전성은 의심스러운 철학적 배경 가정에서 비롯된 것으로 보인다. 이 종교비판적 해독방식에 따르면 종교는, 인지적으로 고찰하면, 이미 역사적으로 극복된 '정신형태'이기 때문에 정치적 공론장에서 나와 사적인 사안으로 움츠러들 수밖에 없다. 자유주의적 질서의 규범적 관점에서 보면 종교는 용인되어야 하기는 하지만 현대 동시대인의 자기이해를 위한 문화적 자원으로 진지하게 간주될 수는 없다.

이 철학적 진술은 광범하게 세속화된 사회에서도 종교공동체가 정치적 의견형성과 의지형성에 관련된 여러 유의미한 기여를 하고 있다는 사실을 기술적記述的으로 확인하는 것에 대한 사람들의 평가와는 무관하다. 서유럽사회가 '탈세속적'이라는 사실기술이 경험적으로 아무리 정확하다고 간주하더라도, 사람들은 철학적 근거에 입각하여 종교공동체의 영향력이 여전히 남아 있는 것은 오직 — 사회학적으로도 설명가능하지만 — 전前현대적 사고방식이 끈질기게 잔존한 덕분이라고 확신할 수 있다. 세속주의자의 시각에서 보면 종교적 신앙내용은 과학적으로 불신당하고 있으며 토론할 만한 가치도 없다고 간주된다. 이 점이 세속주의자를 종교적 전승 그리고 여전히 공적 의미를 요구하는 종교적 동시대인과 대결하도록 자극한다.

8. 세속적이냐 아니면 세속주의적이냐

용어상으로 나는 '세속적'과 '세속주의적'을 구별한다. 종교적 타당성 요구에 대해 비非인지적으로 처신하는 세속적 혹은 무신앙적 사람들이 무관심한 태도를 보이는 것과 달리, 세속주의자는 과학적으로 근거정립할 수 없는 요구임에도 불구하고 공적 의미를 지니는 종교적 교설을 마주하면 논쟁적 태도를 취한다. 오늘날 세속주의는 자주 '강한', 즉 과학주의적으로 근거정립된 자연주의에 의거한다. 문화적 상대주의와는 달리, 이 경우에 나는 그 철학적 배경에 어떤 입장표명을 할 필요를 느끼지 않는다.[29] 왜냐하면 현재의 논의 맥락에서 나의 관심을 끄는 것은, 종교에 대한 세속주의적 평가절하가 언젠가 대다수의 세속적 시민들에 의해 공유된다면 과연 그것은 앞에서 스케치했던 국가시민적 평등과 문화적 차이 사이의 조화와 양립할 수 있는가 하는 문제이기 때문이다. 혹은, 탈세속적 사회의 규범적으로 정립된 자기이해에 있어 일부 시민의 세속주의적 의식은 종교적 시민의 근본주의적 성향과 마찬가지로 받아들일 수 없는 것은 아닌가? 이 질문은 어떤 '다문화주의적 드라마'보다 더 깊은 불안의 근원을 건드린다.

세속주의자들은 모든 시민의 평등한 시민사회적 포용이 필수불가결하다는 점을 강하게 주장한 공적이 있다. 민주주의적 질서는 구성원들에게 단순히 **강요될** 수 있는 것이 아니기 때문에, 헌법국가는 순전히

---

29 H.-P. Krüger (Hg.), *Hirn als Subjekt?: Philosophische Grenzfragen der Neurobiologie* (Berlin, 2007), 101~120쪽과 263~304쪽에 실린 나의 기고문들에서 제시한 비판을 참조하라.

법에 대한 복종 수준을 넘어서는 국가시민윤리를 기대하고 이를 시민들에게 요구한다. 종교적 시민과 종교공동체 역시 단지 외적으로만 스스로를 적응시켜서는 안 된다. 그들은 고유의 신앙적 전제 아래에서 공동체가 기대하는 세속적 정당화를 자기의 것으로 만들어야 한다.[30]

잘 알려져 있다시피 가톨릭교회는 1965년 제2차 바티칸 공회의에서 비로소 자유주의와 민주주의를 인정했다. 독일 개신교회도 크게 다르지 않은 태도를 취했다. 이러한 고통스러운 학습과정은 여전히 이슬람교에게 남아 있는 과제이다. 물론 오늘날 이슬람 세계에서도 쿠란의 가르침에 대한 역사적·해석학적 접근이 필요하다는 인식이 커지고 있다. 바람직한 유럽-이슬람Euro-Islam에 대한 토론은, 종교공동체가 과연 개혁된 신앙 안에서 '참된 신앙'을 재인식할 수 있는가 여부를 결국 스스로 결정하리라는 점을 다시 한번 의식하게 만든다.[31]

우리는 종교개혁 이래 서구 기독교 교회 안에서 수행되었던 것과 같은 인식태도의 전환을 모범으로 삼아 종교의식에 대한 반성이 이루어지길 기대해 본다. 그러한 정신상태 변화는 명령적 규정에 따르는 것도 아니고, 정치적으로 조정되지도 않으며, 법적으로 강제될 수도

---

30 롤스가 헌법질서의 규범적 실체로 여러 세계관집단 사이의 중첩적 합의(overlapping consensus)를 요구했을 때 중요시했던 것이 바로 이 점이었다. J. Rawls(1998), 앞의 책, 219~264쪽. 우리말 번역으로는 롤스(1998), 앞의 책, 165~213쪽의 〈강의 IV 중첩적 합의의 개념〉 참조.

31 I. Buruma, "Wer ist Tariq Ramadan?", in: T. Chervel & A. Seeliger(2007), 앞의 책, 88~110쪽; B. Tibi, "Der Euro-Islam als Brücke zwischen Islam und Europa", in: 같은 책, 183~199쪽. 또한 T. Ramadan, "'Ihr bekommt die Muslime, die Ihr verdient'. Euro-Islam und muslimische Renaissance", *Blätter für deutsche und internationale Politik*, 6(2006), 673~685쪽도 참조.

없는바, 그것은 기껏해야 학습과정의 결과일 뿐이다. 그리고 이것이 '학습과정'으로 보이는 것 또한, 근본적으로는 현대에 대한 세속적 자기이해의 관점에서 비롯된 것이다. 민주주의적 국가시민윤리를 위한 인지적 전제를 고려할 경우, 우리는 의무와 권리를 근거정립하는 규범적 정치이론의 한계에 부딪친다. 학습과정은 촉진될 수는 있지만, 도덕적으로나 법적으로 요구될 수는 없다.[32]

9. 계몽의 변증법: 상호보완적 학습과정으로서 세속화

그런데 우리가 발상을 전환할 필요는 없을까? 학습과정은 오직 종교적 전통주의 쪽에만 필요하고 세속주의 쪽에서는 필요하지 않는가? 우리가 포용적 시민사회에 걸었던 것과 똑같은 규범적 기대는 예를 들어 남자와 여자를 평등하게 처우하기를 종교적으로 거부하지 못하게 막듯이, 종교에 대한 세속주의적 평가절하도 금지해야 하는 것은 아닌가? 만약 우리가 국가권력의 중립화를 정치적 공론장에서의 종교적 발언 배제와 혼동하지 않으려면 세속적인 쪽에도 종교계와의 **상호보완적** 학습과정이 반드시 필요하다.

물론 정당한 강제수단을 보유한 국가영역은 다양한 종교공동체 사이의 분쟁에 개입해서는 안 된다. 그렇지 않으면 정부는 종교적 다수

32 J. Habermas, "Religion in der Öffentlichkeit: Kognitive Voraussetzungen für den 'öffentlichen Vernunftgebrauch' religiöser und säkularer Bürger", in: ders. (2005), 앞의 책, 119~154쪽.

파의 집행기관이 되어 소수파에게 자기의 의지를 강요할 위험이 있다. 헌법국가에서는 합법적으로 **관철가능한** 모든 규범이 모든 시민이 이해하는 언어로 정식화되어 공적으로 정당화될 수 있어야 한다. 제도화된 협의과정과 결정과정이 의회, 법원, 정부부서 및 행정관청 등에서 이루어지는 것과, 시민들이 공적 의사소통과 의견형성에 비공식적으로 참여하는 것이 명확하게 분리된 상태로 남아 있다면, 국가의 세계관적 중립성은 정치적 공론장 안으로 종교적 발언이 들어가는 것을 허용하는 것과 모순되지 않는다. '국가와 교회의 분리'는 이 두 영역 사이에 여과장치를 두어 바벨탑 밖의 다양한 목소리[33] 가운데 오직 '번역된', 즉 세속적 기여만을 국가적 제도의 의제로 통과시키도록 요구한다.

정치적 공론장에 대한 자유주의적 개방을 옹호하는 근거로는 두 가지가 있다. 하나는, 자기의 도덕적 신념과 그것을 표현할 어휘를 세속적 언어와 신성한 언어로 나눌 의지도 능력도 없는 개인은 종교적 언어를 써서 정치적 의견형성에 참여할 수 있어야 한다는 것이다. 또 하나는, 민주주의적 국가는 목소리의 공적 다채로움이 갖는 다성적多聲的 복합성을 너무 섣불리 축소시켜서는 안 된다는 것이다. 왜냐하면 그렇지 않을 경우 사회는 의미 창출과 정체성 형성의 희소한 자원으로부

33 [옮긴이] 이는《성경》의〈창세기〉11절에 나오는 광경에 빗대어 말한 것이다. 바빌론의 백성들은 하늘에 닿고자 힘을 합쳐 바벨탑을 쌓아 올렸으나, 이를 보고 인간의 오만에 격노한 하느님은 일거에 바벨탑을 무너뜨리고 다시는 서로 협력하여 공사를 도모하지 못하도록 서로의 말이 통하지 않게 다른 언어들을 퍼뜨렸다. 이로써 발생한, 서로가 자기 말을 하면서도 '언어적' 의사소통은 이루어지지 않고 각종 '발성'만 난무하여 시끄럽기만 하고 아무도 서로를 이해하지 못하는 상태와 같다는 의미이다.

터 단절될 위험이 있기 때문이다.

특히 사회적 관계 중 취약한 영역에서, 종교적 전통은 도덕적 신념을 설득력 있게 표현하는 힘을 가진다. 하지만 세속주의를 곤경으로 몰아넣는 것은, 세속적 시민이 시민사회와 정치적 공론장에서 종교적 동료시민을 자기와 같은 눈높이에서 대해야 한다는 기대이다.

세속적 시민이 동료시민들을 만날 때 종교적인 사고방식 때문에 그들을 현대의 동시대인으로 진지하게 받아들일 수 없다는 유보적 태도를 취한다면, 그/녀는 단순한 공생의 생활양식 수준으로 주저앉는 것이며 공동의 국가시민성에 대한 인정의 토대를 포기하는 셈이다. 그들은 종교적 발언들 안에서, 그것이 심지어는 발설되지 못하고 침묵 상태의 직관에 머무는 것이라고 해도, 번역되어 공적 논증 안에 포용될 수 있는 의미론적 내용을 발견할 가능성을 배제해서는 안 된다. 따라서 모든 것이 잘 이루어지려면, 양쪽 모두 자신의 관점에서 자기반성적으로 계몽되는 더불어함Miteinander을 서로에게 가능하게 만들 수 있도록 믿음과 앎의 관계에 대한 해석에 착수해야 한다.

11장

국제법의 헌법화와 세계사회헌법을 위한 정당화 문제[1]

국제법의 주체로서 국가는 20세기의 가공할 만한 집단범죄로 인해 국제법 아래에서 국가 간 내정간섭 금지와 범죄소추 면죄의 바탕에 깔려 있던 중요한 법적 전제, 즉 국가의 모든 행위는 무죄로 추정한다는 원칙을 박탈당하였다. 2차 세계대전 종전 이래 국제법이 단지 소극적으로 단위국가의 침략전쟁과 집단범죄에 대응하기 위한 것만은 아니라는 생각이 발전한 것은 확실한데, 국제법상의 이런 여러 혁신은 안전보장과 인권을 위한 유엔 체제에 국한되지 않았다.

유엔 내부와 그 너머 모두에서 에너지, 환경, 금융 및 무역 정책 나아가 노동관계, 조직범죄, 무기 밀매, 전염병 퇴치 등 여러 분야에 걸

1 이 글은 P. Niesen & B. Herborth (Hg.), *Anarchie der kommunikativen Freiheit* (Frankfurt: Suhrkamp, 2007), 406~459쪽에 실린 논고들에 대한 나의 답변 중 몇 부분을 전재한 것이다.

쳐 국제공치國際公治의 형태가 발전되어 왔다. 유럽연합EU처럼 대륙 차원에서 공동시장과 공동화폐를 앞뒤로 나란히 태운 국가 사이의 동맹도 발전하고 있다. 국제조직들의 성장이 가속적으로 증대하는 것 역시 기능적 하위체계가 국경을 가로질러 확대되는 신생 중인 세계사회의 상호의존성이 증가한 결과 제기되는 규제의 필요에 대한 대응으로 이해될 수 있다. 국제법에서의 이 혁신은 그와 나란히 하나 이상의 주요 세계종교 사이에서의 문화상호간 의사소통과 해석의 필요를 증가시킨다.

같은 시기 동안 국제법 주체의 주권은, 국제적 공동체의 맥락 내에서, 예를 들어 전쟁을 수행하고 평화를 조성하는 기본적 권리의 측면 같은 곳에서, 단지 형식적인 것 이상의 방식으로 제한받았다. 국민국가는 20세기 마지막 사반세기 동안, 그리고 최근의 지구화 주요 국면에 이를 때까지 많든 적든 독립된 결정을 내릴 수 있는 기능적 영역에서 그들이 가졌던 통제와 조정의 능력들을 상실했다.[2] 이것은 평화와 물리적 안전보장의 방어와 보호에서부터 자유, 법치 및 민주적 정당화의 보장에 이르는 국가의 모든 고전적 기능에 해당된다. 국내 시장에 내재된 자본주의가 종식되고 그와 연관하여 정치와 경제의 관계의 축이 지구화된 시장 쪽으로 이동한 이래 국가는 시민 사회의 안정을 보장하는 것으로 상정된 개입주의적 국가로서의 역할에서도 아주 심각한 영향을 받아왔다.

---

2 S. Leibfried & M. Zürn (Hg.), *Transformationen des Staates?* (Frankfurt: Suhrkamp, 2006) 및 A. Hurrelmann & S. Leibfried & K. Martens & P. Mayer, *Transforming the Golden-Age Nation State* (Hampshire: Palgrave MacMillan, 2007).

국가에 닥친 이런 사태가 이론구축에 이를 경우 우리는 이 역사적 발전을 고려해야 하는데, 그에 따라 현대 정치사상의 국가중심적 전통을 고수하는 것은 역효과를 낳는다. 내가 볼 때는, 합당한 이유로 거부당한 세계공화국의 이념으로부터[3] 국제법의 헌법화 구상을[4] 적출하는 시도를 하는 정도에서 필요한 만큼 추상화시켜 칸트의 세계시민 헌법 이념을 취하는 것이 더 유망하게 보인다.

다른 한편으로, 위에서 암시한 역사적 발전은 그로부터 귀결되는 아직 해결하지 못한 문제로 우리의 주목을 끈다. 국제적 조직들이 점차 밀집도가 증가하는 네트워크를 형성하고 국민국가들이 몇몇 권한을 상실하면서, 국민국가를 넘어서는 공치公治에 의해 창출되는 정당

---

3 J. Habermas, "The Postnational Constellation and the Future of Democracy", in: ders., *The Postnational Constellation: Political Essays*, tr. by M. Pensky (Hg.) (Cambridge: Polity, 2001), 58~112쪽. 그와 반대되는 것으로는 D. Archibugi & D. Held (Hg.), *Cosmopolitan Democracy* (Cambridge: Polity, 1995)와 D. Held, *Democracy and the Global Order* (Cambridge: Polity, 1995)는 세계시민적 민주주의라는 국가 모델을 지지한다. 세계연방공화국의 이념에 관해서는 O. Höffe, *Demokratie im Zeitalter der Globalisierung* (Munich: Beck, 1999)을 참조.

4 이 발상은 2차 세계대전 이후 독일의 국제법학자들 사이에서 우선적 지지를 얻었다. 무엇보다 C. Tomuschat, *International Law: Ensuring the Survival of Mankind, Collected Courses of the Hague Academy of International Law*(1999), Vol. 281 (The Hague: Martinus Nijhoff, 2001)을 보고, 더하여 J. A. Frowein, "Bilanz des 20. Jahrhunderts — Verfassungsrecht und Völkerrecht", in: Hartmut Lehmann (Hg.), *Rückblicke auf das 20. Jahrhundert* (Göttingen: Wallstein, 2000), 35~54쪽과 B.-O. Bryde, "Konstitutionalisierung des Völkerrechts und Internationalisierung des Verfassungsrechts". in: *Der Staat*, 42(2003), 62~75쪽 참조. 더 일반적으로는 A. Emmerich-Fritsche, *Vom Völkerrecht zum Weltrecht* (Berlin: Duncker & Humblot, 2007)과 A. Peters, "Die Zukunft der Völkerrechtswissenschaft: Wider den epistemischen Nationalismus", *Zeitschrift für ausländisches öffentliches Recht und Völkerrecht*, 67(2007), 721~776쪽을 참조.

화의 필요 그리고 지금까지 오직 국민국가 내에서만 그런대로 적절하게 기능했던 정당화의 제도 및 절차 사이에 틈이 벌어지고 있다.

민주주의적 이론의 관점에서 볼 때, 잉게보르크 마우스가 반복적으로 강조했지만,[5] "국민국가의 정당성 소멸과 국민국가의 정당화 자원들에 의존하는 국가상위적 정책의 필요의 동시성"은 경험적으로 잘 확증된 진단이면서 뼈아픈 지점을 건드린다. 예를 들어, 여러 국제조약에 법적 기반을 두고 있는 유럽연합의 제도들이 행사하는 결정권력은 회원국들의 사회적 관계에 아주 깊숙이 들어박혀 있기 때문에 그 결정은 더 이상 이 법적 기반만으로는 정당화될 수 없다.[6]

만약 국제법의 헌법화에 대한 옹호가 민주주의를 실패한 것으로 간주하여 총체적으로 폐지하자는 것이 아니라면, 최소한 초超국가적 공간 안에서 민주적 정당화를 보장할 수 있는 새로운 공치 형태의 제도적 정렬을 위한 모델을 개발해야 한다. 국가주권의 엄호가 없더라도 성립되는 것으로 탐색된 권력정렬은, 비록 부적절하기는 해도 현존하

---

5 I. Maus, "Volkssouveränität und das Prinzip der Nichtintervention in der Friedensphilosophie Immanuel Kants", in: H. Brunkhorst (Hg.), *Einmischung erwünscht? Menschenrechte und bewaffnete Intervention* (Frankfurt: Fischer, 1998), 88~116쪽. 지구적 정치의 입법화에 관해서는 I. Maus, "Verfassung oder Vertrag", in: P. Niesen & B. Herborth (Hg.), *Anarchie der Kommunikativen Freiheit*, 350~382쪽 참조.

6 유럽 헌법의 실패가 가져온 결과에 대해서는 J. Habermas, "European Politics at an Impasse", in: ders., *Europe: The Faltering Project*, tr. by C. Cronin (Cambridge: Polity Press, 2009), 78~105쪽 참조.

[옮긴이] J. Habermas, *Ach, Europa: Kleine Politische Schriften XI* (Frankfurt: Suhrkamp, 2008), 96~129쪽에 실린 ders., "Europapolitik in der Sackgasse: Plädoyer für eine Politik der abgestuften Integration"의 영역이다. 우리말 번역으로는 하버마스, 〈막다른 골목에 처한 유럽정책: 차등의 통합정책을 위한 호소〉, in: 같은 저자, 《아, 유럽》, 윤형식 역 (파주: 나남, 2011), 123~155쪽.

는 헌법국가의 정당화 양식에 연결되어야 하는 반면에, 그와 동시에 그 나름대로 정당화에 기여함으로써 그것을 보완해야 한다. 뒤이은 글에서 나는 우선, 내가 다른 곳에서 발전시켜 왔던 세계사회의 정치적 헌법에 대한 제안을 끌어와 이에 대한 특정한 반론을 하나 예시할 것이다. 그다음, 이 반론에 대한 응답으로 나는 세계시민과 국가시민 각각의 정당한 기대와 요구를 구별하고, 그것들 사이의 잠재적 갈등이 초래하는 충격을 어떻게 제도적으로 완화시켜 처리할 수 있을지 보여줄 것이다. 마지막으로, 나는 세계정부 없는 민주적 헌법을 갖춘 세계사회가 정당화 요구를 어떻게 충족할 수 있을지 검토할 것이다. 국민국가와 그 주민이 특정한 학습과정을 겪는다고 가정하고, 세계정부 없이 민주주의적으로 구성된 세계사회의 정당성 요건이 어떻게 충족될 수 있는지 검토할 것이다.

1. 전 지구적 3층체계와 네이글의 문제

이 개념화 운동의 성패를 결정짓는 것은 — 그리고 여기에서 나는 하우케 브룽크호르스트와[7] 같은 저자를 따르는데 — 헌법국가의 역사적 형태 안에 밀접히 연결되어 있는 국가다움國家性, 민주주의적 헌법, 시

7 H. Brunkhorst, "Demokratie in der globalen Rechtsgenossenschaft", *Zeitschrift für Soziologie*, Sonderheft Weltgesellschaft(2005), 330~348쪽; H. Brunkhorst, "Die Legitimationskrise der Weltgesellschaft: Global Rule of Law, Global Constitutionalism und Weltstaatlichkeit", in: M. Albert & R. Stichweh (Hg.), *Weltstaat und Weltstaatlichkeit* (Wiesbaden: VS., 2007), 63~109쪽.

민적 연대라는 3요소를 분화시키는 데 있다. 자유롭고 평등한 법적 주체의 결사 안에서 정치적 헌법과 연대성을 부양하는 구성원의 지위는 국경을 넘어갈 수 있는 반면, 국가의 실체, 즉 위계적 조직을 갖추고 폭력 독점을 향유하는 기관의 의사결정과 행정집행 권력은 궁극적으로 국가의 내부구조에 좌우된다.

사안을 단순화하기 위해 나는 예전에 썼던 글의 일부를 직접 인용하여,[8] 법적 구성을 갖춘 국제적 공동체에 대한 비非국가적 개념화를 상기하고자 한다. 그 개념화에 따르면, 이 국제적 공동체는 국민국가에 서로 평화적으로 공존해야 한다는 의무를 부과함과 아울러 국가가 자기 영토 안에서 시민의 기본권을 보증할 권위를 부여하는 것, 다시 말해서 국가에 '주권'을 수여하는 것이 된다. 국제적 공동체는 국가가 수행할 기능의 실행을 개관하면서, 만약 필요하다면, 개별 정부의 여러 규칙 훼손에 대응하는 조처를 취할 하나의 세계기구a world organization 안에 체화될 것이다. 다시 말해서, 이 세계기구의 권능은 이러한 근본적 과제에 국한될 것이다. 따라서 세계사회의 정치체제 내에서 국가상위적supranational 수준은 초국가적transnational 수준과 구별되어야 하는데,

전 지구적 다층체계 안에서 안전보장, 법 그리고 자유의 보증자라는 국가의

---

8 J. Habermas, "A Political Constitution for the Pluralist World Society?", in: ders., *Between Naturalism and Religion*, tr. by Ciaran Cronin (Cambridge: Polity, 2008), 312~352쪽.

[옮긴이] 독일어 원본으로는 J. Habermas, "Eine politische Verfassung für die pluralistische Weltgesellschaft?", in: ders., *Zwischen Naturalismus und Religion: Philosophische Aufsätze* (Frankfurt: Suhrkamp, 2005), 324~365쪽.

고전적 기능은 범세계적 차원의 평화 실현과 인권 보장에 전문화된 **국가상위적** 세계기구로 이월될 것이다. 그러나 이 상위의 세계기구는 세계내무정책의 막중한 과제들이 주는 부담을 짊어질 필요는 없을 것 같은데, 이때 세계내무정책이란 한편으로는 층위 지어진 세계사회의 극단적 복지 격차를 극복하고 생태적 불균형을 역전시키며 집단적 위협을 방어하고, 다른 한편으로는 세계 주요 문명들에 평등한 권리를 효과적으로 부여하는 것을 목표로 하여 문화상호간 이해 도달을 진흥하도록 노력하는 것이다.

이 문제들은 **초국가적** 협상체계의 틀 안에서는 다른 양식의 처리를 요구한다. 그것들은 처리할 의지와 능력이 없는 국민국가들을 앞에 놓고 권력과 법을 투입하는 것과 같은 직접적 방식으로 해결될 수 있는 것은 아니다. 그것들은 국경을 넘어서는 기능체계의 고유한 논리, 문화, 종교의 고유한 의미를 침해하는데, 정치는 이해관계의 현명한 균형과 지적 조정의 방식으로 또한 해석학적 개방성을 통하여 이 문제들과 대결해야 한다.[9]

세계기구가 위계적 구조를 가지면서 구성원들이 구속력 있는 법을 제정하는 반면에, 초국가적 수준에서의 상호행위는 혼성다층混性多層지배의 성격을 가질 것이다. 따라서 두 번째 중요한 개념화 운동은, 전문가 위원회 수준에서 서로 독립적인 집단행위자가 내리는 여러 결정들과, 단지 상호의존 상태를 경영하는 수준을 넘어 정치적 과제를 수행하는 중앙협상체계를 조화롭게 조정하는 영역특정적 연결망 사이를 구별하는 데 있다.

---

9 J. Habermas(2008), 앞의 책, 333~334쪽.
[옮긴이] 독일어 원본으로는 J. Habermas(2005), 앞의 책, 346쪽.

오늘날 이미 **초국가적** 연결망과 조직들을 무대로 하여 복잡성이 증가하는 세계사회에서 급증하는 조정 수요를 만족시키는 장치가 서로 밀집하고 또 중첩한다. 그러나 국가적 행위자와 비국가적 행위자에 대한 조화로운 조정이란 국경을 넘어서는 문제 가운데 단지 특정한 범주에만 충분한 규제형태일 뿐이다. 척도의 표준화, 통신 규제 또는 재난예방, 전염병 억제 혹은 조직범죄 척결과 같이 넓은 의미에서의 '기술적' 문제에 대해서는 정보교환, 상의, 통제 및 협정 등의 처리방식으로도 충분하다. 하지만 악마는 디테일에 숨어 있기 때문에, 이런 문제도 경우에 따라서는 상충하는 이해관계의 균정均整을 요구한다. 그러나 이런 '기술적' 문제는, 범세계적으로 예를 들면 에너지정책, 환경정책, 금융정책 및 경제정책 등 공정한 분배와 관련된 문제로서 각 국가의 사회 안에 깊이 닻을 내려 아주 움직이기 힘든 이해관계 상태와 맞물린, 순전히 '정치적' 성질의 문제와는 구별된다.

미래의 세계내무정책이 처리할 이런 문제는 거시적 설계와 긍정적 통합을 필요로 하지만 당분간은 그것을 위한 제도적 틀과 행위자 모두 결여된 상태이다. 현존하는 정치적 네트워크는 기능적으로 전문화되어 있으며, 최선의 경우 포용적으로 합성되어 다자적으로 작업하는 조직으로 이루어지는데, 그 안에서 책임을 지고 최종결정을 내리는 것은, 누가 거기에 들어가든 상관없이, 정부의 대표자이다. 하지만 그 조직이 통상 입법적 권능과 그에 상응하는 정치적 의지형성 과정을 위한 제도적 장치를 구축하는 경우는 전혀 없다.[10]

---

10 J. Habermas(2008), 앞의 책, 323~324쪽.
[옮긴이] 독일어 원본으로는 J. Habermas(2005), 앞의 책, 336쪽.

이 제안에 따르자면, 중앙의 협상체계는 일반적 종류의 권능을 행사할 것이지만, 그것은 개괄적 조망을 유지할 능력을 가진 국가정부의 탄력성을 — 평등한 권리를 가진 회원들로 이루어진 — 다자적 조직의 비非위계적 구성과 결합할 것이다. 결정과 정책을 효과적으로 시행할 대표와 능력을 보유하는 광범위한 지역적 권력체제만이 그런 제도를 작동가능하게 만들 수 있다. 이 조건을 충족시키기 위해서는 미국, 중국, 인도 및 러시아와 같이 '태어날 때부터' 주류 권력을 가진 세력과 그 이웃하는 국민국가와 (아프리카와 같이) 전체 대륙이 유럽연합의 모델에 따라, 물론 하나의 목소리로 말하고 행위하는 권력을 가지게 된 미래의 유럽연합이긴 하지만, 단결해야 할 것이다.

어쨌든 전체 구조물이 그에 따라 서거나 넘어지는, 그런 있을 법하지 않은 형세는 몇몇 전 지구적 경기자들global players의 손안에 정치권력이 특정하게 집중되기를 요구한다. 이러한 집중은 세계사회의 기능적 분화에 의해 발휘되는 원심력에서 비틀어 짜내서 얻어질 것이다. 되돌아갈 수 없는 지점을 이미 지나쳤는지 여부를 판단하기 위하여[11] 우리는 체계의 발전뿐만 아니라 규범이 발전한 궤적도 추적해야 한다.

---

11 사람들은 대부분의 경우 명확한 정치적 책임을 벗어나 '전 지구적 행정법'이라는 개념의 영감을 제공한 비공식적 법적 혁신의 네트워크로부터 이런 인상을 받을 수 있다. '국제적 법질서에서 전 지구적 공치와 전 지구적 행정법(Global Governance and Global Administrative Law in the International Legal Order)'에 관한 심포지엄 도입부에서 크리쉬와 킹스버리가 발제했으며 이후 학술지 〈유럽국제법〉에 게재된 N. Krisch & B. Kingsbury, "Introduction: Global Governance and Global Administrative Law in the International Legal Order", in: *European Journal of International Law*, 17/1(2006. 2.), 1~13쪽을 참조.

아무리 이 작동틀 자체가 구축되어 있다고 하더라도 그런 결의들을 이행할 수 있는 집단적 행위자는 여전히 결여되어 있다. 내가 생각하는 것은 대륙 전체에 대해 충분한 대의원을 확보한 협상위임과 필요한 집행권력을 장악한 지역적 내지는 대륙적 지배체제이다.

정치는, 한눈에 알아볼 수 있는 숫자의 전 지구적 경기자들이 모인 중간급의 경기장이 펼쳐질 경우에 한해서 체계적으로, 즉 거의 자연발생적으로 보이게끔 통합된 세계경제와 세계사회에서 자발적으로 발생된 규제적 조정의 필요를 의도적 방식으로 충족시킬 수 있을 것이다. 이 전 지구적 경기자들은 수시로 교착하는 연정을 형성하고, 탄력적인 권력비중의 균형을 창출하면서 — 무엇보다도, 생태와 경제에 걸친 범세계적 기능체계의 구조를 설정하고 그 틀을 조절하는 문제에서 — 구속력 있는 타협을 교섭하고 관철시킬 수 있을 정도의 강력함을 보유해야 할 것이다. 이 방식으로 초국가적 무대에서 여러 국제관계는, 우리가 아는 바와 같이, 양태를 변화시킨 형태로 계속 존립할 것이다. 바로 그렇게 양태가 변화되는 이유는, 유엔이라는 효과적인 안전보장체제 아래에서 전 지구적 경기자들 가운데서도 가장 세력이 강한 경기자들이 갈등 해결의 정당한 수단으로 전쟁에 의존하는 것이 방지될 것이기 때문이다.[12]

이 개념화에 의거하면, 세계사회의 정치체계 중에서 가장 하위에 위치하지만 '모든 것을 떠받치는' '국가적' 층위는 현재 유엔 회원국들이 차지할 것이다. 그런데 이 회원국들의 정치적 헌법은 세계기구의

12 J. Habermas(2008), 앞의 책, 324~325쪽.
[옮긴이] 독일어 원본인 J. Habermas(2005), 앞의 책, 336~337쪽.

헌법적 원칙과 부합해야 함에도 불구하고 '국민-국가nation-states'를 지시하는 것은 역사적으로 유럽에서 제일 먼저 등장했던 제1세대 국민국가와의 잘못된 비교를 시사한다. 게다가 그것은 다른 국가가 취했던 발전경로의 폭넓은 변양을 해명하지 못한다. 예를 들어 미국이나 오스트레일리아 같은 이민국가, 중국 같은 오래된 제국이나 러시아 같은 신생 제국이면서 붕괴된 국가, 유럽으로부터 탈식민지화된 인도, 아프리카, 동남아시아의 국가들도 있다. 현재의 맥락에서 가장 중요한 것은 국민국가들이 모든 다른 차이에도 불구하고 법적으로 구성된 세계사회를 위한 민주주의적 정당화의 가장 중요한 원천을 표상한다는 점이다. 이로부터 특히 정당화의 이전은 지역적 지배체제 안에서 끊겨서는 안 된다는 요구가 따라 나온다. 이것은 현재의 발전 단계에서 유럽연합이 일차적으로 간여하는 문제, 즉 유럽연합이 만약 회원국의 정당화 표준을 충족해야 한다면 국가의 성격을 어느 정도나 갖추어야 하는가 하는 문제를 건드린다.

정당화의 연쇄는 과연 정치적 헌법을 갖춘 세계사회의 모든 층위를 가로질러 굳게 유지될 수 있을까 하는 문제를 — 적어도 개념적 일관성의 관점에서 — 검토하기 전에 나는 먼저 세계기구가 국가의 성격을 취할 것이라는 점을 부정하는 데서 따라 나오는 정당화의 문제를 공개적으로 언급하고 싶다. 나의 제안에 대한 논평에서 라이너 슈말츠-브룬스는 폭력에 기반한 국제정치의 형태를 헌법적으로 순치하기 위해 '추상적 형태의 국가다움國家性의 필요불가결한 계기'를 제시하면서 '문맥적으로 적합한 방법으로 그 계기를 재차 특정화'하고 있다는 점에서 문제의 핵심을 보고 있다.[13]

그렇기는 해도 그가 우선적으로 염두에 두는 것은 국가의 구성원인

시민이 **세계시민**cosmopolitan citizens이면서 **국가시민**national citizens이라는 서로 대조적인 역할을 함에 있어 두 역할에 대해 각각 어떤 정당한 기대와 수요가 제기되는가 하는 점과 관련하여 설계적으로 제안된 건축물에 구멍이 뚫어지면서 틈이 벌어진다는 것이다. **세계시민**들의 지향은 평화와 인권에 관한 유엔 정책이 전 지구적 경기자들 사이에 협상된 전 지구적 내무정책에 못지않게 충족시켜야 하는 보편주의적 표본에 의거한다. 그와 대조적으로 **국가시민**들은 자기네 정부와 전 지구적 경기자들의 행실을 정의에 대한 **전 지구적** 표준과의 부합 여부가 아니라 무엇보다 **국익** 또는 **지역적 내지 대륙적** 이익의 효과적 추구라는 척도로 측정한다. 그러나 이러한 갈등이 같은 시민들의 머릿속에서 싸움을 벌인다면, 국제적 공동체의 세계시민적 골격틀 안에서 발출했던 정당성의 관념은 각 국민국가의 준거틀에서 도출되는 정당한 기대나 수요와 불가피하게 충돌할 것이다.

슈말츠-브룬스는 토머스 네이글에 반대되는 논지를 계속함에도 불구하고, 전 지구적 정책을 국내적으로 법제화하는 것은 아무리 자기귀속적으로 구조 지어져 있다고 하더라도, 오직 세계공화국 안에서만 가능한 것이라고 **사고될 수 있다**는 네이글의 논거에 호소한다. 슈말츠-브룬스는 네이글의 다음 언급을 인용한다.

---

13 R. Schmalz-Bruns, "An den Grenzen der Entstaatlichung: Bemerkungen zu Jürgen Habermas Modell einer 'Weltinnenpolitik ohne Weltregierung'", in: P. Niesen & B. Herborth (Hg.), *Anarchie der kommunikativen Freiheit*(앞의 각주 5), 269~293쪽. 또한 W. E. Scheuerman의 논평문인 "Global Governance without Global Government? Habermas on Postnational Democracy", in: *Political Theory*, 36/1(2008), 133~151쪽을 참조.

나는 국제적 공치governance의 보다 새로운 형태와 옛날의 형태가 개인적 시민과 인상적일 정도로 간접적인 관계를 맺고 있다는 것, 그리고 이것이 도덕적으로 유의미하다는 것을 믿는다. 이 모든 연결망은 개인들의 대표가 아니라 국가의 기능과 제도의 대표들을 다 함께 모은다. 국가제도는 자기 나라의 시민에 대해 책임을 지며 자기 나라 시민의 사회정의를 지원함에 있어 유의미한 역할을 수행할 수 있어야 할 것이다. 그러나 전 지구적 또는 지역적 연결망은 모든 국가의 시민을 몽땅 합친 각 나라의 전체 시민의 사회정의에 대하여 이와 유사한 책임, 즉 **전 지구적 내지 지역적 연결망이 실재할 경우 회원국 대표자들에 의해 집단적으로 행사되어야 할 책임**을 지지는 않는다.[14]

위 인용문 마지막 구절에서 굵게 부각시킨 반反사실적 조건문이 강조하는 것은 슈말츠-브룬스의 핵심 결론, 즉 각 국가 또는 지역의 정부가 시민에 대해 짊어지는 정치적 책임은 정치적 세계헌법에서, **이 세계헌법 자체가 국가의 성격을 취하는 경우에 한해서**, 정의에 대한 보

14 T. Nagel, "The Problem of Global Justice", *Philosophy and Public Affairs*, 33/2 (2005), 113~147쪽, 이 글이 실린 영어판에서는 J. Habermas, "9 Political Communication in Media Society: Does Democracy still have an Episdemic Dimension? The Impact of Normative Theory on Empirical Research", in: ders., *Europe: The Faltering Project* (Cambridge, UK/ Malden, MA, USA: Polity Press, 2009. 3.), 139쪽 이하.

[옮긴이] 하버마스의 독일어 원본에서는 J. Habermas, "Hat die Demokratie noch eine epistemische Dimension? Empirische Forschung und normative Theorie", in: ders., *Ach, Europa: Kleine politische Schriften XI* (Frankfurt: Suhrkamp, 2008. 3.), 139쪽 이하. 우리말 번역으로는 하버마스, 〈11. 민주주의는 아직도 인식적 차원을 갖는가? 경험적 연구와 규범적 이론〉, in: 같은 저자, 《아, 유럽》, 윤형식 역 (파주: 나남, 2011), 169쪽 이하.

편주의적 표준들의 우선순위에 따라 제도적으로 상대화될 수 있다는 것을 가리킨다. 왜냐하면 하나의 세계국가 안에서만 전 지구적 정치 질서가 시민들의 의지를 기반으로 구축될 수 있기 때문이다. 오직 그런 골격틀 안에서만 시민들의 민주적 의견형성과 민주적 의지형성 모두가 세계 전체 시민의 통일성에서 진행되는 **일원론적**monistic 방식으로, 또 **효과적으로** 조직될 수 있고, 이에 따라 각종 결정과 법들을 집행할 구속력을 갖게 된다는 것이다.

토머스 네이글의 반론에 대한 대응으로 나는 그에 대해 차별화를 두고 싶다. 정치적 헌법을 가진 세계사회는 시민들과 아울러 국가들로도 구성될 것이므로, 의견과 의지의 형성에 의해 생산되는 정당화의 흐름은 시민들에서 통치권력으로 직접 진행될 수 없을 것이기 때문이다. 대신 우리는 정당화의 두 경로를 고려해야 한다.

첫 번째 경로는 세계시민들로부터 출발하여 자기들 시민들에 반응하는 회원국들로 구성된 하나의 국제공동체를 경유하여 시민들로 또 세계기구의 평화와 인권정책으로 도달하는 길일 것이다.

두 번째 경로는 국가적 시민들로부터 출발하여 이들에 부응하는 국민국가(그리고 그 국가가 실존하는 곳에 있는 관련된 지역지배체)를 경유해 초국가적 협상체계에 도달하는 길인데, 이 협상체계는 그 국제공동체의 **뼈대 안에서** 지구내무정책의 쟁점에 대해 책임지게 될 것이다.

위의 두 경로 모두 세계기구의 총회로 수렴될 것이다. 왜냐하면 이 총회는 세계사회의 정치적 헌법에 대한 해석과 더 나아가 그런 헌법의 개발 그리고 이에 따라 평화와 인권정책 및 전 지구적 내무정책 모두에 대한 규범적 매개변수를 책임질 것이기 때문이다.

2. 세계헌법의 주체로서 개인과 국가

나는 국가 없는 세계헌법의 민주적 구성에 대한 네이글의 개념적 반론이 오도될 소지가 있는 비유를 쓰고 있다고 의심한다. 사회계약의 비유를 국제법의 헌법화에 적용하면 사회계약론의 전통에서 국민적 법의 헌법화를 위한 비판적 척도로서 유용했던 '자연상태'와 같은 개념적 구조를 갖게 된다. 그러나 서로 다른 국민들 출신인 시민들로 구성된 정치 이전의 전 지구적 시민사회가 정치적 자율권력을 획득하는 것은 기존의 국가권력에 헌법을 부여하는 것과 다른 일이다. 고전적 정치이론에서 '자연상태를 떠난다'라는 사고실험은 국가권력이 자유롭고 평등한 개인의 이성적 의지에서 출발하는 것처럼 국가권력을 재구성하는 것인데, 이것은 절대주의 국가를 순치시키는 데 적합하였다. 그러나 현재 우리가 당면한 딜레마를 고려하면 법의 지배 아래 있는 국민국가의 정당성을 무시하고 국가에 선행하는 본래 조건으로 되돌아가는 데는 부적절하다. (하지만 다음에 따라오는 구절에서 나는 강력한 단순화를 시도하여 모든 국가가 민주주의 헌법을 발전시킨 것은 아니었다는 사실은 무시할 것이다.)

오늘날 세계정치의 법제화를 어떻게 개념화하든 간에 그 출발점은 세계헌법의 주체를 기초 짓는 두 범주를 구성하는 것이 개인 그리고 국가일 수밖에 없다는 점이다. 우리가 정당성을 가졌다고 상정하는 헌법국가들은 시민의 정치적 자결自決을 보증함에 있어 이미 그들이 통상 수행하는 역할에 의하여 창설 회원으로서의 자격을 갖는다. 잠재적 세계시민에 더해 정당화의 가능한 원천을 대표하는 또 다른 요인으로는 국가가 있다. 왜냐하면 '애국적'이라는 말이[15] 가진 최선의 의미에서 애국적 시민은 스스로를 그것과 동일시하고, 그것에 대하여 스스로 책임 있다고 느끼며, 비록 자기비판적 방식이지만, 자신들의 국민적 역사에까지도 확대시키는, 그런 국민적 생활형태를 보존하고 향상시키는 데 관심이 있기 때문이다.

'제 2의 자연상태'라는 사고실험이 국가들을 집단적 주체로서 고려해야 할 이유는 또 하나 있다. 권위적 국가권력을 **제한하는** 것이 아니라 정치적 의사결정의 능력을 **창출하는** 것이 중요한 사안인 곳에서는 정당한 폭력수단을 이미 통제하여 정치적 헌법을 갖춘 국제적 공동체에 그것들이 **가용될 수 있도록** 만드는 것은 필수불가결하다.

이상의 논의를 요약하자면, '제 2의 자연상태'라는 사고실험은 3가지 본질적 조건을 만족해야 한다.

a. (토머스 네이글이 분석한 대로) 세계시민과 국가시민 양쪽의 규범적 표준 사이에서 나타나는 모순은 일원론적인 헌법적 정치질서 내에 잠복한 뇌관을 제거하지 않으면 안 되며,

b. 이와 동시에, 이 일원론적 건축은 — 국내 영역에서 축적된 신뢰자산과 국민들 각각에 대해 각종 결사를 통해 시민이 보이는 충성을 무시하는 — 하나의 세계공화국의 권위에 국가들의 세계가 합병되는 것으로 귀착되어서는 안 되고,

c. 명백하게 드러나는 각 국가의 국민적 성격과 그에 상응하는 생활형태에 대한 맹신이 도리어 국가상위적이고 초국가적인 결정의 효과성과 구속력 있는 집행을 약화시켜서는 안 된다.

---

15 J.-W. Müller, *Constitutional Patriotism* (Princeton, NJ: Princeton University Press, 2007).

(a)에 대하여, 위와 같은 윤곽으로 파악된 3층체계 안에서 국가상위적 층위는 두 측면에서 살펴볼 수 있는 하나의 세계기구에 의해 대표될 것이다. 세계기구가 개입하고 규제하는 권위를 갖는 한, 평화를 보장하고 인권을 보호하는 기초적 기능에 전문화될 것이다. 하지만 동시에 세계기구가 국가들과 시민들 전반의 국제공동체도 체화한 것인 한, 전 지구적 법체계의 **통일성을 재현**할 것이다. 그 헌장은 국제적 조약과 국내적 국민투표 모두에 기반을 두고 있는 것으로 간주되어 그에 따라 (흡사 유럽헌법 초안에서나 사용할 법한 공식을 메아리처럼 되울리듯이) '전 세계 국가들의 모든 시민의 이름으로' 제정되는 것으로 간주될 것이기 때문에 세계시민적 헌법의 역할을 할 수 있다.

한편으로는 세계시민의 대표들로 구성된 총회가 있고 다른 한편으로는 민주적으로 선출된 회원국의 의회에서 온 위임대표들, 혹은 달리 표현하면 세계시민을 직접 대표하는 세계시민원과 국가들을 대표하는 국가대표원이 있다고 해도 될 것이지만, 이 두 기구가 처음 제헌총회를 소집하고 그에 따라 — 입법부로서 그 기능이 헌장의 해석과 정교화에 국한됨에도 불구하고 — 기능적으로 전문화되어 이미 확립된 세계기구의 골격 안에서 하나의 세계의회라는 영구적 형태를 취하게 될 것이다.

(b)에 대하여, 총회는 다른 무엇보다도 지구내무정책이 그 방향을 취해야 하는 초국가적 정의의 원칙과 관련하여 의견과 의지를 포용적으로 형성하는 제도적 중심지가 될 것이다. 그러나 이 토론은 정의가 총회 구성에 의해 특정 의미에서 사전 결정될 것이라는 단순한 이유로 인해 정의에 대한 철학적 토론의 형태를 취할 수 없었다.[16] 회원국과 전 지구적 시민사회의 시민들의 대표라는 것이 단 하나의 개인 안에

통일되어 있는 경우에조차 그들은 정의에 관해 서로 경쟁하는 관점들을 화해시켜야 할 것이다. 위임대표자들은 국민국가의 시민들을 대표할 의무와 세계시민들로서 자기 역량 안에서 이들 동일한 시민들의 이해관계를 보호할 의무를 결합시켜야 할 것이다. 자기 정체성의 반을 다른 반에 희생시킬 수 없는 위임대표자들의 이중적 위상은 — 달리 표현하면 각 대표 영역에 상응하는 두 부류의 의원으로 구성된 체계의 확립은 — 각 국가의 온전성과 그에 상응하는 국민적 생활형태를 위태롭게 할 수 있을 결정을 선험적으로 예방할 것이다.

이 정세 구도에서 보면 초국가적 정의의 근본문제는 사전 규정된 제도적 전제 아래에서 발생할 것이다. 첫째, 하나의 세계시민적 정치질서 안에 모든 개인을 포용하는 것은 모든 사람에게 정치적·시민적 기본권이 부여되어야 할 뿐만 아니라 이에 더해, 이 권리의 '공정한 가치'가 보증되어야 한다고 요구할 것이다. 이것은 세계시민들이 자기에게 형식적으로 주어진 권리를 효과적으로 사용할 수 있으려면 각자의 국지적 맥락이 주어질 경우 그들이 요구하는 조건도 보증받아야 할 것임을 의미한다. 이 토대 위에서 국가적 연대와 세계시민적 연대 사이의 공정한 경계, 즉 양자 모두 받아들일 수 있는 경계가 그어져야 할 것이다.

이 다루기 까다로운 교묘한 문제는 자연재해, 전염병, 전쟁 등의 경우뿐만 아니라 우선은 국가, 정부, 국민들 사이의 협력이 증대하는 데

---

16 그럼에도 불구하고 이것은 T. Nagel, "Extra republicam nulla justistia?", *Philosophy and Public Affairs*, 34/2(2006), 147쪽에 나온 네이글의 방법론적 국가주의에 대한 비판에서 조슈아 코헨(Joshua Cohen)과 찰스 세이블(Charles Sabel)이 취한 입장이다.

서 연원하는 상호의무부담과 관련하여 발생하는 것이다. 그런 협력은 생성 중인 하나의 세계사회에서 기능적 상호의존성이 성장함에 따라 생기는 불가피한 결과이다. 자기와 가장 멀리 떨어진 세계지역이라도 경제, 정보통신 및 문화에서 이루어지는 **똑같은** 전 지구적 실천 안에 포용되면서, (상호인정된 국경과 정체성을 토대로 한) 각 국가의 정부가 시민을 향해 지는 **특수한** 의무가 어느 때에 국제적 공동체의 구성원인 세계시민을 향해서도 평등하게 지게 되는 법적 의무부과보다 뒷전이 되어야 하는지 하는 문제가 긴급사안으로 제기된다.

각 국가에 대한 이러한 의무부과는 특권을 가진 국민이나 불이익을 본 국민이 모두 **세계시민으로서의 나름의 역할**을 수행한다고 되어 있는 곳에서 전자가 후자에 대해 갖는 의무에서 도출된다. 사실 이런 종류의 쟁점은 결코 새로운 것이 아니다. 왜냐하면 개별 국가 안에서도 유사한 문제가 발생하기 때문이다. 독일과 같은 연방국가의 헌법이 '평등한 생활 조건'을 촉진하기 위해 연방을 구성하는 각 주州와 지역 사이에 세입 분담을 요구할 때, 더 많이 생산하고 더 잘사는 주의 주민들이 어떤 경우에 그리고 어떤 측면에서 자기 지역의 이익보다 국민적 시민연대를 우선시할 것을 요구받을 수 있는지에 관한 평가가 이루어져야 한다. (정치적 단위와 반대되는 개별적 개인과 관련하여 보자면 '생산부문의 부담을 경감하고자' 하는 자유주의자와 '빈곤층과 부유층 사이의 소득 양극화'를 막으려는 사회주의자 사이의 경제적·사회적 정책에서의 논쟁은 그들 자신과 부양가족을 향한 사적 시민들의 특수한 의무에 대해 시민적 연대가 과연 우선성을 갖는지에 관한 논란으로 이해될 수 있다.)

(c)에 대하여, 만약 국민국가가 국가로서의 성격을 보유하고 그에 따라 폭력 사용에 대한 독점도 계속 유지한다면, 세계정부 없는 일종

의 전 지구적 내무정책이라는 기획은 고상한 정신에 입각하여 동의된 원칙과 규범을 누가 집행해야 할 것인가 하는 중요한 질문을 열어놓는 셈이다. 말하자면, 국가들이 여전히 국가로 남아 있는데도 정의로운 지구질서의 집행을 확실하게 보장할 수 있는, 국가 수준을 넘는 기구를 우리는 어떻게 상상해야 하는가?

이 질문에 대해 다층체계 모델은 관련된 정책 분야에 따라 서로 다른 대답을 제공한다. 이 모델에 따르면 세계기구는 국제평화를 보장하고 인권을 보호하는 것으로 상정되기 때문에 회원국 각각에 대해 위계적으로 상위의 지위를 가질 것이다. 그것은 비상시 무력을 사용하고 능력과 의지를 가진 회원국에게서 '빌려 온' 제재역량에 의존할 것이다. 잘 숙지되어 있는 안전보장체계의 논리에 따르면, 그리고 적절하게 개혁된 세계기구의 골격 안에서, 그런 집행체제가 확립될 수 있는가 하는 문제는 주권국가들이 얼마나 자신을 연대성의 끈에 묶인 국제공동체 회원으로 이해하느냐에 달려 있다.

초국가적 수준에서는 국제기구에 의해 이미 충족되어 있는 기능체계 사이를 조율할 필요가 증가하고 있다. 그러나 우리가 보았듯이, 이것은 주로 전문가들이 답변할 수 있는 기술적 문제에 해당될 뿐, 뿌리 깊은 이해관계의 갈등까지 건드리지는 않는다. 재분배의 쟁점을 포함하는 문제에 오면 상황이 완전히 달라져 국가 사이의 적극적 행위조율을 요구한다. 진정 전 지구적인 정치적 시각을 요하는 쟁점에서 여러 계획을 결정하고, 광범위한 규모로 집행할 필수적 제도와 절차는 현재 결여되어 있다. 그 밖에도 또 결여되어 있는 것은 이 쟁점에 대해 타협하고 공정한 협상을 통해 도달한 여러 결정의 집행을 보장하는 적합한 행위자들이다.

3. 정당화 요구와 학습과정

가능한 세계질서 구상의 윤곽을 그렸기 때문에 나는 이제 국가의 성격을 취하지 않은 상태에서 이 세계질서에 상응하는 정치적 헌법을 갖춘 세계사회가 민주적으로 정당화될 수 있는 조건과 관련하여 이 글 처음에 제기했던 물음으로 돌아가고자 한다.

국가상위적 수준에서는 정당화에 대한 필요가 두 측면에서 발생한다. 즉 한편으로는 총회의 협상과 의결, 그리고 다른 한편으로는 안전보장이사회, 사무국, 재판소의 입법·행정·사법적 실천이 정당화되어야 한다. 각 경우마다 필요로 하는 정당화 사이에는 질적인 차이가 있지만 **기능적인 전 지구적 공론장**이 출현할 경우에 한해서 이 두 측면의 정당화 모두가 충족될 수 있다.[17] 관련된 쟁점에 감수성을 갖고 민감한 경계심을 발휘하는 시민사회 행위자들은 그에 상응하는 쟁점과 결정에 범세계적 투명성을 제공하면서 세계시민들로 하여금 충분한 정보에 입각한 의견을 발전시켜 이 쟁점에 대해 일정 입장, 즉 총회의 투표를 통한 것에 버금갈 효과를 가질 수 있는 입장을 취할 수 있는 능력을 갖도록 해야 한다.

이런 종류의 피드백은 위의 요구에 부응하는 개혁을 겪었던 (사법영역까지 확장된) 세계기구의 다른 기관의 경우에는 부재한다. 정당화의 사슬에서 누락된 이 고리는 반대쪽에서 정당화의 필요가 지닌 **본성**

---

17 이와 관련하여 P. Nanz & J. Steffek, "Zivilgesellschaftliche Partizipation und die Demokratisierung internationalen Regierens", in: P. Niesen & B. Herborth (Hg.), *Anarchie der kommunikativen Freiheit*(앞의 각주 5), 87~110쪽에서 보고된 경험적 연구들에는 보다 회의적인 해명이 제시되어 있다.

으로 무게를 잡아 균형이 맞추어질 것이다. 세계기구의 총회는 국제법 아래의 입법자로서 (이미) 인권의 의미를 내적으로 정교화하는 논리에 복종하고 있다. 국제정치가 이 발전으로부터 신호를 받는 한, 국가상위적 수준에서 귀결하는 과제는 정치적인 것이라기보다는 사법적인 것일 터이다. 확실히, '이름을 불러 부끄럽게 한다naming and shamimg'는 식의 딱 한 가지 약한 제재권력만 갖고 널리 분산된 세계여론은 세계기구의 입법, 행정 및 사법 분야에 걸친 결정에 대해 기껏해야 약한 형태의 통제만 가할 수 있을 것이다. 그러나 이런 결점이 내적 통제를 통해, 다시 말해서 총회가 한편으로는 (개혁된) 안전보장이사회의 의결들에 대항하여, 또 다른 한편으로, 상응하는 권력을 갖춘 국제형사재판소 앞에서 안전보장이사회의 제재를 따르는 당사자로부터 제기되는 항소권의 위상을 제고함으로써, 보정補正될 수 있을까?

이러한 기구들 사이에서 운영과 상호작용이 장시간 소요되는 민주주의적 학습과정의 결과를 반영하는 헌법적 원칙과 절차에 일치하는 한, 나머지 정당화의 필요는 비공식적인 전 지구적 의견으로 충족될 것이라는 점은 수긍가능하다. 왜냐하면 국제법을 어기고 이라크에 침공한 것에 대해 범세계적 항의가 일어난 것에서 입증되듯이, 세계사의 위기적 순간에 분기된 전 지구적 여론이 획득하여 국민적 공론장의 채널을 통해 각국 정부에 이전시키는 동원된 결집 권력mobilizing power은 주류를 이루는 정치적 충격력을 가질 수 있기 때문이다.

반인륜 범죄를 범하면 안 된다든가, 침략 전쟁을 자행하지 말아야 한다는 등의 보편주의적 정의 도덕이 부과하는 소극적 의무는 모든 문화에 닻을 내리고 있으며, 다행스럽게도, 세계기구의 기관들이 그것에 의거하여 여러 결정을 내적으로 정당화해야 할 사법적으로 정교화된 여러 표준에도 부응한다. 사법절차의 규범적 권력에 대한 신뢰는 증명된 민주주의의 모범적 역사가 인류의 집단적 기억으로 '확장'시킨 정당성에 대한 '신용credit'에서 그 자양분을 얻는다.

그런데 초국가적 수준에서 등장할 정당화의 필요는 다른 종류에 해당한다. 전 지구적 경기자들에 의해 협상된 지구내무정책의 여러 규제는 그 영향을 받는 주민의 관점에서 볼 때 고전적인 대외 정책의 기풍을 그대로 간직할 것이다. 확실한 것은 — 갈등 해결의 수단으로서 전쟁의 사용은 금지되겠지만 — 세계시민적 헌법의 규범적 골격은 불평등한 동반자들 사이에 권력에 의해 추동된 타협이 형성될 경우, 헌장에 의해 강제력을 가진다고 규정된 특정한 규범적 한도를 훼손하는 것을 금지하리라는 점이다. 결과의 공정성은 권력균형의 메커니즘과 독립적으로는 보증될 수 없는바, 그 보증은, 다른 무엇들 가운데서도, 신중한 연정prudent coalition을 결성하는 능력에서 완전히 주어질 수 있을 것이다. 이는 초국가적 수준에서 고전적 세력정치power politics를 선호하는 가운데 규범적 논변이 배제될 것임을 의미하지 않는다. 세력정치는 국제적 공동체의 규범적 골격 내부에서는 더 이상 최종결정권을 갖지 못할 것이다.

이해관계의 균형 잡기는 총회에서 계속적인 조정에 따르면서 정의의 척도를 준수한다는 단서 아래 초국가적 협상 체계 안에서 발생할 것이다. 규범적 관점에서 볼 때 권력에 의해 추동되는 타협 과정은 국가상위적 수준에서 협상되는 초국가적 정의 원칙을 적용하는 것으로도 이해될 수 있을 것이다. 그러나 이 경우 '적용'이 법의 해석이라는 법조적 의미로 이해되어서는 안 된다. 정의의 원칙은 아주 고차적인 추상화 수준에서 정식화되어 있기 때문에 그 원칙이 개방시킨 자유재

량의 범위는 정치적 수준에서 보정되어야 할 것이다.

여기에서 협상되는 타협의 민주적 정당성은 두 기둥 위에 받쳐질 것이다. 국제조약의 경우와 같이 그것은, 한편으로, 협상 상대방의 정당성에 의존할 것이다. 위임권력과 지역적 지배체제는 그 자체 민주적 성격을 취해야 할 것이다. 유럽연합이라는 모범적 사례에서조차 실재하는 민주주의 결손의 관점에서 보면, 국경을 넘는 민주적 절차의 정당화 사슬의 이러한 확장은 어마어마하게 야심 찬 요구이다.

다른 한편으로, 국민국가적 공론장은 지역적 지배체제와 주요 권력 내에서 초국가적 정치를 위한 투명성이 창출될 수 있을 정도로 서로에 대하여 책임 있는 반응성을 보여야 할 것이다. 위임받은 수석 협상가는 지구내무정책의 척도와 관련한 정치적 의견과 의지 형성의 과정이 위임 당국에 영향을 미칠 수 있는 시민 사이에서 일어날 수 있는 경우에 한해서 번역 수준에서의 민주적 신탁권信託權을 획득할 것이다.

정당화의 필요가 지닌 본성에 대해서는 여기까지 논하기로 한다. 그러나 위에서 윤곽이 그려진 제도적 골격 내부에서 정당화가 충족되기 이전에 요구될 학습과정에는 어떤 것들이 있을까? 지금까지 우리는 단지 개념적 정합성의 문제만 공표했을 뿐이었다. 그러나 그런 구조물은 항상 미심쩍은데, 다시 말해 그것은 단순히 소박한 사변물인가 아니면 구체적 딜레마로부터의 출구를 제시하는 것인가?

많은 논평가들은 강대국들이 유엔 법을 효과적이고 불편부당하게 집행할 수 있는 충분한 제재수단을 만들어낼 것이라는 가정이 국민국가 권력의 중요성에 대한 순진한 과소평가를 반영한다는 의심을 표명한다. 이 점은 특히, 지역적 지배체제와 주요국 사이에서 국내 정책과 대외 정책 사이의 애매한 영역 안에서 규범적 제약을 받으면서 무력 사용이 동결된 평화로운 상태 아래 여러 세력이 벌이는 상호작용이, 더 많든 더 적든, 공정한 지구내무정책을 위한 적당한 매체를 제공할 수 있었다는 좀 더 폭넓은 생각에 해당된다. 우리가 아는 국가, 국민, 민족은 이 규범적 기대를 충족시키는 것과는 여전히 거리가 멀다는 것은 명백하다. 국가권력의 이해관계가 지닌 강도와 문화적 갈등의 병적 독성과 관련된 여러 환상을 여전히 품에 안고 있던 이라면 누구나 2001년 미국 정부의 정책 변화를 통해 규범적 제한에 대한 위반의 방아쇠가 당겨진 이래 미망迷妄에서 깨어나는 경험을 해왔다. 다른 한편으로, 반들반들하게 니스를 칠한 이중 잣대 정책은 더 이상 정상적인 것으로 받아들여지지도 않는다. 이런 비판은 현재 폭넓게 수긍되고 있는데 전후 시기 유럽과 지구상 다른 지역에서 이미 시작되었던 역사적 학습과정으로도 정당화된다.

정치적 헌법을 갖춘 세계사회라는 관점에서 보면 각국의 정부와 주민 모두 새로운 방향성을 받아들여야 할 것이며 이러한 의미에서 '학습해야' 할 것이다. 그리고 점점 더 지구화되는 경제와 점점 더 복잡해지는 세계사회로부터 가해지는 협력에의 압력에 노출된 더 작은 국가로서는 세계기구의 규범을 내면화하는 것이 더 쉬움은 물론이다. 주요 강대국보다 세력이 약한 국가는 폭력수단에 대한 자기의 독점을 형식적으로는 폐기하지 않는 가운데 스스로를 국제공동체의 구성원이면서 국제기구 안의 '공동경기자들co-players'로 보기에 이르기가 강대국보다 더 쉬움을 깨닫는다.

사실상의 발전은 국제법에 있어 기본개념의 진화라는 규범적 수준에도 반영되어 있다. '주권'의 고전적 의미는 한스 켈젠이 예기했던 방향으로 이미 그 축이 옮겨 갔다. 오늘날 주권국가는 세계공동체의 오류가능한 행위자로 작동한다고 상정되어 있는데, 즉 언제든지 제재를 받을 수 있다는 위협 아래 주권국가의 과제는 국경 안에서 통용되는 기본적인 법적 권리라는 외양 안에서 시민들이 모두 평등한 인권을 향유할 수 있도록 보증하는 것이다.

지금까지 실정적이고 '강제적인' 국가법으로부터 그 존립신호를 취했던 합법적 타당성의 개념화 역시 암묵적 변화를 겪는 중이다. 법을 제정하고 집행하는 권능이 더 이상 똑같은 손안에 놓여 있지 않는 한, 이 개념화의 본질적 사전전제는 더 이상 충족되어 있지 않다. 이 측면에서 국가상위적 수준과 국민국가적 수준 사이의 분업을 갖춘 유럽연합은 교육적 사례를 제공한다. 중앙기구는 유럽 법을 제정하는 반면, 회원국은 정당한 폭력수단을 계속 독점함에도 불구하고 유럽대륙 차원의 해당기관이 단행하는 결정을 아무런 이의제기 없이 집행할 의무가 있으며 또 사실상 집행하고 있다. 이런 패턴이 국제법의 다른 부문에서도 작동하기 때문에, 법적 타당성의 차원 또는 구속성의 정도에 있어 국제법과 국민국가법 사이에서 나타나는 간극은 이미 좁아지고 있다.

또 다른 학습과정은 각국 정부보다는 국민, 즉 국민국가의 진화에 역사적으로 묶여 있는 국민의 완강한 사고방식을 극복하는 일과 관련된다. 국민국가가 특정 권한을 부여받은 전 지구적 행위자로 지역적 차원에서 용융鎔融되는 과정에서 국민의식(또는 민족의식 — 옮긴이) 및 이미 고도로 추상적인 형태를 가진 시민적 연대라는 기존 토대가 계속 확장되는 국면에 들어서야 할 것이다. 국경 안에서 다원주의적인 시민적 정조에 대한 관용의 요구가 더 많이 받아들여질수록, 종교·인종 또는 민족주의 등의 동선을 따라 이뤄지는 대중 동원이 통할 개연성은 더욱 줄어들 것이다. 이런 의미에서 유럽적 '정체성'의 발전은 이미 몇몇 회원국 안에서 일어나고 있는 과정의 계속으로 이해될 수 있다. 역사적 경험의 도전에 반응하는 중이면서도 출신국과의 끈을 여전히 유지하는 이민자 집단이 문화적, 정치적으로 통합됨에 따라 이들 국가에서 시민적 통합의 진정한 토대로 이해되는 헌법애국주의constitutional patriotism의 선도적 신호는 이미 존재하고 있다.

지금까지의 진행과정에서 국민국가적 정부는 새로운 실천의 방아쇠를 당기고 자급자족적 행위패턴을 발생시킬 때 자기충족적 예측처럼 기능하는 새로운 법적 관계를 (국제관계에서 — 옮긴이) 조약에 토대를 두고 건설할 경우 일종의 페이스메이커 역할을 해왔다. 이런 종류의 법제정은 흔히 관련된 법과 물음이 점차적으로 집행되는 중에만 그 수신자들 사이에서 일어나는 정신태도의 전형을 예기한다. 이것은 정치엘리트와 시민에게 모두 똑같이 해당된다. 브뤼셀이나 스트라스부르에[18] 가는 국민 엘리트가 국민국가적 기지에 남아 있는 국민 엘리트보다 더 '유럽적인' 정신태도를 취한다는 안트예 비너의 연구결과도 부과된 법규범의 사회화 효과와 관련된 가설을 뒷받침하는 설명이다.[19] 법적 위상 변화의 함의는, 우선은 공식적으로 수용되기는 하겠지만, 그것이 보다 폭넓은 주민들의 의식 안에 녹아들어 가려면 실천

18 [옮긴이] 벨기에의 수도 브뤼셀(Brussels)은 유럽 대륙 차원에서 사실상 유럽연합의 수도라는 위상을 가진다. 또한 프랑스의 스트라스부르(Strasbourg)는 유럽의회 본부의 소재지이다.

19 A. Wiener, "Demokratischer Konstitutionalismus jenseits des Staates?", in: P. Niesen & B. Herborth (Hg.), *Anarchie der kommunikativen Freiheit*(앞의 각주 5), 173~198쪽.

적 경험의 결과로 나타나야만 한다. 예를 들어, 유럽 시민권은 유럽 안에서 그리고 유럽 밖에서 외국에 입국하고 출국하는 실천을 통해 구체적 의의를 처음으로 획득하게 되는 것이다.

확장 과정에서 정치적 엘리트의 '뒤에 처져' 정신적 혼수상태에 있는 주민이라는 이미지는 동전의 한 면만을 보여줄 뿐이다. 일단 엘리트가 유럽헌법의 채택 같은 실존적 문제를 정보를 갖추고 참여폭이 넓은 공적 토론의 초점으로 만들기로 결정하고 나면, 주민 역시 자기네 정부를 추월할 수 있다. 국민투표의 '예측불가능성'을 설명하는 요점 중 하나는, 정치적으로 동원된 주민이 권력유지에 대한 직업정치인의 이해관계를 염두에 두지 않고 결정을 내릴 수 있다는 점이다. 예를 들어, 국민국가 엘리트 자신의 권력과 자기홍보의 기회가 국민국가 정부의 행위범위와 나란히, 예를 들어 프랑스, 독일의 외무장관의 역할 또는 프랑스 대통령, 독일 총리 혹은 영국 수상의 중요성 등과 함께, 의문시되는 상태에 놓이면 엘리트의 '유럽적 열정'은 점점 줄어드는 현상을 보게 된다. 국민국가 주민과 정부 사이의 특이한 변증법적 관계는, 예를 들어 두 국민투표의 실패에 뒤따른 유럽연합 발전의 난관 같은 것이, 리스본조약에 의해서도 실제적으로 해결되지 못했는데, 통상적 정부 간 동의만으로는 극복될 수 없다는 점을 시사한다.

옮긴이 후기

'탈세속적' 세계사회에서 종교정치의 근본문제와 세계사회헌법

21세기 하버마스의 '20세기 하버마스 철학' 결제

왜 《탈형이상학적 사고 2》에는 24년 전의 책과 똑같은 제목이 붙었을까?

사실 어떤 책의 분량이 너무 많아 한 권으로 들고 읽기에 부담될 경우 분책하여 제본하는 것은 출판계의 관행이다. 그럴 경우 각 책의 권번호는 달라도 제목이 같은 것은 너무나 당연하다. 그러나 *Nachmetaphysisches Denken,*[1] 즉 《탈형이상학적 사고 1》의 독일어 원본에는 1권이라는 권번(Bd.I)이나 서수 표시가 되어 있지 않았는데 (따라서 제목으로만 보자면 《탈형이상학적 사고 1》은 없다고 극단적으로 언명할 수 있다.) 출판상의 연속을 예감시키는 그 어떤 암시도 없었던 이 책이 출간

---

1 J. Habermas, *Nachmetaphysisches Denken* (Frankfurt: Suhrkamp Verlag, 1988). 우리말 번역으로는 하버마스, 《탈형이상학적 사고 1》, 홍윤기·남성일 역 (파주: 나남, 2025a.).

되고 무려 24년이 지난 2012년, 하버마스는 동일한 제목을 붙이면서 권번호 II를 붙여 *Nachmetaphysisches Denken II*,[2] 즉《탈형이상학적 사고 2》를 출간했다.

어떤 저자가 얼추 한 세대에 달하는 시간차를 두고 같은 제목의 책을 내는 동기는, 특히나 하버마스의 학자적·학문적 비중과 역량을 감안할 때, 주목할 값어치가 있을 것이다. 즉 이 책들의 제목과 개념적으로 관련된 내포적 의미 및 외연에 긴밀한 연속성이 있으면서도 그 적용의 폭이나 깊이에 — 하버마스의 철학적·학문적 연구작업상 — 어떤 충격적 변화가 있었음을 가리킨다고 봐야 하지 않을까?

하버마스 철학의 불변적 성취:
언어철학으로의 '철학함' 불판 갈이

20세기에는 종교의 현대적 해체가 압도적으로 우세했던 현대 유럽철학의 지배적 조건, 그리고 현대 시대의 특징적 요소들로 인해 종교에 대해 별도의 철학적 내지 학문적 관심을 내줄 여지가 거의 없었다. 따라서《탈형이상학적 사고 1》에서 정리된 철학이라는 학문 장르와 현대에 대한 고찰에 있어서 종교에 대한 하버마스의 언급은 현대라는 시대의 핵심적 특징인 합리화 내지 세속화의 전사前史로서 고찰되는 위상을 벗어나지 않았는데, 이렇듯 주변화된 종교담론의 논술상 지위는《탈형이상학적 사고 2》에서는 완전히 변한다. 이 24년 동안 종교와 관련하여 무슨 일이 벌어졌는가?

---

2 J. Habermas, *Nachmetaphysisches Denken II* (Berlin: Suhrkamp Verlag, 2012).

20세기 하버마스의 철학에서 종교에 대한 그의 관심은 현대 이전 및 현대 초기의 사고 양상을 '진정하게 현대적인' 관점에서 정식화하기 위한 재고찰과 재정리의 수준을, 혹은 그의 학문작업 초기의 용어를 그대로 적용할 경우 '재구성Rekonstruktion' 수준을 넘지 않았다. 반면 1988년, 확연하게 철학적 구호처럼 들리는 '탈형이상학적'이라는 용어를 자기 책의 표제로 제출한 뒤 하버마스는 이 용어로써 방대한 자신의 학문적 성과를 최종적으로[3] **탈형이상학적 사고**라는 개념으로 규정하였다. 즉 《공론장의 구조변동》(1962)서부터[4] 본격화된 하버마스의 학문역정은 거의 십년기별로 발전해온 철학적 주제의 변천과정 전체를 '탈형이상학적 사고'라는 용어로써 자기 고유의 규정개념을 삼았다는 것이다.

이러한 하버마스 철학의 시기별 주제변천 과정은 다음과 같이 정리될 수 있다.[5]

---

3 여기서 '최종적'이라는 표현은 하버마스의 나이가 2025년 현재 망백(望百)도 훨씬 넘긴 96세라는 사실을 염두에 두면서 참으로 조심스럽게 쓴 것이지만, 60년도 넘는 그의 학문인생 동안 창의적으로 갱신해온 연구기획들을 감안할 경우 또다시 어떤 변화가 일어날 가능성을 완전히 부정할 수 없다는 존경 어린 주저함을 깔고 있다.

4 J. Habermas, *Strukturwandel der Öffentlichkeit. Untersuchungen zu einer Kategorie der bürgerlichen Gesellschaft* (Neuwied am Rhein : Luchterhand, 1962 bis 1987). 우리말 번역으로는 하버마스, 《공론장의 구조변동: 부르주아 사회의 한 범주에 관한 연구》, 한승완 역 (서울: 나남, 2004).

5 다음 저작들에 표기된 출간연도는 독일어 원본 기준이다.

〈표 1〉 하버마스 철학사

시기	핵심 주제	주요 저서
1960년대 68운동	철학적 인간학	《이론과 실천》(1963) 《인식과 관심》(1968)
1970년대 동서 냉전체제	비판이론 문제의식의 재정립	《사적 유물론의 재구성을 위하여》(1976)
1980년대 정치적 보수화	1. 화용론적 전회를 기축으로 한 의사소통행위이론과 논변이론, 논변윤리학의 정립 2. 포스트모던 논쟁을 추동력으로 한 현대성 이론 3. '탈형이상학적 사고'의 제기	《의사소통행위이론 1/2》(1981) 《현대에 관한 철학적 논변》(1985) 《탈형이상학적 사고》(1988)
1990년대 냉전체제 붕괴와 독일 재통일	현대성 이론의 심화와 보편화 및 민주주의적 법치국가와 헌법(입헌)국가의 보편화	《미완의 기획으로서 현대》(1990) 《사실성과 타당성》(1992) 《탈민족적 성좌》(1998)
2000년 이후 세계지구화	탈세속적 세계사회에서의 종교정치, '믿음과 앎'의 인지적 성좌 전개 및 탈형이상학적 사고의 보편타당성	《테러 시대의 철학》(2004) 《아, 유럽》(2008) 《탈형이상학적 사고 2》(2012) 《철학사도 역시》(2019) 《공론장의 새로운 구조변동》(2022)

여기에서 다소 문제가 되는 점은, 이미 40대에 세계적 명성을 얻은 하버마스가 시기별로 새로운 책을 낼 때마다 그의 이론에 관한 개론서들의 시의성을 모두 무색하게 만들었다는 것이다. 어느 모로 보나 하버마스의 철학은 그의 정년퇴임(1994년) 이후 더욱 풍부해지고 지평이 확대되었다. 이는 핀레이슨이 2005년에 쓴 손바닥만 한 크기의 문고판 《하버마스에 관한 아주 짧은 개론》을[6] 같은 저자가 18년 뒤인

6 J. G. Finlayson, *HABERMAS. A Very Short Introduction* (Oxford et. al.: Oxford University Press, 2005). 총 156쪽이다. 우리말 번역은 핀레이슨, 《하버마스 입문》, 서요련 역 (서울: 필로소픽, 2022. 8.). 총 231쪽이다.

2023년 리스와 함께 인터넷판 〈스탠퍼드철학백과사전〉에 쓴 글 "위르겐 하버마스"와[7] 비교해보면 확연하게 드러난다. 앞의 짧은 책과 뒤의 긴 글은 모두 재구성적 합리성에 의거한 (비판이론에 대한) 하버마스의 새로운 접근, 화용론적 의미이론 기획, 화용론적 전회, 현대성 이론, 논변윤리, 민주주의적 법치국가 이론, 독일 재통일 이후 탈민족적 시민성 이론 등을 공유한다. 그리고 이 결절점結節點들은 20세기에서 21세기 초에 나온 거의 모든 하버마스 개론서가 공유하는 하버마스의 개념사안들이다. 그러나 뒤의 글인 "위르겐 하버마스"에는 철학의 작동 틀로서 탈형이상학적 사고를 두드러지게 강조하면서 헌법애국주의를 출발점으로 한 세계시민주의cosmopolitanism, 세계사회의 탈세속화 및 국제법의 헌법화, '탈세속적 세계사회'를 현장으로 한 믿음과 앎의 관계와 종교정치 등의 내용이 대거 보강되어 있다.

여기에서 핵심은 탈형이상학적 사고의 적용 범위가 세계사회 전체를 생활세계로 하여 확연하게 확대되었고, 세계사회의 존립 성격을 '탈세속적'이라 규정한다는 것이다. 즉, 탈형이상학적 사고의 작동을 통해 '세계사회'의 탈세속화를 파악하면서 국민국가들 사이의 국경과 국가시민들 서로에 대한 민족적 주권을 넘어선 '탈민족적 세계사회'에서 교파적 다양성이 어우러지는 '종교정치'가 두드러진다.

그런데 이 충격적 변화를 부각하기 전에, 이러한 변화에도 불구하고 하버마스가 자신의 불변적 성취로 고수하고 있는 것을 확실하게 짚

7 J. G. Finlayson & D. H. Rees, "Jürgen Habermas", in: *Stanford Encyclopedia of Philosophy* (First published 2023. 9. 15.); WIKIPEDIA, "Jürgen Habermas"; M. Cherem, "Jürgen Habermas", in: *Internet Encyclopedia of Philosophy*.

어봐야 하겠다. 즉 하버마스는 시대의 생활조건을 강하게 의식하며, 인류 철학사에서 깔려 있던 '철학함 자체의 불판grill of philosophizing itself'을 갈았다. 현대 이전에는 형이상학, 또 현대 초기에는 의식철학의 판 위에서 이루어졌던 철학함이 이제는 '언어철학'의 판 위에서 이루어질 수밖에 없게 되었다고 판단한 것이다. 이는 하버마스 자신이 주도한 '화용론적 전회'에 의해 그 타당성이 정식화되었다. 그런데 여기에서 '언어철학'과 대비되는 개념틀을 갖고 현대 이전 철학사의 전통적 원류인 형이상학을 현대의 조건에서 재편하여, 하버마스로 하여금 새로운 불판을 깔도록 직접 자극한 것이 바로 《탈형이상학적 사고 1》에 등장하는 디터 헨리히의 '현대 형이상학' 구상이었다.

의식철학에서 언어철학으로:
형이상학 부활의 문제와 화용론적 전회

디터 헨리히는 칸트의 '선험론적 주체' 개념을 끌어옴으로써, 현대에 '나'라고 자처할 수 있는 각 개인jede Person이 통일적 동일상을 갖춘 주체로 정립되도록 한다. 그는 이를 위해 자연과학과 기술技術이 작동하는 객관세계의 인식에 **선험론적 주체의 능동적 구성**으로 대응하여 '과학만능주의적' 인식론의 독주를 제어하였으며, 사회세계에서 나타나는 물화와 소외에 대해서는 '나-들'의 **감성적·예술적 향유로 실존의 유의미성을 보완**해 주었다. 헨리히는 과학과 공학이 현대 이전의 신학을 파괴적으로, 또 전면적으로 대체하면서 일어난 인간 삶과 가치의 무력화 내지 무의미화를 예술로 보완하면서, '나'라고 하는 자아를 중심으로 그 '나'를 위협하는 모든 문제에 대처할 수 있는 거점을 바로 이 자기 안에서 자족적으로 마련할 수 있다고 확신한다.

이런 확신 위에서 선험론적 주체에 이론과 실천의 만능의 역량을 비정하는 헨리히의 의식철학은, 현대 이전의 형이상학들과 마찬가지로, 특정 근원에 철학적 권능을 부여하여 이를 '통일성'의 중심으로서 포착하고(통일성의 계기), 그에 따라 이성의 수준에서 사고와 존재를 동일시한다. 그리고 이 과정에서 포착된 관조적 생활거점에서 자기구원을 추구하며 모든 것을 자기 안에 포괄하는 '동일성Identität'으로의 자기완성을 기도하는 이념론 내지 관념론을 지향한다. 어떤 면에서는 헤겔의 변증법적 절대정신의 철학적 야심까지 넘어서는 이 헨리히의 주체성의 형이상학은 존재론에 근거한 고대 이래 형이상학의 유산을 (칸트에 근원을 둔) 현대적 의식철학 안에 전면적으로 이식하려고 했다는 점에서 현대판 형이상학이라고 할 수 있다.

이에 하버마스는 한 서평에서[8] 자신의 철학 인생 처음으로 '탈형이상학적'이라는 용어를 써서[9] 현대 철학에서 형이상학은 불가능하며 동시에 부적합함을 논술하였다. 이 서평에서 그는 도널드 데이비슨이 제시한 형이상학 연구방법, 즉 "언어의 일반적 구조를 연구하는 것"이 실질적으로 '탈형이상학적'인 연구방법의 단초라고 단정한다. 말하자면, 어떤 초월적 실재를 지향하는 형이상학에 언어의 일반적 구조를

---

8 J. Habermas, "Rükkehr zur Metaphysik. Eine Tendenz in der deutschen Philosophie? — Rezension zu: H. Schnädelbach: *Philosophie in Deutschland 1831~1933*". in: *Merkur*, H.439/440 (Sep./Okt. 1985), 898쪽 이하. 이 글은 하버마스(2025a)에 〈1장. 총괄 서평을 통한 문제제기〉로 전문 번역되어 있다.

9 해당 서평에서 '탈형이상학적'이라는 용어는 총 세 번 나온다. *Nachmetaphysisches Denken*(1988) 기준 269, 273, 277쪽. 《탈형이상학적 사고》(2025a) 기준으로는 45, 52, 57쪽.

통해 접근하는 것 자체가 실질적으로 형이상학의 전통적 지향과 근본적으로 어긋난다고 지적하였다. 나아가 같은 글에서 그는 토마스 매카시가 편집한 총서의 제목 "철학 이후*After Philosophy*"를 예시하면서 그 책이 "데이비슨에서 퍼트넘과 매킨타이어까지, 가다머에서 리쾨르와 아펠에 이르기까지, 미국과 유럽에서 나타나는 **탈형이상학적 사고**에 대한 진정한 접근의 단서를 조망한다"고[10] 평가하였다.

여기에서 예시된 철학자들은 핵심적 특징을 공유한다. 이들의 철학적 방법이 모두 언어에 대한 통찰에 토대를 두고 있다는 점이다. 결론을 미리 앞당겨 말하자면, 하버마스 통찰의 이런 성과들을 학습해 온 옮긴이가 볼 때, '현대에서 철학한다는 것'은 **다양한 생활영역에서 '다른 나들'과 살면서 더불어 얘기**談話**하고 생활하는 '나'**가 앎, 함行爲, 삶을 각종 쟁점에 따라 근본적·총체적으로 비판하고 매개하고 소통하거나 기획함으로써 이루어진다. 따라서 현대에서 철학함은 어떤 피안이나 천상계 또는 초월계가 아니라 육신과 정신이 어우러지는 이승에서 영위될 수밖에 없는 활동으로 이해된다.

하버마스가 통찰한 철학사의 계보에 따르면, 현대에서 철학하고자 할 경우에는 인류사를 점철해 왔던 신화Mythos, 신학Theologie, 형이상학을 총괄적으로 지양하면서 철학사 전반을 관통할 수 있는 철학함의 방법적 토대와 합리적 지향점을 재정립해야 한다. 이런 문제의식에서 《탈형이상학적 사고 1》은 고대의 형이상학이 현대에는 더 이상 가동될 수 없음을 조목조목 반증한다. '의식하는 주체의 이성理性'에 거점을 마련하여 끈질기게 생존을 이어가려고 하는 디터 헨리히식 현대 형

10 위의 책, 277쪽. 우리말 번역으로는 위의 책, 57쪽.

이상학의 작동 방식에 대해 하버마스는 현대적 형이상학 구도의 결절 개념들, 특히 이성에 대해 다음과 같이 개념적 재구성을 심화시킨다.

• 우선 이성이란, 이를 체화한 현대 과학의 다원적 성과들에서 보이듯, 사고함을 통해 세계와 일체화 내지 통일화를 성취할 수 있는 실질적 능력을 보유한다는 예전의 구도와는 달리, 특정 절차의 과정을 통해 성취되는 것이다. 따라서 각 개인이 발휘하는 '이성'은 사고함과 존재함, 사고와 세계의 통일성을 관조하거나 파악함으로써가 아니라 **절차합리성**에 따라 작동함으로써 — 즉 그것이 알고자 하는 실재세계를 향하여 일정 절차에 따라 접근하는 과정을 통하여 — 비로소 세계에 관한 인식적 성과를 성취한다.

• 또한 이성은 '나'와 더불어 남과 세계를 상대해야만 비로소 유의미한 경험과 인식을 획득할 수 있으므로 나와 남들과 세계에 의하여 **상황 지어진 이성**으로 존립한다.

• 그리고 나아가 실제로 그/녀에게 구원이 되는 것은 구원을 필요로 하게 만드는 일상적 생활세계에서 벗어나 관조적으로 포착해야 하는 초월적인 것이 아니라 일상 안에서 찾아진다. 이 때문에 **일상외적인 것은 가치절하**됨으로써 실천적·현실적 문제들의 형이상학적 해결은 아예 무가치하고도 무의미해졌다.

그런데 이런 형이상학의 기본구도에 가장 치명적인 비판을 가하는 것은 현대 이전의 모든 철학함의 기본 작동판을 이루면서 형이상학을 구축해 왔던 가장 근원적 추동력인 '홀로 사고함'의 활동 자체, 즉 '주관적 의식'을 **세계 안의 무언가에 관해 누군가와 더불어 상호이해하기 위해 담화함**으로 갈아 끼우는 것이다.[11] 이렇게 철학함의 판을 갊으로써 일어나는 긍정적 변화를 다음과 같이 직관하게 하고자 한다.

[의식철학의 관념론적 작동구도: 이원론적 세계관]

나는 무엇인가를 생각한다.

관념론적으로, 이 구도에서 생각함은 생각하는 나思考主觀가 중심이 되는 '주관'과 생각되는 대상思考對象인 '객관'만 연결시킴으로써 생각함의 대상인 세계는 오직 객관 안에 포집된다. 이 원론적 작동구조 안에서 떠오르는 모든 것은 주관의 표상이므로, 그 타당성은 결국 유아론唯我論, solipsism의 제약을 받을 수밖에 없다.

▼

[언어철학의 화용론적 작동구도: 다원론적 세계관]

나(주관세계)는 누군가와(사회세계) 얘기한다. 상호이해도모를 목표로 무언가(객관세계)에 관해.

화용론적으로, 이 구도에서 얘기하는 '나主觀'는 '다른 나들社會'과 더불어 무엇들인가客觀에 관해 삼중적 세계복합(주관세계 + 사회세계 + 객관세계)을 무한확장할 수 있다. 그리고 얘기함은 이를 담화행위 안에 중첩시켜 연관시킨다. 그러므로 화용론적 전회에 따른 철학함의 보다 근본적인 플랫폼은 사고함이라는 의식활동보다는 '서로 얘기함'이라는 담화행위이다.

---

11 이성 개념에 대한 이상의 논의는 주로 J. Habermas(1988), 앞의 책, 1부의 두 논문 "Mataphysik nach Kant"(18~34쪽)와 "Motive nachmetaphysischen Denkens"(35~60쪽) 참조. 우리말 번역으로는 하버마스(2025a), 〈3장. 칸트 이후의 형이상학〉 및 〈4장. 탈형이상학적 사고의 주제들〉 참조.

이를 자세히 풀어 설명하자면 다음과 같다. 하버마스는 관념론적 내지 이념론적 의식철학으로부터 화용론적 언어철학으로의 '**화용론적 전회**'를 통해 철학함의 작동판 자체를 전면적으로 교체했다. 주관세계, 사회세계, 객관세계 안에서 복합적으로 상황 지어진 이성이 화용론적 전회로 깔린 철학함의 새로운 작동판 위에서 '일상적인 것'을 — 즉 '나들'이 '남들'과 더불어 여러 생활양식을 영위하는 '일상생활'과 관련된 것을 — 둘러싸고 발생하는 여러 생활영역에서의 문제에 대해 절차합리성을 추구하는 철학함의 양식을 "**탈형이상학적 사고**"라는 개념용어로 표집하였다. 다음은 이와 관련하여 집중적으로 이루어진 세 가지 철학적 작업이다.

1. 우선, 이 개념의 대척점에 있는 형이상학적 사고를 명료하게 개념화하여 이 개념 자체의 내포와 외연을 획정하였다(1권 1부).

2. 그다음, 이 개념의 가장 핵심적인 철학함의 작업방식인 화용론적 전회의 작동구도를 상술하였다(1권 2부).

3. 마지막으로, 현대의 정신적 별자리 안에서 하나하나의 별처럼 찬란하게 반짝거리는 각종 현대 과학과 문화적 표현물 사이에서 바로 이 탈형이상학적 사고에 입각한 "회의적이지만 패배주의적이지 않은" 이성을 중추신경 삼아 각종 쟁점들을 근본적으로 탐구하였다. 그럼으로써 '다채로움 안의 통일성'을 파악하고 제시하여 철학과 철학함의 새로운 정체성을 정립하였다(1권 3부).

'21세기 하버마스 철학'에서 종교에 관한 생각의 돌출

60년을 넘어가는 이 변천사에서 주목할 것은 첫째로 《탈형이상학적 사고 1》이 나올 때까지 철학함의 방법이나 작동 틀과 같은 메타-철학적 분야에 쏠려 있던 그의 철학적 관심사가 이동했다는 점이며, 둘째는 주로 시사적 차원의 철학적 평론에 머물던 실천철학적 지평의 확장이다. 그의 시야는 (후기자본주의 단계의 민주복지국가가 확립되면서) 사회적 차원에서 국민국가적 수준으로 올라가고, 다시 국민국가 범위 안에서 후기 자본주의 국면의 서유럽과 미국 사회를 고찰하는 수준을[12] 넘어 (독일 재통일과 탈냉전 유럽연합 형성을 계기로) 탈민족 차원의 범유럽적 범위로 확장된다. 이어서 (9·11 테러를 기점으로 하여) 그가 그토록 의견표명을 삼가 왔던 세계사회 전반으로까지 확대됨으로써, 그의 관심사가 실천철학의 근본문제들에 대한 철학적 정당화와 비전의 정립으로 심화되었다는 것이다. 《사실성과 타당성》(1992)에서 정리되었던 국민국가 차원의 '민주주의적 법치국가'의 구도[13] 역시 점차 '유럽헌법'과[14] '세계사회헌법'으로[15] 진화하였다. 그러면서 그

---

12 J. Habermas, *Technik und Wissenschaft als Ideologie* (Frankfurt: Suhrkamp, 1968) 및 ders., *Legitimationsprobleme im Spätkaptalismus* (Frankfurt: Suhrkamp, 1973). 우리말 번역으로는 하바마스, 《理性的인 社會를 향하여》, 장일조 역 (서울: 종로서적, 1980. 4.) 및 같은 저자, 《후기 자본주의 정당성 문제》, 임재진 역 (서울: 종로서적, 1983. 7.).

13 J. Habermas, *Faktizität und Geltung. Beiträge zur Diskrustheorie des Rechts und des demokratischen Rechtsstaats* (Frankfurt: Suhrkamp, 1992). 우리말 번역으로는 하버마스, 《사실성과 타당성. 담론적 법이론과 민주적 법치국가 이론》, 한상진·박영도 역 (파주: 나남, 2007).

14 J. Habermas, *Zur Verfassung Europas* (Berlin: Suhrkamp, 2011).

15 J. Habermas, "The Constitutionalization of International Law and the Legitimation Problems of a Constitution for World Society", in: ders., *Europe: The Faltering Project*, tr. by C. Cronin (Malden, MA.: Polity, 2009), 109~137쪽.

위 책은 J. Habermas(2008)의 영역본인데, 이 논문은 P. Niesesn & B. Herborth

의 학문적 성과들과 세계철학사 전반에 대한 나름의 평가가 모두 '탈형이상학적 사고'의 개념거점 안에 포괄되어 정돈되는 양상이 뚜렷해진다.

이러한 과정에서 철학사의 범위도 더 이상 '서양' 철학사가 아니라 유교, 불교, 이슬람 등 동서양 철학사를 포괄하는 '세계 철학사'로 부풀어 올랐다. 이러한 확장을 통해, 화용론적 언어철학을 기축으로 사회·정치철학 및 법철학 또는 문화철학을 주로 탐구했던 20세기 하버마스 철학에서는 주제화되지 않았던 분야, 즉 '종교'가 21세기 하버마스 철학에서는 가장 긴급한 현안성懸案性을 갖게 된 것이다.

《탈형이상학적 사고 2》에서는 《탈형이상학적 사고 1》의 내용과 현격하게 달라진 점이 세 가지 눈에 띈다.

• 우선, 1권에서는 개념적으로 비교적 명확하게 획정되어 세 영역으로 구분되었던 '생활세계'의 개념이 이 구분들의 경계들을 전반적으로 포괄하면서 **상징적으로 체화된 근거들의 공간**으로 온통 개방되었다(2권 1부).

• 그리고 앞서 보았듯이 **종교**가 **'믿음과 앎'이라는 쌍개념 안에 집중적으로 주제화**되었다(2권 2부).

• 그러면서 특이하게도 주로 롤스의 자유주의 정치철학을 다루되 롤스의 정의 개념 자체보다는 그것을 '정치와 종교'의 쌍개념 안에서 주제화하여 바라보았다. 그러면서 포착된 지구적 특징은 세계사회가

(Hg.), *Anarchie der kommunikativen Freiheit* (Frankfurt: Suhrkamp, 2007), 406~459쪽에서 이 논문집의 논문들에 대한 응답으로 실렸던 것을 추후 영역하여 실었던 것이다. 해당 논문은 이 책에 〈11장. 국제법의 헌법화와 세계사회헌법을 위한 정당화 문제〉로 전문 실려 있다.

(20세기 하버마스가 현대화의 중심 특징으로 다루었던) 베버식의 탈주술화와 탈마법화, 즉 사회의 전반적 세속화에 의해 총괄적으로 추진된 합리화 과정이 아니었다. 오히려 세속화된 사회의 안팎에서, 서양화 내지 미국화로 다가오는 세속화 경향에 도전하면서 **사회의 탈세속화가 세계사회의 공론장에 대거 진입하여 세속화와 교착적으로 뒤엉키는 것**이 '21세기 현대'의 지구적 특징으로 포착되었다(2권 3부).

• 이로써 20세기 하버마스 사회철학의 가장 인상적인 명제였던 '체계와 생활세계의 이분화 이론'과 '체계에 의한 생활세계의 식민화 테제'는 사실상 21세기 현실 담론의 어깨 뒤로 넘겨졌다. 이는 후기자본주의 선진사회들의 위기 파악과 사회비판을 위한 개념구도로서 정립되었던 명제인데, 여전히 이에 관심이 쏠려 있는 한국 학계의 통념으로 보자면 참으로 의외인 전개이다.

테러 앞에서의 철학: 종교적 신념으로 기획된 9·11 테러 그리고 현대화에 동행하는 '근본주의'와 종교정치의 폭력적 양상

탈냉전 국면에서 새삼스럽게 고조된 아랍 민중의 '과격성'은 다음과 같은 주체적 특징을 두드러지게 드러낸다. 먼저 이들은 사회주의 이데올로기뿐만 아니라 자본주의가 가장 풍요롭게 발전한 현대 서구 선진국 어디에서도 자기구원의 길을 전혀 찾지 못했다. 즉 현대라는 시대에 서구와 미국 시민들이 거두었던 모든 인간적·정치적·경제적·문화적 성취, 나아가 사상적 성취에서 그들이 좇고자 할 만한 구원의 새로운 길이나 보다 가치 있는 발전 노선 같은 것은 없었다. 그리고 다음은 세속화를 통해 성취되어 왔던 현대화를 총체적으로 거부하는 가운데 그것의 전면적 파괴를 선취하면서 얻어지는 자기 삶의 황홀한 완성, 즉 종교적 근본주의와 급진적 무력투쟁 노선이다.

반소와 반미 노선을 때마다 바꿔가면서 무력행사를 일삼는 국지적 파르티잔들이 실제로는 **현대화의 전면적 거부와 그에 따른 탈세속화를 체현한 종교적 인간**, 즉 **호모 렐리기오수스**Homo religiosus였음을 보여주는 잔혹한 시성식諡聖式은 선진적 현대화의 시각적 완성품이었던 세계무역센터WTC를 제단으로 전 세계 시민들에게 생생히 중계되었다. 하버마스에 따르면, "카메라와 대중매체도 새로운 광경이었는데 이것들은 맨해튼 남부에서 일어난 국지적 사건을 발생과 동시에 전 지구적 사건으로 바로 전환시켰으며, 세계의 모든 사람을 망연자실할 정도로 충격받은 목격자로 전환시켰다. 아마도 이 때문에 9·11 테러 사건은 매우 엄격한 의미에서 최초의 세계사적 사건이라고 불릴 수 있을 것이며", "말 그대로 전 지구적 대중이라는 '세계적 목격자' 눈앞에서 발생한 실제 상황이었다."[16] 이런 구도에서 테러 실행자들은 실시간 목격자들 앞에서 스스로를 불태운 **종교적 순교자**가 되었다고 자처할 수 있게 되었다.

하버마스는 9·11 테러가 발생한 지 한 달이 지난 2001년 10월 14일 〈믿음과 앎〉이라는 수상감사연설에서 처음으로 현대 세계에서의 종교와 신앙의 문제에 관해 견해를 표명하였다. 여기에서 그는 단도직입적으로 한 달 전에 일어난 테러를 거론하면서 "자살을 결심하고

---

16 보라도리·하버마스, 〈근본주의와 테러: 하버마스와의 대화〉, in: 보라도리, 《테러 시대의 철학: 하버마스, 데리다와의 대화》, 손철성·김은주·김준성 역 (서울: 문학과지성사, 2004. 9.), 65쪽에서 하버마스의 발언.

민간의 교통기관을 살아 있는 동료 인간들에게 향하도록 기능을 바꿔 서구 문명의 자본주의적 성채에 맞부딪히도록 했던 살인자들의 행위 동기는 종교적 신념이었다"고 진단하였다. 그러고 나서, 종교와 신앙은 더 이상 현대화 과정에서 청산하거나 탈피해야 할 전근대적 정신형태가 아니며 "**종교적 언사에도 불구하고 근본주의는 오로지 현대적이라고 할 수밖에 없는 현대적 현상이다**"라고 단정 지으면서 9·11 테러는 "세속화된 사회와 종교 사이의 긴장이 전혀 다른 방식으로 폭발"하면서 발생한 것이라고 언급했다.[17]

그리고 사건 발생 후 3개월이 지난 2001년 12월 보라도리와의 대담에서 하버마스는 서구의 현대화가 아랍세계를 상대로 그 안에 동시적으로 낳은 현대화의 이면을 상술하였다. 이는 보라도리의 "현대 초기에 있었던 마녀사냥과 현대의 한가운데인 현시점에서 나타난 근본주의 사이에 어떤 차이가 있는가?"라는 물음에 대한[18] 답변이었는데, 내용은 다음과 같다.

> 당신이 언급한 두 가지 현상을 연결시켜 주는 요소가 있을 것인데, 그것은 아마 전통적인 생활방식이 폭력적으로 근절된다는 데 대한 두려움 때문에 이에 대항하여 행해진 방어적 저항이었다는 점 같습니다. 현대 초기에 시작된 정치적 · 경제적 현대화는 유럽 일부 지역에서 그런 두려움을 불러일으

---

17 "Trotz seiner religiösen Sprache ist der Fundamentalismus ein ausschließlich modernes Phänomen."

J. Habermas, "Glauben und Wissen. Dankesrede", in: Börsenverein des Deutschen Buchhandels, *Friedenspreis des Deutschen Buchhandels. 2001 Jürgen Habermas*, 9쪽.

18 보라도리·하버마스(2003), 앞의 책, 71쪽.

켰을지도 모릅니다. 물론 우리는 특히 금융의 세계화와 해외 직접투자의 확대로 인하여 오늘날 전혀 다른 단계로 접어들고 있습니다. 그런데 이 과정에서 세계의 여러 국가가 이익을 얻은 승리국과 그렇지 않은 패배국으로 분열됨으로써 사태는 다르게 전개되었습니다.

아랍세계에서 미국은 자본주의적 현대화를 추진하는 원동력입니다. 미국은 또한 다른 나라들로서는 따라잡을 수 없을 정도로 앞서 발전하였으며 압도적인 기술적 · 경제적 · 정치적 · 군사적 우월성을 확보하고 있습니다. 그래서 미국은 은밀한 동경의 모델이기도 하지만 동시에 아랍세계의 자신감을 모욕하는 존재로 간주되기도 합니다. 아랍세계는 급속한 현대화 과정에서 자신들의 문화적 전통이 완전히 파괴되는 고통을 겪으면서 실제로 커다란 상실감을 느끼게 되었습니다. 그래서 아랍세계는 서양 전체를 자신들을 위한 희생양으로 삼게 되었습니다.

더 좋은 상황적 조건을 지닌 유럽에서는 현대화가 생산적 파괴의 과정으로 인식되었던 반면, 다른 나라들은 현대화가 관습적 생활방식을 해체하되 그에 따른 고통은 보상해 줄 것이라고 기대할 수 없는 상태에 빠졌습니다. 아랍세계는 심지어 다음 세대들의 삶에서도 이런 보상이 이루어질 수 없다고 생각합니다. … 이런 상태에서 서양의 획일적인 소비주의 문화는 견딜 수 없을 정도로 자극적이고 경박합니다. … (이런 상태에서) 이슬람 근본주의는 (세속화에 대한 불만과 그로 인한 고통을 대변하는 ― 옮긴이) 정치적 주장을 위한 겉포장이기도 합니다.[19]

바로 이런 현황 파악에 따라, 21세기 하버마스 철학은 새로이 가다

---

19 위의 대담, 72~73쪽.

듬어진 철학함의 정식에 의거하여 전 세계의 각종 종교를 탈세속적 세계사회에서의 정치적 자기표현, 즉 '종교정치'로 파악하고 탈형이상학적 언어로 '번역'하는 의사소통의 새로운 영역을 보여주었다. 그러면서 그들을 포괄하는 '세계정치헌법'의 가능성을 시연하는 것이다. 즉 20세기 중반 후기자본주의의 민주복지국가에서 시작한 비판이론의 작동 지평이 21세기 초입에 들어 현대화의 위선에 저항하는 종교정치 앞에서 드디어 전 지구적 세계사회global world-society로 확대되었다.

세계사회의 탈세속화와 종교정치: '21세기 하버마스 철학'의 확장된 담론지평

세계사회에서 종교는, 서구에서와는 달리, 서구가 주도한 세속화와 현대화를 총체적으로 부정하고 그 원천인 구미 사회에 총체적으로 저항하는 정치적 의사표명의 매체이자 정치적 의지실천을 공유하여 실행하는 의식儀式의 제단으로 등장한다. 더 심각한 문제는 이제 종교의 영향력이 사회의 정치적 성격 자체를 변화시키는 보편화된 수준의 행위양식을 유발한다는 것이다. 9·11 테러 이후 테러와 반테러 인종혐오는 과거 제국주의 정책의 유산으로 인해 다문화사회가 되어 가는 유럽 사회들에서 빈번히 일어난다.

하버마스는 21세기 현재의 **현대 세계사회**는 그가 20세기 서유럽 현대화를 설명하면서 적용하였던 '세속화 테제'로는 더 이상 정확하게 파악할 수 없으며, '탈세속화된' 사회와 연관시켜 설명해야 한다고 주장한다. 그러면서 그는, 그가 직접 제시한 개념용어는 아니지만, 단지 국민국가 수준을 넘어서 탈제국주의화된(북미와 서유럽의) 대륙 차원을 거쳐 '탈식민지화된 세계사회'가 펼쳐진 전 지구적 국제관계와 시민 간 관계에서 일종의 **종교정치**의 타당성 범위와 공통비전을 제시하고자 한다.

세속화되고 현대화된 유럽적 생활세계 한가운데서 다양한 종교공동체들은 기존 유럽적 생활방식으로부터 스스로를 고립시키거나 사소한 문제로 충돌하거나 아니면 서로 모르는 채 별문제 없이 지내는 듯 보이지만, 분명 어떤 갈등의 계기가 주어지면 언제나 폭동이나 폭력으로 번질 불안정한 상태에 있다. 이 때문에 하버마스는 우선 유럽사회들에 '탈세속화 테제'를 적용하는 것에서 시작한다. 그러나 세속화된 영역과 그것을 거부하는 영역은 전 지구적으로 혼재하며, 그 비율조차 나라별로 상이하다. 따라서 현시점에서 둘 사이의 관계가 안정된 공존상태에 있다고 보기는 어렵다.

바로 이 점이 하버마스가 "정치와 종교"라는 제목을 붙인 3부에서 다음의 문제들을 집중적으로 다루게 된 동기이다. 즉, '탈세속화된 사회'에서 신도들의 공동체를 유지하는 종교가 세속화된 정치질서와 어떤 관계를 맺어야 하고, 동시에 '세속화된 정치질서'를 축으로 작동하는 공론장은 어떤 원칙과 방식으로 세속화와 거리를 두는 종교집단과 대면하면서 공존해야 하는가? 하버마스의 이런 문제의식을 옮긴이는 **21세기 현대 사회에서 종교정치의 근본문제**라고 보다 폭넓게 일반화한다. 이 점을 전제하면《탈형이상학적 사고 2》의 논술 구조는 다음과 같이 개념파악될 수 있다.

1. 1부는 '상징적으로 체화된 근거들의 공간으로서 생활세계'라는 개념을 정립하여, 그것을 인류 역사에서 태고부터 이루어져 온 종교들의 진화과정에 적용한다. 이는 각종 정치적 결사체의 권력 응집도

와 결속도를 고도화하고 심화시키는 과정, 즉 정치적 진화의 과정으로 파악된다. 다시 말해 시대별로 정치와 생활양식을 각인시킨 종교는 어떤 경우에도 지배층의 이익에 봉사하는 단순한 허위의식이나 이데올로기가 아니며, 각종 의식과 제례에 결사체의 구성원들을 신체적으로 참집參集시킴으로써 공통의 신념을 상징화시켜 체험시키는 생활양식이었음을 밝혀낸다. 따라서 종교의 기능은 그 교리가 탈주술화되었다고 해서 완전히 적멸되지 않는다. 이는 어떤 고통이나 부정의가 넘어설 수 없는 장애물로 현전할 경우 그에 핍박받는 이들을 하나로 묶어 활성화시키는 상징을 제시하면 언제든지 활기를 획득할 수 있다. 심지어 현대화에서 나타나는 개인화 과정도 세계종교가 변신하면서 새로이 정돈하여 생활세계의 별자리로 올려준 데서 그 단서를 갖는다고 본다. 즉 역사상 종교는 개인의 실존에 국한된 문제가 아니라, '객관세계 및 타인과 더불어 살아야 하는 불안한 각 개인'의 '더불어 삶'에 대한 비전 제시가 핵심이었다. 이 부분은 사실 관례적 종교철학이 다루어온 분야이지만, 옮긴이의 입장에서 보다 정확히 말하자면, 이는 하버마스적 종교철학이라기보다 '종교정치의 이해를 위한 종교철학적 입문'이라고 해야 할 것이다.

2. 바로 이 때문에 '21세기의 탈형이상학적 사고'는 주로 과학과 기술에 의해 신뢰를 쌓아 온 '앎'의 영역과 함께 그것으로 제대로 파악하거나 공감할 수 없는 능력 및 감수성의 한계를 인지하는 가운데 '믿음'의 영역이 독자적으로 실존하고 있음을 확인하고 인정한다. 그러면서 이 영역을 고립시키거나 배제 혹은 적대시할 것이 아니라 "민주주의적 과정의 동력을 위한 종교공동체의 기능적 작동"을[20] 목표로 노력해야 함을 강조한다. 이를 위해서는 (통상 자유주의적 기본권으로 인정

되는) 단순한 관용을 넘어 종교시민, 비종교시민, 타종교시민 등의 적극적 상호공존을 인정하는 가운데 서로를 시민적 상대자로 인정하고, 서로의 의견을 이해할 수 있도록 우선 자신들의 의견을 상호이해가능한 수준으로 "번역가능하게" 만들어야 한다.[21]

3. 하버마스는 이렇게 '탈세속적' 사회의 공론장에서 종교의 위상을 명시한 다음 3부에서 민주주의적 정치와 탈세속적 종교의 관계를 다루는데, 여기에서 집중적으로 거론하는 두 정치철학자에 대한 논변이 아주 흥미롭다.

한 사람은 정치철학자라기보다 정치신학자라고 해야 더 적합한 카를 슈미트인데, 그는 (주로 자유주의적으로 통속화된) 세속적 현실정치 또는 (자유민주주의 헌법의 골격에 따라 움직이는) 민주정치는 현대에 와서 실패가 거의 섭리적으로 예정되어 있다며 아예 가톨릭적 신관에 따른 세속적 신정국가Theocracy를 주창했다. 슈미트가 이와 함께 제시했던 '정치적인 것'의 개념은 국가를 존립하게 하는 국가권력의 원천을 어디에서 충전할 것인가 하는 문제의식에 대한 응답이었다.

정치와 종교의 문제와 관련하여 하버마스의 담론에서 등장하는 또 다른 철학자는 정치적 자유주의를 제시한 미국의 존 롤스이다. 그런데 하버마스는 롤스의 사회정의론이 아니라 그가 스물한 살에 쓴 학습 노트에[22] 주목하여, '청년 롤스의 정치이론에서 종교윤리'를 분석함으로

---

20 이 책, 〈6장. 믿음과 앎에 관한 심포지엄〉, 315쪽.

21 종교시민의 신앙의 '번역가능성'에 대해서는 이 책의 공역자인 남성일, 〈하버마스의 사회인류학적 고찰에 나타난 탈형이상학적 의미와 종교의 공적 역할의 가능성〉, in: 사회와철학연구회(2023), 앞의 책, 301~344쪽이 아마도 한국 학계 최초의 기여일 것이다.

써 정치와 종교의 관계를 정립하는 논리를 보강한다. 즉 하버마스는 롤스가 자유주의 사회의 기본 규범으로 상정한 공정과 협동의 관념이 교구에서 공동생활을 영위하는 신자들의 생활질서에 뿌리를 두고 정치적 규범으로 발전되는 전범을 보여 준다고 해명하였다. 즉 초월적 신앙을 견지하는 종교는 공동생활과 제례 안에서 세속적 사회와 정치질서에서도 타당한 시민적 태도와 규범의식을 배양한다고 보는 것이다. 바로 이 점이 정치적으로 자유로운 사회 안에서 개인들이 각자의 '좋은 삶'을 구상할 때 그 다양한 '좋은 삶'은 서로 소통가능하다고 신뢰할 수 있게 하는 규범적 토대를 이룬다.[23] 그리고 하버마스가 보기에 미국은 세속화가 전면적으로 관철된 서유럽과는 달리 기독교와 관련된 근본주의적 신앙단체가 널리 분포되면서도 민주주의가 작동하여 '탈세속적' 사회에서의 정치와 종교의 관계를 논하는 모델로 간주될 수 있으므로, 롤스의 사례는 당면 현안에 관해 많은 시사점을 줄 여지가 풍부하였다.

바로 이런 사전 작업을 통해 세속적 정치질서와 신앙 기반의 탈세속적 종교 사이의 상호 선善기능하는 교착관계가 확립될 수 있다는 근거를 확보한 하버마스는 이제 다음과 같은 질문을 제기한다. '탈세속적'이라 특징지어지는 세계사회 안의 종교정치를 논할 때, 통상적 국

---

22 이는 롤스의 사후에 출간되었다. J. Rawls, *A Brief Inquiry into the Meaning of Sin and Faith: With "On My Religion". Commentaries by Joshua Cohen and Thomas Nagel, and Robert Merrihew Adams* (Cambridge, Mass.: Harvard University Press, 2009). 우리말 번역으로는 롤스 저, 네이글 편, 《죄와 믿음의 의미에 대한 짧은 탐구》, 장동진·김기호·강명신 역 (파주: 동명사, 2016).

23 이 책 3부의 8장과 9장 참조.

제법과 선언적 인권 이외의 규범적 구조가 아직 미비한 세계사회에서도 주권국가에서처럼 구속력을 갖춰 작동하는 '세계사회헌법'이 과연 성립 가능할까? 사실 헌장을 갖춘 유럽연합의 작동도 자주 부조화에 빠지는 상황에서, 전 지구적으로 통용되는 세계사회헌법이 정립될 국내적·국제적 정치행태의 전개는 요원한 듯이 보인다. 그러나 하버마스는 강대국들이 약속하는 국제질서라는 것이 이익에 반할 경우 번번이 파기되는 배반의 역사와 경험을 잊지 않으면서도, 다수의 약소국들이 차라리 이런 국제질서를 수용하면 더 쉽게 그들의 국익을 증진할 수 있지 않을까 하는 의문을 놓지는 않는다. 그에 따르면,

> 주요 강대국보다 세력이 약한 국가는 폭력수단에 대한 자기의 독점을 형식적으로는 폐기하지 않는 가운데 스스로를 국제공동체의 구성원이면서 국제기구 안의 '공동경기자들'로 보기에 이르기가 강대국보다 더 쉬움을 깨닫는다. … 중앙기구는 유럽 법을 제정하는 반면, 회원국은 정당한 폭력수단을 계속 독점함에도 불구하고 유럽대륙 차원의 해당기관이 단행하는 결정을 아무런 이의제기 없이 집행할 의무가 있으며 또 사실상 집행하고 있다. 이런 패턴이 국제법의 다른 부문에서도 작동하기 때문에, 법적 타당성의 차원 또는 구속성의 정도에 있어 국제법과 국민국가법 사이에서 나타나는 간극은 이미 좁아지고 있다. … 유럽적 '정체성'의 발전은 이미 몇몇 회원국 안에서 일어나고 있는 과정의 계속으로 이해될 수 있다. 역사적 경험의 도전에 반응하는 중이면서도 출신국과의 끈을 여전히 유지하는 이민자 집단이 문화적, 정치적으로 통합됨에 따라 이들 국가에서 시민적 통합의 진정한 토대로 이해되는 헌법애국주의constitutional patriotism의 선도적 신호는 이미 존재하고 있다.[24]

3년을 끈 러시아-우크라이나 전쟁은 당사자인 우크라이나와 그 옆에서 지원해 온 유럽연합이 통째로 배제된 가운데 (이제는 별로 강하게 보이지 않는) 두 대국의 일방적 협상과 금전적 요구로 종결될 것처럼 보인다. 이러한 세계정세를 보면서 과연 하버마스가 기대했던 것과 같은 세계사회헌법이 제정될 수 있을까 하는 의문이 떠오를 수밖에 없다. 그리고 상호이해 도달을 목표로 하는 의사소통과 다양한 근거들을 동원하는 논변의 유효성을 부인할 수는 없지만 우리 인간에게 주어진 인간성과 능력 안에는 이것을 넘어서는 또 다른 능력요인이 있지 않을까 하는, 아직 확정해서 확신할 수 없는, 아쉬움과 기대가 동시에 밀려든다.

그런데 옮긴이 후기를 이렇게 끝내면 본래 이 책을 저술한 저자와 이 번역서의 출판인에게 적지 않은 실례가 될 것이다. 이 책의 저자인 위르겐 하버마스 선생은 독일어 원저에는 실려 있지 않은 논문들의 수록에 대한 여러 차례의 요구에 모두 승낙의 뜻을 전달했다. 정년퇴임 이후 30년이 지난 지금도 항상 저술로 바쁠 터인데 일일이 답을 주어 새삼 고마움을 느꼈다.

또 역자가 무려 40년 전에 냈던 하버마스 번역서(《이론과 실천》, 종로서적, 1982)를 기억하고 선뜻 번역 제의를 받아주었을 뿐만 아니라, 같은 제목의 이 두 책을 동시에 출간하자고 제안하여 의욕을 한껏 높여 준 나남출판 조상호 대표님의 후의와 격려가 없었더라면 이 역서들의 출간은 한참 더 늦어졌을 것이다. 그럼에도 번역 작업이 늘어지게

---

24 이 책 마지막 장인 〈11장. 국제법의 헌법화와 세계사회헌법의 정당화 문제〉, 475~477쪽.

된 것은 옮긴이의 책임이다. 작업이 끝날 즈음, 3년만 지나면 백 세를 넘기셨을 아버지 홍태성 님이 세상을 뜨시면서 가족사나 친족사를 맡아 살피게 되었다는 것도 이제는 지나간 변명이 되었다.

이 번역을 부추기고 수년에 걸친 작업을 성실하게 공동으로 수행해 온 동학 남성일 박사와는 서로에게 공역자로서 감사를 표하기로 한다. 앞으로도 하버마스 철학의 차기 대표 연구자로서 꾸준히 커 나갈 것을 믿어 의심치 않는다. 또한 긴 작업을 기다려주신 나남출판의 신윤섭 편집장, 이 난해한 책의 내용을 독일어 원문과 직접 대조하고 가독성을 꼼꼼하게 체크하여 일일이 대안을 제시해 준 오은환 편집자, 출판의 마무리 단계에 합류했음에도 적지 않은 오류를 바로잡아 준 박재은 편집자와 함께한 것은 정말 옮긴이들에게 행운이었다는 깊은 감사의 마음을 표한다.

2025년 3월

옮긴이를 대표하여 홍윤기 씀

찾아보기(용어)

찾아보기(인명)

ㅁ

ㅂ

ㅌ~ㅍ

ㅎ

지은이 · 옮긴이 소개

지은이 _ **위르겐 하버마스**(Jürgen Habermas)

위르겐 하버마스(1929~)는 프랑크푸르트학파 2세대를 대표하는 철학자이자 사회이론가이다. 그는 독일 현대철학과 해석학, 영미 언어철학, 사회학의 여러 이론을 체계적으로 수용 및 종합함으로써 '비판이론'을 재구축했다. 이를 통해 하버마스는 의사소통행위이론, 현대성 비판, 법치국가론, 헌법애국주의, 세계사회의 헌법 및 탈형이상학적 사고의 기획 등을 전개한다. 이로써 그는 서구 사회·정치철학의 정점으로 평가받는 학문적 성취를 이루었으며, 68혁명부터 최근의 러·우전쟁에 이르기까지 현실 문제에 관해 시의성 있는 통찰을 지속적으로 제시해 왔다.
수많은 학문적·정치적 논쟁에 간여하면서 시대를 선도한다고 평가받은 그의 대표 저서로《공론장의 구조변동》,《의사소통행위이론》,《인식과 관심》,《이론과 실천》,《아, 유럽》,《사실성과 타당성》,《현대성의 철학적 담론》,《이질성의 포용》,《진리와 정당화》 등이 있다.

옮긴이 _ **홍윤기**(Yun-Gi Hong)

동국대 철학과 명예교수. 베를린 자유대학교에서 최우등점(summa cum laude)으로 철학 박사학위를 취득했다. 지은 책으로《변증법 비판과 변증법 구도》(박사학위논문),《하버마스의 사상》(공저),《한국 도덕윤리 교육 백서》(편저) 등, 옮긴 책으로 하버마스의《이론과 실천》,《의사소통의 철학》 및 막스 베버의《힌두교와 불교》 등 다수가 있다.

옮긴이 _ **남성일**(Seong-il Nam)

아주대·동국대 강사. 동국대 대학원에서 철학 박사학위를 취득했다. 옮긴 책으로《자유주의자와 식인종》(공역)이 있으며, 주요 논문으로 〈하버마스의 절차주의적 법에서 본 사법부의 존립 근거〉, 〈하버마스의 민주주의적 법치국가론에서 절차적 정당성 개념 연구〉 등이 있다.

현대 철학의 마지막 거장

위르겐 하버마스(1929~)
Jürgen Habermas

공론장의 구조변동
부르주아 사회의 한 범주에 관한 연구

하버마스 | 한승완(국가안보전략연구원) 옮김

공론장의 발생과 작동구조에 대한 사회·역사학적 연구서. 부르주아의 생존방식으로 성립된 공론장은 과연 현대사회와 국가의 민주주의적 통합을 유지하는 가장 확실한 안전판인가?

신국판 | 456면 | 22,000원

진리와 정당화
철학 논문집

하버마스 | 윤형식 옮김

하버마스 철학의 출발점이라 할《인식과 관심》(1968) 이후 30여 년 만에 펴낸 순수 이론철학적 저작.

신국판 | 456면 | 20,000원

사실성과 타당성
담론적 법이론과 민주적 법치국가 이론

하버마스 | 한상진(서울대)·박영도(연세대) 옮김

법과 권력의 내재적 관계에서 출발하여 자유주의 전통과 공화주의 전통의 대립을 극복하는 담론적 민주주의 이론을 제시한다.

신국판 | 696면 | 35,000원

분열된 서구 **열 번째 정치적 소저작 모음**

하버마스 | 장은주(영산대)·하주영 옮김

9·11 테러와 미국의 이라크 침공을 계기로 입을 연 하버마스는 미국 네오콘의 국제정책을 날카롭게 비판한다. 새로운 국제법적 질서의 원리를 모색해 온 그의 활동을 기록한 책.

신국판 | 288면 | 14,000원

아, 유럽 **정치저작집 제11권**

하버마스 | 윤형식 옮김

이 책의 핵심주제는 '유럽의 미래'다. 하버마스가 수많은 강연과 논쟁을 통해 모색한 유럽의 정체성과 새로운 국제법적 질서의 원리를 체계적으로 정리한다.

신국판 | 232면 | 13,000원

철학의 역사 **(가제)**

하버마스 | 한승완·이신철 옮김

오늘날 서구 탈형이상학적 사고의 지배적 형태가 형성된 과정을 계보를 통해 설명한 책. 또한 철학이 어떻게 종교와 공생하고 스스로를 해방시켰는지 추적한다.

근간